U0671842

第27辑
(2016年·冬)

中文社会科学引文索引(CSSCI)来源集刊

文化研究

南京大学人文社会科学高级研究院
首都师范大学文化研究院 主办

周宪(执行) 陶东风 主编
周计武 胡疆锋 副主编

社会科学文献出版社
SOCIAL SCIENCES ACADEMIC PRESS (CHINA)

《文化研究》编委会

主　编

周　宪（执行）　南京大学人文社会科学高级研究院

陶东风　首都师范大学文化研究院

编　委

国内学者（按姓氏笔画排序）

王　宁　清华大学

王逢振　中国社会科学院

王德胜　首都师范大学

乐黛云　北京大学

邱运华　首都师范大学

陈晓明　北京大学

金元浦　中国人民大学

赵　斌　北京大学

高丙中　北京大学

曹卫东　北京师范大学

戴锦华　北京大学

海外学者（按姓氏拼音排序）

洪恩美　澳大利亚西悉尼大学

托尼·本尼特　英国开放大学

大卫·伯奇　澳大利亚迪金大学

阿里夫·德里克　美国杜克大学

西蒙·杜林　美国约翰·霍普金斯大学

约翰·哈特莱　澳大利亚昆士兰科技大学

刘　康　美国杜克大学

鲁晓鹏　美国戴维斯加州大学

格雷厄姆·默多克　英国拉夫堡大学

约翰·斯道雷　英国桑德兰大学

沃尔夫冈·威尔什　德国耶拿席勒大学

徐　贲　美国加州圣玛丽学院

张旭东　美国纽约大学

张英进　美国圣迭戈加州大学

· Editors-in-chief

Zhou Xian (Execute) Institute of Advanced Studies in Humanities and Social Sciences, Nanjing University

Tao Dongfeng Institute for Cultural Studies, Capital Normal University

· Editorial Board

Domestic scholars

Wang Ning Tsinghua University

Wang Fengzhen Chinese Academy of Social Sciences

Wang Desheng Capital Normal University

Yue Daiyun Peking University

Qiu Yunhua Capital Normal University

Chen Xiaoming Peking University

Jin Yuanpu Renmin University of China

Zhao Bin Peking University

Gao Bingzhong Peking University

Cao Weidong Beijing Normal University

Dai Jinhua Peking University

Overseas scholars

Ang, Ien University of Western Sydney, Australia

Bennett, Tony Open University, UK

Birch, David Deakin University, Australia

Dirlik, Arif Duke University, USA

During, Simon The Johns Hopkins University, USA

Hartley, John Queensland University of Technology, Australia

Liu Kang Duke University, USA

Lu Xiaopeng University of California, Davis, USA

Murdock, Graham Loughborough University, UK

Storey, John University of Sunderland, UK

Welsch, Wolfgang Friedrich-Schiller-University Jena, Germany

Xu Ben St. Mary's College of California, USA

Zhang Xudong New York University, USA

Zhang Yingjin University of California, San Diego, USA

主编的话

周　宪

《文化研究》第 27 辑即将面世，作为主编，需履行角色职责唠叨几句话。

文化研究作为一个反学科和跨学科的研究方法论，进入中国已有 20 多个年头了。如今，来自文学、艺术、哲学、社会学、人类学、文化学等不同学科背景的学者们，在这块土地上辛勤耕耘，取得了相当可观的业绩。文化研究从西方到东亚，再到汉语文化圈，已经形成了独树一帜的东亚文化研究。中国大陆、台湾、香港以及新加坡的文化研究参与者们互相切磋，在国际文化研究大背景中的东亚文化研究分支里，我们已经听到了中国文化研究的声音，这一声音越来越引起国际同人的瞩目和关注。

但是，文化研究在中国大陆的地位实际上是相当尴尬的。各大高校和研究机构确有不少学者热衷于做文化研究，每一年文化研究方面的著述亦可车载斗量。大批的博士和硕士作为这一知识生产的生力军，每年在高校研究生教育系统中产出了大量的文化研究学位论文。我说文化研究在中国大陆的尴尬，意思是说它在官方系统（GB 系统，学位办学科目录系统等）中至今还没有获得一个正式的"名分"。既缺少专门的文化研究学术刊物，又没有独立的学科建制。不妨戏言，当下中国大陆，大凡说自己是文化研究学者，其实都不过是"业余好事者"而已。几个月前，碰巧与上海大学王晓明教授同在香港岭南大学授课，聊起此事，颇感时至今日，文化研究在中国大陆应有一个恰当的学科归属，现在该是它自立门户的时候了。

这本《文化研究》杂志，大抵算得上中国大陆唯一的专于刊布文化研究学术论文的集刊了。尽管一些正规的学术杂志不时也辟有一些文化研究的栏目，总体上说，文化研究由于缺少名分，学术交往和知识生产的情况不尽如人意。作为一个“业余好事者”，我也在文化研究领域折腾多年，这种尴尬时有感悟，且越来越显著。不过，从另一个角度来思忖，文化研究名分的尴尬恐怕又是它知识特性的真实写照，因为文化研究生来就是反学科、反建制的。一方面，文化研究从来就是不安分的，从它诞生之日起，就与西方现有的知识系统和教育体制处在紧张关系之中，霍尔所领导的伯明翰大学当代文化研究中心关关停停的曲折历史就是明证。另一方面，文化研究的确也已进入了现代文化和现代大学体制，成为一个重要的知识生产领域，产生了许多影响深远的思想和著述。在西方大学图书馆，或学术出版社，或学术书店里，文化研究是一个非常醒目的学术大类，其著述品种和产量，其热闹程度，往往远胜于许多传统知识。

文化研究在中国大陆的尴尬可以从两个方面来理解：没有正式的名分对它的发展来说并不一定是件坏事，因为没有太多的学科建制上的束缚和限制，它可以自由地思考；但作为这一领域的知识生产者来说，“名不正则言不顺”的情况却时有发生，也给这项研究事业的繁荣发展带来一些麻烦和问题。我想，理想的结局是正当的名分要，但又不被体制的惰性所收编，进而永葆其一贯的反思性和批判性特质。

这一期筹划了五个专题。专题一是技术批判与媒介文化，这是一个当下比较热门的话题；专题二是空间人文学，涉及从人文学角度来理解空间问题；专题三是文化社会学，虽说是社会学的一支，但它与文化研究关系最为密切；专题四是艺术中的视觉性问题，讨论造型艺术等艺术领域中的视觉性；最后一个专题是影视批评，它与视觉文化研究也关系密切。除此之外，还有一些来稿集萃，反映了文化研究丰富的主题和对多元化的关注。

在我看来，一个杂志其实就是一个学术舞台，最重要的事是不同角色的登场表演。作为编者，我们其实就像是舞台的灯光布景的操纵人员，拉开大幕，打开聚光灯，让各路有志于文化研究学人展示其角色性格和各自的故事。所以，我要感谢各位作者和译者，是你们的出场，使这个杂志变得富有生命力。

2016年酷暑于金陵

目 录

专题一　技术批判与媒介文化

专题二　空间人文学

专题三　文化社会学

专题四　视觉艺术与视觉性研究

专题五　影视文化批评

其　他

Contents

Issue I Critique of Technology and Media Culture

Issue II Spatial Humanities

Issue III Sociology of Culture

Issue IV　Visual Arts and Studies of Visuality

Issue V　Critique of Film and Television Culture

Other Discussions

专题一

技术批判与媒介文化

装置范式*

〔美〕阿尔伯特·伯格曼 著

程文欢　胡　深 译　郑从容 校**

摘要　“装置范式”是阿尔伯特·伯格曼在《技术与当代生活的特征：一种哲学追问》中提出的重要概念之一。伯格曼认为，技术凝结了社会、政治、文化的因素，技术的“范式”有过去、现在和未来，现代技术的“范式”结构是“装置范式”。在这篇文章中，伯格曼通过对两个日常生活中案例的分析，阐明了“装置范式”的具体含义和主要特征。通过比较前技术时代的不同语境，伯格曼强调了“装置范式”在技术时代的意义，并通过对两种反对意见的考察进一步说明了“装置范式”的特殊性。伯格曼认为，手段的根本可变性与目的的相对稳定性的共存，是装置范式的第一个突出特征；手段的隐蔽性、陌生化与目的的同步彰显性、实用性，是装置范式的第二个突出特征。

关键词　技术　装置范式　装置机器

Abstract　“The device paradigm” is a key concept of Albert Borg-

---

* 本文译自 Albert Borgmann, *Technology and the Character of Contemporary Life: A Philosophical Inquiry*, Chicago and London: The University of Chicago Press, 1984, pp. 40–48.

** 阿尔伯特·伯格曼（1937～），美国蒙大拿州大学哲学教授，主要致力于技术文化、技术哲学与语言哲学的研究，著有《语言哲学：历史基础与当代问题》（*Philosophy of Language: Historical Foundations and Contemporary Issues*, 1977）、《技术与当代生活的特征：一种哲学追问》（1984）、《跨越后现代的分歧》（*Crossing the Postmodern Divide*, 1992）、《权力失效：技术文化中的基督教精神》（*Power Failure: Christianity in the Culture of Technology*, 2003）、《真实的美国伦理：为祖国担当》（*Real American Ethics: Taking Responsibility for Our Country*, 2006）等；程文欢、胡深，南京大学艺术研究院艺术学理论专业硕士研究生；郑从容，文学博士，南京大学外国语学院讲师。

mann's *Technology and the Character of Contemporary Life*: *A Philosophical Inquiry* (1984). Borgmann argues that technology contains social, political and cultural elements, the idea of "paradigm" of technology has its chronological character, and the "paradigm" of modern technology is the "device paradigm". In this article, by analyzing two clear daily cases, Borgmann brings out the specific notion of "device paradigm" and its major features. In further discussion, Borgmann stresses the meaning of "device paradigm" by comparing the technological setting with the pretechnological context with consideration to two objections, so as to raise the distinctive features of the "device paradigm" into sharper relief. Borgmann contends that the first distinguishing feature of "device paradigm" is the concomitance of radical variability of means and relative stability of ends. The second is the concealment and unfamiliarity of the means and the simultaneous prominence and availability of the ends.

Key words Technology The Device Paradigm Machinery of the Devices

现在，我们必须给技术模式（pattern）或范式（paradigm）一个明晰的解释。我从两个明显的例子开始，用一种直观的方式分析它们，以此来阐明该范式的主要特征。我试着把它与前技术背景下的概述进行对比，并通过考察那些可能针对这种模式独特性的异见，来使这些特征更为凸显。

正如我们所知，技术许诺将自然和文化的力量放到可控范围之内，将我们从穷困和劳碌中解放出来，丰富我们的生活。声称技术给出承诺，暗示着一种技术实体论（substantive view），而且带有误导性。但是，这种说法方便实用，并且总是可以被重新表述，用来意指在这种与世界进行交往的技术性方式中隐含着一种允诺，即通过征服自然，这一通向现实的途径将会产生自由与富裕。谁向谁许诺是一个带有政治责任的问题，而谁是许诺的受益者则是一个社会公正的问题。这些问题将在后面的章节里讨论。现在我们必须首先解答的问题是，对自由和繁荣的许诺是怎样被指定并被给予一种明确的执行模式的。

作为第一步，让我们先注意一点，即"自由"（liberation）和"富裕"（enrichment）这两个概念是在实用性（availability）中连为一体的。商品可以用来丰富我们的生活，并且如果从技术上来说它们是实用的，那么它们在丰富我们的生活的同时，就不会给我们增加负担。如果某事物是即时可得的、无所不在的、安全的、容易的，那么在这种意义上，它便是实用的。[①] 例如，温暖，如今唾手可得。但当我们想起温暖曾经并非唾手可得（比如，在一百年前的蒙大拿州）时，我们便首次了解到实用性有其特殊性。温暖不是即时可得的，因为在早晨，火必须在火炉或壁炉中生起。而在生火之前，必须先砍树，圆木必须被锯断、劈开，木材必须被拖回、堆放。温暖不是无所不在的，因为一些房间仍未受热，而且没有房间会受热均匀。马车、雪橇没有供暖，海滨木道及所有的商店也没有。火并不完全安全，因为人们可能会被烧伤，它可能引起房屋火灾。火也不易得，因为生火和维持火力都需要劳动、某些技巧和注意力的集中。

然而，这些观察并不足以建立起实用性的特殊性。普遍的观点认为，技术进步或多或少是由性能更优的工具对性能较差的工具的一种渐进的、简单的演替。[②] 烧木柴的火炉让位于用煤作燃料的供暖总站，借对流来传送热量，接着，又让位于以天然气为燃料的设备，及通过增压空气来供热的设备，诸如此类。[③] 为了凸显实用性的特殊性，我们必须把注意力转向事物（things）与装置（devices）的区别。一件事物，我在这里所使用的“一件事物”（a thing），与它的语境（也就是它的世界）是分不开的，与我们与该事物及其世界的交流（亦即参与）也是分不开的。对一件事物的体验总是一种涉及事物世界的亲身的和社会的参与。为了唤起一种多样的参与，一件事物必须提供不止一种使用价值的商品（commodity）。因此，一个火炉在过去不只是提供温暖，它曾是一个聚焦物（*focus*），一个象征着家的灶边，一个聚集一家人工作和休闲的地方，它给了住所一个中心。火炉的冰冷标志着早晨，而火炉热量的扩散则标志着一天的开始。它给不同的家庭

---

① 对这一技术概念的早期版本可见“Technology and Reality,” *Man and World* 4（1971）：59－69；“Orientation in Technology,” *Philosophy Today* 16（1972）：135－147；“The Explanation of Technology,” *Research in Philosophy and Technology I*（1978）：99－118。类似的，丹尼尔·布尔斯廷（Daniel J. Boorstin）用实用性和它的构成要素描述了美国日常生活的特征，见他的著作 *Democracy and Its Discontents*（New York，1975）。

② See Emmanuel G. Mesthene, *Technological Change*（New York，1970），p. 28.

③ Melvin M. Rotsch，“The Home Environment,” in *Technology* in *Western Civilization*, ed. Melvin Kranzberg and Carroll W. Pursell, Jr.（New York，1967），2：226－228. 关于灶炉的发展（另一个通向原始壁炉或火炉发展的分支）见 Siegfried Giedion, *Mechanization Takes Command*（New York，1969 [first published in 1948]），pp. 527－547。

成员分配了不同的任务，这些任务明确了他们在家庭中的位置。母亲生火，孩子们确保炉膛填满木材，父亲劈柴。它给整个家庭带来了一种有规律的亲身参与，伴随着季节的更替，将寒冷的威胁和温暖的安慰、木材燃烧时烟雾的味道、锯柴和搬柴的劳累、技巧的传授以及对日常家务的忠诚编织在一起。这些身体参与的特征和家庭关系的特征只是一件事物所属世界的所有维度中的首要标志。身体的参与不仅仅是身体接触，还有通过身体的多重敏感性对世界的体验。这种敏感性在技巧中加深、增强。技巧是集中和提纯后的世界参与。而技巧反过来也与社会参与密切相关。它塑造人，给人以个性。[①] 技巧的受限将任何一个人对世界的基本参与限定到一个小的领域内。而对其他领域，则让人们通过熟悉其他技巧掌握者的行为特征和习惯来进行间接参与。这种熟悉度主要是通过利用他人的成果和观察他人的活动而得到增长的。劳动只是社会语境的例子之一，该语境维持并被聚焦于一件事物。如果我们将关注的焦点拓宽到其他实践，那么我们就可以在娱乐、就餐，以及出生、结婚、死亡等重大事件的庆典中看到相似的社会语境。在这些更宽阔的社会参与的视野中，我们能够看出世界的文化和自然维度是怎样打开的。

到目前为止，我们已经勾勒出了一个背景，对照这一背景我们便可以概述装置这一概念的具体含义。我们已经看到，一件事物例如壁炉提供温暖，但是它必然也提供了组成壁炉世界的许多其他要素。我们倾向于认为那些附加的要素是累赘的，而且毫无疑问它们也常常给我们这样的体验。而一个装置，比如供暖总站，则仅仅实现供暖，使我们摆脱了其他种种要素的束缚。这些都被装置机器（the machinery of the device）接手了。机器不需要我们付出技巧、力量和注意，而且它愈是让人察觉不到其存在，它对人的要求便愈少。因此，在技术进步的过程中，装置机器有一种被隐藏或减负的趋势。在装置的所有物理特性中，只有那些构成其产品商品性的特征才是至关重要的。通俗地讲，一个装置所提供的商品是“一个装置存在于此处的目的”。在供暖总站这个例子中，其商品是温暖，对电话来说是交流，对小轿车而言提供的是运输，冷冻食物则是一顿饭，而音响设备提供的商品则是音乐。这里，“商品”概念暂时获得了灵活的运用。而重点是

---

① 乔治·斯特尔特（George Sturt）对锯木工的描述，见 *The Wheelwright's Shop*（Cambridge, 1974 [first published in 1923]）, pp. 32 – 40。

在强调装置在使商品和服务变得实用时所采取的便利方式。首先，在装置和“商品”的概念之间有着不可避免的模糊性；这些模糊性可以逐渐地通过实质性的分析和方法论上的反思而得到解决。① 姑且可以把一个装置中能够回答“这个装置是用来做什么?”这一问题的方面或特性都算作是它的商品，而它们保持相对稳定。其他特征则是可变的，且通常是依据科学洞见和工程师的聪明才智而被改变，以使其商品更易获得。因此，每一个装置都有一些功能性的等价物，而这些等价装置在外形和结构上可能都有很大不同。

电视机的发展为我们这些观点提供了一个例证。第一台电视机笨重的机身，与它生产的商品亦即移动的二维画面相比是刺眼的，这种二维画面失真地出现在一个靶心大小的黑白屏幕上。逐渐地，屏幕变大了，越来越成矩形；画面更加清晰，最后变成了彩色。机身变小，并且其机械构造越来越不引人注目。而这种发展继续着，在火柴盒大小的机身限制下，却能提供任意大小和最有质地的运动和彩色画面。这个例子也展示了在显像管让位于晶体管、晶体管又让位于硅晶片的过程中，机器上的激变如何持续地改善了电视之功能。电缆和卫星被用于通信联络。画面可以被录制下来而不是以传输形式播放，录制工具可以用录音带或者光盘。这些情况反过来又展示了一个装置的技术进步是怎样增加了它的实用性。逐渐地，视频节目几乎可以在任何地方观看——在酒吧，在车里，在家里的每一个房间。每一部想得到的电影都可以获得。在任何不方便的时间播放的节目都可以被录制下来稍后播放。时间和地点的限制问题越来越得到解决。去观察一下我们日常用品中的机器如何变得不那么注目，而功能更加卓著，机器制

① 在经济学中，“商品”（commodity）是一种描述可交易的（通常是可移动的）经济物品的专业术语。在社会科学中，它是用来翻译马克思的“Ware”（商品）的专业名词。马克思的用法和本文的用法将达成一致，因为二者都意欲抓住一种对传统的（前技术的）现象的新颖而最终起决定力量的转换。对马克思来说，消极种类的商品是社会关系异化的结果，尤其是工人劳动力的异化，工人的劳动力成为了可交易、可交换的东西，它错误地被资本家占用并以之来对抗工人。这构成了对工人的剥削，使工人从他们工作中异化。这终将导致工人们的贫困。正如我在本书第 13 ~ 16 章中所强调的，我不同意这种转换是现代社会秩序的重心。这一关键性的转换不如说是依据装置范式使前技术生活结构分裂成为了机器和商品。尽管我在第 25 章承认并强调商品的可交易、可交换特征（就像我使用这个术语最基本的特征），这里意指的是其便利的、可消费的实用性，技术机器是它们的基础，分离和分散是它们的新近后果。关于马克思的商品概念和商品崇拜，见保罗·思威齐（Paul M. Sweezy），*The Theory of Capitalist Development*（New York，1968），pp. 34 – 40。

造中的技术巨变如何仅仅成就了其商品性上的微小进步，以及一直以来商品的实用性增加了多少，这是一项颇为有益的活动。

装置机器与其功能之间的区别是“手段—目的”（means-ends）之区别的一个具体实例。与一般的“手段—目的”之区别相一致，机器或者手段是从属于其功能或目的的。正是功能或目的使之有效。在技术上，手段和目的的差别有两个方面不同于其一般概念。在通常的案例中，手段与目的之间怎样被清晰、彻底地区别出来而不会曲解现象，是十分可疑的。[①] 然而，在技术装置的案例中，机器却可以被彻底地改变而不威胁装置功能的统一性和亲缘性。当一个人被邀请更换手表时，没有人会感到困惑，手表靠弹簧提供动力，靠平衡轮校准时间，用表盘和指针指示时间；在电子表中，靠石英晶体校准时间，用电子数据显示时间。手段的根本可变性与目的的相对稳定性的共存是第一个突出的特征。第二个特征与第一个密切相关，是手段的隐蔽性、陌生化与目的的同步彰显性和实用性。[②]

机器的隐蔽性和装置的减负特征结伴而行。如果机器强有力地出现，它便会对我们的才能提出要求。如果我们感到这些要求是麻烦的因而需要被移除，那么对机器而言也是如此。当商品仅仅作为一个目的而被享受，且不被手段妨碍时，它才是真正实用的。必须说明的是，基于封建家庭之上的减负从来都是未完成的。领主和夫人必须永远慎重处理仆人的情绪、忤逆和弱点。[③] 而装置则提供了社会减负，例如，匿名性（anonymity）。主仆关系的缺席当然只是社会匿名性的一个例子。在技术世界中，社会匿名性的绝对程度只有参照事物世界（a world of things）中社会关系的图景才能被测量出来。这样的图景也显示了社会匿名性必然会逐渐变成自然、文化和历史的匿名性。

由于技术改造的力量从历史上看非常不均衡，因而抵达事物世界特征

---

① 参见莫顿·卡兰普（Morton Kaplan）的著作“Means/Ends Rationality,” *Ethics* 87（1976）：61－65。

② 马丁·海德格尔小心翼翼地阐述了揭示现实的前技术时代的手段和目的。但当他谈到存在（*das Gestell*）的技术揭示和特殊的装置（das Geriit）时，尽管他提到了技术中机器的不稳定性，他却从未指出这特殊手段和目的的技术性分离。海德格尔的重点也许是由于他想要展示作为一个整体的技术不是一种手段或工具的技术。见海德格尔的文章“The Question Concerning Technology,” in *The Question Concerning Technology and Other Essays*, trans. by William Lovitt（New York，1977），pp. 3－35，6－12 and 17 in particular。

③ 这也导致了随着生活水平的普遍提高，私人服务变得不成比例地昂贵。见斯戴芬·林德尔（Staffan B. Linder）的著作 *The Harried Leisure Class*（New York，1970），pp. 34－37。

的环境条件20世纪初依然普遍存在。这里需要近距离观察，来看一个案例及其细节，看看在其中自然和文化如何交织，这种“织网”又如何被技术的进步撕裂，怎样被匿名性所裹挟。我想考察的例子是一个濒临消失的车轮修造店。乔治·斯特尔特（George Sturt）曾生动地描述过一群车轮修造工的最后日子。

由于关系网络是如此紧密又多重，因而以一种抽象或总结性的方式来呈现并非易事。但是，让我们从那些只涉及人类与自然关系的方面开始。如今在英国，耕地的体验仍然存在，斯特尔特也不止一次地说到“这种农耕是英格兰由来已久的努力”①，但是他没有将耕殖土地理解为对自然的统治。例如，它不是征服和镇压自然，而是人们在适应土地，他将之解释为“英国人长期的努力，以使他们自己离英格兰国土近一些，再近一些”②。随着人们适应了土地，土地也向人们敞开了自己。“绿树覆盖的乡村和居住在那里的英国人之间有一种亲近的关系”，斯特尔特说到，“是感情和敬重孕育了这种亲近感”。③ 但是在这个前技术背景下，想要抽象出一种只存在于人类与自然之间的关系是不可能的。使车轮修造工走进“阳光充足的寂静森林”，“走进冬天的树林或者走过没有叶子的矮树篱”，“在二月穿过湿漉漉的水草甸”④ 的原因，是寻找木材。但“木材远非是机器的猎物或无助的受害者，”斯特尔特接着说，“相反，它将自己不易察觉的价值送给那些与它对脾气的人：和他一起，就像和一个善解人意的朋友一样，它将参与合作。”⑤ 这不是一种权力控制关系（of domination），而是一种基于理解之上的驾驭关系（of mastery）。斯特尔特在别的地方说到，一个车轮修造工“如果真的精通木材，如果他真的知道他已经备有的和他在接下来几年所需要的，那么他总是关注着木材，关注着那些带有特殊曲线的，适合制作马颈轭、轴架的，或适合做马车头、斜撑杆、尾板栏杆或者任何其他该树形之物的木材”⑥。这样心怀敬意地与自然合作，不仅是像自然的保护者那样亲近自然，也开启了一些用其他方式无法打开的维度。“刨刀之下（现在很少

① George Sturt, *The Wheelwright's Shop*, p. 132; see also pp. 31, 38.

② Ibid., p. 66.

③ Ibid., p. 23.

④ Ibid., p. 25.

⑤ Ibid., p. 45.

⑥ Ibid., p. 31.

用了）”，斯特尔特说，“斧头之下（即便在用，也已过时），木材显露出其他方式难以发现的品质”。[①] 在另一处，他说：

> 随着楔子在粘合纤维之间劈砍，当闻到释放的木香味，听到木柴撕裂的声音时，工人便找到了一种成为我们环境一部分的途径——感受到了森林活力的规律，而不是以别的访问或怀疑方式。[②]

但是，车轮修造工与自然的亲密关系没有停留在物质层面上，而是包罗了他那以顾客所需的方式构成的他的整个世界。斯特尔特这样讲道：

> 因此，我们和周边地区的特殊需求之间有着一种奇妙的亲密关系。农运车、粪车、大麦碾轧机、犁、提水筒或者其他东西，我们所选的范围，我们所跟随的弧线（几乎每一块圆木都被弯成弧形）都将因这片或那片农场的土性，这座或那座山丘的坡度，这个或那个顾客的脾性或者选择（比如在马匹上的）强加于我们身上。[③]

在别的地方，他又说了类似的话：

> 田地、农场、道路和山丘，气压、马匹的强壮程度与体格，人的起重能力，所有这些因素都决定着在古老的村庄里怎样制定农场装备，决定着用什么样的木材、什么样的形状和尺寸（通常精确到十六分之一英寸）。[④]

最终，这种关系网络有其社会的层面。它包含着不同的行会和团体，但是没有阶级，或者说，没有以政治利益特别是经济利益的对立来划分的人群。[⑤] 不同团体在他们的工作和自然的关系中有各自的特征。在寻找木材的过程中，车轮修造工不仅仅是找到了树木，也找到了“那些很高兴遇见

---

① George Sturt, *The Wheelwright's Shop*, p. 24.

② Ibid., p. 192.

③ Ibid., pp. 17 - 18.

④ Ibid., p. 41.

⑤ See Peter Laslett, *The World We Have Lost* (New York, 1965), pp. 22 - 52.

的腼腆的乡下人”[①]。回到店铺，他又遇到了车夫们，“一群强壮、好脾气的英国农民。他们带来了木材和马匹，像是把寂静的树林和遥远的道路都带到了小镇”[②]。社会网络的稳定由忠诚来维持，由可以用一生的马车来维系，这些马车一遇损坏就会得到细心的护理。[③] 价格由传统来决定，而不是靠成本和利润来核算。[④] 雇佣者和被雇佣者之间的约束是一种斯特尔特所说的“友好的感觉”，一种资源和信任的关系。[⑤]

斯特尔特的讲述值得注意，不仅是因为他描绘了前技术背景下物的世界的强度和特征，也同样因为他痛苦地意识到了技术的兴起和前技术环境所遭到的破坏。当以自然、材料和社会关系为参照点的时候，这个过程也会变得显而易见。第一次世界大战的需求加速了这一进程，某种“贪婪的滥砍滥伐亵渎了古老的树林——我憎恨它”，斯特尔特说，“我恨那些良材在错误的时间被无情砍倒，砍得太早了，根本来不及经历季节轮替”。[⑥] 对自然的征服不仅局限于对待森林的方式上，也波及了车轮修造工的商铺，在那里机器的力量取代了人工技艺，机器可以“没有感情，也无须思考，可以冲破每一个阻力”[⑦]。就像之前提及的，统治本身不是目的，而是服务于确保更完全地获得劳动产品。因此，正如斯图尔特指出的：“对于工人来说，尽管工作成果得到了多得多的保证，工作却变得越来越无趣了。”[⑧] 统治因为商品销售提高了工人的收入，但同时它也将工人从世界中分离开来。斯图尔特在后文中描述了这种体会：

> 当然工钱更高了。比起我当雇主时能给出的“红利”，现如今许多工人能得到更多的收入，但没有哪种工钱或收入可以为工人买回过去的那种满足感——那种满足感整日不断地流入他们的肌体，是因为他们一直保持着与铁、木材、黏土，风浪和马力的亲密接触，而机器使

---

① George Sturt, *The Wheelwright's Shop*, p. 25.

② Ibid., p. 25.

③ Ibid., p. 30, 43, 175 - 181.

④ Ibid., pp. 53.

⑤ Ibid., pp. 53 - 55.

⑥ Ibid., p. 23.

⑦ Ibid., p. 45.

⑧ Ibid., p. 153, 201 - 202.

他们疲倦不堪。[①]

这些转变最终也触及了社会关系。“工人们，”斯特尔特说到他的雇佣工人们，“虽然仍是我的朋友，就像我认为的那样，但也变成了机器的‘雇员’。”[②] 技艺的丧失与淳朴乡村生活的消失结伴而行。斯特尔特特别提到一个车轮修造工生活的转变，他写道：

> 我无法从他身上接触到英格兰那种宁静的、有尊严的乡村生活，而我更像是一个资本家。我们都滑向了当下时代的不光彩的阶级划分——我滑向了雇佣者一边，他滑向了受轻视的工人的一边。[③]

斯特尔特对这种改变了世界面貌的转变性力量有一种不可思议的感受。他意识到它的隐蔽性，它的假象，亦即，就好像技术只是一种处理任何年代中都要处理之事的更加有效的方式而已。[④] 他意识到技术完全不同以往，意识到技术从根本上推翻了传统这一事实。技术的改进迫使他引进现代机器，接纳一个可以监管这些新的工作方式的合伙人。他后来回忆说：“我和我的合伙人都完全没有意识到，一个新的世界甚至在那时（甚至比美国人对其清教徒先祖而言还要新）便已经开启，它将塑造我们周围的一切。”[⑤] 这将我们推回到第8章讨论过的那种困难，那种无法使这个“新世界”的典型特征凸显的困难。正如我们在前文已经讨论过的，只有当我们学会去看事物的存在是怎样被商品的实用性所取代，实用性又怎样通过装置被生产出来时，这些特征才能成为明晰可见的。要指出的是，装置消解了前技术背景下物的世界的连贯性和参与性特征。在装置中，世界的相互关系被一种机器所取代，但机器是隐蔽的，而靠装置成为可能的商品在享用时无须背负语境的负担，也无须参与其中。

但是，这种对装置的特殊性的分析仍然是不充分的，而这种不充分性可以通过两种反对意见来加以阐明。人们可能会问，机器的隐蔽性和我们

---

① George Sturt, *The Wheelwright's Shop*, pp. 201 - 202.

② Ibid., p. 201.

③ Ibid., p. 113.

④ Ibid., p. 154, 201.

⑤ Ibid., p. 201.

对世界参与的缺乏，难道不是因为科技盲、经济盲和技术盲的大量存在吗？[①] 就算不是因为一个人的受教育水平，每个人在他/她的工作中，难道不是直接地、明确地在与装置机器合作吗？

我们可以通过它的一个伴生现象来接近第一个观点，人们声称不愿或不能去维修技术装置。[②] 这一断言是有充分根据的吗？要使商品成为可获得的，一种方式就是使它们成为可废弃的。维修纸巾、易拉罐、比克圆珠笔或者其他单向的或一次性的装置，不仅没有必要，而且绝无可能。另一个使实用性成为可能的办法是生产无忧商品。不锈钢餐具不需要抛光，塑料盘不需要小心翼翼地端放。还有一些案例中，维修不可能是因为商品本身过于复杂。微型计算机日渐普及，作为装置越来越有影响力，它使我们从分配、记录和操控工作中解脱出来。微电路构件背后的理论和技术流程过于复杂多变，以至于除了少数人之外，没有人能够详细地了解。而微电路本身在功能层面上又制造得如此精密，以至于即使是其结构和功能已经充分为人所知，它也不允许修理的必要侵入。[③] 说到底，微型计算机日益得到广泛的使用，是因为它们变得越来越“友好”，亦即，越来越易于操作和理解了。[④] 但是这种“友好型”只是标志出了：在每个人易于获得的功能和几乎无人知晓的机器构造之间，距离变得有多大。不仅外行人不知道这个鸿沟，也许大部分专业程序员也都没有认识到。[⑤]

工程和自然社会科学的教育仍将会使这种机器构造，或者说，使其语境和技术装置，更加明晰易懂。但是，即便这样的教育更加普及，功能和商品的语境将仍然与物的世界不同。这有两个原因。第一，这种语境仍然

---

① 对技术盲的概述和分析见兰登·温纳（Langdon Winner）的著作 *Autonomous Technology*（Cambridge, Mass., 1977），pp. 282 - 295. 当对机器的忽视被承认和强调时，人们必须补充一点，即这种忽视是与对全部技术模式的理解（下文将讨论到）携手共进的。

② 罗伯特·波西格（Robert M. Pirsig）描述了这种对技术的厌恶，认为如果我们开始去理解、维护、重视我们的装置的话，那么我们便能够在技术的中心找到一切。见他的著作 *Zen and the Art of Motorcycle Maintenance*（New York，1974），pp. 11 - 35，49 - 50，97 - 106，276，290 - 292，300 - 326；进一步讨论见本书第 20 章。

③ 约瑟夫·魏泽鲍姆（Joseph Weizenbaum）认为一些电脑程序已经完全逃出了人类的理解能力，见他的著作 *Computer Power and Human Reason*（San Francisco，1976），pp. 228 - 257。

④ See Joseph Weizenbaum "Wonders of 89," *Newsweek*. 19 November 1979, p. 151; "And Man Created the Chip," *Newsweek*. 30 June 1980, p. 50. 对微电子技术的进一步讨论见本书第 19 章。

⑤ 见魏泽鲍姆的著作 *Computer Power and Human Reason*，p. 103。

是一种完全理智的存在，因为机器，就像我们看到的那样，通过照料、修理、技术训练或身体参与来对其进行挪用（appropriation）。第二，在上文已表明的那些意义层面上，语境仍将是匿名的。一个装置机器不会自行揭示开发者和生产者的技艺和特征；它也显示不出一个地域及其在自然和文化中的特殊倾向。总之，装置机器不同于物的语境，它要么是完全闭塞的，要么只是理性地、匿名地呈现。在这个意义上来说，它必然是陌生的。

另一方面，装置的功能，以及它所提供的商品是实用的，并且在消费中被人所享受。装置目的的特殊存在通过装置的手段和它的隐蔽性而成为可能。每个人都明白前者依赖于后者，每个人也都明白对目的的享用需要某种对手段的注意。只有在魔法中，目的才完全独立于手段。这种不可避免的对机器的明确关注发生在劳动中。但一般而言，劳动并不能揭开装置机器的神秘面纱。劳动过程本身是根据装置范式而进行转换的。这将是本书第17章研究的主题。

电视的症候

吴　琼*

摘要　电视作为一种传播机器，与电影机器之间的不同既体现在传播方式、收看情境、观众构成等方面，也体现在银幕和显示屏的视觉性建构上。这些不同导致了电视和电视话语对传播的真实性、即时性和电视节目的娱乐性的追求，可正是这些看似具有合法性的追求导致了电视文化在意识形态建构上的独特功能。因此，要揭开电视的幻象，就需要从反电视的角度对电视重新进行反思。

关键词　反电视　电视机器　传播

Abstract　Television is a kind of communication apparatus, radically different from cinematic one. It involves not only their ways of communication, watch setting, and audience, but also different visual construction between their screens. These differences push forward Television and its discourses to seek authenticity and immediacy of dispersion and programs characterized with entertainment, but this seemingly legitimated pursuit in turn leads to a special ideological effect in Television culture. Thus we must rethink Television from the point of anti-Television in order to reveal its phantasm.

Key Words　Anti-Television　Television Apparatus　Communication

* 吴琼，文学博士，中国人民大学哲学院教授、博士生导师，主要研究视觉文化、艺术史和法国当代哲学。

一

当写下这个题目的时候，我已决计站在电视的对立面来谈论电视，我要以一种反电视的立场来理解电视。如果这可以算作一种电视理论，我更愿意称它是“反电视”的电视理论，是对于电视的某种“元表述”。

“反电视”不等于要消灭电视。电视是一个不死之物。它是不可消灭的，它已经深深地嵌入了我们的生活，已经被安装在我们身体的某个部位，某个从内部延展出来的外部，并成为我们身体活动的一个联动部分，成为真正意义上的技术性假肢：你只要动一动手指，按下遥控器的按钮，你的视觉就可以延伸到无限的远处，你还可以轻而易举就从一个远处挪移到另一个远处，并把无数的远处移入你的房间，变成在家里便可随意浏览的风景。电视就像是一个安装在我们体内的晶片，一个操控性的程序。现如今，不再是电视在我们当中，而是我们在电视当中，不再是电视在复制我们的生活，而是我们在复制电视里的生活，是我们在执行电视里的指令，搬演电视里的人生。在一个电视已经普及每家每户的世界里，我们的日常性其实就是一种“电视性”，我们的生活或我们的日常实践不是被分成“看”电视的部分和“不看”电视的部分，而是被分成“看”电视的部分和“搬演”电视的部分。正因如此，反电视才成为我们的必需，成为我们走出电视性或者说电视所造就的日常性的一种运动。

反电视该从哪里开始？当然不能指望电视制作和电视运营机构，也不能指望商品生产厂家和广告代理商，而只能从观众开始，也只需要从观众开始。我这样说不是要求或呼吁观众拒绝看电视，那是毫无意义且十分可笑的。其实，电视的真正原罪并不在于它的“向钱看”，而在于它的搭载销售，它在向人们推销自己的产品或别人的商品的时候，它在承诺给人提供娱乐消遣、购物资讯乃至看似合理的观念认同的时候，也无声无息地——有的时候是明目张胆地——以瘫痪观众意识的方式把许许多多附加的、本来需要接受质疑的社会价值或意识形态信息捆绑到了里面。于是，在对观众的消费欲望和生活方式进行引导的同时，电视也把一种自我控制的技术引入了观众的意识，甚至通过不断的强迫性重复把这种自我控制的技术内化为观众的某种无意识的本能习惯，使其成为欲望的一种症候。电视就是一种症候，电视每时每刻都在生产我们的症候，我把电视的这一功能运作称之为电视的政治学策略，而我所谓的“反电视”就是针对这一策略的。反电视不是拒绝电视，不是反对观众“看”电视，而是要求观众学会“反观”电视，通过对电视策略的认知获得某种“反策略”。也正是在这个意义上，我甚至鼓励观众多看电视，因为通过从观众自身内部延展出来的这个无意识机器，通过无意识的这个外置装置，观众恰恰可以看到那看似出自本我之需要的欲望生长点，看到穿越欲望幻象的路径，这当然需要你是一个学会了自我反思且有勇气进行自我反思的观众。

实际上，我所谓的“反电视”不单是针对电视本身的，也不单是针对电视观众的，同时还是特别针对电视研究尤其是本土的电视研究的。在我们的那些名之为“电视文化”“电视艺术”“电视媒介文化”等的研究中——我有时候真的怀疑我们有“电视研究”吗？我并不否认我们的电视制作者和研究者是很懂电视的，但他们懂得如何“思考”电视吗？——别的暂且不说，单就其对待电视的立场和倾向而言，我们几乎看不到任何自反性和理论性的东西。我们的研究者一味地服膺于电视的魅力或肯定性价值，一味地沉溺于传播学的理想传播的幻象，他们做研究似乎就是为了排除干扰传播的“噪音”，让电视做得更具吸引力，确切地说，是使电视的传播对观众更具操控性。他们完全认同于电视机器的传播价值，并把自己变成电视机器的一部分，与电视机器合谋来加强传播的效力。基于电视作为大众传媒所固有的意识操控特性，这种非反思性的研究立场和话语倾向是十分有害的，其动机也是大可怀疑的。正是出于对这种立场和倾向的考虑，我所谓的“反电视”强调的恰恰是电视研究的对象化、距离化、离间性和陌生化：将电视对象化；与电视保持距离；离间受众与电视的关系；使看似理所当然的一切变得陌生化。这也许是一种过激反应，这种过激反应也许会带来理论上的偏颇和倾向上的不合时宜，但在中国当下的电视环境或电视生态中，这种偏执是值得的。

二

对于大部分电视观众而言，看电视有时就像是坐在家里看免费的电影或电影系列片，两者差不多是一回事。[①] 所以，许许多多的人把坐在家里通

① 电视诞生之初，人们对于电视的用途的确有一种想法，就是将它视作电影的一个分支，但很快就发现这种想法会影响电视的普及，影响电视融入家庭。

过电视或录像带看电影视作走进电影院的一种替代。电影业界也把电视和录像带——现如今还有DVD和网络——视作影响电影票房的重要因素。这的确是一个事实，有许许多多的人出于经济和便利的考虑，以牺牲影像品质和观影效果为代价，选择在电视上或用电视来看电影。可这个事实的意义究竟是什么？这个问题当然不会像我们主观认为的那么简单。电视并不是观看电影的机器，而更像是传播电影的机器，虽然今天已经有各种各样的“电影频道”专门播放电影，甚至由此还衍生出了专为这类频道或节目而生产的所谓“电视电影”，但不论是在播映方式还是在观看方式及观影效果上，它们与院线电影或在电影院里看电影根本不是一回事。

撇开在电视上看电影——这毕竟不是电视的主要功能——这一层不说，谁都知道，观看电视和观看电影是两种完全不同的观看，所以仅仅指出这种不同并没有什么意义，重要的是弄清楚其差异的关键。那就是：这种不同不止涉及观看方式和观影情境，还涉及市场经济和欲望经济在不同观看场域中的不同权力配置，涉及意识形态编码系统和欲望投注的不同运作机制。根本上说，涉及两种视觉机器在建构主体的位置及快感满足方式的差异。

电影院里的观看和电视机前的观看的共同之处在于，它们都是对一种连续运动的影像的观看。除此之外，我们似乎再也找不到相互重叠的方面了。这意味着，单从影像的运动或者单用分析电影的方法去分析电视是行不通的，这是对电视本性的忽视。电视并非电影的简单延伸，电视的产生有自己的技术谱系，电视的运作实践有自己的意图，更重要的是，电视的观看情境和观看方式完全不同于电影。不妨说，电视是电影的“他者”，有时还是令电影备受伤害的“他者”。

下面就具体地看一下同为视觉机器的电视和电影的不同。

不妨从传播方式开始。虽然电影和电视提供给观众的都是连续的活动影像或视听文本，但其图像传播机制或方式却有着根本的不同。电影是摄影机依照光学和化学原理把视像凝定在赛璐珞胶片上，再通过投影装置的机械运动回放给观众，所以观众在银幕上看到的是摄影机先前看到的场景的某种“复原”，是图像本身从静态向动态的一种“转换”。电视则不同，电视图像或者说观众在电视机上看到的图像是经由复杂的机器系统进行光电转换的结果：摄像机的光学镜头所捕捉到的景物不是直接凝定为图像形态，而是在摄像管的光电靶上经由光电转换把光粒子的最小单位即像素由光像转换为电像，再借助传输系统传送到终端设备即电视接收机或我们常说的电视机那里；传统电视机的核心器件是显像管，它同样要经由光电转换来把接收到的电像转换为光像，并在荧光屏上重现；并且在电视系统中，为了正确地重现图像，要求接收端和发送端的电子枪的像素扫描在几何位置上要一一对应，即收、发两端对应的像素扫描在频率上和起始相位上要达到同步，这样重现出来的图像才不会失真。

表面上，电影和电视在图像传播方式上的差异只具有纯技术的意义，即一个是通过机械的运动和光的投射来完成图像的物理形态的转换，另一个则是通过光电转换来完成图像的存在形态的转换。但从传播视角看，图像传播方式的这一差异显示了电影和电视不同的谱系来历：如果说电影是摄影的延伸，那电视就是广播的延伸。当然，就电视传播的不只是声音而且是运动的视听形象而言，电视也可以算是电影的延伸。因此，如果说电视与广播之间构成了一个继嗣般的纵向关系，那电视与电影之间就是堂表般的横向关系。前者是基因遗传，比如都是远距离的“同步”传播，后者只是血缘相似，比如都是活动影像的连续呈现。进而，如果说经过剪辑的活动影像的连续传播乃是空间的时间化，是将在不同空间发生的事情以时间流的方式呈现出来，那么，远距离的“同步”传播就是时间的空间化，是将在某一时间发生的事情同步地传送到不同的空间场域中。电视作为广播和电影的组合恰好兼具了这两种传播形态，这使它在改变人们的时空感知上具有广播和电影所难以企及的优势。

如果说传播方式上的差异对一般观众而言不是那么清晰可见，故而只具有纯技术的含义，那电影和电视在接收情境上的差异就是根本性的、赫然在目的。

电影院是一个与世隔绝的、封闭的黑暗空间，这个空间容易带给观众超出日常的体验；电影院里的观众面对的只有一个巨大的银幕，这个唯一的存在有着镜子般的功能，它在黑暗空间中的影像呈现容易造成奇观化的效果；在电影院里，观众作为孤立的个体而存在，观影的活动就像是经历梦境一般的私密性活动。在这里，观影体验是欣快症式的，观众是通过对影像——角色、情节、场景、镜头运动等——的认同来完成其欲望投射的。

电视的收视情境则完全不同。

首先，电视机是一个日常之物，它和电冰箱、沙发、电话等一起被摆放在我们的起居室里，它本身就是日常生活环境的一部分。① 在有些人家里，它被摆放在某个角落，在另一些人家里，它被摆放在墙体居中的位置，但不管把它摆放在哪里，它都居有像神龛或图腾一样的某种优势地位，那就是在它的前面或者在它和沙发之间不能有视线阻挡，它必须居于生活空间的一个可见性位置，居于可见性和不可见性的交互空间中——因为那是幽灵出没的地方。② 它主导着我们生活空间的设计，影响着我们生活的习惯和情趣，已经成为我们的客厅的绝对主角，因为它，我们的客厅越来越大，就为了给它提供更为敞视的空间。

其次，虽然有不少人在家里仍保留了电影院的观影习惯，喜欢在黑暗中看电视，但与电影院的观影建制不同，黑暗并不是电视的观看建制中必不可少的结构性因素。大部分时候人们在晚上也都是开着灯看电视，因为在看电视时往往还伴随有其他活动，如聊天、打电话、做家务、吃零食等等。就是说，看电视与日常性是融为一体的。罗兰·巴尔特说，电影院里的黑暗本身就具有“色情”的意味，是挑起色情的因素，而电视观看就缺乏这种诱惑力，因为黑暗或者说黑暗的作用在那里完全被取消了：

> 在电影院的黑暗中（这种黑暗是一体性的黑暗、众人汇聚的黑暗、色调浓重的黑暗：哦，充满寂寞，不存在所谓个人选择的放映活动!），存在着影片的诱惑力（不论什么影片）。请您想一想另一种截然相反的体验：在电视上也放映影片，但却无任何诱惑力：黑暗消除了，一体性也不存在了；空间是熟悉的、确定的（以其家具和已知的物件）和

① 当然，电视机进入家庭，成为家庭内部的一个日常物件，是经历了一个过程的。这一点我们只要想一想电视机在中国的普及史，它一度作为一个炫示性消费对象令国人魂牵梦绕，如同一个绝对的能指，被视为现代化的一个象征之物，成为男人拿来交换女人的重要“物品”。从英国人所讲的“文化研究”的角度说，电视机在中国的普及史当是最佳的民族志描述对象；从福柯的知识考古学角度说，电视机这个崇高客体与当代中国的现代性想象之间的“知识”勾连，一定别有趣味。因为在这里，不只是“词”在建构“物”，“物”本身也在建构“知识”，在生产“知识”：不只是现代性和现代生活的“知识”，还有现代主体的“知识”、现代国家的“知识”。

② 有关电视机在家庭空间中的位置，汪民安有一段精彩的描述：“由于电视机是服务于家庭所有成员的，是家庭成员共同的娱乐机器，因此，它应该在室内占据一个特定的空间位置。如果说，其他的家用机器都是在主动地否认自身的存在，它们尽可能占据一个角落并且被掩盖起来的话，而电视机的室内定位恰恰相反，它要醒目，它要便于被看到——是被所有家庭成员方便地看到。这是家庭中惟一可以被反复地看的物件对象。”参见汪民安《电视的观看之道》，《文艺研究》2011年第12期。

人为安排的：这种场所的色情——为了理解其轻淡和未完成状态，最好说色情过程——是无权利存在的：看电视时，我们注定要合家围坐，于是电视变成了家庭的用具，就像以前总是伴有共用饭锅的壁炉一样。①

还有至关重要的一点：家庭。电影观众的构成是暂时逃离了公共性的匿名个体，电视观众的构成是把公共性挪移到私人化的家庭的日常庸众，这是完全不同的两种社会学单位。你可能会说，夫妻、情人、朋友甚至家庭集体看电影的也不在少数，他们难道也是匿名的个体？而在家庭里，一个人看电视也是最频繁不过的事，这难道也是日常性的享用？我这里说的是观看情境的结构意向，而不是具体的观看事实。即便是举家坐在电影院，影院的空间结构和社会建制还是会把你建构为一个孤立的、匿名状态的观看者；即便是一个人坐在电视机前，你的私人空间也仍是外部公共空间的一种延伸，电视总是用外部的公共性来帮助你打发私人时间，电视是私人空间的侵入者和私人时间的盗用者。

看电视固然是发生在家庭私人空间里的一种行为，② 但它不像在电影院那样完全是处在一个孤立的个人化环境中，相反，围坐在电视机前的家庭成员给电视的观看营造了一种互动的氛围。如果说人们走进影院是为了暂时地逃离日常世界的沉闷和喧嚣，那他们回到家里打开电视机又恰恰是为了与外面的日常世界建立联系，是为了和他人一起共享某种常人状态的日常性。这样，以电视为中介，家庭成为私人性和公共性、日常性和去日常性、个体性和社会性等相互连通的一个空间。

当然，把家庭视为电视社会的基本单位不等于说电视一定可以帮助融洽家庭关系，家庭成员聚集在一起营造的互动氛围不等于一定会有实质性的互动发生。恰恰相反，因为电视，家庭成员之间的实质性互动可能更少了。

并且，电视机器不只是建构了一种新型的家庭关系和家庭氛围，还对

① 〔法〕罗兰·巴特：《走出电影院》，《罗兰·巴特随笔选》，怀宇译，百花文艺出版社，2005，第367页。

② 这不是说人们只能在家里看电视，现如今，在咖啡馆、酒吧、候机厅、商场、广场甚至公交车和长途大巴车上，我们也可以看到电视。空间地理的这种不同，将会使“物”的意义也发生改变，但无论如何，家庭仍是电视最适得其所的地方。

家庭内部的性别政治发挥着重要作用，帮助建构了一种新型的“家庭安琪儿”，更准确地说，是新型的“家庭白痴”：因为有电视陪伴，家务劳动变得不再那么枯燥；因为有电视陪伴，男人的缺席变得不再那么令人焦灼。家庭主妇成为电视的重要诉求对象，针对她们的广告、肥皂剧、言情剧、娱乐节目、购物频道等，已经占据了现今电视节目的半壁江山。其实，西方电视产业早期生产模式的转型就与打家庭主妇牌有莫大的关联。英国电视文化研究的代表人物戴维·莫利说：“需要指明的是，电视产业在英国长足发展的驱动力是广告商的利益，他们希望利用这个新媒体促进消费，尤其是吸引家庭主妇的注意，因为家庭主妇掌握着家庭消费的控制权。尽管有些人担心家庭主妇能否操作这项新技术，家庭主妇要承担很多家庭琐事，几乎没有时间坐在电视机前观看广告。为解决这一矛盾，电视节目被重新设计，放弃了最初的‘迷你影院’的模式（因为需要太多的视觉专注），而采纳广播模式，也就是‘有图像的收音机’，即声音为主，画面为辅。这一模式对电视的影响延续至今。这种模式使得家庭主妇可以边做家务边听电视，不需要关注画面，因此成为广告商的服务对象。更为有趣的是，为了避免主妇们连听都不够认真，美国电视竟然首创了一种做法：在电视广告进入时，音量自然增大。”①

最后，电影院里的观看活动是强制性的，观众对于影像的流程既无法控制，也没有选择权，电视的观看情境则完全不同，观众在看电视时不仅可以同时进行其他活动，比如聊天、打电话、做家务等，还可以通过操控手上的遥控器调整和选择收视对象，从一个频道随意地转向另一个频道。就是说，与看电影相比，在电视的观看中，观众有着更大的自主权和选择权。

加拿大传播学家马歇尔·麦克卢汉素以语出惊人著称，在阐述“热媒介”和“冷媒介”的一个著名段落中，他就曾依照受众参与程度的不同把电影和电视置于轴线的两端：“有一条基本的原则可以把收音机之类的热媒介和电话之类的冷媒介区别开来，把电影之类的热媒介和电视之类的冷媒介区别开来。”② 按照麦克卢汉的理解，热媒介只延伸一种感觉，并使之具

① 〔英〕戴维·莫利：《传媒、现代性和科技：“新”的地理学》，郭大为等译，中国传媒大学，2010，第279页。

② 〔加〕马歇尔·麦克卢汉：《理解媒介——人的延伸》，何道宽译，商务印书馆，2000，第51页。

有“高清晰度”，所以受众的参与程度比较低，而冷媒介是一种低清晰度的媒介，所提供的信息少得可怜，需要受众去填补。“热媒介并不留下那么多空白让接受者去填补或完成。因此，热媒介要求的参与程度低；冷媒介要求的参与程度高，要求接受者完成的信息多。”[①] 比如看电影，坐在电影院里的观众实际是孤立于其他成员的，观众之间不允许互动，观众对电影的接受也是被动的、不能选择的，所以电影是热媒介；与之相比，电视是冷媒介，因为受众在观看电视时不仅可以互动和自由选择频道，还可以深度参与到图像的意义生产过程。

麦克卢汉对“热媒介”和“冷媒介”的区分虽然颇具创意，但存在一些模糊不清的地方，需要稍作一点解释。简单地说，麦克卢汉主要是依据受众的参与程度来划定媒介的“热”与“冷”，而受众的参与程度又与媒介提供信息的清晰度以及受众在接收环境中的自由度相关，即受众参与程度与信息的清晰度之间成反比例关系，而与接收环境的自由度之间成正比例关系。如同前面刚刚提到的，电视和广播都是远距离的传播媒介，属于纵向轴上的同一传播谱系，所以它们之间可以同时用那两种函数关系加以比较，即：从信息清晰度的角度说，把单一感觉扩展为高清晰度状态的广播属于热媒介，听众接受信息的自由度比较小，而要求复合感觉的电视就属于冷媒介，观众参与的程度明显高于广播；而从接收环境的角度说，虽然属于同一传播谱系的电视和广播的信息传达都具有即时性或实时性的特征，故而在受众群体中较为容易形成共同体验，可相对而言，广播的信息接收环境更具强制性，受众获得共同体验的程度更大，属于热媒介，而在电视图像相对宽松的接收环境中，受众接受和阐释信息的自由度比较高，属于冷媒介。但电影和电视之间的情形稍有不同。前面同样提到，电影和电视提供的都是连续活动的声音－影像，都需要调动观众的复合感觉，虽然从观众的接收环境来看，正如麦克卢汉所说，电影属于热媒介，而电视属于冷媒介；但若是就信息的清晰度或者影像内容的可理解程度而言，电影显然比电视要更为复杂，它要求观众有更大的主动性和更深的参与，就是说，“热”和“冷”的标准在这里就不太适用。之所以会有这种偏差，一个重要的原因在于，电影首要的不是一般意义上的信息传播工具，它的图像不是简单的“指示性”图像，即它的图像功能不在于指示性图像和图像指涉物

---

① 〔加〕马歇尔·麦克卢汉：《理解媒介——人的延伸》，何道宽译，第51页。

之间的关系，而是要在图像本身的运动当中来完成对意义的“象征性”生产，所以它需要观众的深度参与。相对而言，作为传播工具的电视首先就要求图像内容明确具体，容易理解，即便电视剧，其图像内容的复杂程度也无法与电影相比。

其实，图像内容的复杂程度并不是同为视听影像机器的电影和电视的根本差异，电视也完全可以做出十分复杂的影像，它一味追求影像内容的可理解性并不是因为在技术上有什么局限，而是因为它的大众传播的本性，因为它对收视率的追求以及频道之间的相互竞争。电影固然也追求票房，但它的消费机制（院线的观影机制）一定程度上遏制了其影像过分的庸常化。如果我们把电影的影像呈现也视作一种传播的话，那这种传播和电视传播之间的本质差异实际是在影像流的结构方式上，即电影的影像流是整体性的，要遵从一个总体的逻辑和节奏，而电视的影像流是片断性的，观众随时都可以进入；电影的影像是奇观化的，是多重意义元素的凝缩，而电视的影像是日常性的，是排斥意义的过度含混的；电影的影像是为结构观影者的凝视甚或窥视而存在的，它要求观影者尽可能地“进入”影像的世界，而电视的影像只是为了满足观众对外部世界或日常性的某种瞥视，它不一定要求观众完全“进入”影像本身，而只是为他/她提供一个“旁观”外部世界的窗口。

所以，在电视体系中，节目编制变得尤为重要。所谓节目编制，就是依照现代生活节奏对一天的时间段做功能性的划分，并把每个时间段切分为十五分钟、半小时或一小时这样的片断，然后决定“在什么时间”“以何种方式”“对什么样的受众群体”播放“什么样的节目”。节目编制看似是依照人的生活节奏满足不同的人在不同时间的节目需求，而实际上，它恰恰是对人的生活节奏的一种“设计”和“控制”，它使人的生活时间变成了电视时间，使人的生活节奏变成了电视节奏，比如那些过电视生活的人最喜欢说“现在是看整点新闻的时间”“现在是看天气预报的时间”，我自己在无聊的时候就喜欢说“现在是看韩剧的时间”。许多时候，我们看电视并不是为了看什么，而只是为了看而看，只是因为“现在是看电视的时间”，就像我们经常说的，我们看电视就是为了“消磨时间”。所谓“消磨时间”，就是让时间的流逝在我们的意识中变得隐而不现，就是让时间变成一个“零度价值”的东西，用电视的时间来覆盖存在的时间。

电视的节目编制所带来的主体效果绝不是让时间的消磨变得更有趣味，

而是变得更为隐蔽且更富有生产效应。节目编制是对存在时间的一种摆布，它把生活时间分为不同的时间节段，比如先是按照新闻分为几个大的节段：早间新闻的时间、午间新闻的时间、晚间新闻的时间以及午夜新闻的时间，然后再在每个节段中间填充以其他的内容，广告则作为连接词和小品词一样的东西不时地穿插在里面。在这里，节目编制看似是让我们的生活变得有节奏，而实质上它是让生活的节奏变成了电视的节奏，生活彻底受到电视的操控乃至监控。说得更明确一点，主导节目编制的隐秘逻辑是一种主体生产的逻辑，它是把观看者或者说主体当作产品来生产的，它按照一套严密的语法把各种各样的指令输送到作为受众的主体之内，要求或迫使甚至监视主体在电视的时间之外去执行这些指令，不知不觉间过着一种电视的生活。

三

对于电影和电视的不同，还可以从银幕和显示屏的功能差异来比较。

在电影院的装置中，银幕首要地充当着镜子的功能。电视显示屏就不一样。首先，在我们的起居室里，电视显示屏并非唯一的可见性，它是日常环境的一部分，是众多器具中的一件，但也是器具中的器具，是建构其他器具的空间秩序的东西。其次，电视显示屏的可见性更像一个“窗口”，它是“指示”外部现实的东西，透过它，我们可以“看到”外部世界的种种情态，同时又不一定要与之发生认同。再次，电视显示屏的日常在场及其在日常环境中的切近性或“上手状态”为削平它或它里面的影像与受众之间的距离提供了可能，电视显示屏成为我们从家里向外部世界或日常性延伸的透明中介。最后，电视显示屏并不排斥认同，但更多的时候，它只是在建构一个全视的观者位置，它不是用影院里放映机的投影来引导目光的投注，使观众觉得自己是在画框的外面“目击”所发生的一切。相反，它是通过隐藏在机壳里的电子枪的“扫描”而把观者置于移动性的全视旁观者的位置，处在这个位置的观者与显示屏的关系不是凝神投注的，而是自由的、散漫的。

传播学家时常说，电视是人的视觉以及听觉的延伸，由于电视，不仅全世界变成了一个“地球村”，而且整个世界还被置于可见性之下，尤其通信卫星的运用，使世界的每个角落在电视之眼的搜索下已变得无处遁形。

但电影一定程度上说不也是视觉和听觉的延伸吗？其与电视之眼之间的差别在哪里呢？这恰恰需要考虑技术的因素。如果说电影的银幕是一面映射和投射的镜子，其模型是基于透视之眼的焦点凝视，那么，电视的屏幕就是一个消除了边界或景框的移动的窗口，观众不是在窗户之外，而是在窗户之内，他先在地就是电视之眼的凝视对象，他是作为这一被看对象来观看眼前的一切的。在这里，在中介化机器的作用下，看与被看不再是处在对立的空间的视觉运作，而是在一个流动的拓扑空间中的相互渗透。在电视屏幕所建构的视觉场域里，不是我们的视觉得到了延伸，而是机器的视觉延伸到了我们这里。鲍德里亚说，"电视之眼"的出现意味着文艺复兴以来的"绝对凝视"或基于某一焦点的"全视体系"的终结：电视之眼不再是绝对凝视的源泉，而且控制的理想也不再是透明性的理想。后者仍然假定了一个客观的空间（文艺复兴的空间），以及一个掌控性的凝视的无所不在。后者即使不是一个囚禁性的系统，也至少是一个计划性的系统。可能更加微妙，但总还是外在的，把玩看与被看的对立，尽管全视的焦点有可能是个盲点。与之不同，当你观看电视时，"再也不是你在看电视，而是电视在看着你（现场直播）"。换句话说，"再也不是你听见'不必惊慌'，而是'不必惊慌'在听你"——从全视的监视机器（《规训与惩罚》）转变到了一个威慑系统，在那里，被动与主动之间的区分被取消了——这个社会不再是说服的社会（那是宣传、意识形态、公共性等的古典时期），而是一个威慑的社会："你就是信息，你就是社会本身，你就是事件，你已经卷入其中，你有发言权，等等。"通过这个模糊的面容，去定位模型、权力、凝视、媒体自身的情形变得不可能了，因为你总是已然处在另一方。不再有主体，不再有焦点，不再有中心或者边缘，只有纯粹的流动或者循环的不动。不再有暴力或者监视，只有"信息"、神秘的病毒、连锁反应、缓慢的内爆和不断上演实在界的效果的空间拟像。①

正是基于电视机器的种种特征，西方有许多学者称电视是后现代主义文化的机器载体，并因此从后现代主义的角度来讨论电视文化。

例如吉姆·柯林斯说："在批评领域中，对电视与后现代主义之间的某种活动关系的拓展性研究是不可避免的，却又几乎是不可能的。不可避免，

① Jean Baudrillard, *Simulacra and Simulation*, trans. by Sheila F. Glaser, Michigan: University of Michigan Press, 1995, pp. 29 - 30.

是因为电视常常被人们认为是后现代主义的典范，而后现代主义又常常作为单纯的‘电视文化’被加以封杀。几乎不可能，是由于电视与后现代主义两者作为批评对象都具有丰富的多样性；两者在当下都经历着范围广袤的理论化，而这种理论化很少有——如果有的话——公认的首要原则。”①

约翰·斯道雷更明确地指出，柯林斯把电视视作后现代主义文化的“典范”，“这个结论是以电视作品文本和语境的一些特点为基础的。如果我们以消极的观点来看待后现代主义，把它作为模仿的领域，那么电视似乎是这个过程的一个明显的例子。据说是电视把错综复杂的世界简化为不断变化的肤浅平庸的视觉现象。另一方面，如果我们以积极的态度来看待后现代主义，那么电视的视觉和言语实践可以看作故意玩弄互文性和‘激进的折衷主义’，鼓励和帮助后现代文化的‘世故的半瓶子醋’”②。

再如尼古拉斯·阿伯克龙比，他认为“电视是典型的后现代主义形式。这一方面体现在电视图像和零散式播放这一方法时所产生的全面影响上；另一方面，个别的节目也是后现代主义的，因为它们冲破了界限，突出外表，自我指认，既非写实，又非叙事”③。

连詹姆逊这样的批判性的后现代理论家也持有同样的观点。在他看来，机械复制技术带来的距离的消失和类像的无所不在是后现代文化最典型的表现，而电视的形象复制可谓集中了后现代主义的全部精粹。

以上种种观点不过是把后现代主义文化的标签——比如浅表化、距离感的消失、符号的轰炸、能指的嬉戏、互文性、形象拼贴、折衷主义等等——贴在电视的形象文本上，进而把电视的形象文本视作电视的本质。但问题的关键恰恰在于，电视的后现代本性并不是源自其形象表征，而是源自它作为一种传播机器的运作，前者只是后者的结果而已。也就是说，当我们称“电视是后现代视觉机器”的时候，指的是这个机器所造成的新的人-机关系和新的感知模式，就像鲍德里亚在许多地方说到的，电视及当代大众传媒被接受、吸收和“消费”的，与其说是每个场景，不如说是

---

① 〔美〕吉姆·柯林斯：《电视与后现代主义》，罗伯特·艾伦主编《重组话语频道》，麦永雄、柏敬泽译，中国社会科学出版社，2000，第332页。

② 〔英〕约翰·斯道雷：《文化理论与通俗文化导论》（第2版），杨竹山、郭发勇、周辉译，南京大学出版社，2001，第276页。

③ 〔英〕尼古拉斯·阿伯克龙比：《电视与社会》，张永喜等译，南京大学出版社，2001，第46页。

所有场景的“潜在性”。不妨选取三个方面即实况性、真实性和娱乐性来对这个“潜在性”做进一步的分析。

在推崇肯定性价值的电视话语中，人们时常把实况性或同步性作为一个理所当然的事实来为电视的存在进行辩护，电视的远程传播所带来的时空距离的“消失”被视为这个传播机器的最大优势。

首先是空间距离的“消失”。随着通信卫星在电视网络中的运用，电视不仅代表着对空间距离的克服，而且代表着对空间距离的消除。这一消弭距离的意志在电视发明之初就已经存在，正如英文中“Television”一词的合成形式所显示的，“电视”即把远方发生的事件显现于眼前，是通过技术的集置把发生于不同空间中的事件摆置到眼前。英国“文化研究”的代表人雷蒙德·威廉斯说：

> 电视的主要优势在于，它能够使我们看到远方发生的事件。合成词选中了这种性质，如望远镜、电报、电话、通灵术，这些都以tele为合成形式，tele取自拉丁文“afar”，与“telos”（“目的”）有关。然而，在每天播放的大多数节目中，距离在任何实际意义上都不是首要因素。我们在一个地方，通常是在家里观看另一个地方发生的事情，虽说距离变化不等，可是通常这并不重要，因为科技已经弥合差距，建立了亲近关系。①

电视真正实现了人类长期以来想要占据上帝那样的全视位置的梦想。自文艺复兴确立以人为中心的观念开始，人就一直想成为上帝一样的全视者，为此有了各种各样的全视机器，望远镜、透视法、摄影术，等等，它们不仅是“观察者的技术”，也是确立主体位置的象征机器。而只有到电视时代，这一全视观察者的理想才真正得到了实现。尼古拉斯·米尔佐夫称电视是一种“幽灵写作”，因为它赋予了人类通灵术一般的“超视力”，一种“天眼”：

> 我一直称“全景敞视主义”是一种超视力。超视力在降神会上指

① 〔英〕雷蒙德·威廉斯：《电视：文化与政治形式》，参见王逢振主编《电视与权力》，天津社会科学院出版社，2000，第25页。

> 的是“用天眼观看”（seeing with the eyes closed）——这当然是通神巫婆的技能——尤其是看遥远的东西，我们现在称之为电视的能力。因此，超视力表现了人们对不受限制的视力的渴望。①

其次还有时间距离的“消失”。借着卫星转播技术的成熟，电视也完成了对事件的实时播报。电视的欲望根本上就是一种时间欲望，这一欲望不再是为了缩短时间差，而是要从根本上取消时间差，让传播时间变成没有任何间隙的实况时间，并由此消除异地空间的距离，使空间“实时化”。保罗·维利里奥说，实时化的出现使得实际的空间变成了“实况时间”的影子，空间上的“此地”变成了时间上的“此时”。

实际上，实况时间不只是消除了现实的空间和时间的间隔或“距离”，它还使电视获得了实况性或现场性的优势，让电视的传播本性得到了最彻底的彰显。技术赫然可见的优势让电视传播的权威性有了物质性的支撑。可我要问的是：只是如此吗？技术真的有那么清白吗？

维利里奥说，电视传播对时空距离的消除最为典型地体现了这个加速度时代的速度逻辑，以至于出现了一种速度的政治经济学。在今天，不仅知识是一种权力，速度本身也是一种权力，如同拥有知识就是拥有了权力一样，掌握了速度也就等于掌握了权力，也就等于获得了由速度的暴力所产生的权力支配形式，维利里奥称之为“速度政权”（dromocratie）。速度政权的本质在于以速度学的逻辑来构建社会总体性的图景，让无间隙的零度时间或实时成为主宰一切的因素，维利里奥说，这一在大地上生发的科技景观已经“把我们带入一个人造的拓扑学的时空中，地球上的所有表面都变得彼此面面相对”②。

实况性、同步性或实时性的追求是现代性的速度逻辑的必然，其结果不只是让世界变成了所谓的“地球村”，更是让这个世界彻底地新闻化和媒体化了。实时性是时间和空间“间隙”的消灭，它让事件实时地发生在我们眼前，让异在的、陌生的，甚至与我们全然无关的东西变成我们日常生活的一部分。这样，我们即便身处偏隅的一室，即便关上门窗远离尘世的

---

① 〔美〕尼古拉斯·米尔佐夫：《幽灵写作：视觉文化构想》，参见吴琼编《视觉文化的奇观》，中国人民大学出版社，2005，第232页。

② 〔法〕保罗·维利里奥：《战争与电影》，孟晖译，南京大学出版社，2011，第132～133页。

喧嚣，也能和这个世界融为一体，在实时的共享中把自己置于那光影的跳跃和闪烁。在这个时候，不是事件进入了我的生活，而是我进入事件之中，是我成为光电靶的瞄准对象。

实况性和现场性即客观性和真实性。电视机器是一个生产透明性的机器，它至少是把这一点作为最高的理想来追求，电视的传播学话语也正是在这个前提上把自己变成了一个教人如何消除“噪音”的教程。

上面已经强调了，电视和电影的一个本质区别就在于电视是严格的传播学意义上的传播机器，① 而“客观性”和“真实性”正是传播学的本体论诉求，是传播学求得自身合法性的话语内核，也是现今的电视研究——许多时候，它径直被归入媒体研究——的话语内核。那么，客观性和真实性作为传播学的本体论诉求究竟是源自一种理想还是源自对客观性和真实性话语本有裂隙的一种缝合策略？这一传播学的“知识”究竟是怎么产生的？传播学的浅薄之一就在于它根本回避此类问题，它认为这种元理论的纠缠是形而上的、无意义的，进而认为那些纠缠者是愚蠢的、偏执的、精神不正常的，于实践全无益处。实际上，我们根本不需要花费脑力去回应传播学教材的条分缕析，我们只需直接面对传播学家口口声声的传播实践。

传播是什么？传播是交流的艺术，也是说服的艺术，亦即它是一种言语实践活动，是依照一定的语言学规则来进行有效的表达和信息传输，其前身就是古希腊罗马的修辞术。但是，由于技术维度的介入，现代意义上的传播与古代的传播有了根本的不同。现代媒介是技术化的媒介。古代的传播是口传的、面对面的，所以其人为的操控性是可见的，即便在书本文化的时代，字迹的明显在场、语言的线性律动、论证的层层推进等也都暗示着人为的浸透，暗示着作者的在场形而上学。而在技术化的媒介中，信息的编制和传输被中介化了，技术的在场对人的在场的取代导致了一个传播幻觉，即信息是中立的、透明的、客观的，因为现在是机器而不是人在看和说，机器是不会撒谎的，机器的记录是最可靠的，是可作法律证据的。

---

① 所以，电视和广告的联姻被视作理所当然的事，电视供应商提供的几乎所有节目都必然以广告作为支撑，在这个意义上，电视节目与广告的关系应当反过来看，即广告才是电视的主体，广告时间是真正的电视时间，节目不过是广告时间当中的插播品，是随广告捆绑销售的诱饵，或者说是为了吸引你去看广告的馈赠物。与之相反，在电影中植入广告则被视为不道德的行为，是不法商贩才会做的事。有人会说电影也是传播工具，这其实是在广义上说的，虽然我们并不否认有传播学意义上的电影，例如纳粹德国时期拍的许多政治宣传片。

现在是机器代表着权力，机器成为能指和所指的聚结地，成为符号本身，而不只是生产符号的东西，人按照与机器的关系而分为拥有机器的和不拥有机器的：谁拥有了机器，谁就拥有了权力，就可以享用权力运用所带来的快感；而那不拥有机器的就只能任由机器宰制，他充其量只能享用机器生产给予他的剩余快感。

传播追求客观性和中立性。然而，一个赫然在目的事实是，人为性并不会因为机器的介入而消失，它只是被机器的躯壳隐匿起来了。传播学和新闻学有许多交叉的地方，但有一点它们之间不同：新闻学把报道的客观公正性视为基本的话语要求，因而人为性被作为传播过程中的“噪音”需要尽力消除；传播学虽然也主张避免人为性的干扰，但许多时候它恰恰是通过制造“噪音”以达到传播的效果，因为传播的本义不是客观性，而是扩散性，传播就是要让更多的人去知晓，而包括人为性在内的“噪音”的制造恰恰就是让人去知晓的重要手段。在这一点上，传播机器总是面对着一个悖论性的要求：一面是客观性，另一面是收视率。前者要求消除任何会干扰信息的客观传播的“噪音”，后者要求尽可能扩大收视范围，为此甚至需要利用“噪音”的能量。我们不妨把这称为“噪音的经济学”，就此言之，传播学就是对“噪音”的边际效益的一种核算。

因此，传播是什么？我的回答甚为简洁：传播就是“放大”，不只是信息所要求的效果的放大，也是信息的内容的放大。但不要误解，说传播的本质是放大，不等于说传播者在夸大或说谎。传播者可能说的是真话，但问题的关键不在于传播者说了什么，而在于他是利用传播机器在说，在于他的话语是通过传播机器发送和播撒出去的。传播是一个过程，是信息或内容从一个场域传递到另一个场域，传播的效果是在过程中产生的。在这个过程中，传播的内容将经受双重的放大。换句话说，我所谓的“放大”，首先是指人们利用机器对所再现事件的“选择”和“讲述”，在这一过程中被隐性植入的传播者意图将因为机器的介入而变成一种客观的讲述；其次传播还是信息体的送出和扩散，同样因为机器的介入，那些异时异地或同时异地甚或同时同地发生的事件以“特写”的形式摆置在受众的面前，成为注视的对象。一个本来与你无关的事件，一旦诉诸传播机器被送达你的眼前，就会成为你的事件，这就是放大。例如一只松鼠在树林间跳跃，那不过是在应合自然的节奏，可当它被呈现在电视画面上或进入《动物世界》的时候，它便脱离了自然的熟识性的背景，获得了陌生化的特质，成为一个自然奇观。

传播的放大意味着客观性、真实性的形而上基础的消解，客观性和真实性现在是作为一种话语诉求被纳入放大的范畴，成为放大的策略和手段。这不是说客观的真实事件根本不存在，在世界上，在我们的周围，每时每刻都有无数的事件在客观真实地发生，但这些自在的事件一旦脱离语境进入传播程序，或者说一旦传播机器使事件与所发生的语境相剥离，其客观性和真实性也就失去了支撑其存在的价值，因为我们现在看到的是发生在机器中的事件，是被机器阐释过的事件。例如“新闻”，在我们通常的理解中，只有重大的或新奇的事件才可构成新闻事件，亦即事件本身的性质决定了其在媒介中的传播价值。可实际上，在传播的时代，事件的新闻性根本不是由事件本身决定的，而是由机器决定的，是机器和人的欲望合谋的结果。任何事件，只要进入传播的程序，只要通过机器从远方传送到电视家庭的内部，便会具有新闻价值，麦克卢汉的“媒介即信息”说的就是这个意思，尼尔·波兹曼对此解释说：“火灾、战争、谋杀和恋情——如果没有用来宣传它们的技术，人们就无法了解，无法把这一切纳入自己的日常生活。简而言之，这些信息就不能作为文化的内容而存在。‘今日新闻’的产生全然起源于电报的发明（后来又被其他更新的大众传播工具发扬光大），电报使无背景的信息能够以难以置信的速度跨越广阔的空间。‘今日新闻’这种东西纯属技术性的想象之物，准确地说，是一种媒体行为。”①

所以，当传播追求“真相”的时候，当它让细节从情境中孤立出来成为一切成因的时候，它往往是在让“放大”成为真相。所谓新闻事件，不是指已发生的事，而是指被报道的事，“事件”是被制造的，而不是本然如此。法国理论家贝尔纳·斯蒂格勒说：“只有被‘报道’了，事情才会‘发生’或‘来临’。至少有成千上万的事来临了但没发生，或发生了但没来临，因而对于不知姓名且不确实的接收者来说，这些事既没发生也没来临。”②

那么，被传播放大的到底是什么东西？不是事件本身，而是事件的“意义”，是事件在传播过程中衍生的意义，是作为意识形态机器的电视及

① 〔美〕尼尔·波兹曼：《娱乐至死·童年的消逝》，章艳、吴燕莛译，广西师范大学出版社，2009，第9页。

② 〔法〕贝尔纳·斯蒂格勒：《技术与时间2·迷失方向》，赵和平、印螺译，江苏译林出版社，2010，第131～132页。

电视制度对于事件的“阐释”。要知道，电视传播的载体只能是表征化的形象，是经过编码的“原始”事件，而这个编码的过程就是生产意义的过程，是各种意义被隐性植入的过程。对于电视而言——也许所有的表征实践都是这样，但电视传播尤其如此——所谓“真实性”或事件的“真相”其实是一个已然永久失落的理想，传播学的“真实性”话语或者说其对“真实性”的诉求只是为支撑这个理想而设计的一个幻象脚本，说得更明确一点，电视机器及传播学话语对“真实性”或“真相”的诉求不是为了抵达那里，而是为了压抑它、否定它，是为了将它涂上膏油永久地封存。

最后是电视机器的娱乐功能。在现今的电视话语中，娱乐性常常被视作电视的肯定性价值的重要体现，这不仅因为电视是一个生产娱乐的机器，还因为它是大众娱乐的机器，其为大众提供的快感享受最能体现民主化时代的政治理念，其对精英与大众、高雅与通俗等传统二分的消解乃是对民主价值的一种实践。

当然也有许多人对电视的娱乐价值持反面看法，认为电视的娱乐至上会导致节目的庸俗化和媚俗化，进而会导致教育学的灾难，甚至会破坏社会的道德秩序。有人还意识到电视的娱乐追求与商业利益的驱动是一致的，所以阻击娱乐化和庸俗化的手段之一就是限制电视的过度商业化，甚至让电视与商业化彻底切割，让它作为单纯的传播工具发挥作用。

以上两种观念看似对立，实则是一回事，都是基于对电视娱乐性的孤立认知。一个不容否认的事实是：电视作为大众传播工具，娱乐性是它赖以生存的基本要素，这个要素的功能就是为观看提供一个诱惑结构，以帮助完成电视的商业目的。所以，因为庸俗化而否认电视的娱乐性，或者基于娱乐的大众化、民主化来为电视的价值进行辩护，这都是极其天真的想法，都是对电视价值的误认。

其实，电视的原罪不在于它给人提供娱乐，而在于某些本应受到质疑的观念结构或社会意识形态在娱乐节目中的内置，或通过娱乐节目完成其向日常世界的渗透和“偷渡”。这就是说，在电视的快感生产背后，另有一套快感政治。如果说电视的新闻节目和教育节目常常伴随有某一种主导意识形态的明确在场，或者它干脆就是以传播那种意识形态为己任，因而为这一意识形态的正当性和合法性提供辩护也就成了传播的一部分，那么在娱乐节目中，某一意识形态的明确在场对娱乐效应就会是一种伤害。所以娱乐节目往往是远离“政治”的，它不会愚蠢地主动挑起种族、性别、阶级的议题。远离“政治”是娱乐节目最大的政治，是快感“政治”的最大化，因为正是在这种远离中，正是在快感对意识形态的覆盖中，各种各样的“政治”才得以合法地进入，它们被编码为一些中性的、非意识形态化的、普遍同意的“自然”形式，随快感的注入而输送到受众那里。正是在这个意义上，不妨说，娱乐节目是意识形态最保守的大本营，电视机器的娱乐功能本身就是一种元意识形态，它最没有意识形态色彩，却能把意识形态的效益最大化。

那么，受众在快感政治中只能是被动的接收者吗？伯明翰学派的斯图亚特·霍尔的“编码-解码”理论为回答这个问题给出了一个模式。

在《电视话语中的编码与解码》(1973) 一文中，针对传统的大众传播研究将传播过程描述为从信息发送者到接收者的线性模式，霍尔强调，电视传播作为一种社会表征实践是由包含生产、流通、消费和再生产在内的诸多环节构成的复杂结构，每一环节各有自己的特性和特殊形态，保持着自身的种种形式和存在条件。所以，对电视传播的研究不能仅限于所谓的“内容分析”，而是必须就构成信息的话语形式在不同实践环节的结构形态来思考其意义的生产和流通。

霍尔指出，电视传播中的意义流通要经过三个不同阶段：首先是信息编码的环节，在这个阶段，编码者（电视工作者）对“原始”事件进行加工处理，以形成电视话语，但如何加工，取决于编码者的世界观和意识形态，就是说，在此占据主导地位的是编码者；接着是编码者生产的“成品”进入到流通的阶段，这时占主导地位的是电视传播机器的话语规则，如节目编制和播出方式等，其功能主要帮助“作品”实现其意识形态效果；最后是“解码”阶段，即电视受众对所接收的信息进行解读的阶段，在这个阶段，居于主导地位的是充当解码者的受众，他们的世界观和意识形态将决定其对信息的意识形态内涵的适应程度。

相较于法国理论对话语、意识形态及主体建构的论述而言，霍尔的“三阶段说”本身并无太多新奇之处，但其中还是提示了十分重要的几点：第一，电视传播中的意义生产是一个多元决定的过程；第二，意识形态符号化的编码过程及编码的传播实际是一个去意识形态化的运作，是让意识形态效果以一种隐性的在场发挥作用；第三，编码者和解码者对信息的内涵的理解不可能完全一致，这与他们各自所处位置之间的对称程度有关，“符码之间缺乏相宜性在很大程度上取决于广播者和听众之间关系与地位的结构差异，但也取决于‘信息来源’与‘接收者’符码之间的不对称性。”①

正是基于对解码环节的强调，霍尔指出，在电视话语的流通过程中，意义和信息不是被简单地传递，而是由解码者再生产出来的。进而，他依照受众相对于编码的不同位置或立场描述了三种解码模式：假想的“主导-霸权”的立场，即受众的解码立场与电视制作者的编码立场完全一致，他完全在主导符码的范围内进行操作，这是一种非常理想化的传播状况；“协调的符码”的立场，受众在主动的理解的基础上解读并加工意识形态的内涵，并在以协商或商谈形式进行的译码过程中，混合着适应性和对抗性的因素；“对抗的符码”的立场，即受众以一种与编码者全然相反的方式去解码信息，并在另一个参照框架中将信息再次总体化，赋予信息全新的意义，以此种“意义的政治策略”来完成话语斗争。②

美国人约翰·菲斯克在霍尔的基础上对电视的快感政治有进一步的讨论，其中特别发挥了电视受众对电视节目的主导意识形态进行对抗性阅读的方面，他称此为“符号式”反抗，即大众通过利用边缘意识形态的编码来对霸权力量进行的符号学意义上的抵抗。

菲斯克的讨论是基于对大众的一种积极理解，即大众并非乌合之众，而是一种能动的、具有创造力的力量。就与权力的关系而言，虽然大众并不握有建构社会体系的社会权力，但作为意义和快感的生产者与消费者，他手中握有取之不尽的符号权力，大众文化就是对符号权力进行重新分配和再生产的场所。菲斯克说：“但我们需要的‘快乐理论’应当超越意义和意识形态，要以创造意义为中心，而不是以已创造的意义为中心。这就是我所说的电视的‘符号民主’带来的推动力，也就是电视向观众开放它的话语实践。”③

霍尔和菲斯克的符号对抗虽然是对西方民主制电视体系和电视观念的一种呼应，但他们对受众的介入性的召唤至少为反观电视提供了一条可行的通道。实际上，受众的对抗性观看之所以可能，一个重要的方面就在于：

① 〔英〕斯图亚特·霍尔：《编码，解码》，罗钢、刘象愚主编《文化研究读本》，中国社会科学出版社，2003，第348~349页。

② 〔英〕斯图亚特·霍尔：《编码，解码》，罗钢、刘象愚主编《文化研究读本》，第356~358页。

③ 〔美〕约翰·菲斯克：《电视文化》，祁阿红、张鲲译，商务印书馆，2005，第345页。

电视文本和受众的邂逅并不是一个独立地发生的事件。相反，它是发生在多重力量交织而成的场域中的事件。在那里，受众的符号资本是多种多样的，它们有可能受制于不同的“利益”要求。例如一个人可以同时是一个女人、一个有色人种、一个印度教徒、一个社会主义者、一个同性恋者、一个环保人士，等等，每一种社会身份都有其主导的符号资本，有特定的“利益”诉求，这样的一个受众在对电视节目进行解码式“阅读”的时候，极有可能生发出与节目编码相冲突的符号力量。所以，反观电视并不是一个遥不可及的梦想，每个人，不论其社会地位、受教育程度、族群归属等等为何，只要积极启用自己的符号资本，只要对电视节目采取距离化的态度，就能够一定程度地摆脱电视的意识操控，就可以在观看中完成对电视权力的象征性倾覆，并可以在这一倾覆中让自己的符号资本得到滋养。

电视是一种权力，反观电视也是一种权力。在这两者的角力中，我深信，沉默的大多数才是真正的主宰。

手机-人：身体、空间与文化*

杨致远**

摘要 作为互联网通信技术发展的最新产物，智能手机与公众的日常生活已全面交融在一起，对社会个体产生了重要的影响。借助不断更新的技术，手机不断激发人身体的各种感官体验，使人体对其产生了强烈的依赖性，二者形成一种日益紧密的共生关系。通过汇集各种空间，手机极大拓展了个体的精神空间，并为个体发展出众多新的日常实践方式。在诸多实践方式和虚拟空间的作用下，个体的身份认同更为动态，身份意识更为碎片化，手机成为个体交往活动中自我呈现的重要舞台。最后，汇聚了技术与文化力量的手机将人召唤为更具消费文化、大众文化、媒介文化色彩的主体，既培育了主体的欲望空间，也为主体提供了一个创造性的空间。

关键词 手机 身体 空间 身份 文化

Abstraction As the latest product of Internet communication technology, smartphone and the public daily life have been fully blended, which has had an important impact on the social individual. With the constantly updated technology, the mobile phone constantly stimulates various sensory experiences of the human body, and the latter in turn has a strong dependence on it, which results in an increasingly close symbiotic relationship between

---

* 本文为国家社科基金重大招标项目“西方新马克思主义文论与空间理论重要文献翻译与研究”（15ZDB085）的阶段性成果之一。

** 杨致远，上海大学上海电影学院在站博士后，西安外国语大学新闻与传播学院讲师，主要从事影视艺术、媒介文化的研究。

them. Through the collection of a variety of space, mobile phone has greatly expanded the space of the individual spirit, developing a number of new daily practice for the individual. Under the effect of practice and the virtual space, the identity of the individual is more dynamic, the consciousness of identity is more fragmented, and the mobile phone becomes an important stage for self-presentation in the activities of individual communication. With the combination of the technology and cultural power, the mobile phone will summon the individual as the subject of consumer culture as well as that of mass culture and the media culture, which not only fosters the desire space of the subject, but also provides a creative space for the subject at the same time.

Keywords Mobile phone Body Space Identity Culture

“在现代技术中起支配作用的解蔽乃是一种促逼，此种促逼向自然提出蛮横要求，要求自然提供本身能够被开采和储藏的能量”。

——海德格尔《技术的追问》①

“手机－人”之间的连接符是一个权宜的选择，它难以精确且一劳永逸地表明当前我们与手机发展出的复杂关系。毋庸置疑，手机已经与我们的日常生活全面密切地交融在一起。学者汪民安用一个形象的比喻描述了手机与人体的关系：“实际上，它已经变成了人的一个器官。手机似乎长在人们的身体上面。”② 诚然，手机如此深入地进入人们的各种生活场景——走路、吃饭、坐车、等待、睡觉、如厕、聚会、旅行观光、学习、工作、开会、欢庆——甚至事故灾难现场，以至于没有手机的时刻似乎令人难以忍受、坐卧不安，没有手机的生活似乎难言乐趣。对于很多在网络手机环境中成长起来的年轻人来说，若要剥夺了手机，无异于夺去了生命的乐趣与灵魂，而不再是“如同切掉了一个器官”、身体能力被削弱那么简单。

正如汪民安富于洞见地观察到的，手机不仅像一个器官那样与人的身体建立了密切难分的关系，造就了“一个新的人和机器的混合体”，而且深刻地改变了人的社会行为，为人的“社会化”赋予了新的内涵，无法逆转

① 〔德〕马丁·海德格尔：《技术的追问》，《海德格尔选集》，孙周兴译，上海三联书店，1996，第932～933页。

② 汪民安：《手机：身体与社会》，《文艺研究》2009年第7期。

地改变了人与人的交往方式和社会关系，甚至塑造出了新的典型性的存在境遇。[①] 时隔六年，我们审视当前手机与人的关系，他的论断仍体现出了极强的现实性和适用性。不过新的现实又以令人惊叹的速度不断出现。由于智能化技术的运用，手机已突破了以语音电话、文字短信息为主的功能限制，与移动互联网络的联姻让手机成为一个强大的信息端，一个自媒体设备，个体可以借助它展开即时的信息接受与发布活动；手机开始强有力地冲击、改变报纸、电视、电影等大众媒介的文本形态及文化产业模式；微博、微信及其他数量庞大的 APP 软件的出现，表明手机对人们的社交关系及方式产生了更为深入的推动作用。手机的智能化俨然成为近十年来最为重要的信息技术革命，且新的技术还在将这一趋势快速向前推进。

手机与个体的现实关系已经发生了诸多新的变化。在这些新变化中，我们的身体体验、存在空间及身份认同的特征都产生了相应的改变。

一　身体：动作与体验

手机改变了我们身体的日常姿态。在手机主要被用于语音通话的时期，人们“手握着手机，斜插在嘴巴和耳朵之间，这已经是一个固定的形象”[②]。如今，智能手机不仅斜插在嘴巴和耳朵之间，还被放置在面前，作为一个小小的电影屏幕/电视荧屏/游戏界面/信息窗口吸引人们观看。痴迷于手机的人群被冠以“低头族”的称谓。“低头的人”仿佛已成为人类进化的最新阶段。长期操作手机让人们（特定的几个）的手指变得异常发达。除了点、按的动作，人们还频繁地用手指在手机屏幕上划来划去。有时，不同地区的人们还会拿着手机摇，以期参与到某个特定的活动之中。

或许，这便是手机对身体的成功规训。我们的身体不自觉地臣服于手机的隐形指令。其中，手机对身体体验的激发、强调与塑造起到了重要的作用。马歇尔·麦克卢汉（Mashall Mcluhan）的著名论断“媒介是人体的延伸”固然正确，但更重要的是，媒介在延伸人体的同时带给了人体诸多新鲜的体验。在很大程度上，新的身体体验正是人们对技术产生强烈依赖的内在源泉。前智能化手机主要侧重于让处于不同空间的人们进行即时沟

① 汪民安：《手机：身体与社会》，《文艺研究》2009 年第 7 期。
② 汪民安：《手机：身体与社会》，《文艺研究》2009 年第 7 期。

通，增强了人的听觉能力，是耳朵的延伸，对其他感官体验、能力的诉求比较薄弱。智能手机则对人体的其他感官体验进行了全方位的开发。其中最为发达的当属视觉。自从引入拍照功能，手机就开始成为一个重要的视觉器具。新手机产品的推出，照片像素、图像处理、视频的录制及播放、屏幕界面等视觉化功能都成为首要强调的方面。不同手机操作系统及大量手机 APP 应用软件的更新与竞争，很大程度上要靠视觉体验来体现。“土豪金”“玫瑰金”“女神紫”等具有标出性的颜色设计便是在诉诸视觉体验与想象的同时，实现了“个性化”“区隔化”的社会学效用。很多时候，人们沉溺于手机带来的视觉体验而非听觉体验，这正应和了“视觉文化”是这个时代主导型文化的状况。

手机操作界面及 APP 应用界面的视觉修辞也是加强我们与手机互动的一个重要方面。在便捷、实用、安全的核心要求之外，手机或应用软件的整体视觉风格的定位、图标文本形式的设计、信息的布局及层级结构安排，越来越追求通过视觉性修辞带给人们更为舒适愉悦的使用体验。这些形式表达既是媒体“个性”的表现，又能在使用过程中成为个体“个性”的征象。其中，更逼真的虚拟、新奇的动感设计、更具视觉冲击力的色彩搭配和外观设计等都是视觉修辞的主要表现。借助视觉修辞，手机成功地再生产出我们观看和参与的欲望。对于我们的欲求和手指的每一次动作，手机都将以不同的信息及其空间作为回应与许诺，而它的回应与许诺，又会呼唤着我们与它的再一次互动。

从最初单调的声音到后来的和弦再到当前细腻震撼的声音效果，高品质耳机、通话中的抗噪音干扰处理等声音设备、技术的应用，均体现出手机对人听觉体验的不断提升。在通话人声之外，我们渴望听到更多。借助网络信息存储技术，海量悦耳的歌曲、影视作品的声音、游戏声效以及可自由录制的声音，都从手机中源源不断地播散出来。作为一个日常生活中的宠物，手机还要被我们频繁地触摸。机身的材质、按键及屏幕的力反馈，每当它们以一种更新的姿态出现时，都会唤起我们的触摸欲望，让我们沉浸在程度不同的愉悦之中。或许不久的将来，手机还将带给我们嗅觉的激动。

“注重用户体验”——消费时代商品生产者喊出的最响亮的口号，亦是其生存之道。根本上，用户的体验来源于身体感官的直接感受。人们对手机的更换，其根本在于身体体验的更新欲求。然而，没有双向的运动，任何体验欲求都会趋于萎缩。就此而言，手机对身体体验的激发、拓展、强化及相应的身体对手机越来越深的依赖表明，人体与手机的互动日益加深。当人们借助手机主要寻求与真实的人进行即时的沟通时，手机仅仅是一个工具、中介。智能手机通过引入互联网络、图像生产、传播等技术，成功地转变为一个集信息传播、社会交流、娱乐休闲、生活服务于一体的强大之物，使人体与它的互动交流随之牢固地建立起来。

语音软件 Siri 曾称呼使用者为“主人”。它总是亲切地询问我们有什么问题，我们提问或发出指令，它做出回答或启动某些程序。它能识别各种语音，能回答各种领域范围的问题，还能机智地应对使用者的有意捉弄。事实上，Siri 典型地体现了手机与我们的互动特点。手机具有一种亦真亦虚的“他者”色彩。虽为物品，然而它的在场，便是对我们发出的交往邀请——我们总要和它建立一种联系。这种联系真切而又虚幻：真切于物质性的接触及感官体验的激荡，虚幻于它的“主体性”的难以确证。同时，这种联系安全而又令人愉悦。处于信息加速度旋涡中的现代个体，对于信息有着难以抑制的渴望。而手机似乎具有一种天然的信息生产性——源源不断的信息从中涌出，吸引我们去打开、进入。处于各种信息流之中，我们贪婪地吸收，获得对外部世界的认知，仿佛生命因之而充实。在生活加速度的作用下，我们需要越来越多的生活信息——外出旅行、金融理财、购物饮食、医疗健康、影音娱乐、社会交往、运动健身、办公、消费活动、生活服务、艺术练习，等等，一部手机尽可以满足我们以上方面的信息需求，并促发我们相应的各种社会实践活动。

各种 APP 应用层出不穷，其功能不断拓展，其中的信息分类整理越来越科学、智能、实用，搜索能力愈发强大，俨然成了“手机－人”的全面生活指导。如今，语音智能对话、记录人体运动轨迹、监测身体状况、识别人体指纹等技术已在手机中完全实现。不久的将来，手机协助诊疗身体健康情况、身体为手机充电、手机对人脸的智能识别、手机集成投影技术延伸其屏幕空间及操作界面、手机运用“体印”技术根据人的耳朵、手掌、手指形状等身体轮廓识别使用者，这些新技术也会逐步实现。无论哪种技术，其核心之处显然都在于手机与我们身体越来越深的互动卷入。

人体是一个混沌的经验大陆，以手机为代表的各种技术正在对我们的身体体验进行全方位的开发。如果说前现代社会的身体体验更多地通过对日常细微的事物的凝神感受而获得，那么现代社会中的身体体验主要是被快速变动外部的层出不穷的新事物激发出来的。在接连不断的刺激下，我们的身体变得渴望更多、更强的刺激。不过，剥开刺激这个外壳，内里的情感之核赫然入目。“媒体经历是情感经历”①。显然，以智能手机为代表的各种新媒体带给人体的种种刺激，生产出富有正面价值的情感体验——渴望、满足、愉悦、放松，以及幻想。这也是当手机损坏、丢失或暂时性匿迹时人们会不由自主地焦虑、烦躁、不安的原因。当人对手机的情感依赖越来越稳固地建立起来，手机便成功地开启了“动作唤起——身体规训——情感依赖——动作唤起”的运动环路，成为人体重要的快乐之源。如果说前智能化时期是手机嵌入身体，那么如今的智能化时期，身体已深深地嵌入手机之中，二者成为一个有机共生体。对于现代社会来说，这或许正是一种良好的状况，因为“社会系统的目标之一就是令身体器官与技术器官合作无间，高效运行”②。

二　空间：汇集与超越

信息之于现代社会具有重大意义的原因在于，它成功地实现了对于社会空间的重组与建构。日益加速的信息的生产与传播使虚拟空间极度膨胀，更重要地，这一过程使现实被越来越信息化了。我们的生存空间开始具有新的意味，科技、政治、经济、文化、法律、道德、伦理等多方话语纷纷化身为形形色色的信息文本碎片，开始了对于现实空间的切分与重构。信息文本需要指涉现实空间进行言说，后者仿佛为信息所穿透。空间不再是充满了阻碍与沉默、需要人去感受和静观的物理性存在，不再是肉体的绝对隔绝之物，而是一个话语和视线可以轻易穿透并占有、精神世界可以随时上演戏剧行为的亦真亦幻的社会性存在。

当手机与网络空间实现连通时，我们的身体就获得了一种强有力的超越性。我们的感官及相应的精神维度不再困囿于生理性的肉体与有限的空间之中，而是可以在信息文本建构的空间中自由地“冲浪”遨游，或实现

① 〔美〕巴伦·李维斯、克里夫·纳斯：《媒体等同》，卢大川、袁野、李如青、钱亚萍译，复旦大学出版社，2001，第113页。

② 〔法〕贝尔纳·斯蒂格勒：《数码是另一社会的信使》，杨建国译，参见周宪、陶东风主编《文化研究》第21辑，社会科学文献出版社，2014，第198页。

某种现实的需求，或享受娱乐活动的消遣乐趣。虽然信息文本总体上被视为一种再现型的文本，但正如李普曼以降的众多传播学者所指出的，海量、庞杂的信息已经制造出了一个巨大无比的拟态环境。信息不仅是现实的文本碎片，提供给受众关于现实的认识，更是现实的建构者。或按照后现代主义的著名说法，越来越快的信息生产及传播速度已经导致了现实的“内爆”，信息文本即现实本身，成为一种更具真实性的“超现实”。尤其在自媒体时代，当人人都可以作为信息的发布者时，信息的“真实性”更是成为目前新闻传播中重要的伦理问题。

不过，在身体与手机深度卷入的过程中，在海量信息的冲击下，真实性似乎不再是人们选择信息的执着标准，信息文本带来的身体体验——视觉的、听觉的——及其激发起的精神情感的效果才是人们最为注重的。毕竟，如今的个体之“我”在信息浪潮中既是一个发散性的原点，又是网络中的一个连接性节点，而非一个被动接受、吸收的终端。当手机摆脱了以沟通为主要目的的工具性而成为一个人人都可以频繁参与其中的空间时，人们的精神意识便多了一个可以栖居的重要场所。

如果说身体是主体的可视肉身，那么语言便是主体的隐性灵魂。身体与语言共同规定了主体的实践方式与实践范围。“主体必然具有空间的分布，也必然受到空间的限制”①。空间将身体体验内化于主体，其实现途径便是将语言能力赋予主体。而对于不同文本信息的解读与再造性传播、对于各种技术的操作、对于某些交往方式的适应，都可以被视为广义上的语言能力。由于技术和信息对传统空间的强力重塑，主体的语言能力和身体体验产生了重大变化，新的主体/主体性因之被生产出来。“一种新媒介的长处，将导致一种新文明的产生”②。加拿大传播学者哈罗德·伊尼斯（Harold Innis）如此主张媒介对于社会形态及文明的决定性作用。与之相似，媒介及其信息与主体密切相关并对后者产生重要塑造作用。主体所掌握、感兴趣的信息的类型和范围划出了主体的疆界轮廓。同时，信息方式作为主体重要的社会实践，大体上规定了主体性的构成及类型。

由于移植了网络空间，手机建构的空间同样具有多集合性。它是一个

① 〔英〕德雷克·格利高里、约翰·厄里：《社会关系与空间结构》，谢礼圣、吕增奎译，北京师范大学出版社，2011，第33页。

② 〔加〕哈罗德·伊尼斯：《传播的偏向》，何道宽译，中国人民大学出版社，2003，第28页。

信息空间，人们越来越倾向于通过手机获取新闻信息①，报纸、电视等传统媒体的式微及其纷纷向手机新媒体阵地的转移说明了手机的信息空间在人们信息生活中日益重要的位置。新闻信息之外，手机提供的吃、住、行、购物等各种实用性信息让它成为一个能满足日常生活多重需求的空间。各种游戏的开发、不同类型影音作品、娱乐节目的推出还让手机成为一个休闲娱乐的空间，使人在虚拟世界中体验感官的乐趣。手机被制造出来是为了便于人们之间的交往，从诞生到当前的智能化阶段，作为交往空间的手机的功能得到极大提升，沟通方式更为多样化：除了语音通话，还能进行图像及视频的传播，多层面突破此时此刻的沟通限制；群体化传播成为可能；频繁地分享、评议众多第三方信息成为双方交往互动的间接方式；QQ、微博、微信等社交平台的植入，使手机提供的交往的虚拟色彩更浓，不再仅限于真实关系间的确定性交往。由于继承了互联网的分享精神，手机还是一个分享空间，人们可以便捷地分享生活中的感触或所得，某种程度上促进了社会文明民主的建设。通过汇集以上各种空间类型，手机成功地连接起了资本市场、社会与现代个体，使个体日益频繁、深度地投入经济消费、社会交往、文化政治等活动中去。

手机的魅力在于它复制网络空间各种功能的同时实现了超越。它可以为个体提供一个充满了可视化元素的个性化空间。这一空间不再像以往那样或是一个可居住的空间实体，或是一个纯精神性的语言文字空间，而是一个介于真实与虚拟之间的浮动性空间。手机成为个体的记忆空间，充满了各种与自我有关的信息——照片、聊天记录、注册信息、通讯录等。手机可以记录我们身体的形象和日常历程体验，与我们的喜怒哀乐和生命记忆开始有密切的关联。一次手机的丢失似乎将个体的一段记忆和体验丢失，在这个意义上，当下各种云存储空间的出现或可被视为人们力图克服因手机丢失而焦虑的需要。此外，五花八门的手机壳、屏幕膜、佩饰、支架、耳机、外设镜头等物件，不断更新升级的操作系统、可随意更换的屏幕壁纸、文本字体、铃声、可让个体进行图像修改、视频音频剪辑合成的各种DIY软件，它们都成为对手机空间进行个性化建构的必要元素。在当代无所不在的创意设计的指引下，手机完全可以成为一个让当代人在他人的匆匆

① 《手机成为半数以上公众获取新闻主要渠道》，http://www.chinaz.com/news/2014/0328/345528.shtml，最后查询时间：2014年3月28日。

一瞥中展示个性的场所，一个体现个人“生活美学”旨趣的典型之物。

显然，手机最为重要的超越性在于它是一个可以随人体自由移动的空间。移动性让手机所体现的其他空间构成更具魅力。人们可以移动地获取信息而不再是固定于某一场所，还可以随时记录移动中身体的体验、姿态、感受并将之展示、分享至他人或公共空间处。于个人而言，新获取的照片、音乐、刚刚经历的旅程、活动及其中自我的体验，既可以作为创造个性空间的素材，又可以成为展示、分享的材料，唤起频繁的社交活动；于公共空间而言，当人们借助手机关注、记录并发布与公共空间有关的重要问题、事件时，从某种意义上说，他们便实现了从个体向新闻生产者和传播主体的身份转变，并有可能参与了公共领域的理性建构。无论在哪个层面，手机对于个体而言都成为一个极富魅力的精神性空间，并以其个性化的方式成为个体身份的标记。

三　多重身份的建构及自我呈现

身体总占据着一定的空间位置。置身不同的环境空间中，我们的身体随之建立起某种特定的身份。家庭、公司、商场、医院、学校、法庭——铭刻了不同社会关系的空间场域作为身体必须面对的物质性存在，为身体注入身份意识。反过来，这一意识会对身体产生一定的规训效果。概言之，空间场所与我们的身份感持续地互为建构。

社会交往的加剧与媒介信息的激增为我们制造了众多可供精神、心理投注的差异性空间，我们的身份意识开始面临更多潜在的认同可能，由此使现代性身份认同出现新的特点。如果说前现代社会的认同性是相对稳固、单一、集体化的，那么“现代的认同性则变得颇为动态、多重化、个人化和具有自我反省的性质，同时还受到变异和革新的影响”①。日益频繁及扩张的消费行为、日益加速及膨胀的信息生产－传播浪潮，使当代社会中个体的心理认同机制遇到更多更强烈、迅捷的重塑力量。这些重塑力量既令人兴奋——自我开始面向多种生成可能，又意味着一种认同的失范和危机，让个体不可避免地体验到一种自我的构成性焦虑。“认同的危机是和日益增

① 〔美〕道格拉斯·凯尔纳：《媒体文化——介于现代与后现代之间的文化研究、认同性与政治》，丁宁译，商务印书馆，2004，第 392 页。

长的媒介（以及媒介形象的）权力联系在一起的，这些媒介（形象）遍布于青年人的日常生活中"①。五花八门的电影、广告、电视文本所传递的意义内容及其中的人物形象为人们的身份认同提供了强有力的认同导向，永不停歇地撕扯着人们的身份感。

互联网开启的全新的虚拟浪潮发展至智能手机已登峰造极。在日常实在空间之外，虚拟空间对人的身份意识产生越来越大的塑造作用。各种社交APP提供了多形态的交往平台，运动、游戏、健身、购物、观看各种视频等众多沟通交往的网络促进了个体多样化身份的形成。尽管可能某次实践行为引发的身份意识并不牢固，但在较长的时段中，个体对某类媒介信息的反复获取和对某些实践活动的多次参与无疑会逐渐建立起某种特定的身份感。青年亚文化中的粉丝文化、"迷"文化就说明了这一过程。正是通过对某一明星、事物的反复接触、认知，通过相互共享、交换某类信息，众多存在差异性的青年个体获得了某种一致性的身份特征。手机以其更为便利的沟通途径和更新的沟通方式对各种亚文化活动推波助澜，有力地推动了其使用者的（可能具有诸多面向的）文化身份认同。

如前所述，由于虚拟环境与日常生活空间的高度融合，手机集成了各种不同的空间类型并召唤个体去占据其中可能出现的各种主体性位置，因而，个体通过手机便可以实现自我身份的快速转换。这种个体身份的快速转换已为诸多社会性事务——如政务、教育、社交等——带来了困扰。在开会、上课、聚会、等待等诸多时刻，一旦个体感受到无趣、厌倦，他/她就可能寻求手机的解脱。开会时通过手机与朋友聊天，乘车时用手机购物，手机提供了一个随时可以帮助我们逃避真实空间难耐时刻的出口。我们的意识、精神可以随时借其逃逸出去，我们可以选择性地让意识沉浸于某种身份感之中，悬置其他身份意识。有时，这种身份的切换是被动的，某方面信息突然的到来，发起一种交往的请求，可能就要迫使个体立即进行身份转换并作出应答。

频繁的虚拟交往与身份转换对自我意识——自我的想象性建构——产生了重大的影响。在符号互动理论的代表人物乔治·赫伯特·米德（George H. Mead）看来，自我在社会性活动中产生了两个侧面，即"主我"和"客

① 〔美〕劳伦斯·格罗斯伯格：《媒介建构——流行文化中的大众媒介》，祁林译，南京大学出版社，2014，第232页。

我"："'主我'是有机体对他人态度的反应；'客我'是有机体自己采取的有组织的一组他人态度。他人的态度构成了有组织的'客我'，然后有机体作为一个'主我'对之作出反应。"自我意识便产生于"客我"与"主我"间的互动影响。"只要个体在自身唤起他人的态度，便出现一组有组织的反应。由于该个体有能力采取他人的态度，他便获得了自我意识。"① 交往行为及交往对象愈多，身份转换愈迅速，就意味着"主我"与"客我"的互动愈频繁，更加多样化的"客我"强有力地冲击着"主我"的稳固性，导致个体的自我意识更为碎片化，更具流动性。

作为自我意识的一种体现，作为自身身份的一种表达，个体在日常生活中的自我呈现因此具有新的特征。由于手机成为一个可以时刻伴随的媒体，自我呈现更为频繁；个体借助手机可进行的交往更多，自我呈现的范围更广；智能手机突破了先前只能进行语音、文字交往的限制，种类繁多的图像（如网络图片、自己的照片、表情图像、修改过的图像、动态图像、加上文字的图片等）极大地丰富了个体自我呈现的方式和效果；交流空间强烈的虚拟性使自我呈现不再受限于面对面交流中的言语和肢体动作、表情，从而具有更强的虚拟性；由于交往双方（或多方）摆脱了身体直接的接触——声音或动作，交流中的身体痕迹可以被完全抹去，因此自我呈现的想象性色彩更为突出；借助信息技术，自我呈现的时间性和空间性被极度地压缩，交流中自我的生成与消散更为随机，更具偶发性。实体空间中可视的目光开始变为隐形的目光，通过各种虚构性的符号建构的交流情境，我们想象、感受他人投来的目光，并根据这种隐形的目光做出回应。但一个具有歧义性的信息可能会使干扰、破坏一个原本和谐通畅的交流情境，中止交流过程，从而结束双方的某种身份意识。

对于欧文·戈夫曼（Erving Goffman）而言，个体在日常生活中的自我呈现是一个类似于戏剧化表演的过程，是个体扮演特定身份角色并进入特定戏剧交流情境从而实现社会互动的核心。在这个意义上，不难理解为何手机会成为当前人们最为重要的日常伴随品。越来越多的社会交往互动需要借助手机才能发起并完成，个体的自我呈现需要通过手机才能实现，手机成了个体自我呈现最为重要的戏剧舞台。通过手机，我们成为他人自我

① 〔美〕乔治·H. 米德：《心灵、自我与社会》，赵月瑟译，上海译文出版社，1992，第155页。

呈现行为的观众、观察者，通过一些细微的互动行为（如文字评论他人发布的信息文本或送上赞许），我们成为有助于他人表演的“协助参与者”，促发他人再次自我呈现的热情。自我呈现对手机的高度依赖还加剧了自我身份的裂变。手机摄像头的两种视角是这种裂变的一个绝佳明证。它可以向外投射拍摄镜头前的事物，还可以向内投射拍摄镜头后的我。显然，向外投射的目光是“主我”的目光，向内投射的目光则是“客我”的目光，但当向内投射时，自我可以看到屏幕上“客我”的真切形象，此时，另一种想象性的“客我”出现，它指导自我对“客我”的形象进行调整、修改，以寻求更佳的“客我”形象。手机还可以被看作能投射目光的“他人”，它对于我的印象、态度可以明确地“显现”出来。根据它眼中的我的“形象”，我可以对自我形象进行调整。如此看来，手机自拍杆、各种美图软件发挥着同样的效用。自我既是表演者亦是观看者，手机既是自我呈现的舞台亦是自我的观看者。

四　文化主体及其欲望

手机与电脑一样全面融合了互联网技术，其中的文本呈现出一种超链接式的设置，这让它可以实现多个窗口的随时切换，这意味着多种类型的文本可以实现快速的转换。在当代文本理论看来，文本的表现形式对其接受者有重要的影响。大多数传统型的绘画、摄影、电影等影像文本多表现为单一、稳定的文本类型，具有一个相对一致、连贯的陈述空间，为观者提供一个较为固定的观看位置，召唤观者去占据。而不少具有激进意图的影像文本——如立体派绘画、超现实主义摄影或戈达尔的政治电影——则并不提供给观者一个固定的透视点，力图迫使观者对影像文本进行一种“移动式”的解读，重塑观者的主体性。电视成功地将不同类型的文本（广告、新闻、电视剧、综艺节目等）汇聚于自身，呈现不同文本类型的“流动”形态，对观者稳固的主体性造成冲击和挑战。智能手机的超链接式文本呈现方式不仅汇集了多种文本类型（文字、图像、声音、视频），而且成功地同受众建立起了一种密切的互动关系，让受众可以自主地在海量文本中进行选择。屏幕呈现的文本不再是他人预先设定好的，而是受众自己可以控制并加以组织设计的，自身的趣味与意愿得到了较充分的满足。一个屏幕之中的多个窗口可以呈现各种类型的文本，不同窗口间可随时进行切换，新的窗口还能通过超链接源源不断地被调出。对接受者的主体性而言，窗口及文本间的快速切换所召唤的是一个能在不断移动中占据众多文本空间位置的主体。如此，个体才能成为一个“称职的”信息主体。

不少学者将电视的广泛普及视作后现代社会到来的征兆，这得益于电视对于消费、娱乐等方面信息的广泛传播。尼尔·波兹曼（Nell Postman）早在20世纪80年代就指出了电视的娱乐性。后现代文化文本以戏仿、挪用、拼贴、嘲讽等方式作为表达其精神气质的手段，消解了现代主义文本的崇高性、严肃性和沉思性，“代表性的文本或是被复杂编码的单个意象已开始让位于日常生活的文本厚度和视觉密度”①，后现代文本广泛从大众文化、媒体文化中汲取营养，发展出一种大众可以从中辨识出互文关系并生产出某种乐趣的通俗性风格。其结果便是，“后现代主义改变了关注的方式，不再像符号学家那样只对个别对象凝神细察，而是要求代之以一种多样化的、破碎的，而且常常是断续的‘观看’”②。以此观之，智能手机作为媒体发展的最新形态，延续了后现代文化的诸多特征。整体而言，其文本的内容意义侧重于娱乐、交往和消费导向，其文本形态和可能发展出的接受环境倾向于使用者碎片式的接受及体验，随着不同内容的杂糅和渗透，使用者的体验也愈发破碎和混合。

因而，手机将个体使用者“召唤”（interpellation）为文化主体，享受娱乐、交往和消费带来的意义快感。作为我们重要的日常精神性空间，手机体现了技术与文化对个体主体性的再生产，让个体成为媒体文化、消费文化、大众文化所召唤的新型社会交往主体。互联网狂欢时代大行其道的是娱乐主体、消费主体和醉心于各种（或直接或虚拟）交往的主体。沉默、隔绝、静思与内省显得有些不合时宜。

海德格尔断言：“现代技术之本质居于座架（Gestell）之中。”③ 对此，齐泽克评论指出，座架“德文词的本意就是‘建构’（enframing）。在其最为彻底的意义上，所谓‘技术’，指的并非机器以及关于机器的活动所构成的复杂网络，相反，它意味着当我们介入到这些活动中时所预设的态度”④。

① 〔英〕安吉拉·默克罗比：《后现代主义与大众文化》，田晓菲译，中央编译出版社，2006，第18页。

② 〔英〕安吉拉·默克罗比：《后现代主义与大众文化》，田晓菲译，第17页。

③ 〔德〕马丁·海德格尔：《技术的追问》，《海德格尔选集》，孙周兴译，第943页。

④ 〔斯洛文尼亚〕斯拉沃热·齐泽克：《事件》，王师译，上海文艺出版社，2016，第37页。

换言之，技术的核心本质在于，它能改变我们与现实的幻想关系。幻想关系的改变对人们的生活方式及社会的主流文化形态都能产生有力的重塑作用，进而导致社会文化浪潮中个体的主体性随之迁变——被技术所建构的生活方式、交往结构和文化想象是主体欲望运动的主要范围空间。

那么，该如何评判手机给当代主体性造成的变动？这种主体性的变动意味着个性的自由解放抑或对个性的压抑与奴役？

关于这一问题的争论早在关于后现代主义争论中就出现过。将技术、媒体、大众视为洪水猛兽的人着眼于技术、媒体对人创造性的压抑、对主体自由性的剥夺，认为大量同质的表面化的信息会“挖空”主体的内在性，长此以往，消费主义对主体欲望的培育将造成对人的奴役，是一种“控制的新形式”。法兰克福学派是这一观点的代表。无论是阿多诺的“大众文化工业批判”还是马尔库塞的“单面人”（one-dimensional man），无不表达了相同的激愤。法国当代哲学家贝尔纳·斯蒂格勒（Bernard Stiegler）也不无担忧的指出，“技术构成心理个体化和社会个体化过程的基础，与此同时，人际关系的技术化过程（各种技术的发展无一例外会导致人类关系的技术化）有可能导致关系方式的短路，危害个人能力，于是产生所谓‘个性缺失’（phenomena of dis-individuation）现象，导致能力缺失，自主性缺失，以及知识缺失”①。相反，对新技术和大众文化持肯定态度的学者则主张，技术的创造力能激发社会个体的创造性，能使个体在一种“为我所用”的态度中创造性地建构自己的日常生活，重塑自身主体性以抵抗社会主流意识形态的规训。此外，技术提供的便捷、无限制的沟通渠道让民主成为现代社会中最重要的价值观念，引导个体参与各种微型社区的积极性的社会改良活动。米歇尔·德·塞都（Michel de Certean）对“日常生活实践”的研究，米歇尔·福柯、吉尔·德勒兹（Gilles Louis René Deleuze）等人对微观政治的强调，斯图亚特·霍尔的“编码—解码”理论、戴维·莫利（David Morley）对电视新闻节目受众的人种志研究，约翰·菲斯克（John Fisk）、安吉拉·默克罗比等人对大众文化、通俗文化的鼓吹，莫不是出于这一立场。对此，我们是该欢送旧主体的消亡、热情地赞美技术、文化作用下生成的新主体，还是该固守于传统时期对主体的古典认知，哀叹技术

① 〔法〕贝尔纳·斯蒂格勒：《数码是另一社会的信使》，杨建国译，参见周宽、陶东风主编《文化研究》第21辑，第195页。

对主体的奴役、束缚？实在莫衷一是。

双方观点的对峙不下反映出问题的复杂性。或许，现代社会的显著特征便是各种事物的日益复杂化——按照罗兰·巴特（Roland Barthes）的说法，各种“历史性”的事物都在被“转化为自然”而成为现代“神话”[①]。手机无可置疑地成为我们当前最重要的“神话”。它成为我们日常生活中最重要的伴侣，通过它所展开的各种行为——购物、健身、旅行、交友、办公、娱乐等，已成为大多数社会个体日常生活实践艺术的体现。在围绕手机展开的个体的微观实践中，主体欲望在随机、偶然中喷涌出来，在某种意义上，这是当前社会最重要的黏合力量。作为个体的表述主体，手机成了主体的代理者，它所提供的多种空间实现了对主体欲望的激发、配置，通过手机的表述行为，主体喷涌出的欲望得以肯定。在手机对主体日益频繁、深度的代理中，作为主体的我们开始退隐，我们的面貌愈发模糊不清。这一状况，借用米歇尔·福柯那句著名的话作为描述或许再恰当不过：“人将被抹去，如同大海边沙地上的一张脸。”[②]

手机，一个技术商品，一个我们膜拜的对象，一个日常生活的宠物，一种时尚的象征，一个无限的信息空间，一个存于眼睛之外又内化其中的视觉器具，一件会呼吸的物品，一个身体的器官（organ），一个欲望的块茎（rhizome）。它是饱含热情的主体的巨大幻想世界，也是幻想之后的冰冷残余物。它是我们的异己，也是我们自身。

---

① 〔法〕罗兰·巴特：《神话——大众文化诠释》，许蔷蔷、许绮玲译，上海人民出版社，1999，第189页。

② 〔法〕米歇尔·福柯：《词与物——人文科学考古学》，莫伟民译，上海三联书店，2001，第506页。

专题二

空间人文学

空间人文学：技术·途径·展望*

〔美〕戴维·J. 博登海默 著

马庆凯 钦白兰 吴宗杰 译**

摘要 空间人文学是空间视角下的综合性人文社科研究领域。本文回顾了美国开发西部荒原国土时的空间观，以及近些年兴起的人文社科研究“空间转向”。空间从被动的社会背景，变成社会变革的积极的、决定性的因素和社会变革的重要产物。对人文社科研究而言，地理信息系统虽然具有强大的信息储备与处理功能，但人文学者们在认识论和本体论上对其有批判性的认识。地理信息系统一度被大量地运用于社会科学与历史学研究当中，但它始终缺乏从文化角度审视空间的表述意义的能力。最后本文还展示了一些地理信息技术系统与人文社科研究相结合的空间人文研究案例：地理信息技术能通过虚拟现实呈现历史空间的视觉原貌。以记忆和地方为中心，人文空间可以构成

---

* 原文载〔美〕戴维·博登海默（David J. Bodenhamer）、〔美〕约翰·科里根（John Corrigan）和〔美〕崔佛·哈里斯（Trevor M. Harris）所编的《空间人文学：地理信息系统与人文学科的未来》（*The Spatial Humanities: GIS and the Future of Humanities Scholarship*），印第安那大学出版社，2010，第 14～30 页。本文由印第安纳大学出版社及作者戴维·博登海默授权编译。

本文为“地名文化建设创新的浙江探索”（2016MZRL010605）的阶段性成果。

** 戴维·J. 博登海默是空间人文学首席专家，美国印第安纳普渡大学“人文空间研究中心”执行主任，国际期刊《人文艺术电子技术》主编；马庆凯，浙江大学跨文化与区域研究所在读博士研究生，主要研究方向为文化话语与遗产研究；钦白兰，浙江大学跨文化与区域研究所在读博士研究生，主要研究方向为文化话语与遗产研究；吴宗杰，浙江大学跨文化与区域研究所所长，教授、博士生导师，主要研究方向为跨文化与区域研究。

地理信息系统及其他技术辅助的一种深度绘图。未来空间人文学力图将真实空间和概念空间的定量数据和定性资料融合为一体，对记忆和空间变量进行动态地表征。这种研究方式必定会带来对人类历史和文化的新理解，是一种值得追求的学术愿景。

关键词 空间转向 空间人文学 地理信息技术系统 深度绘图 记忆

Abstract Spatial Humanities offer a spatial perspective for humanistic researches concerning many academic disciplines. This article reviews what the spatial views are in the American experience and how the spatial turn has developed within various humanistic disciplines in recent years. Today, humanists are acutely aware of the social and political construction of space. Space is not simply the setting for historical action but a significant product and determinant of change. For many humanists, Geographical Information System (GIS) is a seductive technology to manage large data set. However, the review of the development of GIS makes us aware of both its limits and potential for the humanities which are rested on epistemological and ontological differences. With many software packages, GIS was applied to cultural and social problems that attracted humanists' attention in the areas of history and archeology. But it is not capable of tackling the complex historic and cultural issues. Finally, this article introduces some cases where GIS and computer animations are employed to reconstruct a 3 – D world that allows users to walk through buildings that no longer exist. For structuring of memory about the place, humanists used deep mapping to conflate oral testimony, anthology, memoir, biography, images, natural history and everything we might ever want to say about a place. Framed as a conversation and not a statement, future humanistic spaces are inherently unstable, continually unfolding and changing in response to new data, new perspectives, and new insights. It is a vision worth pursuing.

Key words Spatial Turn Spatial Humanities Geographical Information System Deep Mapping Memory

作为一种新兴超学科范式，空间人文学（spatial humanities）是以空间为视角的综合性人文社会科学研究领域[①]。空间无处不在，其定义也是众说纷纭[②]。从根本上说，人是一种空间性的存在。我们生活在物质世界里，会习惯性地使用距离和方向等空间思维穿行其中。然而，这种常规的潜意识里的空间感，还不足以使我们成为空间人文学者。空间人文学者关注的是意义问题，空间为探索意义提供了崭新的视角，有助于人们从根本上理解人是如何建立世界秩序的。当代有关空间的概念多种多样。很久以来，空间主要指地理空间，涉及的归类概念有景观、地方/场所等；今天，空间概念则可以被诸如阶级、资本、性别和种族等词语修饰，形成一种探索框架去理解不同历史和空间里的权力运作与社会意义。我们对空间的表述是有价值判断的，因此空间意义不断地引导我们如何去理解世界。这些空间表述还以各种方式，与其他不同地方、不同时期，甚至同一时期的空间表述形成张力。我们也要意识到过去、现在和未来对世界有不同的理解。这些意义同时在真实或想象的空间中相互抗争。我们认为，空间是一个多样性共存的平台。在此场域中，各种空间视角都是独一无二的，是依赖于个体或社区在某一时段的独特经历而产生的[③]。这种复杂的、体现文化相对论的空间观是过去几十年里的产物。它已经重振了地理学科，并吸引了很多人文社科学者参与其中。在此背景下，本文将介绍空间人文学发展历程和支撑其壮大的地理信息技术，拟从技术、途径和展望三个维度来介绍空间的概念是如何影响人文社科研究以及重新理解我们社会的。

---

① 空间人文学是人文社会科学“空间转向”研究思潮下兴起的新学科。空间人文学在中国引进是近几年的事情。香港中文大学林珲教授和南京大学张捷教授合作通过中国科学院、北京大学、台湾大学等平台共举办六届专题学术研讨会“空间综合人文学与社会科学”，将空间综合人文学和技术性知识（地理信息技术系统和遥感技术）介绍到国内。此外，复旦大学中国历史地理研究中心与哈佛大学还借用中国古地图及文本开发了“中国历史地理信息系统”和“中国人口地理信息系统”。今天，各个高校地理学专业也在不断推动“跨领域、跨专业、国际化”人文空间研究平台。参见林珲、张捷、杨萍、刘佳《空间综合人文学与社会科学研究进展》，《地球信息科学》2004 年第 2 期，第 30 ~ 37 页；林珲、周成虎《空间综合人文学与社会科学研究》，科学出版社，2010。——译者注

② 至今为止，不同学科领域的学者对空间的理解总是变化着的。然而，从几何空间、组织系统、一个能容纳静止、运动、行为动态和物品容器，到人文社科对社会、经济、文化空间意义建构和政治权利解构，都反映了空间的人文属性。换句话说，每个学科研究领域，甚至不同学者对空间的阐释都不一样。现代空间概念就是一个流动的、具有弹性的意义系统。所以空间是一种可以因人、因时、因地而定义的人文场域。参见 Warf Barney & Arias Santa, *The Spatial Turn: Interdisciplinary Perspectives*, Routledge, 2009。——译者注

③ Doreen Massey, *For Space*, London: Sage Publications Ltd., 2005.

一 空间人文学的发展历程

当我们把这些思潮和曾经在美国人的经验中占主导地位、现在依然流行的空间观作对比时，我们对这些思潮可能会有最深刻的感受。从这个角度来看，因土地开发形成的空间意义塑造了美国的民族性①。与欧洲相比，美洲大陆幅员辽阔，成为绘就乌托邦之梦和反乌托邦噩梦的画布。移民的鼓吹者们极力称许美洲大陆可能存在的财富，把这片土地描述为适合去征服的地方。清教徒及其他宗教的定居者拥抱这片土地并视美洲大陆为新的伊甸园，并把这片荒野看作建立顺从而谨慎的宗教社区的理想场所。美国建国初期，共和党庆祝美国成为自由帝国。美国拥有广阔开放的原生态空间，恰好能医治欧洲城市拥挤与禁止自由的弊病。如此一来，任何主张"新世界"只是未开发的荒野的看法，都显得前景黯淡、微不足道了。当时各种地图与资料都反映出这一大片可利用的土地如何成为奠定经济独立、民主和民族的基础。正是这些土地构造了这个国家，就如亚伯拉罕·林肯所说："这片土地是人类最后且最大的希望。"② 正因如此，美国的历史写作曾出现了一类空间神话叙述。该叙述为西进运动提供了理据。弗雷德里克·杰克逊·特纳（Frederick Jackson Turner）提出了"边疆假说"，这一解释在潜移默化中得到了广泛传播。即使在把空间解读为暴力、越轨行为、狭隘的起源的反叙事里，例如在威廉·福克纳（William Faulkner）或科马克·麦卡锡（Cormac McCarthy）的小说中，自然地理学的观念在美国人从最早的移民时期到20世纪后期对他们自己的想象中都起了核心的作用。空间对于另一种叙事也很重要，这种叙事基于时间，认为这个崭新的国家随着时间流逝将持续进步，不断趋于完美。在这一神话中，美国跳出了不可避免的衰败或衰落的循环，以自然形式存在的空间是复兴的源泉，使持续的进步变得可能而且不可阻挡。

这种特殊的空间感和时间感不再主导美国国家的话题，部分原因是美

---

① Brian Jarvis, *Postmodern Cartographies*: *The Geographical Imagination in Contemporary American Culture*, New York: Palgrave Macmillan, 1998, pp. 1 – 6.

② Michael Burlingame & Mark E. Neely, *The Last Best Hope of Earth*: *Abraham Lincoln and the Promise of America*, Cambridge, Mass.: Harvard University Press, 1993.

国社会越来越意识到世界的多样化，此外也因为学术界已经如此成功地对这一观念进行了挑战。尤其是人文科学与社会科学已经推进了新的探究方向，其特征是对空间有了不同的、更加细致入微的理解。正如大卫·利文斯顿（David N. Livingstone）所言："近些年来，在社会与文化研究当中，出现了一个令人瞩目的'空间转向'。"① 这种空间转向始于一些社会学家的开拓性著作，例如，克利福德·格尔茨（Clifford Greetz）、欧文·戈夫曼（Erving Goffman）和安东尼·吉登斯（Anthony Giddens）。后来在人文学科中，这一趋势又在米歇尔·福柯（Michel Foucault）、米歇尔·德·塞尔托（Michel de Certeau）、爱德华·萨依德（Edward Said）等学者的探讨下继续发展。这些学者的研究聚焦于空间的本土和环境属性。以前的研究主题主要通过时间来展开，现在区域、流散、殖民地、接触带以及"国界"和"边界"这类有关空间的主题越来越被接受了。伴随空间转向而来的是对物质文化和人造环境的同等关注，它们进一步强化了空间转向。部分学者对地方性的表征如服饰、建筑、饮食、音乐以及其他空间、地方的文化符号进行了研究。气候、地质学、水文地理学曾经对20世纪早期的年鉴学家非常重要，现在也再次成为文学、历史研究以及社会和政治生活的重要考量。这种空间转向带来的结果是，美国国家故事变得更复杂了，研究问题也更多了。与时间一样，空间不再具有神圣的意义。但在此过程中，它在我们对历史和文化的理解里扮演了更有趣、更积极的角色。如今，人文学者敏锐地意识到社会和政治对空间建构的作用。空间不仅是历史行为的背景，更是社会变革的重要产物和决定性因素。它们不是被动的背景，而是文化得以发展的媒介。所有的空间都有深埋于此的、基于发生在这里的故事。这些故事既是个人的也是集体的。每个故事都把地理（空间）和历史（时间）联系了起来。更重要的是，它们由各种价值和文化符号展现，存在于政治和社会安排的空间构架中。在此意义上，空间意义，尤其是景观和场所，始终围绕各种各样的权力展开竞争并构建②。思考如下两个例子：随着

① David N. Livingstone, "Science, Region, and Religion: The Reception of Darwinin Princeton, Belfast, and Edinburgh," in Ronald Numbers and John Stenhouse, eds., *Disseminating Darwinism: The Role of Place, Race, Religion, and Gender*, Cambridge: Cambridge University Press, 1999, p. 7.

② Brian Jarvis, *Postmodern Cartographies: The Geographical Imagination in Contemporary American Culture*, pp. 7 – 8.

女性取得经济和政治地位，女性主义地理学家们已经开始关注我们如何使用性别化的比喻去识别空间，例如“大自然母亲”“处女地”，这种描述暗示着“养育”，但是也暗示了它欢迎开发；美国印第安人抗议“新世界”里广阔开放的空间并不是一片荒野，而是他们的家，这种说法是理所应当的。这一学术发展过程中并非发现了什么新的东西，甚至在最早的地图上都能看到权力格局，但是人文学界的研究越来越显示出，我们对世界本身的理解是社会构建出来的产物，事实上这可能是后现代主义留下的最大遗产。

二　地理信息技术与人文研究

现在，我们面临一个利用新科技来从事空间人文学的挑战。这个挑战源自GIS（Geographic Information Systems，以下简写为GIS）带给现代人的一个令人意想不到的功能。地理信息系统是一项有吸引力而且越来越被普遍使用的信息技术。它提供了自然环境的视图，至少隐喻性地表明世界确实是平的、空间性的。不过在GIS视图上，自然环境似乎不带任何文化假设了。GIS具有空前的能力，能处理并视觉化呈现一个空间场域的数据，尽管经常是以一种奇怪的、缺乏文化的方式。它使地图的力量被重新发现了。

在很多技术辅助下，GIS运用以前大部分学者都无法掌握的方法，通过处理和可视化海量的数据，承诺要让我们对世界的描述重放光彩。越来越多的人文学者正按照这个愿景付诸行动。但是这么做，我们会再次陷入不加鉴别地描绘世界的风险，这一次带着一种更难被察觉或看透的正当性的外衣。不可否认，GIS是一种迷人的技术，一个能产生奇妙本领的魔盒，它毫不费力地建构出来的图像非常吸引人，比文字更精妙更强大。我们热切地拥抱GIS，我们已经被它的力量影响，但对于它是如何发展而来的或者为什么得以发展却所知甚少。然而回顾历史，我们就会意识到对于人文学科而言，GIS的局限性和潜能在哪里，以及它必须做出多少改变才能满足我们的需求。

20世纪60年代早期，GIS作为一种制图与分析的软件出现。它是由哈佛电脑制图实验室和加拿大地理信息系统分别独立研发出来的。当时，前者的目标是研发自动化制图软件，后者研发了计算机绘图技术软件，以绘制加拿大土地生产能力的地图[①]。它的知识和方法谱系相当久远，远不止最近几十年，例如 GIS 的一个关键特性逻辑叠加技术早在 11 世纪就已经出现了。但是新的东西在于功能强大的计算机以及来自如此广泛的领域的新兴的需求，这些领域包括环境科学、景观建筑和城市规划，它们高度重视 GIS 可以把数据平铺在一张地球表面图上的能力。伴随着 20 世纪 80 年代主要的商业软件包 ArcInfo 的发明，GIS 快速进入电脑应用的主流，引发了大量基于地理位置信息的服务[②]。

虽然 GIS 功能强大，但是它进入其他学界的步伐却慢得多。对许多人文学者来说，GIS 仅仅是另一种软件包，对于他们关注的文化和社会问题来说应用价值不大。或许让人惊讶的是，地理学界的专家们还发现自己对 GIS 的价值评价不一。GIS 成为定量地理学家们关注的核心，因为他们看到了它解决空间问题的潜力。它能处理大型数据库，并使空间分析的结果可视化。GIS 第二个特点尤为重要，数据可视化带动了直觉诠释，这是单纯数据分析不具备的能力。例如，它可以帮助识别出各种模式。然而，反对者尤其是人文地理学家并不信服这些。他们批评 GIS 尽管设备很好，足以处理定量的空间数据，但它依赖实证主义、天真的实证论，产生不出知识。到了 1988 年，美国地理学家协会主席还很自信地称 GIS“只是一种技术”。总而言之，有些学者认为 GIS 技术是科学方法出现人文转向的预兆，但另一些学者则把 GIS 看作扩充现有地理学理念的工具。两类学者之间存在矛盾。1995 年出版的《地面真相》（*Ground Truth*）是持有批评看法的代表[③]。该书是由著名 GIS 批评者约翰·皮克斯（John Pickles）主编的论文集。整体而言，论文的作者们表达了几方面的忧虑：工艺设计不可避免地偏向某些概念化理解世界的方式；GIS 是一个公司产品，是为解决公司问题而设计的，比如，物流路线或市场分析；GIS 运用的是有限的线性逻辑，不适用于理解社会的复杂性。这就会造成一个结果，GIS 代表了反映政治、经济和社会权力的一种特

---

① S. John Coppock and David Rhind, "The History of GIS," in David Maguire, Michael Goodchild and David Rhind, eds., *Geographical Information Systems: Principles and Applications*, *Volume 1: Principles*, London: Longman Scientific and Technical, 1991, pp. 21–43.

② Timothy Foresman, "GIS Early Years and the Threads of Evolution," in Timothy Foresman, ed., *The History of Geographic Information Systems: Perspectives from the Pioneers*, Upper Saddle River, N. J.: Prentice Hall, 1998, pp. 3–17.

③ John Pickles, ed., *Ground Truth: The Social Implications of Geographic Information Systems*, New York: Guildford Press, 1995.

定观点并使之持久化①。

从根本上来说，地理学上述的内部辩论在于认识论和本体论的差别。它们分别影响了基于人文学科的地理信息系统和地理信息科学的构建。认识论是哲学的分支，关心的是知识的理论、本质和范围。它的中心问题是“什么是知识？”这与知识的本质以及知识是如何产生出来的有关。后者是一个方法论问题。“我们要用什么角度去诠释实体和现象？”因此，认识论吸引了地理信息科学家的注意。本体论是形而上学的基础，它问的问题是：“什么是真实的或什么东西是存在着的？”它研究本质或存在，以及它的基本范畴和关系。认识论和本体论紧密相连，它们强烈影响了我们对现实的理解。本体论帮助我们给空间对象分类，理解它们的相互关系，而认识论则提出我们研究这些对象及其关系的方法和视角。我们研究的实体不管是天然的还是人造的，独立存在于我们的分类之外。但是，我们如何识别它们影响着我们对现实的看法。一堆泥土和石头可能是一个小丘或者一座山，我们给它取的名字暗示了它可能给我们的移动造成的障碍。社会学的分类更加重要，比如，贫穷是一种相对的状况，贫穷与否取决于我们在贫穷和不贫穷之间划线时划在哪里。在这里，认识论变得很重要。我们选取的诠释贫穷的方法与我们如何理解它的本质、它到底是什么密切相关②。

批评者认为GIS基于实证主义的认识论。它假定有一个通过科学方法可以发现的客观现实，在该理论中，这就是通往真正知识的途径。实证主义来源于奥古斯特·孔德（Auguste Comte）的著作，他是19世纪法国哲学家，被广泛认为是社会学之父。孔德认为科学方法是进步的关键。通过观察和检验，我们能够理解世界是如何运作的。然后，我们可以用这个真实或可检验的知识对世界做出预测，从而改进世界：由科学产生预测，从预测产生行动。被称为批评地理信息系统的阵营的支持者则认为，这一方法存在诸多问题。世界不像实证主义假定的一样，能被如此精确地测量。知识总是由观察者的视角决定，是可能产生也可能不会产生的。对物质世界的计算也依赖文化假设；不是每个社会都接受或使用欧几里得几何学的准则。但是GIS依赖定量数据，要求这些数据要精确。它不接受不确定性或模

① Nadine Schuurman, “Trouble in the Heartland: GIS and Its Critics in the 1990s,” in *Progress in Human Geography* 24 (2000), pp. 569 – 590.

② Nadine Schuurman, *GIS: A Short Introduction*, Oxford: Wiley-Blackwell, 2004.

糊。它也偏好官方对世界的表征，这大有问题，因为这种看法反映了金钱和权力的影响。例如，出于经济发展的目的，当地政府能画出社区的边界，却画得与社区居民所识别的边界大相径庭。GIS 采用几何空间和布尔逻辑（Boolean Logic），这排除了其他的或非西方的世界观的可能性①。

批评者还指出实践层面上，有关世界的证据取决于观察者的视角，而 GIS 则模糊了观察者视角的差异。两个看着同一物体的人，可能产生截然不同的诠释，因为他们有不同的设想和经验。举一个简单的例子：在一条水道流淌的同一水体可能被称为一条小河、小溪或溪流。这取决于观察者是在什么区域长大的。GIS 的捍卫者回应这个差异并不重要，因为无论名字是什么，对象还是一样。从认识论角度看，这种看法的立场是现实主义。它认为对象独立于观察者而存在，“小河”“小溪”和“溪流”这些名词可能告诉我们一些观察者的信息，但它们仍然会指涉相同的东西。当不同的词指向同一对象时，我们可以用正式的规则做语法分析。这一技术的支持者也反驳一些认为他们使用 GIS 时太天真的指控，转而辩称这个软件一直在改进，在努力解决这些问题。

三 地理信息技术系统的研究应用

21 世纪早期，地理学内部两个阵营在“GIS 与社会”这一旗帜下联合起来，共同努力应对 GIS 批评者提出的问题，地理学内部的这场争论放缓了。这一和解导致人们普遍承认 GIS 表征世界的方式存在问题。GIS 将空间描述为一套笛卡尔坐标系，带有被识别位置的特征。GIS 变成了制图的概念，而不是一种社会的概念。作为社会概念的 GIS 的做法是将空间描绘为不同位置之间的关系。它也偏好机构或官方的数据库，把它们作为世界信息的主要来源。

这两种趋势都不包括非西方的有关世界的观念。例如，一些美国印第安人把世界定义为一系列互相联系着的现象，只有其中的一部分可被定义为地理空间②。当我们看到古代中国人将空间定义为地方和行为者组成的网

① Eric Sheppard, “Knowledge Production through Critical GIS: Genealogy and Prospects,” *Cartographica* 40 (2005), pp. 5 - 21.

② Robert Rundstrom, “GIS, Indigenous Peoples, and Epistemological Diversity,” *Cartography and Geographic Information Systems* 22 (1995), pp. 45 - 57.

络，而非视为有正式边界规定的管辖范围时，我们更容易理解古代中国的朝代①。现在 GIS 处理这些不同的空间意义时存在困难。从根本上说，GIS 仍然是适合定量数据的工具，定量数据是一定程度上承认测量程度可以被复制、被证实的证据。统计工作要求精确，并不容易承认大部分人文学者使用的那种证据，即便承认，结果也非常有误导性。当地理学在设法处理 GIS 带来的理论和社会影响时，人文学者正在（重新）发现空间，然而两个群体选择了截然不同的路径，只是偶然出现交叉。年鉴学派，尤其是它的主要实践者费迪南・布罗代尔（Ferdinand Braudel），从 20 世纪 30 年代起就督促学者们留意地史学，它是地理学和历史学的接口，但是大多数人文学者还是极少注意人类行为的环境背景，更注重行为、联系、态度，因为这些因素使一个空间变得特殊，成为地方。这些场所甚至可以存在于想象的空间或人的记忆中。对人文学科来说，它感兴趣的空间也可以是私人的，比如情感空间或者空间中的身体，甚至是隐喻性的或虚构的，例如，弗吉尼亚・沃尔夫的故事《一间自己的房间》中的一个女性的场所。除了编年史作者，这些空间和 GIS 没有什么关系，GIS 强调的是物质空间或地理空间。只有在人文学科的两个领域，即考古学和历史学里，学者们开始运用新的空间技术，并在这个过程中发现了 GIS 运用到他们的工作时存在的缺陷。

考古学家很早就使用 GIS 以及其他的空间工具，例如全球定位系统（Global Positioning Systems，GPS），很大程度上因为它提供了便利和更精确的工具包，帮助他们以熟悉的、更快捷的方式开展研究。长期以来，绘制裸露的人类栖息地的地图是考古学家的基础工作。在 GIS 调查技术辅助下，这项工作变得容易多了。人工制品承载着空间关系，这对解读过去非常重要。正是对过去的地方可视化呈现的能力，提供了一种再现过去景观和城市风光的新方法。这通常以 3D 方式实现。例如，建筑学家和考古学家合作创造出古罗马、1607 年的詹姆斯敦，或中世纪的威尔士村庄的虚拟场景，以检验我们对形式与功能的理解。换句话说，GIS 能够可视化呈现空间上准确的物质环境和人造环境，这证明了它的吸引力。观看逝去的景观和重构的历史视域，在高度细节化的人造环境中穿行，为学者提供了基于体验的

① Merrick Lex Berman，"Boundaries or Networks in Historical GIS：Concepts of Measuring Space and Administrative Boundaries in Chinese History，" *Historical Geography* 33（2005），pp. 118 – 133.

理解和领悟，这是以前的学问无法实现的。

历史学家同样开始转向 GIS，但不像考古学家那样密集地运用可视化技术。早期的一些努力集中于后来为人所知的空间基础设施，即用 GIS 开发大型定量数据库，例如人口普查。国家历史 GIS 项目出现在英国、德国、美国、中国、俄罗斯以及其他国家。这些项目并非要包括所有的历史时期，它们很多更侧重于为其他学者创造框架数据，而不是解决研究问题。其他的学者们，尤其是环境历史学家，运用 GIS 构建一个数据图景，来讲述比用传统方法更复杂的故事，以此来检验标准的解释。例如，吉尔夫·强博（Geoff Cunfer）运用 GIS 反驳标准的灰盆地区叙事。这种叙事指责俄克拉荷马和堪萨斯的农民在 20 世纪 20 年代到 30 年代，进行耗资巨大的、不考虑生态的农业活动，把原始的草原变成了荒地。然而，他通过绘制沙尘暴在更长时间段和更广泛范围的地图得出结论，灰盆地区事实上是更长时期气候和环境模式的一部分，而非短期人类错误行为的结果[①]。一个更加雄心勃勃的例子是，迈克尔·麦考密克（Michael McCormick）重新绘制了欧洲公元 300～900 年的地图，展现了交流的发展和交通的发展之间的联系。在此之前，学者们将它们隔绝起来分别研究[②]。其他的历史学家们利用 GIS，根据不同格式的数据的共同位置将这些数据联系起来，并不时通过互联网把空间的和档案的数据汇集一起，使得读者可以重新探究这些数据（例如，影之谷项目[③]或赛莱姆女巫审判项目[④]）。然而，在后面这些案例中，GIS 是被称为数字历史项目的一部分，而不是空间历史，因为这种方式基本上是档案式、文本式的，而不是由与空间有关的问题甚至地理信息驱动的。

历史学的 GIS 应用仍然是一个年轻的分支学科。它主要的倡导者之一给它下定义，认为它有“地史学、历史地理学和空间历史、数字历史的元素”。与其他理论方法或学术知识相比，基于 GIS 的历史学更多是因为自身的特色而为人所知。特色之一是其调查研究大多由地理问题和地理信息驱

① Geoff Gunfer, *On the Great Plains: Agriculture and Environment*, College Station: Texas A&M University Press, 2005.

② Michael McCormick, *Origins of the European Economy: Communications and Commerce AD 300 - 900*, Cambridge University Press, 2001.

③ Edward L. Ayers and Anne S. Rubin, *Valley of the Shadow: Two Communities in the American Civil War*, http://valley.vcdh.virginia.edu/ (accessed 9 Jan. 2009).

④ Salem Witch Trials: *Documentary Archive and Transcription*, http://etext.virginia.edu/salem/witchcraft/ (accessed 9 Jan. 2009).

动产生，通常用一段时期内变化的模型来展现，并用地图展示结果①。虽然历史学研究者开始使用 GIS，尤其年轻学者使用得较多，但是大部分历史学家，甚至大部分人文学者并未使用 GIS，或者从根本上说，他们并没发现它能带来什么帮助。它的使用者困惑的是，为什么这一技术没有想方设法地进入这些学者们的工具包。毕竟，人类行为是关于时间和空间的，而 GIS 提供了一个方法去管理事件，使得事件相互联系起来，也可以质疑事件，并使它们可视化，这些对研究者应该有吸引力。

以上对历史地理信息系统的标准描述显著地表明，GIS 在历史学和人文学科中的局限性给它带来了限制，至少从目前的实践来看是这样的。GIS 本质上与地理空间发生的事情有关。它主要依赖定量信息为其表征和分析，然后以地理绘图形式得出研究结果。毫无疑问，这种计算法确实有效与有价值，它促使人去关注比例和邻近度等这些重要的考量因素，这些通常在人文学界中缺失了，但这也不是人文学者工作时采用的方式。当然，使用定量手段的人文学者也存在，但是 20 世纪 60 年代到 70 年代的所谓计量革命的预测并未实现，当时电脑价格日趋下降，功能更加强大，这一预测由此产生。或者说至少它从未进入人文学界的主流。人文研究所关注的问题与证据不会轻易地简化为 0 和 1 的运算。然而，GIS 的前景影响力如此大，这一技术也变得无所不在，我们不想轻易地弃之不用。也许我们一直在问的问题是错误的。与其沉思于如何能使人文学者运用 GIS，不如探索如何使 GIS 变成人文学者的伙伴更有收获。现在 GIS 在做的大量工作符合它被创造出来时的设计要求，真正的问题在于，我们作为人文学者如何让 GIS 去做它的设计要求之外的事情，即从文化角度表征世界，而不仅仅是用地图标示地方。

四　人文空间研究项目与深度绘图

目前 GIS 作为人文学科研究的平台所面临的问题已经被认识得很清楚了。总的来说，空间技术，尤其是 GIS 不但昂贵，使用起来也复杂、麻烦。尽管最近有了进步，费用降低，用户体验也简化了，但是研究者需要花大

---

① Knowles, "GIS and History," in A. Knowles, ed., *Mapping the Past: How Maps, Spatial Data, and GIS Are Changing Historical Scholarship*, Redlands, Calif.: ESRI Press, 2008, pp. 1 – 26.

量时间学习它所运用的工具包的语言和技术。GIS 和其附属产品是缺乏想象力的技术，它们偏好精确的、可以在一个高度规范化的表格数据库中管理、分析的数据。而人文学科学者的研究数据包含了模糊性、不确定性、有细微差别、独特性等所有特征，不容易与这种规范化的表格数据库兼容。GIS 技术在处理时间方面也有困难，而时间对于那些围绕时期和时代工作的学科来说是一个主要的问题。在 GIS 中，时间仅仅是空间的一个特性，但是对于部分人文学者来说，时间却是一个更加复杂的概念。T. S. 艾略特下面这句话体现的时间观是他们熟知的："现在的时间和过去的时间，也许都存在于未来的时间，而未来的时间又包含在过去的时间里。"①

更重要的是，使用 GIS 要求人文学者对那些他们所受的训练或自身文化中没有的事情保持敏感。例如，人文学者信奉逻各斯中心主义。我们发现带着灵光意义的词语，更适合描述我们学科中常见的复杂性、模糊性和不确定性。然而，GIS 技术高度依赖可视化去展现研究结果。它还要求思考有关空间的问题，而大部分的人文学者却很少考虑地理空间，通常并不清楚如何提出空间问题。它要求技术专家和本领域专家进行合作，而人文学者往往独立工作，对相关术语也一无所知，因此被置于双重不利的境地。最后，对于很多人文学科的学者来说，GIS 在认识论上似乎是还原论者。它强行将数据分类，用有限的、缺乏想象力的方式定义空间，而不是用同样反映人类经验的隐喻性框架。它用自身的数据结构去处理复杂内容，常常会简化它绘制出来的结果，导致结果晦涩难懂，而非给人启发②。

即使我们能熟练地使用 GIS，这项技术的功能直至最近仍然一直局限于地理空间图的展示。若由它带我们进入一个更加丰富更能唤起感情的、基于历史和记忆的世界，其能力仍然有限。但是它在快速地改进。过去几年里，地理信息系统科学家在空间多媒体、地理信息系统的网络服务、地理信息可视化、网络地理学方面的开发方面取得了进展，它们提供的性能远远超过 GIS 本身的能力。这些技术的会聚使我们大大超越静态地图，从两个维度表征转换为多维度表征，发展交互系统，动态地对空间和地方进行探

① T. S. Eliot, "Burnt Norton," in T. S. Eliot, *Complete Poems and Plays*, *1909 - 1950*, New York: Harcourt, 1952.

② David J. Bodenhamer, "History and GIS: Implications or the Discipline," in A. Knowles, ed., *Mapping the Past: How Maps, Spatial Data, and GIS are Changing Historical Scholarship*, Redlands, Calif.: ESRI Press, 2008, pp. 220 - 233.

索。这实际上使我们可以创造体现我们对空间和地方的认识的虚拟世界。由此一来，它有可能使空间和地方在人文学科中的角色发生革命性的改变。

寻求 GIS 和人文学科的融合是极具挑战性的。但当我们把它应用到我们学科中的问题时，我们就可以看到这个技术能产生什么。在文化遗产领域，考古学家们已经使用 GIS 和电脑动画重建古罗马广场，例如，创造一个 3D 世界，让使用者漫步在那些只有遗迹的建筑之间。我们能够体验这些空间在一天中不同时间和一年中不同季节的样子。我们能更清晰地看到一个结构的整体，以及它如何与其他形式的结构聚集形成一个密集的城市空间。在这个虚拟的环境里，我们立刻对邻近度和权力有了直观感受。这种对逝去的空间的记忆重建帮助我们重新捕捉到一种地方感，这种地方感使我们了解了古罗马，并丰富了我们对古罗马的理解（数字古罗马广场项目①）。历史学家、物质文化主义者已经和考古学家一起用类似的方式创造出了虚拟的詹姆士镇。这个项目将詹姆士镇置于大西洋世界冲突的一个顶峰，这反过来成为更有雄心的、把科技推向人文学科研究的努力的开端。因为它旨在让人带着对根植于过去的可能性的感受，重新进入一个虚拟世界，即保罗·卡特（Paul Carter）所说的“有意的历史”②。

西弗吉尼亚大学正在做一个典范式的项目，旨在更进一步，通过沉浸式技术和 GIS 的结合，重现 19 世纪摩根城的感觉。用户通过数字化的桑伯恩地图（Sanborn maps）和建筑、街道的现存照片进入一个洞穴（CAVE，即基于投影的虚拟现实系统），并发现自己处于另一个时空，能穿行于他们现在所处的环境。他们很快可以进入并探索一栋建筑物，从一个房间到另一个房间，检查里面的实物。通过添加现有科技可以制造的声音、气味和触感，这个虚拟世界可以调动四种基本的感官，使参与者感觉这种体验更真实。创造沉浸式环境的造价一度很昂贵，现在价格在快速下降，但实际上如果建造适合人文学者的沉浸式环境的话，CAVE 系统并非是必需的。正如每个学龄儿童的父母所知，或每个第二人生游戏的爱好者可以证明的那样，游戏技术已经可以让我们以高逼真度和代理探索虚拟世界。

即便人们越来越可能去想象新的、基于技术的方式去探索遗产和文化的问题，我们又将如何使其中的空间、地方和记忆动态化并充满活力？除

① *Digital Roman Forum Project*，http://dlib. etc. ucla. edu/projects/Forum（accessed 9 Jan. 2009）.

② Paul Carter，*The Road to Botany Bay*：*An Exploration of Landscape*，London：Faber and Faber，1987，p. 3.

了少数例外，我们已经将这些因素融入我们的网站和其他数字产品中，以作为专家叙事的一部分，就像我们将这些因素融入传统学术一样。我们在每个实例中所用的主要证据（文件、图像、地图、物质对象）代表个人记忆和文化记忆，这些记忆成为我们与它们表征的世界之间的中介物。我们选择并诠释这些文化事物，以形成我们对过去和现在的理解。我们在一本书、一篇文章或一个网站中使用它们，构建一个经验领域，提出一种观点。从这个意义上说，技术使知识创造过程更加容易了，但是我们最常见的是程度上的差别，而非质的差别。我们还不能让我们对文化的理解力和创造文化的行为一样充满活力。为了这一目标，我们必须引导技术的发展，使它帮助我们从多样的视角理解过去，了解我们所知的过去当中的偶然性。

对于 GIS 和其他的新技术来说，记忆的构建是尤其有困难的。不管作为个体还是一个社会，记忆对于我们的身份认同来说都是极其重要的。但是，记忆作为证据有一些麻烦，因为事件本身和对事件的回忆期间发生的事总会对记忆有影响。这个情况使记忆变得动态化，具有可塑性和争议性。也许除了带着强烈情感的事件让我们记忆犹新外，其他事情我们只有在再次想起的时候才会记得。每回忆一次，我们就去掉了更多的偶然性或曾经存在的可能性。在这个过程中，我们构建了我们自己的故事，并通过这种方式，创造了各种各样的叙事来讲述我们共有的历史。和个人记忆寻求调和或隐藏我们内部的冲突不同，共同记忆成为被争夺的公共空间。这一斗争事关重大，因为斗争的结果决定了合法性的归属。然而我们知道记忆青睐那些我们想要相信或需要相信的东西。作为一个社会，这意味着我们常常从我们的公共记忆里去除了异议者的声音，我们已经在物质和文化景观里抹去了反映我们耻辱的“阴影地带”①。

然后，我们如何试图恢复那些不可恢复的往事，通过记忆找到身份和文化？当然，我们做不到。这个尝试是徒劳的。我们仅仅生活在过去和未来之间的不稳定时刻，并意识到过去和未来的影响。不过，我们能做的是通过带有社会记忆的物品，即不同时期不同角度的回忆证据，更充分地影响现在。达成这一目标的一种方式是通过“深度绘图”，作家威廉·李斯特

① See, for example, Kenneth E. Foote, *Shadowed Ground: America's Landscape of Violence and Tragedy*, rev. ed., Austin: University of Texas Press, 2003; David Lowenthal, "Past Time, Present Place: Landscape and Memory," *The Geographical Review* 65: 1 (1975), pp. 1-36.

在《草原——一本深度绘图》① 这本书里推广了这一方法。深度绘图的方法融合了口头证言、文集、回忆录、传记、图像、自然历史和有关一个地方的一切你可能想说的东西，产生的兼收并蓄的作品非常类似于18世纪和19世纪早期的地方志和旅行记录。它最佳的产生形式是对地球上一个小地方的精细微妙的、多层次的观察。

深度绘图被描述为一种崭新的创新型空间，形成的绘描有几种特征，这些特征非常适合形成人文学科GIS的崭新思考。它们应该是可视化的、基于时间的，结构上应该是开放的。与此同时，它们是多媒体的、多层次的。它们不寻求权威性、客观性，而是涉及了内部人与外部人、专家与贡献者之间围绕着表征了什么、如何表征所做的协商。深度绘图绘描出来的地图不是以陈述，而是以对话的方式来表达，因此不稳定性是其固有的特征，它们持续不断地发展、变化，对新的材料、新的视角、新的领悟做出回应。

深度绘图绘出的图像应当是可视化、可体验的，使用者沉浸在一个充满了不确定性、模糊性和偶然性的虚拟世界里，他们知道的或相信的有关过去的东西以及对于未来的希望或担忧一起影响着他们。传统的GIS正是在这一点上面临着最严峻的挑战：它创造不出这样丰富的可视化环境，因为人文学科的本质就是不断提出新问题，新的证据也会提出新的要求，在这种情况下传统GIS所做的工作显得很不足，而且很不精确，稳定性很差。然而GIS与其他技术，尤其是与多媒体和游戏工具的快速融合，显示以下的场景离我们不再遥远：在任何一个留有人们生活经历的记录的地方，都可能建构出地方文化的深度绘图和景观②。

如果上述愿景实现了，对人文学者来说意味着什么呢？假设我们持续改进GIS技术，使其功能更加完备、更容易使用，那么我们就可能构建至少两种基于GIS的文化景观和地方景观。

在第一种场景里，人文色彩的GIS在处理与分析证据方面是功能强大的工具，它可以将历史和文化诠释在一定的时间和空间里更清晰地定位出来，这是GIS可以做出贡献的主要方式。它对专家叙事是一种辅助，而不是取代。它发现各种模式，方便对比，强化某种视角，解释数据，好处多多。不过，它的结果最终还会以我们各学科接受的方式表现出来。在这种观点

① Heat-Moon W. Least, *Prairy Erth: A Deep Map*, London: Andre Deutsch, 1991.

② David J. Bodenhamer, "Creating a Landscape of Memory: The Potential for Humanities GIS," in *International Journal of Humanities and Arts Computing* 1 (2), 2007, pp. 97 - 110.

下，GIS 为关于过去的专家解读提供地理背景和深度。它本质上说明我们当前对 GIS 的使用在走向成熟。

在第二个场景里，这一技术为发展一种开放、独特的后现代学科提供了潜力，这是容纳多样性、共时性、复杂性和主观性的另一种对历史和文化的构建。19 世纪后期以来，追求历史的客观性成为科学的历史研究的原则，后现代主义学者对这一原则提出了尖锐挑战。后现代主义反对实证主义这一启蒙运动时期的思维，主张基于各种感官形成的知识。后现代主义也对被视为知识基础的文本和逻辑的权威地位提出了质疑。在后现代主义的认识论中，历史不是宏大叙事，不是对一个社会过去的权威的故事。相反，历史是碎片化的、暂时性的、依情况而定的理解，往往以多重声音、多样的故事、对小事件和实践的微观叙事来表达，它们都受到促成这些东西的独特经历以及当地文化的影响。

五　总结

空间人文学是基于 GIS 技术的新型人文社科研究领域。充满人文色彩的 GIS 会促进对于社会和文化的理解，最终可能通过这样的方式做出它的贡献：它拥抱一种崭新的、反思性的认识论，这种认识论容纳对于过去的多种声音、多种观点和多样记忆，使得我们可以在不同的比例上查看、考察它们；它创造出即时性的、让我们感觉很逼真的情境，而这是单凭语言无法产生的；它缩短了观察者和被观察物的距离；它使过去变得像现在一样动态化，具有偶然性。总之，它通过对记忆和地方的动态表征预示了一种对历史和文化的新的理解，这种理解是可视化、可体验的，它在真实空间和思维空间里将定量数据和定性资料融合了起来。它给传统的解释性叙事带来帮助而不取代后者，它邀请各类人士的参与，不管他们是幼稚还是博学。我们尚未做到这一点，但是有朝一日我们可以做到。这是一种值得追求的学术愿景。

走向多范式的空间综合人文学

张　捷　颜丙金　张宏磊　刘泽华*

摘要　以博登海默为代表的空间综合人文学，其研究思路是地理学、地理信息科学和社会人文空间研究的集成。在技术层面，它是虚拟空间与计量地理技术的一种整合研究。空间研究学术范式多元化背景下的空间综合人文学，是从空间信息表征技术到空间人文知识表征的空间人文研究系统，兼容多种学术范式，可以作为人文社会学术研究中描绘空间、表述空间、阐释空间、理解空间、思考空间乃至创造空间的工具和学科体系，具有广阔的发展和应用前景。新的信息空间形式和空间作用以及由之带来的空间技术霸权、虚拟不平等商品化及虚拟空间正义等问题，给未来空间人文学的综合研究带来了新的挑战。

关键词　空间综合人文学　多范式　地理信息科学　社会人文空间

Abstract　David J. Bodenhamer and other scholars working in the area of Spatial Humanities, focus their research on the integration of geographies, GIScience and human-social spatial studies. Basically from methodological view, spatial humanities research is to integrate virtual space with related mathematic geography and geo-computing techniques. With multi-paradigm of space research, the discipline of integrated spatial humanities should be a support and research system that approaches to an integrated representation of humanistic spatial knowledge from the displaying of the humanistic informa-

---

* 张捷，南京大学地理学院教授、博士生导师；颜丙金，南京大学地理学院博士研究生；张宏磊，南京大学地理学院助理研究员；刘泽华，南京大学地理学院讲师。

tion. It should be a compatible and understanding support system and research discipline for social-humanistic research to describe space, to represent space, to elucidate space, to interpret space, to understand space, to think about space and even to create space. Newly emerging forms and interactions of space might challenge the new discipline of integrated spatial humanities with issues like spatial technical dictatorship, virtual space uneven commodification and virtual spatial justice.

Key words Spatial Humanities Multi-Paradigm GIScience Human-Social Space

在新近国际学术界发生“空间转向”的同时，由古德柴尔德（Michael F. Goodchild）①、林珲等倡导推动的空间综合人文（Spatial Humanities）研究，可以说是地理信息系统（GIS）技术引导下的人文社会综合研究的一个全新领域。博登海默等撰写的《空间人文学：技术·途径·展望》是这方面的典型文献。文章以人文空间研究案例客观描述了GIS用于人文研究的有效性及其在文化深度阐发方面的薄弱状态，说明借助虚拟现实技术可实现历史人文空间的可视化，期望GIS和相关信息技术适用于以记忆和地方为中心构成的人文空间研究，描绘了结合真实空间—概念空间、定量—定性、描绘—表征、记忆—空间的综合性空间人文研究前景，确实给空间人文学的学术价值和应用前景描绘了一个美好的蓝图。尤其值得注意的是，文章的作者着意将地理信息科学（GIScience）作为地理信息系统（GIS）的“升级版”，这种“升级版”脱离了简单技术，走向能够产出系统知识的学科；

① 古德柴尔德（Michael F. Goodchild，1944 - ），美国科学院地理信息科学院士，现任加州大学圣巴巴拉分校地理系教授。他最早提出“地理信息科学”的概念，是国际空间数据不确定性研究的先驱之一。先后出版了十多部学术专著，500多篇学术论文，代表著作有《空间数据的确定性》（*Accuracy of Spatial Databases*）、《地理信息系统：原则与运用》（*Geographical Information Systems: Principles and Applications*）、《基于地理信息系统的环境模型》（*Environmental Modeling with GIS*）、《综合地理信息系统》（*Interoperating Geographic Information Systems*）、《地理系统与科学》（*Geographic Information Systems and Science*）、《地理信息中的不确定性》（*Uncertainty in Geographical Information*）、《地理信息科学的基础》（*Foundations of Geographic Information Science*）、《空间综合社会科学》（*Spatially Integrated Social Science*）、《地理信息系统、空间分析与模型》（*GIS, Spatial Analysis, and Modeling*）、《地理空间分析：综合分析的原则、技术及其软件工具》（*Geospatial Analysis: A Comprehensive Guide to Principles, Techniques and Software Tools*）等。

而空间人文学则是地理信息科学在人文研究中的拓展版。实际上，在当代空间研究的进程中，范式转变（paradigm shift）是决定研究基本理念、方向目标和研究方法论的关键。虽然博登海默等人在文章中已经注意到了范式在空间研究中的意义，这里仍有必要对之进一步阐释和说明，以此完善对空间人文学的学术理解，并提出一种多范式的空间综合人文学的发展前景。

一 空间综合人文学研究与社会人文研究的空间转型

空间综合人文学的产生，有两个重要基础背景或驱动：一个是GIS技术长期重视解决空间技术问题和缺乏空间自身特色主题的学术研究，另一个是相对而言，社会人文研究常常缺乏有效的空间分析技术的意识和技术。空间人文研究涉及了两个方面的学术潮流：一个是空间研究的人文化现象，一个是人文社会学术研究的空间阐释乃至空间转型（转向）。①

空间综合人文学研究与社会人文研究中的空间转型流派，虽然研究群体由于不同的学术背景采用了不同的偏好和定位，但是两者背后都有地理学的背景：前者是地理技术范畴的GIS和地图学传统，后者是在人文地理发展过程中在不同范式演替背景下出现的对空间本质阐释的人文化和多元化。② 一旦涉及具体理解空间的时候，两者之间又具有一定差异。具体说来，空间综合人文学发轫于GIS研究群体，是一种技术导向型新学科，其初始目标更多的是为空间综合人文研究提供适宜实用的研究工具乃至成果表达方式，其研究范式背景是实证主义，人们期望通过GIS表述人文社会科学研究中的事实，将GIS作为一种可以重复验证的价值独立的证据。而在社会人文研究的空间转型中，空间研究需要更多的空间分析工具和空间表现途径，然而这种需求由于来自不同的空间研究范式，或者说已经超越了空间

① 本文这里采用“人文社会学术研究”作为术语而没有采用“人文社会科学研究”，目的是避免一种观念混淆，亦即避免将人文社会学术研究等同于人文社会科学研究的混淆。同时希望提醒人们，当代多种学术范式下的人文社会学术研究，尽管它们具有与科学的实证主义同样严谨的学术问题、严格的学术证据采集方法和严格的结论推论逻辑，但已经超越了狭义的科学实证主义范式。

② 张捷：《空间概念的演化：物质的、地理的、抑或是精神的?》，参见陶东风、周宪主编《文化研究》第10辑，社会科学文献出版社，2010，第68~84页。

研究的实证主义范式，需要研发适用于相应范式的空间综合人文学工具和体系。

二　空间研究的不同学术范式与地理信息科学的技术范式

空间研究的不同学术范式分别从不同的哲学世界观、认识论和方法论出发，形成了对空间的本质、空间研究的主要问题、主要内容以及研究空间的主要方法论的不同体系。不同的学术范式，带来了多元化的空间概念体系。所谓范式（paradigm）是指导研究的一整套基础概念和范畴，是一个学术共同体成员所共享的信仰、价值、技术等的集合，是进行常规科学研究的理论基础和实践规范，其社会表现是科学研究者群体（科学家们）所共同遵从的世界观和研究行为方式，“范式就是一种公认的模型或模式”①。范式具体内容包括认可的知识体系，组织和解释这些知识的方式，共同认可的处理难题的方针和解决问题的一套方法。范式的差异甚至可以反映在个人的研究历程中，例如大卫·哈维（David Harvey）的地理学研究的三个阶段，代表了实证主义、马克思主义和后现代主义的典范，而每个阶段关于空间研究的相关构成和主题是有差异的，这些差异呈现了大卫·哈维从实证主义到马克思主义再到后现代主义的空间研究范式转变的历程（表1）。

表1　大卫·哈维不同研究范式阶段中的空间研究

范式阶段	空间研究的相关构成和主题
实证主义	感知和体验到的均质空间，相对空间，空间意象
马克思主义	空间是一种社会化、政治经济化的关系结构，时间—空间修复，社会（空间）正义，空间不平等，历史—地理唯物主义
后现代主义	空间的多元性：符号空间、异位空间、碎片式的拼贴空间，视觉艺术，关注差异，创造性破坏，时空压缩，关联空间

马斯特曼（Margaret Masterman）提出了三种研究范式：反映世界观或一般研究模式的抽象范式；由具体科学成就或者科学家共同体规定的工作

① Kuhn, T. S., *The Structure of Scientific Revolutions* (2nd Edition), Chicago & London: University of Chicago Press, 1970.

方式构成的社会学范式；由研究方法体现的工艺范式。① 人文地理学一般以本体论、认识论、方法论和具体方法作为研究范式分类的基本特征。约翰斯顿（R. J. Jonhston）将人文地理研究范式划分为实证主义、结构主义、人文主义等系列②。当然人文地理学还有很多哲学思想引导的范式，如经验主义、马克思主义、女性主义、实用主义、存在主义、理想主义等，基本是从某一种哲学世界观出发的抽象范式或哲学范式。众多的范式大致可以归纳为四种宏观范式类别，这些类别中的空间研究也存在不同的特征（表 2）。

表 2　基于人文地理研究范式的空间研究特征

宏观范式	具体范式案例	空间研究主要的基本理念、关注问题、观念、方法
实证性研究	经验主义、实证主义、混沌学	空间的客观性，关注空间的客观属性：空间客观构成，客观描述空间及分布的空间几何特征
质性研究	人文主义、现象学、存在主义	空间是主观建构的，关注空间的主观属性：空间的主观构成或建构、空间的主观属性。采用质性分析
批判性研究	马克思主义、结构主义、批判理论	空间是具有一定机制的结构，关注空间的结构机制：空间背后的机制、权力，追求空间正义和公平。采用社会—历史批判的方法
阐释性研究	后现代主义的解构学派、阐释社会学方法	空间是意义的体现，关注空间的意义意味：强调空间的个性化阐释、深层阐释，研究方法有自然主义研究法、个性化内省描述等，关注空间生产、第三空间

进一步说，这些关于空间研究的基本理念、关注问题和研究方法，在综合人文学体系中必须充分进行思考和融会贯通。事实上，这些范式视野下的空间理念对于以实证主义为基础的传统空间综合人文学来说，不啻一种打开视野的、拓展领域的参考。因为，虽然 GIS 技术在人文社会研究乃至日常生活中起到了越来越重要的作用，然而已有的大多数 GIS 技术与人文社会研究结合的工具，其潜在的学术范式背景是经验主义或实证主义范畴以内的。正如范式变迁研究中关注的“范式迷恋”（paradigm paralysis）陷阱现象③，多范式空间综合人文学研究是避免空间实证主义范式迷恋的有效

① Margaret Masterman, “The Nature of Paradigm,” in Lakatos I. & Musgrave A. eds., *Criticism and the Growth of Knowledge*, London: Cambridge University Press, 1970, pp. 59 – 90.

② 详见〔英〕R. J. 约翰斯顿《哲学和人文地理学》，蔡运龙、江涛译，商务印书馆，2001。

③ 详见 https://en.wikipedia.org/wiki/Paradigm#Paradigm_shifts，最后查询日期：2016 年 5 月 28 日。

途径。

在多范式的空间综合人文学研究中，作为技术基础的地理信息系统（GIS）和地理信息科学（GIScience）的研究范式值得关注。对照马斯特曼1970年的范式分类方法①，GIS技术导向的空间综合人文学的范式属于一种技术或工艺的范式，宏观认识论上属于科学实证主义的范畴。地理信息系统从早期地图制图自动化发展到当今社会普遍使用的技术以及本文讨论的空间综合人文学研究，出现了几个重要的技术范式（表3）：地图学范式强调地图投影技术的电子化展示，以地图制图自动化技术为特征；地图数字化范式在地图制图自动化基础上，成为空间数字化分析的重要工具，其中空间叠合分析成为当时研究的重要拓展工具；空间关联范式注重指数分析、连通性及相关性分析范式等，并得到了广泛而深入的应用；空间结构范式涉及数理模型—空间自相关，如簇、链、网等多形式空间结构的信息"流"；地理信息科学范式是以多感知及交互作用的三维计算机图形技术为基础的集成式空间分析。从基础技术角度看，这些范式又大致分为栅格数据范式和矢量数据范式。

表3　地理信息系统的技术范式类型

技术范式	革新技术基础特征	空间分析
地图学范式	地图投影电子化，地图制图自动化	传统地图分析功能，简单空间叠合分析
地图数字化范式	电子地图具有标注数据属性，以栅格数据结构为支撑	多空间加权叠合分析
空间关联范式	精准化坐标系统的拓扑属性，以矢量数据结构为支撑	空间分析基本指数：集中性、相关性、连通性
空间结构范式	对象技术、全球信息网络	簇、链、网及空间结构模型分析
地理信息科学范式	以虚拟现实（virtual reality）技术为支撑、数据仓库	集成式空间分析技术：多感知、交互的三维计算机图形技术
空间综合人文学范式	社会技术网络方法（social-technical network approach）、大数据	空间分析社会转向与相关知识产出、信息技术的社会影响
多范式兼容性空间综合人文学	主观属性表达，互动表达，综合表达	多哲学范式分析，质性研究，批判研究，阐释研究

① Margaret Masterman, "The Nature of Paradigm," in Lakatos I. & Musgrave A. eds., *Criticism and the Growth of Knowledge*.

三　多范式融合的空间研究案例分析

不同人文地理范式或社会研究范式的空间研究，虽然存在一定的差异，但往往具有一定的融合性。本文拟以两个案例说明空间研究中多范式融合的可行性。

第一个案例是关于空间情感化和认知化的研究。本文以黑色旅游空间为例进行说明。黑色旅游空间的多元化和多范式研究涵盖了相对空间、神圣空间等内容，已有的研究涉及社会空间、现象空间、地理空间和人文心理空间（情感和认知空间）等；菲利普·斯通（Philip R. Stone）从死亡视角阐述黑色旅游空间的社会认知和人们对死亡的反应，提供了一种经验批判主义范式的空间解释①；颜丙金等学者将其定义为人与景观相互作用产生的心理获益空间②。黑色旅游景观的独特视觉刺激和由此产生的空间认知、空间情感，如景观隐喻的集体主义精神和爱国主义精神，同时带来的对遇难者的同情，又使黑色旅游空间兼具了教育和感情功能。

黑色旅游空间的产生具有一定的社会建构性，如汶川地震前后的北川县城空间景观，就从原有的经济职能和社会职能导向下的表征空间（图1a）转化为以情感和教育功能为导向的纪念和神圣空间（图1b）。该转化过程是

（a）汶川地震前北川县城经济和社会空间　　（b）汶川地震后北川县城神圣空间

图1　北川县地震前后空间职能变化

---

① Philip R. Stone, *Death, Dying and Dark Tourism in Contemporary Society: A Theoretical and Empirical Analysis*, Doctoral Thesis (PhD), University of Central Lancashire, Preston, UK.

② Bing-Jin Yan, Jie Zhang, Hong-Lei Zhang et al., "Investigating the Motivation-experience Relationship in a Dark Tourism Space: A Case Study of the Beichuan Earthquake Relics, China," *Tourism Management*, 2016, 53 (3), pp. 108－121.

对“旧空间”的一种“自我重建”，最终形成了一个新的伦理和道德展示空间。总而言之，黑色旅游空间是在狭小的地理空间内构建起的一种兼具教育和情感功能的社会空间和心理空间，是具有多视角、多范式的人文化综合空间（表4）。

表4　黑色旅游空间研究的范式及特征

研究范式	空间特征	研究视角	研究内容	部分学者
实证主义	物理空间、客观空间、空间分布与结构	强调黑色旅游空间的客观性，认为其是客观的存在，不以人的意志为转移	资源开发、时空分布等	王昕等①；魏鸿雁、章锦河等
批判主义	建构主义空间：原真性与伦理空间	强调黑色旅游空间的主观性，认为其存在不是有形的实体，而是由个体主观定义建构的，与个人的动机、态度和行为密切相关	供给需求、符号作用	何景明②；佘晶晶③；Stone
行为主义	综合空间：人与景观相互作用的结果	强调黑色旅游空间中个人对其行为进行客观精确地分析，主张用经验的或实证的方法研究黑色旅游空间	人地关系、神圣空间体验	颜丙金等；Brian④

①王昕、齐欣、韦杰：《中国黑色旅游资源空间分布研究》，《重庆师范大学学报（自然科学版）》2013年第1期。

②何景明：《“红与黑”：论精神旅游产品的开发向度》，《旅游学刊》2012年第2期。

③佘晶晶、张俐俐：《黑色旅游及其符号研究》，《旅游论坛》2011年第5期。

④Biran A., Poria Y., Oren G., “Sought Experiences at Dark Heritage Sites,” in *Annals of Tourism Research*, 2011, 38 (3), pp. 820 - 841.

第二个案例是空间符号化和精神化的研究案例，这里以书法空间与书法景观为研究对象来分析。在现代文化消费空间塑造过程中，文化起到了举足轻重的作用。文化是一种动态的社会过程，是一种引导和控制空间存在与发展的决定性因素。根据历史—地理唯物主义[①]理论可知，全球化过程即是资本化过程，而在后现代消费观念的引领下，文化尤其是传统文化作为一种资本被注入市场，被人们所消费，从而导致文化空间内部的“同质化”，如千篇一律的徽派建筑、不合时宜的洋建筑等。同时，时空压缩导致

① 相关文献可参考毛娟《哈维空间理论的几个关键词》，载周宪、陶东风主编《文化研究》第21辑，社会科学文献出版社，2015，第5~16页；阎嘉《哈维历史－地理唯物主义的理论框架与内涵》，载周宪、陶东风主编《文化研究》第21辑，第32~46页。

的文化空间生产模糊了文化独特的历史性和地方性，导致文化空间的产生和更替如同商品和技术更替一样，呈现越来越快的趋势[①]。“快餐”式的文化消费让文化的根植性变得越来越模糊，进而导致地方感减弱乃至消亡。

快速城镇化背后正是传统文化景观存在空间被压缩的不争事实。于是，诸多学者开始思考中国文化符号在城镇景观和空间中的作用，并结合批判主义视角的空间生产及后现代主义的空间符号化等研究范式，对具有中国传统空间特色的书法空间和景观进行了研究。此处所谓的书法空间和景观，主要指以一定规模的书法作品或类书法作品等文字景观为载体，塑造的具有一定外在视觉特征和地方感的特定空间和环境。[②] 书法作为象征性的文化符号，构成了具有特殊情感认同的区域文脉和传统特色的精神文化空间[③]，在一定程度上反映了地方民众的历史文化偏好和精神空间诉求[④]。在中国传统的象征空间中，书法的象征作用通过社会建构起一种带有文化内涵和历史文脉的民族情愫空间。在这个过程中，只有注重客观原真性和主观原真性双重标准的建立，方能避免中国传统文化空间载体湮没于快速发展的现代科技文化过程当中，摒弃单纯的缺乏创造性的复古情怀或重现被扭曲了的传统文化的景观。这种文化空间传统意义的象征性的表达正如哈维的后现代主义空间观所认为的那样，空间是意义的体现，应关注空间的意义、意味，强调对空间的个性化阐释和深层阐释。同时，这种个性化的和深层的阐释需要有具体的景观为载体，在不同尺度的空间上需要以不同的形式呈现。从城市休闲场所到景区旅游空间，从市井小店的“幌子”（图2a）到国际商业实体的招牌（图2b），都可以发现书法的踪迹。其他如南京、桂林、临沂、桂林、厦门等城市书法空间的“制造”（图3a），西安碑林、焦山碑林和摩崖石刻、泰山摩崖石刻、七星岩和龙门十三品等旅游书法空间的“营造”（图3b）。这些存在于不同区位和社区的书法文化空间，恰恰体现了后现代主义空间研究对差异化和多样化意义的阐释。

---

① 李和平、杨宁、张玛璐：《后消费时代城市文化资本空间生产状况解析》，《人文地理》2016年第2期。

② 张捷：《空间概念的演化：物质的、地理的、抑或是精神的?》，载陶东风、周宪主编《文化研究》第10辑，第245～260页。

③ 张捷、张宏磊、唐文跃：《中国城镇书法景观空间分异及其地方意义》，《地理学报》2012年第12期。

④ 张捷、卢韶婧、蒋志杰等：《中国书法景观的公众地理知觉特征》，《地理学报》2012年第2期。

（a）南京大排档书法招牌　　（b）福州三七巷麦当劳仿书法招牌

图 2　不同商业店铺的书法招牌营造的空间氛围

（a）厦门书法广场（城市休闲）　　（b）泰山摩崖石刻（旅游景区）

图 3　不同类型场所的书法景观

四　基于不同空间范式的空间综合人文学的前景

如果说，林珲等人的空间综合人文学研究①提出了人文现象表现等多种途径和实施展望，博登海默等人撰写的《空间人文学》则开始关注空间范式的重要作用，而空间的多种含义和不同理解也已经被人们所关注认识②，

---

① 林珲、张捷、杨萍、刘佳：《空间综合人文学与社会科学研究进展》，《地球信息科学》2006 年第 2 期。

② Bodenhamer D. J. , Corrigan J. & Harris T. M. , *The Spatial Humanities: GIS and the Future of Humanities Scholarship*, Indiana: Indiana University Press, 2010.

那么，这里有必要提出一种基于空间研究范式理念的多范式空间综合人文学，并进行展望。

所谓多范式空间综合人文学是一种兼容多种空间研究范式的综合性学科体系和相关支撑综合集成技术系统。作为一个以信息技术为支撑的空间研究体系或学科——或者说关于空间研究的地理信息学，空间综合人文学将超越传统的狭义科学实证主义范式，兼容当代人文社会研究的多种范式。然而，作为真实反映不同学术范式空间研究理念和内容体系的综合集成信息系统，空间综合人文学的基本技术范式依然从属于科学实证主义。同时，不同学科的空间研究，存在不同空间问题的空间表述、空间表达、空间表现和空间表意的诉求，因此，兼容多种不同空间范式的空间综合人文学的体系构建，必须进一步考虑以下问题。

首先，空间综合人文学作为一种 GIS 和其他信息技术导向型的综合研究体系，对传统实证主义范式下的空间描述和科学研究提出了新需求，需研发相应的新工具、新理论。全球气候变化、全球化研究、大数据时代、电子商务时代、复杂性人文社会科学研究等实证主义倾向的研究，提出了许多新的相应课题和空间描述需求。空间差异的尺度、空间相互影响的尺度和程度、大数据空间信息的发掘和分析等新型空间描述工具和数理分析工具的研制，是空间综合人文学在实证主义范式下进一步发展的领域。在实证主义导向的 GIS 技术及相关信息技术支撑的空间综合信息科学，追求多种空间观念及有效分析的实证工具，追求实现描述空间、理解空间、展示空间、再现空间、设计空间、创造空间、探问空间的基本目标。同时，对于信息系统空间表示的可行性、有效性或者真实性提出相应的判断标准。

其次，对于非实证主义范式的空间研究，空间综合人文学需要研发相应的应对策略，包括适用于不同范式空间概念的表达模式或计算机模型。在人文研究的空间性的层次方面，能够覆盖技术空间（或客观空间）和社会化空间（或主观空间），同时关注多种知觉体系下的空间描述、个性化的空间描述、空间感知（知觉）、空间认知、空间意象、空间认同、空间依赖等空间的人文性的多种学术问题和表达模式研究，研究不同范式的空间展示技术、分析技术乃至互动技术，实现对人文现象涉及的空间问题（文化、社会、政治、经济、生活等）的描述、理解、阐释、探索。此外，对绝对的空间、神圣的空间、历史性空间、抽象空间、矛盾性空间、差异性空间的历史分类体系[1]的进一步研究，同样需要相应的差异性的多范式的空间综合人文学予以支撑。

可以预见，多范式融合的空间综合人文学，是具有广阔发展空间的学科。我们仿佛看到了人文主义范式走向地方感的空间综合人文学，看到了结构主义范式走向空间辩证法和空间结构机制的空间综合人文学，甚至我们可以看到基于多知觉维度空间、多范式的空间综合人文学。

五　空间综合人文学的未来挑战

值得注意的是，在当今信息空间技术快速发展且应用于日常生活的同时，出现了一种基于虚拟空间的现实空间生产和延伸。多种信息技术如虚拟现实（virtual reality，VR）技术、增强现实（augmented reality，AR）技术、现代多种具有现场感的空间表达信息技术及衍生载体如手机 APP 技术等，不仅为实现人文现象的空间展示、表征提供了手段，其本身又创造了一种新的空间形式——赛博空间（cyberspace），进而形成新的空间问题和新的技术需求，如赛博空间与现实空间的关系[2]。事实上，当今的赛博空间已经不局限于计算机网络，而是延伸到了手机、QQ、微信、WIFI 等多种现代通信技术涉及的现实空间和虚拟空间，以及通过网络虚拟空间改变人们行为模式和空间作用的机制。因此，从 GIS 以及其他与空间相关计算机技术而言，它们既可以创造虚拟空间，也可以创造虚拟空间相关的现实特征空间。常州的嬉戏谷主题公园是网络游戏空间和场景的现场空间版，在某种程度上是虚拟空间或赛博空间在现实空间的延续和生产。

在虚拟经济方面，网络空间造就了虚拟购物场所和空间，替代了传统商铺门店，延伸出新的高效复杂多层级的送货物流空间和相关产业，引发了产业空间的重组。以阿里巴巴、淘宝等为代表的新型网络销售商——一种基于虚拟交易空间的销售产业，通过网络信息空间高效传播和超越空间的简便交易模式，在空间互动和交易形式上大幅度替代了基于实体空间的传统商业模式。与此同时，智慧旅游技术的应用从多种角度优化了旅游空

① Rob Shields, *Lefebvre*, *Love and Struggle*, *Spatial Dialectics*, London and New York: Routledge, 1999, pp. 170 - 172.

② 张捷、顾朝林等：《计算机网络信息空间的人文地理学研究进展与展望》，《地理科学》2000 年第 4 期。

间和旅游产业[①]。回过头来看，空间综合人文学在虚拟经济或电子商务中是否有一席之地，值得未来研发。尤其是在网络电商利用虚拟空间和虚拟交易平台的技术优势形成商业垄断和不公平商业竞争时，空间综合人文学能否形成相应的识别和防御机制？多种特有领域的 GIS 系统构建了各种特殊社会人文空间的数据、分析管理乃至模拟预测系统，但是这种特殊专用服务的 GIS 系统能否进一步的综合和兼容？

信息技术虚拟空间的负面作用，往往为现代社会所忽视。因为人们大多沉浸在现代信息技术和虚拟空间带来的效益、便利、福祉和迷思（myth）之中。然而，这种负面作用是客观存在的。例如，虚拟空间的陷阱或者电脑空间的囹圄，是一种信息技术对自由个体的特殊的空间囹圄和空间霸权。一个空间自由的个体人，由于对网络空间（如网络游戏）的依赖迷恋导致自己对正常空间自由的放弃，这从另一个角度看实际就是信息技术的霸权对个体自由的剥夺和奴役。在这个信息技术霸权的背后往往又存在一定的利益不平等交换乃至不道德交换，并进而可能导致社会危害。例如，经常可以看见年轻人迷恋网络游戏，浪费青春甚至犯罪的案例。又如，虚拟空间的暴力，如电子游戏中的暴力虽然局限于虚拟空间，但是经常有痴迷者不自觉地将这种虚拟暴力带回现实而导致犯罪；至于现代化信息战争中的遥控打击以及无人机自动打击，乃是一种以虚拟空间技术掩盖传统战争暴力屠杀现场感和犯罪感[②]的技术反动。事实上，虚拟空间的战争暴力游戏很难与当代信息化、自动化远程打击的战争行为相区分。空间综合人文学在这种情形下如何应对？简单的实证主义技术目前无法回答和解决这些问题的，那么是否意味着需要一种超越传统科学实证主义范式，以技术为导向，正义的、具有道德判断的空间综合人文学？

结　语

空间综合人文学的核心研究思路是地理学、地理信息技术和人文学术

① 吴荣华、张宏磊、张捷等：《城市历史文化旅游地的小尺度空间结构及关联》，《地理研究》2014年第12期。

② Derek Gregory, *Deadly Embrace: War, Distance and Intimacy*, Keynote lecture for "Risks and Conflicts: The 32nd International Geographical Congress", 26 – 30 August 2012, Cologne, Germany.

研究的集成，在技术层面，则往往是一种集成的虚拟空间技术。多元空间研究学术范式下的综合空间人文学，将是从空间信息表征技术到空间人文知识表征的空间人文研究系统，将会兼容多种学术范式、可以作为人文社会学术研究中描绘空间、表述空间、阐释空间、理解空间、思考空间的工具和学科体系，具有广阔的发展和应用空间。新的信息空间形式及其空间作用，以及由之带来的空间霸权、空间正义等问题，给未来空间综合人文学带来了新的挑战和机遇。

空间人文学与吴江的桥*

陆　扬**

摘要　博登海默呼吁立足“地理信息系统”来推进空间人文学的发展，但空间人文学的要义究竟是强化技术亦或深化人文，似可商榷。空间自从进入哲学的视野，从来就是人文的空间。当空间被人文充实，显现意义，就变成地方。所以地方可谓人文空间的一个地标。诚如博登海默所言，空间人文学将能证明，历史不是宏大叙事，而是发生在特定语境之中，以多样故事、多重声音的微观叙事来加以表达。由是观之，我们对吴江的桥的文化考察不失为这样一种微观叙事。

关键词　空间人文学　博登海默　黎里　桥

Abstract　David Bodenhamer indicates that “spatial humanities” will be much enhanced upon the introduction of GIS. However, whether the essence of spatial humanities should focus on technology or humanity, is still a question. So long as pace come into the philosophical perspective, it has always been the space of humanity. When space begin to present meaning, it becomes place. In this sense, the bridge investigation of Wujiang is a good micro narrative corresponding to Bodenhamer's position: spatial humanities will prove that history is not a grand narrative, instead, it happens in specific context, and is expressed in multi-story, multi-voice, and multi-narrative.

Key words　Spatial Humanities　Bodenhamer　Lili　Bridge

---

* 本文为国家社科基金2015年度重大项目“新马克思主义文论与空间理论重要文献的翻译和研究”（15ZDB084）的阶段性成果。

** 陆扬，复旦大学中文系教授、博士生导师，研究方向为文艺学和文化研究。

美国人文地理学家戴维·J. 博登海默等2010年主编出版的《空间人文学：地理信息系统与人文学科的未来》，呼吁在人文学科推进GIS（Geographical Information System）即“地理信息系统”的广泛使用，进而构建一种新型的空间人文学（spatial humanities）。但是，空间人文学的建构主旨究竟是强化技术，还是深化人文，或是将二者更好地协调起来，似乎尚待进一步探讨。本文旨在通过对苏州吴江的桥的文化考察，阐释传统民俗如何在空间与地方的张力波动中迷失和更新，由此呼应博登海默的空间人文学构想：“空间人文学者关注的是意义问题，空间为探索意义提供崭新视角，有助于人们从根本上理解人是如何建立世界秩序的。”①

一　地理信息系统

博登海默推广空间人文学，一个重要支点是技术革命。上述文集的立意是，有鉴于GIS技术已被广用于其他学科，唯在人文学科中止步不前，而考虑到地理信息学如运用得当，有助于人文学者跨越时间，发现并复现历史上存在于特定地点的记忆、物品和经验之间的复杂关系，故在人文学科中全面引进GIS，将有可能给文史哲等传统人文学科带来革命性的变化。博登海默的文章《空间人文学：技术·途径·展望》，显示的正是人文联手科学、人文学科再次拥抱科学方法论的思路。考虑到博登海默本人的教职是历史学教授，这一科学主义新热情，对于传统人文学科就更显得弥足珍贵。博登海默揭示了空间认知的历史演绎，指出对空间的理解因人而异，今日各路学者对社会、经济、文化空间的意义建构和政治权力解构，都显示了空间的人文属性。换言之，空间已经发展为一个流动的、具有弹性的意义系统，这就是现代的空间概念。

博登海默对于GIS的推广热情，给人留下深刻印象。他指出，GIS作为一种无与伦比的技术，运用以往学者鲜能掌握的方法，通过处理海量的空间化、可视化数据，可以轻而易举地建构出文字望尘莫及的强大图像。要之，GIS对于今日方兴未艾的空间转向，仅仅是一种更为便捷好用的技术革命，还是意味着脱胎换骨的哲学革命？博登海默认为这里涉及今天人文地

① 〔美〕戴维·J. 博登海默：《空间人文学：技术·途径·展望》，马庆凯、钦白兰、吴宗杰译，详见本辑文章。

理学内部的认识论和本体论分歧。所谓认识论，关注知识如何产生，是方法论的问题，即我们用什么角度去阐释实体和现象。所谓本体论，则关注什么是真实，研究存在或实体的基本范畴和关系。故此，前者关心如何诠释空间和空间中的对象，后者探究空间是什么，空间中的对象又是什么东西。最好的办法当然是两者相辅相成。

诚如一切美好的理论到头来总不免带有一厢情愿的局限，本着认识论和本体论的分歧，博登海默也枚举了对 GIS 不以为然的意见。比较有代表性的看法是孔德实证主义的遗风，而世界并不像实证主义假定的那样，能被如此精确地测量。此外，GIS 偏向定量精确数据，不接受不精确或模糊的数据；而且偏好官方对世界的表征。这都可以见出金钱和权力的影响，足见 GIS 并非如鼓吹者标榜的那样中立和客观。反过来看，GIS 的捍卫者，则坚持视角差异并不重要，理由是命名的差异无损于对象的独立存在，当不同视角、不同语词指向同一对象时，我们可以用正式规则来做语法分析。这基本上是中世纪经院哲学中唯名论的传统，用莎士比亚《罗密欧与朱丽叶》中的台词说，便是“名字里又有什么？那叫做玫瑰的东西/换作任何另外名称，还不是照样芬芳？”说到底，GIS 是科学而不是哲学。科学与哲学之间的交通渠道，其实不似博登海默设想的那么乐观。

诚如博登海默所言，我们对于 GIS 及其空间工具其实并不陌生，如 GPS 即全球定位系统的广泛使用。博登海默认为，对于考古学和历史学而言，地理信息技术能提供一种再现过去城市和村落景观的全新方法，而且以 3D 方式诉诸视觉，如古罗马、中世纪威尔士村庄等的虚拟景观。这个前景无疑是非常美好的。但是凭借先进技术重构历史视域，进而轻易复原逝去历史的虚拟景观，总使我们情不自禁地想起波德里亚《拟像与仿真》开篇引述的博尔赫斯笔下那位帝国版图的绘图师。《拟像与仿真》也许是波德里亚流布最广的一篇文献。作者首先转述了博尔赫斯的一则掌故，说某个帝国的绘图者们画了一张地图，这地图是如此详尽，丝毫不爽地将整个国土覆盖了一遍。可是，后来帝国衰败，地图也日渐磨损，最终是毁坏了，只在星星点点沙漠里留下些许痕迹。这是一种形而上的抽象的美，既见证了帝国昔年的荣耀，又目睹了它像一具尸体那样在腐烂，回归尘土，就像一张年代久远的相片，到最后跟真实混淆难分了。波德里亚指出，假如将博尔赫斯的这个故事看作最恰当不过的仿真寓言，那么这寓言就是刚好转了一圈，独留下匪夷所思的、作为第二符号序列的拟像的魅力。那么，拟像作为这第二层级的符号系统，又意味着什么呢？波德里亚的回答是：

> 今天的抽象不复是地图、照片、镜子或概念的抽象。仿真也不复是某一块领土、某一种指涉，或某一种物质的仿真。它用模型来生成某种没有本原和现实基础的真实：超真实。领土不复先在于地图，也不比它更长命。故而通过拟像的过程，是地图先在于领土。地图生成了领土。假如今天我们来重述这个故事，那么就是国土星星点点的痕迹也在地图上慢慢地腐烂了。故而沙漠上遗迹斑斑的是真实，而不是地图，沙漠也不是帝国的沙漠，而是我们自己的沙漠，真实自身的沙漠。①

在这样一种拟像与仿真的后现代语境中，拟像的命运不容乐观，甚至是悲哀的。说到底，博登海默鼎力推崇的 GIS 技术支持下的“深度绘图”(deep map)，又何尝不是一种拟像？博登海默相信在文化遗产领域，考古学家使用 GIS 和电脑动画重建古罗马广场，可以创造一个 3D 世界，让使用者不仅仅看到古代遗迹，而且能够穿越早已不复存在的建筑，在一天中的不同时段和一年中的不同季节来体验空间。这不是愿景，而是已经发生的事情。可是，我们觉得影像终究是影像，即便波德里亚将它描述得神乎其神，它仍然是同真实判若两途的幻象。

二 吴江的桥

暂时离开 GIS 的话题，就空间人文学这个新近主题来看，我最近接触到一个苏州吴江桥文化考察的学生项目，或许会有所启示。2016 年寒假，复旦大学团委组织学生开展社会实践项目。中文系和历史系朱璟依、沈园园、王蕴懿、涂欣人、蒋晴、周娇娇、吴皞、周文杰 8 位同学以《苏州的眉眼》为题，对吴江区的古桥文化和相关空间变迁作了历时数月的民族志考察。这几位同学大都是 2015 年入学的新生，带有不久将被逐渐磨平的那种初生牛犊的闯劲和韧劲。同时他们无一例外是本乡本土的苏州青年。苏州这块中国历史上最为富庶的小桥流水、钟灵毓秀之地，今天有她的新一代儿女

① Jean Baudrillard, “Simulacrum and Simulation,” see M. Poster, ed., *Jean Baudrillard: Selected Writings*, Cambridge: Polity Press, 1988, p. 166.

顺着桥的脉络，来探究民俗怎样在势不可挡的城市化过程中迷失和更新，无疑是非常有意义的事情。我有幸忝列他们的四位导师之一。由于时在德国科隆，对他们如何分头出击，访谈故里相亲，基本上是一无所知。二月回国以后，我在小镇黎里与8位同学第一次见面，听到了他们的故事。

之所以选定古桥作为考察对象，朱璟依说，桥作为特殊的人工通道，在苏州这个河网密布的江南水乡承担着物质与精神两重意义。一则桥架水行空，是为连接地方的通道；二则古桥在历史中孕育出许多美丽故事，在日常生活的迎来送往间，成为民间风俗的主角。所谓古桥，定义上将初建时间划到1949年之前。保存基本完好的、改建的遗址，以及实体荡然无存仅见于文献的，均在调研之列。一个显见的事实是，随着现代生活的普及，古桥的原貌正在消失，旧时拱桥多被推倒，重建为易于车辆通行的平板桥。甚或河道填平，变身马路。有鉴于此，项目小组将考察地点定为吴江的五个古镇。选定吴江，一是因为苏州的其他区域如姑苏，对古桥及其文化的保护已趋向成熟，比较来看吴江桥文化的空间意识显得淡薄。二是因为吴江地区河汊纵横，桥是日常生活的重要坐标。小组兵分五路，分别走访了吴江九个镇中的五个。它们是桃源、平望、震泽、七都、同里、黎里。

空间自从进入哲学视野，从来就是人文的空间。小组的实地调查说到底也是人文的考察。他们分出大体三类采访对象，针对性地拟出不同的调查问卷与访谈提纲。这三类人一是傍桥而居的普通居民，二是古桥文化爱好者，三是古桥专家。小组发现对镇上桥梁历史有所了解的都是老人，高龄老人中有部分并不识字，而且视力模糊，这使他们的发放问卷计划受到挫折。所以实际操作中多为小组成员询问老人，帮助完成问卷，同时采取笔录或者录音等方式留存调查结果。故此他们知晓至清末吴江有桥名可查的桥有503座，到1935年增长到1194座，其中唐桥2座、宋桥8座、元桥11座、明桥114座、清桥409座、民国桥梁447座、年代不明者203座。而到1985年文物普查时，各类石桥只存260余座。[①] 即便如此，吴江依然称得上是古桥梁的博物馆。小组选择的五个古镇各有特点，有的曾经商业发达，一度成为吴江丝绸等货运枢纽如震泽，有的古为水泽，填湖填河而有民居如平望。但一如星罗棋布的江南小镇，勤勉躬耕是为本分，由此孕育出来形态各异的古桥文化，是为呼应着乡土节律的道地的民间文化，与一百年

① 吴国良：《吴江古桥》，古吴轩出版社，2002，第2页。

来大多数时候几成众矢之的的都市大众文化不可同日而语。小组提交的叙述中，我更感兴趣的是同里和黎里。它们原本是邻里姐妹，如今一个大名鼎鼎，位居江南十大名镇前列，一个籍籍无名，连我这个走遍苏锡的上海人，在按图索骥进入它的地界之前，竟也未闻其名。走访同里的是两位男生吴皞和周文杰，他们报告如下：

> 同里镇的桥习俗在吴江地区最为有名，即所谓的“走三桥”。“三桥”是指同里古镇区鼎足而立、相距不足50米的三座古石桥：太平桥、吉利桥和长庆桥。这个习俗约略滥觞于清乾隆中期，但逢婚嫁、生日庆贺、婴儿满月等喜庆吉利事，伴随鼓乐鞭炮声和四处抛洒的喜糖，便有事主喜气洋洋的亲戚朋友前呼后拥，口中念诵“太平吉利长庆”，浩浩荡荡绕行“三桥”。加上纷纷出户观望和上前道喜祝贺的沿街居民，这种普天同庆的动人景象，历来是同里古镇一道亮丽的风景线。
>
> 然而今天在同里寻找到的“走三桥”民俗，已经物是人非了。同里镇已经被开发为著名旅游景点，进入古镇需要购买门票。好在同里镇内仍有大量原住居民，在古镇古街两旁也有大量老式民宅。民风民俗最基本的要素就是“民”，有民才有风俗和人文。从这个角度看，今日同里的空间人文学，应当是具备了得以生存和发展的最基本条件。但是问题也接踵而至，经过走访我们发现，本地居民以老年人为主，留下来的中青年人，也几乎都投入到当地的旅游产业之中，或开饭店，或当导游，或出售纪念品。被采访的同里人说，有能力的人都搬出了古镇。可以想象，许多年以后，真正的同里居民可能所剩无几。这无疑将给同里的空间人文带来新的变数。我们来到了同里“三桥”附近，遇到景区的讲解员。她大概50岁年纪，本地人。问及关于“走三桥”民俗的现存情况，她说，“走三桥”当然有，那是当地老人饭后走桥。她把我们带到介绍“走三桥”民俗的展板面前，将解说词念了一遍。由此可见，这位讲解员对于同里的“走三桥”习俗，其实并不熟悉。我们又询问另一位当地居民，他则直接表示，现在已经不存在走桥的习俗，今天当地婚礼祝寿与外界并无不同，要说结婚来“走三桥”，那也演绎成了有钱人的特权，与风俗无多相关了。
>
> 但是“走三桥”习俗仍然以另一种方式流传下来。我们看到太平

桥的桥头停放着一乘花轿和一架子的衣衫。游客花费150元，就可以穿上婚服，坐进花轿，让轿夫抬着在“三桥”走上一圈。有老人说，走桥时的吉利话，其实并无固定语式，更多是即兴发挥。不过景区工作人员口中的吉利话如出一辙，和展板上的说辞完全一样。同样情况也见于“船歌”。同里古镇上早已无人打渔，河水两头已被堵上，已是一道“死水”。这种情况下，船歌已经失去了可以呼吸的空气，消亡是必然的。但景区雇船游览，给船家一点小费，可以听到旅游公司传授的高昂船歌。船歌由此也成为一种表演。一位老奶奶拿着块板，板上写着很多船歌的名字，她靠给游客唱歌赚钱。唱两首10元。我们付了钱，却发现她的歌唱曲调是沪剧唱段。疑惑追问之下，她告诉我们这是政府教她们唱的。我们在同里分发了50张调查问卷，问卷填写者覆盖居民、店主、船夫、古镇管理人员等。对于同里旅游开发的利弊，当地人普遍认为利在居民收入增加，而且晚间有唱戏表演，小镇日常生活更为丰富；弊则在于影响交通和卫生、产生噪音、抬高物价。并且实际获利者多为商贩，普通百姓与旅游业工作人员并无太大收益增长。今天同里的空间在大幅改组，于完成从天然村落向景观古镇过渡的同时，她的人文传统以一种疲乏慵懒却利弊参半的仪式化方式延续了下来。

黎里在同里以南20公里。这个明代即有居民千百家，已是吴江大市的古老村落，如今显得寥寂落寞。2016年2月下旬的一个下午，乘沪渝高速稍许空疏的当口，我驾车带着小女儿从上海市区出发，一个半小时到了这个养在深闺人未识的“未来古镇”，同先已汽车站附近的一家旅馆落住下来准备次日开张桥文化展览的复旦学生会合。他们带我到管理处见了黎里文化旅游公司顾问李海珉。李曾任黎里文化保护所所长并柳亚子纪念馆馆长，编纂过75万字的《古镇黎里》，退休后聘为此职。他告诉我，地方政府投资13亿，有意开拓黎里既有空间，给迄至今日少为人知的这个昔年吴江大镇，打造出比肩邻居周庄和同里的全新景观。工程计划分三期实施，目前第一期刚刚接近完成，整个工程尚处在初级阶段。黎里地处苏、浙、沪金三角腹地，方位是得天独厚的。何以紧邻的周庄和同里旅游业如日中天，偏偏它就默默无闻呢？黎里人肯定是心有不平的。说到桥，镇上三华里长的黎川河上剩下18尊桥，9座是保存了原貌和重建过的古桥，另外9座为交通便利，改建成了水泥桥。黎里“走桥”不盛，李海珉说，古代读书人走桥是为讨口彩，进登桥、梯云桥、迎祥桥，都是祝自己科举高中，步步高升。小孙女过生日，他自己也带她走过这些桥梁，祝愿她学业不断进步。问及当地居民对镇上桥梁何以感情不深，李则认为这是一种审美疲劳，因为古桥已经融入了居民的日常生活，已无必要当作特殊文化供奉起来。关于如何保护和开发古桥文化，李海珉有三点建议：首先，黎里镇应设定为步行街，对于尚存古桥，应恢复和保存它们的原貌；其次，可适当退路还河，沟通水系，因为桥和水是密不可分的；最后，对于已经彻底消失的古桥，可在原址上“艺术地恢复”，与周围环境融为一体。毕竟古桥故事、风俗等非物质性的文化遗产，是依附于古桥实体存在的。对于北边同里的旅游“走桥”秀，他认为作为一种表演形式是对民俗本身的提升，相当于戏曲中把生活搬上舞台一样，即便背后还是利益的驱使。但是黎里不会模仿同里，一是黎里本地没有同里那样明确的且成规模的民俗，二是希望黎里的开发少一点功利性。不过老先生感慨不在其位，不谋其政，建议终究也就是建议而已。

走出管理处，我沿着静静流淌的黎川河逛了半个古镇。比较江南古镇见惯了的逼仄空间，这里水面开阔。虽是日间市井，也给人一种野旷天低树的感觉。尚在修葺中的老街上人迹稀寥，除了三两闲步的本地居民，少有游人。走出正在重造空间，被寄予了莫大期望的“古镇”，来到外围镇区，倒是熙熙攘攘。摩托车、三轮车、汽车，在梧桐辉映、显然被数次垫高的柏油路面上不断驶过。马路两边是小城市常见的平顶方形楼房，店家林立，只是生意清淡，独见店主在静候顾客。我随意找了一家旅店，蒙学生执意招待了我一顿地道的精致苏菜之后，打算睡一个晚上，第二天去给他们策办的展览助阵。不想空调打开没有几缕暖气出来，被子摸上去又湿漉漉的，估计是难有好眠了。看了会儿电视，刚才还在另一张床上蹦蹦跳跳的小女，突然哭闹起来，口口声声嚷着要回家。这时候，黎里紧傍上海的地理优势充分体现出来，一个半小时后，我回到了上海市区东北隅的家里。

三　空间人文学

关于吴江的桥的文化调研在理念上可以印证博登海默的空间人文学构

想。博登海默强调这个构想的宗旨是让我们在新的视野中来理解社会与文化，即“拥抱一种崭新的、反思性的认识论，这种认识论容纳对于过去的多种声音、多种观点和多样记忆”[①]，这是一种无法用语言来表达的真实性。总之，它对地方和记忆的动态表征，让我们知晓一种对历史和文化的不同看法。博登海默的上述观点，应当说是秉承了列斐伏尔的相关先驱思想。列斐伏尔这样描述过“空间的生产”：

> 空间从来就不是如生产一公斤糖或一码布那样生产出来的。它也不是如同糖、小麦、布匹这类产品一样，是为各个地方和方位的集合。那么，它是不是像上层建筑那样经营起来？依然不是。或者更确切地说，它既是各式各类社会上层建筑的先决条件，又是它们的结果。[②]

从论述空间的生产不是什么来说明什么是空间的生产，听起来有点玄乎。但是，列斐伏尔紧接着清楚表明，空间就是一种社会关系，特别是涉及土地所有的社会关系，与此同时，又跟生产力紧紧绑定在一起。由是观之，不奇怪博登海默更愿意认同一种后现代新历史主义的空间观念。如以美洲大陆为“新世界”“新大陆”，其辽阔的原生态土地为经济腾飞、民主进步和民族凝聚提供坚实基础的传统空间观，便是殖民主义文化霸权使然，掩盖了对印第安原住民的血腥剥夺和杀戮。当特定的时空感成为明日黄花，不复是美利坚民族的主导话题，格尔茨、戈夫曼、吉登斯、福柯、德塞都，以及赛义德等人笼统地可以称之为后现代视野的空间观后来居上，取而代之的是博登海默看来构成了人文社会科学研究中有目共睹的空间转向。其直接后果是，美国的国家叙事变得更为复杂，空间与时间一样，不再具有神圣意味，虽然它在我们理解历史和文化中扮演着更有趣也更积极的角色。简言之，它意味着承认我们对于世界本身的理解，是社会建构出来的产物。这一认知框架，很显然正是呼应了后现代文化试图以“空间”替代“时间”，或者至少两者是可以相提并论的叙述策略。在今天遍布全球的都市化、城市化进程中，它的理论意义和实践意义，都须认真对待。

我终究还是从朱璟依那里得知了他们之前调研和次日布展的情况。朱

---

① 〔美〕戴维·J. 博登海默：《空间人文学：技术·途径·展望》，马庆凯、钦白兰、吴宗杰译，详见本辑文章。

② Henri Lefebvre, *The Production of Space*, Oxford: Blackwell, p. 85.

璟依说，黎里人对家乡的桥梁如数家珍，但是他们说出的大都是桥的俗称而不是本名，如他们把梯云桥叫唐桥，把大陵桥叫庙桥，管秋禊桥叫叽咯桥等，非常直观。黎里的民间信仰旺盛，道观和佛寺香火不断，由此形成一种与祭祀有关的桥俗。我们从一座大桥的桥洞中走过，这个桥洞叫伏虎洞，在桥墩中开凿以供人通行。导游介绍说，桥洞里以前摆满了佛像。洞壁上有厚厚一层黑炭，都是蜡烛熏成的。伏虎洞就在寺庙门口。另外黎里禊湖道观的门口有一座秋禊桥，进道观必先走过此桥，这里桥就具有空间转换的意义，象征着从凡俗步入仙境。类似的还有求子桥、积德桥、科举桥，都寄托了美好的希望。随着旅游业的发展，古桥习俗明显有回归的趋势。古桥故事正在导游一次一次的讲解中反哺给居民，但是我们不知道这样的发展趋势是不是错位了。

至于为什么选定在黎里策展，大家的考量是，同里的旅游公司已经在当地居民间做过关于“走三桥”等习俗的推广普及，其他文化习俗亦几被开发殆尽。反之黎里的人文旅游刚刚起步，还有很大拓展空间，而“桥”作为本地居民们生活中不可或缺又习以为常的义项，可以通过对既往文化的追溯，唤醒他们的乡土自豪感。是以完成策划方案后，这批刚刚走出高中的学生们与当地旅游公司联系洽谈，在黎里游客中心办出了这次为期一天我失之交臂的展览。但是当天下午我看到了他们如何综合既有资料，分为三个篇章布置的20余块展板：黎里已然消失的古桥、现存的古桥，以及若干桥联，图文相匹予以展出。而且在展览入口的液晶屏幕上，循环播放由当地古桥爱好者拍摄、小组成员配音的古桥故事视频。

他们的展览出奇地成功。他们先制作发放了《居民邀请函》，在相关居委会张贴海报、放置易拉宝、拉横幅，以至于满镇子都知道这一天有复旦大学的学生要来办展。朱璟依告诉我，当地居民次日上午不断涌入，以老人为主，在图片跟前流连忘返，也有居民带着孩子过来，指着图片讲起了家乡故事。午后，外地游客逐渐增多。游人在进入古镇欣赏古桥风景之前，于此仔细品味了黎里古桥的前世今生。一些本地专家也都赶来助阵，甚至有远在盛泽的古桥文化爱好者驱车前来。随着吴江电视台的记者扛着机器来到现场，展会达到高潮。是日晚上，吴江电视台第2频道新闻节目播出了他们的展场拍摄和对小组成员及游人的即时采访片段。这一天的展览，同时也是他们吴江整个桥文化考察计划，至此画上圆满句号。展板、桥联等宣传品他们送给了黎里中学，希望在校内进行长期展览。

以吴江的桥文化考察为例，可见空间人文学的核心在于人文。当空间被人文充实，它就不复是寂寥空旷的无边容器，而成为有血有肉的地方文化或者说文化地方。法国文学批评家维斯法尔（Bertrand Westphal）在其已被译成十余种语言的《地理批评》一书的开篇就说，空间的观念和空间的表征并不是一回事情，空间的标准不是一成不变的。西方文化的时空观迄今还徘徊在启蒙运动和实证主义的传统里。一如时间并不是河流这个渐进且矢状展开的比喻可以概括的，空间也不是欧几里得几何学意义上的空洞容器。爱因斯坦相对论已经推翻了上面两种比喻。一切都是相对的，甚至绝对也是相对的。那么，空间协调的基准，到底又是什么呢？维斯法尔比较欣赏美国人文地理学家段义孚（Yi-Fu Tuan）的观点。他说：

> 我们可以提出两种关于可见空间的基本方法，其一是比较抽象的，其二是更为具象的。前者可以包括观念"空间"，后者则为实际"地方"。不过，两者并非互相排斥的，因为首先两者之间的界限，就一直在游移不定。段义孚在他的《空间与地方：经验的视角》一书中，视空间为自由的、流动的领域，地方则是一个封闭的人性化空间："比较空间，地方是既定价值的一个平静中心。"这在美国是通常见解。对于段义孚来说，当空间获得定义，见出意义时，它就变成了地方。[①]

所以地方是一个地标，是我们骚动的心灵可以栖息的一个点，它是人文的空间。诚如博登海默所言，空间人文学将能证明，历史不是宏大叙事，不是过去某个社会的权威故事，而是发生在特定语境之中，以多样故事、多重声音的微观叙事来加以表达。对吴江的桥的文化考察由是观之，正不失为这样一种微观叙事。

回到GIS的话题，我依然感到科学和人文要做到水乳交融，还要克服很多隔阂。1998年5月，我赴德黑兰参加伊朗哲学家穆拉·萨德拉的三百周年诞辰纪念大会，好客的主人将来自世界各地的百余名代表用飞机拉到设拉子，然后马不停蹄地接续一小时大巴，送到当年大流王宫遗迹波斯波利斯。这座古代最辉煌的宫殿的断壁残垣，今天依然雄伟矗立在辽阔无际的

---

① Bertrand Westphal, *Geocriticism: Real and Fictional Space*, trans. by R. Tally, New York: Palgrave Macmillan, 2011, p. 5.

波斯戈壁上。走在它一根根高耸入天的立柱之间，仿佛走进了历史。不光是柱身上刻着垂直凹槽的庄严立柱，枕头和柱底还刻着精美的雕饰，有狮子、马首、麒麟等千姿百态的异域浮雕。古代文明的伟大奇迹令人叹为观止，感觉圆明园的遗迹相形失色。入夜之后，客人在一个梯形看台上坐定，看远处紫色的山岚勾画出一道迷离扑朔的神秘弧线，黄色的月亮从山岚背后冉冉升起，将惨白的月光洒向眼前石头阵和远处的大漠。突然，一声音乐响起，一道蓝色光线射出，徐徐扫描过来。众人愣地一惊，好一阵才回过神来，意识到那是景点的声光表演。不久故墟上空传出大流士一世的雄浑声音：善思、善言、善行。大流士说的是英语。今天波斯波利斯的遗迹景观，本身是巴列维时期伊朗和芝加哥大学合作开发的成果。可见，在全球化时代，新锐技术对于传统空间的渗透，早已到了无远弗届、无孔不入的地步。但是，声光电的刺激转瞬即逝，唯有据信是被亚历山大一把火烧光的波斯波利斯，它两千余年漫长历史中幸存下来的依稀石材骨架，是为饱经沧桑的古代文明的真实载体。在它面前，一切技术的点缀都是苍白的。

空间、地方与自然：段义孚告别演说评述

钦白兰　肖红娇　张建民*

摘要　段义孚将中国文化精髓融入西方地理科学研究，成就斐然，享誉世界。本文围绕他在2014年告别学术生涯演说中阐释的三个核心概念——空间、地方与自然，来评述他的人文地理学思想。他认为，人文现象需以地方经验为切入口，用于重新解读与感受地理知识当中丰富的人文意义。因此，人文地理探索者需带着文化意识，对跨越时间长廊的空间进行人文叙述，以此反思现代地理知识的形成及天人关系分离的现状。他运用心理学术语如距离、想象、过去与情感，通过解析地方精神，阐发了地理空间是如何产生天人意义交织的地方感的。换句话说，段义孚成功地将人文情怀注入对天人之际的人文地理空间研究。现代人需要在地理知识与自然之间找到平衡点，这样才能在物质与知识空间中发现并进入生态和谐的生活场景。

关键词　段义孚　空间　地方　自然　人文地理学

Abstract　Yi-Fu Tuan, a Chinese American researcher of cultural geography, made a link between western geographical science and Chinese philosophical ideas. Based on Tuan's farewell speech, this paper reviews Tuan's cultural geographical thoughts mainly centering on three key concepts,

* 钦白兰，浙江大学与威斯康辛大学联合培养博士研究生，主要从事文化遗产与话语、地方与空间研究；肖红娇，浙江大学硕士研究生，主要从事话语学、翻译学研究；张建民，浙江大学副教授，主要从事语言学与语言教学、翻译批评、课堂话语分析研究。

space, place and nature. Tuan argued that humanistic phenomena should be examined and felt through the local experiences in terms of place. Only in this way could we understand the rich humanistic meanings embedded in geographical locations. Thus, researchers need to carry a cultural consciousness while exploring the geographical landscape in which we could find humanistic narratives and reconsider how modern geographical knowledge has alienated us from the relation towards a romantic nature. To borrow psychological concepts such as distance, imagination, past and emotion, Tuan interpreted how we could feel the spirit of place and have the sense of space. In other words, he successfully input humanistic sentiments into his cultural and geographical researches. Modern people need to find a balance between geographical knowledge and nature. In this way we could find and re-experience the harmony between the spiritual and the material.

Key words Yi-Fu Tuan Space Place Nature Human Geography

人文地理学创始人段义孚（1930～ ）84岁高龄时，美国威斯康辛大学地理学系为他举办了一个学术生涯告别仪式，以表彰他对地理学研究的杰出贡献。自20世纪70年代始，段义孚提出并发表了多篇以“人文地理”（human geography）为关键词的文章，深刻透析各种地理学现象的情感心理因素，将人文主义视域植入自然地理科学研究当中，开创了西方“人文地理学”新分支。《世界博览》杂志编辑栗月静评价段义孚的地理学成就说：“20世纪的后20年，在西方人文地理学界，无论是谁，不拜读他的书，就不能完全融入当时的人文地理学话语”[①]。从段义孚的十几本专著看，人文地理学不仅考察地理学不同分支的各个命题与现象，还采用人文角度重新提出并阐释地理知识、领域与地方、空间与情感、公共与私人等问题。2013年，段义孚出版了最后一本学术专著《浪漫地理学：寻找神圣景观》。该书对地理空间的人文解释，显示了作者的浪漫气质和人文情怀。[②] 他在书的“序言”开篇就说：“将浪漫与地理融合起来看似是一种悖论，因为，今天很少有人带着浪漫的眼光看我们的地理环境了。实际上，

① 栗月静：《华裔学者回家记》，《世界博览》2013年第6期。

② Yi-Fu Tuan, *Romantic Geography: In Search of the Sublime Landscape*, The University of Wisconsin Press, 2013.

除了生存，难道我们不需要浪漫吗？”①

从段义孚的代表作《经验透视中的空间与地方》一书中，我们可以总结出这一结论：地理学科的探究不能局限于科学思维，我们不仅需要用调查与描绘来了解地理环境，更需要通过人类体验、意识和情感来体悟人文空间②。可见，在今天科技主导的现代社会中，人文视角揭示了地理学研究所忽视的一个事实：人毕竟是有血肉、有情感的文化动物。在《人文地理学》一文当中，段义孚清楚指出人文地理学不同于历史地理学，后者重视人如何创造了各自地方的历史神话。而人文地理学者系统训练思维能力，培育哲学思辨力，是为了唤醒和提高现代人的某种道义意识来服务社会人文空间建设。③ 历经四十余年研究，段义孚通过借用各种东西方文学文本与地理科学课题进行对话，孜孜不倦地探索人、自然、景观与环境的重大地理学问题。阅读他的著作，我们能明显看到他旁征博引，列举众多跨文化人类经验来证明个人观点。在美国访学期间，我们还有幸聆听了段义孚教授对他一生的学术探索作的告别演说。本文结合段义孚教授的告别演讲稿④和其相关学术论著，以“空间、地方与自然”为主题评述他的学术思想。

一　地方与空间辨析

段义孚一生追问的问题是地方（place）与空间（space）的意义。早在1975年，段义孚在美国地理联合会会刊发表《地方：一种经验透视》一文就提出：“人文地理学通过空间与地方概念，研究人与自然的关系、人与地理行为的关系和人的空间及地方感。”⑤ 从他的各种著作来看，段义孚从未给地方一个明确的定义，他在《经验透视中的空间与地方》一书中说：“‘空间’和

---

① Yi-Fu Tuan, *Romantic Geography*: *In Search of the Sublime Landscape*, The University of Wisconsin Press, 2013, p. 3.

② Yi-Fu Tuan, *Space and Place*: *The Perspective of Experiential*, Minneapolis: University of Minnesota Press, 1977.

③ Yi-Fu Tuan, “Humanistic Geography,” *Annals of the Association of American Geographers*, 1976 (2), pp. 266 - 276.

④ Yi-Fu Tuan, “Space, Place, and Nature: The Farewell Lecture,” 参见 http://www.yifutuan.org/dear_colleague.htm，最后访问日期：2014年4月4日。

⑤ Yi-Fu Tuan, “Place: An Experiential Perspective,” *Geographical Review*, 1975 (2), pp. 151 - 165.

‘地方’需要相互定义”[①]。这毫无疑问是正确的，我们生活的人文场所每天都在发生变化。人们不断地在不同地方活动并留下一段故事，无论是还未开发的空间还是既定的场所，都需要依靠它们各自文化的意义来理解。即便如此，我们认为段义孚在论述中所指“地方”有三层意义：地点（location）的地方、有等级的空间（space）或具有独特人文意义的场所（site）。相对“地方”而言，段义孚所指的空间（space）是抽象的，它缺乏内容，广阔、开放、空洞，引发想象，需要为其注入实质性内容与表征信息。

在告别演讲中，段义孚这样来解释“空间与地方”概念：“当一个人的身体感知到环境，感受到束缚感，那就是地方；当一个人的思维摆脱了地方感的约束，这就是空间。因为人的思维驰骋想象，人很少能准确定位个人的思想。”[②] 以身体为隐喻，段义孚生动阐释了身体化的空间乃地方，因个人身体受到复杂环境的束缚，能够借助感觉器官体验、感知周边环境。因此，人得到的综合体验与感悟（空间表征）就是他所谓的地方感（sense of place）。段义孚在《经验透视中的空间与地方》一书中，以哈姆雷特所在城堡的案例来回答“何谓场所（what is place）?”他认同人们会因知道哈姆雷特居住在此而感到城堡意义变了，也就得到一种“场所感（sense of place）”[③]。段义孚认为，小到一把舒适的躺椅，大到我们人类家园地球都可看作是地方；地方对人的意义在于其稳定感与人对其的依恋（attachment）。[④] 故周尚意在总结段义孚的“地方”观点时候，认为“地方”就是一种主体感受：“一个人在一个地方生活久了，便对自己生活环境中的一山一水、一草一木、一砖一瓦产生了感情。这种感情的依恋就是地方感。这种地方感是自己的，不是他人的，因此具有主体性。”[⑤] 从他的演讲可知，段义孚认为人凭借其想象力和逻辑能力，运用思维对复杂微妙的人类社会及自然环境做出价值判断，这就是“空间”。看来“空间”是一种可能并可预见未来的介质。在此意义上，“地方”是过去与现在、稳定和已然的人文“空间”。这也是为什么段义孚在《经验透视中的空间与地方》一书中这样

① Yi-Fu Tuan, *Space and Place: The Perspective of Experience*, p. 6.

② Yi-Fu Tuan, "Space, Place, and Nature: The Farewell Lecture," 参见 http://www.yifutuan.org/dear_colleague.htm，最后访问日期：2014 年 4 月 4 日。

③ Yi-Fu Tuan, *Space and Place: The Perspective of Experience*, p. 4.

④ Yi-Fu Tuan, *Space and Place: The Perspective of Experience*.

⑤ 周尚意：《人文主义地理学家眼中的“地方”》，《旅游学刊》2013 年第 4 期。

解释“空间”说：“空间在西方世界是一种普遍的自由象征。空间是广阔的，与未来和行动相关。消极地看，空间对自由是一种威胁。英语单词‘坏’的词根意义就是‘敞开’。敞开与自由是暴露与脆弱的。敞开的空间没有涉足过的小道，没有标记，就像一张白纸，意义就在其中。封闭的、人文化了的空间就是地方。”①

那么，我们如何做这种十分复杂与抽象的地方与空间研究呢？段义孚在《经验透视中的空间与地方》中从“体验视角”“地方、空间和孩子”“身体、个人关系和空间价值”等十二个方面，说明地方的“体验”（experience）可带领人领悟系统地理知识背后的哲学理想。② 这或许是因为，“体验”涉及个人可感知世界各种模态的方方面面，这些感知模式比其他方式更生动且更直接。从现象学视角看，我们通过味觉、嗅觉、触觉来感知环境，而“地方”正是由“体验”构建形成的意义场所。“地方”不仅通过眼睛、思维被认知，而且透过直接体验模态的感知，我们可得到富有人文情愫的空间意义。并且，感知拒绝抽象知识。要完全了解一个地方，意味着要理解和感悟它，就像一个人需要换位去理解和明白他者一样。因此，在理论层面上，段义孚《经验透视中的空间与地方》一书的主要观点是："地方”是空间人文意义系统当中的落脚点；相反，人对“地方”的意义建构是本能地经验感知。近些年的研究表明，生态逻辑下的一些地理学研究成果和地球家园能量危机让现代人意识到，“空间”不再为我们拥挤的土地提供各种延展可能，我们此时所在的“地方”是自我与自然互构的人文空间。“地方”不仅是“空间”的出发点，更是无限扩张梦想的现实基础。③ 最重要的是，现代人不断利用科技探索地球之后，才意识到地球仅仅是人类家园在宇宙运行中的一部分。我们只有一个正在被“滥用”的地球空间。

二 地方感和空间距离

从《经验透视中的空间与地方》一书，我们理解到人的“体验”是难以言说的，但只有通过“体验”，我们才能深刻感受地方，为地方建构深层的意义。在日复一日的生活中，愉悦和恼怒可能来自无法回避的声音与气

---

① Yi-Fu Tuan, *Space and Place*: *The Perspective of Experience*, p. 54.

② Yi-Fu Tuan, *Space and Place*: *The Perspective of Experience*.

③ 巨尤：《到处是一片拥挤——地球上不存在没有生命的空间》，《太空探索》2002年第1期。

味，比如：呼吸新鲜空气，闻到鸟语花香，经过小巷与城墙，穿过拥挤的人群。这些是我们最日常生活化的体验。此外，开心的偶遇或从天而降的不幸，都会增加我们的地方感。此种感受促使人对环境做出改变，因此，地理学者时常提及的话题便是，与时俱进/因地制宜地改造土地和空间。段义孚在《地方：一种经验透视》一文中介绍说，从亚历山大·洪堡（1769～1859）开始，地理学家就开始了对森林的探索。他们想知道沼泽、草原如何变成耕地、村庄和复杂的人文空间。“这种空间转型背后是经济、政治和技术的运作和博弈。反过来，人与人的关系也会随着空间改造的变化而变化”[①]。他在演讲中也提到，当今人们缺乏“体验”虚拟空间中人与人之间的隔阂问题。对此，他首先表明心理“距离”会影响地方感产生：“其一是，人可以超越和他在一起的人；其二是，人可超越他所在的地方。人不同于其他动物，动物的思维没有人那么活跃，只是停留在某个焦点。动物直接受到环境的束缚。而人因为能够自由思维，不像动物那样受到约束——除去思维，距离（distance）是人与人之间的一个障碍。无论从客观来讲，还是从人心理状态来说，距离都影响人类的关系和亲密度。”[②] 他的这段话表明，人具有自主思维本能，由于距离而产生了空间想象，产生了时空转换的地方感受。这在没有交通和通信工具的过去，空间想象与地方感受极为深刻。因此，段义孚用英国浪漫主义诗人华兹华斯的诗歌《孤独的收割人》，为听众展示与分析了一个生动且具有人情味的时空转换例子。诗人华兹华斯识别两个相隔甚远的地方时，一种孤独的地方感萦绕心头。他在诗里描写一个小女孩在高地上孤独地收割，歌唱着，心头牵挂着异地的他。段义孚认为，与古代不同，在现代信息技术发达的虚拟社会交流空间中，只有生死别离，才能让朋友之间感受到距离：“设想此情景发生在今天，我和我的朋友道别，我们将间隔千里，但那又怎样，在装有网络的房间里，身处阿拉伯的我可以和赫布利底的朋友在网上继续聊天，甚至可以通过视频互相看到对方。我穿着 T 恤，他穿着厚毛衣。距离不再是问题，朋友间的频繁接触变得越来越便捷。友谊不会因时空不同而削弱，但会因为长期的淡漠而变得疏远。分别在过去就意味着关系的终结，但是现在，

① Yi-Fu Tuan, “Place: An Experiential Perspective,” *Geographical Review*, 1975（2）, pp. 151 - 165.

② Yi-Fu Tuan, “Space, Place, and Nature: The Farewell Lecture,” 参见 http://www.yifutuan.org/dear_colleague.htm，最后访问日期：2014 年 4 月 4 日。

只有死亡，才是朋友间最后的离别。”① 由此可见，科技已缩短了人与人之间的距离。不过，现代人的情感交流也受到了消极影响，因此，段义孚反问道：“除了友谊外，一般意义上的社会关系又是怎样的呢？他们会因为距离感的消失而受到怎样的影响？他们是否也会像友谊一样，变得更淡漠？”②这就是段义孚所提出的现代社会当中“在场隔阂”的问题。段义孚在演讲中以一个亲身经历来说明此问题的存在状态。段义孚习惯在“星巴克咖啡厅”闲坐，喝些咖啡。有一次，他见三个年轻人走进店，闲聊着。她们前往柜台，买了拿铁咖啡，然后在离他不远的桌子围坐起来。他观察到，“她们各自拿出苹果手机，找到空位置，便斜靠在座椅上，开始给身处异地的朋友发短讯。她们的膝盖靠着小桌，然而，除偶尔相互间的交谈外，一点也不像好友聚会那样亲密无间，彼此关注”③。现代科技造成了人与人之间的隔阂，上述场景显得十分古怪与不自然。段义孚认为，这种现代社会的人际关系同人与地方的关系如出一辙。人也都会以各种可得到的手段去逃避地方束缚（除了家之外）。虽然，咖啡厅、餐厅、古玩店、艺术画廊、博物馆能吸引人去逛逛或走走，但这些场所对人的束缚是微小的，而人对家（人文空间）的忠诚却是普遍的，尽管没人命令你一定要忠诚。段义孚在其《逃避主义》④ 一书中的第三章表达了同样的意思。他认为，人在认知、情感、意志等思维影响下，会选择利用工具来逃避地方对他的控制。虽然，现代的电子设备拥有很多功能，可以适应现代人的需求，但是，这无形当中又造成人与人、人与社会之间的在场隔阂。在我们生活的信息社会，人与人之间的接触缺少人情味，变得极其不自然。这个社会变成了冷漠的科技空间。据此，段义孚阐释了人文地理学重视的地方留恋（topophilia），并写了《恋地情结》一书⑤。我们以为，依恋故土或许就是，段义孚心底那份中国人崇尚天人合一的境界，也是近些年中国社会普遍寻找的“乡愁”

① Yi-Fu Tuan, “Space, Place, and Nature: The Farewell Lecture,” 参见 http://www.yifutuan.org/dear_colleague.htm，最后访问日期：2014年4月4日。

② Yi-Fu Tuan, “Space, Place, and Nature: The Farewell Lecture,” 参见 http://www.yifutuan.org/dear_colleague.htm，最后访问日期：2014年4月4日。

③ Yi-Fu Tuan, “Space, Place, and Nature: The Farewell Lecture,” 参见 http://www.yifutuan.org/dear_colleague.htm，最后访问日期：2014年4月4日。

④ 〔美〕段义孚：《逃避主义》，周尚意、张春梅译，河北教育出版社，2005。

⑤ Yi-Fu Tuan, *Topophilia: A Study of Environmental Perceptions, Attitudes, and Values*, The University Press Group Ltd., 1990.

和“寻根”感受。让人遗憾的是，科技使现代西方人，以及今天中国人的“地方感”越来越弱了，这将影响到人的心理健康，甚至动摇人内化了的且信守的道德观念。段义孚认为，“地方”绝对是塑造人品格的关键因素，并暗示重树地方意识及地方感的重要性。在此意义上，他列举了自己在威斯康辛州生活二十年的经历，说明“一方水土养一方人”这一文化身份与地方感之间相互构建的道理：“一个人出生并成长于威斯康辛州，若移居到纽约，他将是光怪陆离空间中充满男子气概的一片‘绿洲’。”① 可见段义孚以为无论是东方人还是西方人，都是有“根”情结的文化身体。就如英国浪漫诗人鲁伯特·布鲁克的诗《战士》所描述的一样：“英国战士是世界公民的组成部分，世界公民广泛地隶属于众多地方。通过对比，英国战士是土生土长的儿子，一定属于某一个地方，就如同脐带牵连着母子一样。”②

三　知识与生态空间的表征

“知识”本质上是空间意义的科学建构。科学地理学家通过理性地表征物质空间内容，形成一套可让学者言说地方的话语。但是，这也可能扭曲我们对地方的现场感受。与地理相关的建筑学、考古学和地质学知识经常充当这样的角色。在演讲中，段义孚说：“知识如何影响评价自然空间的方式？这是个老生常谈的话题，毫无新意。所以，我尝试从个人经历出发，提出一些稍不一样的看法。比如，2005 年，我参观了北京颐和园。因为是我第一次参观，又有一名导游陪同，她伶牙俐齿，一直不停地为我讲解园林知识。令我惊讶的是，她讲述的并非颐和园的美，而是一幅令人畏惧的技术风景画。在她的描绘里，每处建筑都是一种专业设计，是用于转移或安抚自然的消极情绪，甚至连最细微的空间改动，也会冒犯自然之美，比如，在不适合的角度开启的一扇门，青铜狮子放错了地方，阴影部分的色彩调错，多拱桥上拱的消失，等等。在颐和园，我看到的男人、女人、孩子，都微笑着，聊着天，乐呵呵的。很明显，他们很开心，他们在这里很

① Yi-Fu Tuan, “Space, Place, and Nature: The Farewell Lecture,” 参见 http://www.yifutuan.org/dear_colleague.htm，最后访问日期：2014 年 4 月 4 日。

② Yi-Fu Tuan, “Space, Place, and Nature: The Farewell Lecture,” 参见 http://www.yifutuan.org/dear_colleague.htm，最后访问日期：2014 年 4 月 4 日。

享受，因每个自然或人造景观而变得更快乐，更幸福。”① 这是段义孚对地理学知识进行的批评，他知道，导游学过古代建筑学知识，获得了一套言说“颐和园”人文空间的科学话语。因此，导游在介绍中，将一处原本象征着天人合一的人文场所肢解成“不适合的角度开启的一扇门”“错位的青铜狮子”“多拱桥的消失”“色彩阴影的缺失”，等等。这些说辞无疑忽视了段义孚所提到的“快乐和幸福”的地方感。换句话说，“地方”的意义在地理学“知识”当中变得枯燥与冷漠了，段义孚想借此例子说明知识对人文地方感的削弱。

同样的，段义孚还在演讲当中对西方世界的自然景观进行分析与解读，说明人通过知识认识与了解自然，积极地利用自然资源。并且，更为深刻的人文知识，可促发人文及历史情怀，让人感受到大自然的魅力及其不可逾越的规律与美意。他以威斯康辛州麦迪逊市的“梦到她湖”为例，解释说：“这是一处舒适宜人的自然空间，以至于让人忘却了它的潜在危险。”② 段义孚在上课时，也曾带领学生至湖边的纪念会堂长廊，面对美丽的湖景，他建议学生细细回忆课上学到的地理知识：湖不仅表面波光粼粼而且昏暗深邃，曾有1000英尺的冰原覆盖着。段义孚认为，湖面、湖深、阳光照耀的长廊和冰川意象，格格不入，但当学生脑中呈现这种看似不协调的景象时，他们的审美感知力不仅会被重新激活，而且会超越美景，达到认知升华的境界。可见人通过对自然的探索，可获得很多自然空间表征，产生很多地理学知识，更清晰地认识人与自然的关系。同时，大自然本身的魅力也会不断给人清新且动人心弦的地方美感。然而，地理知识也会带来消极的人与自然的张力。段义孚说：“最有说服力的例子就是，安抚人心的宗教是如何受到严酷科学知识侵蚀的。但就科学而言，只有一种能激发人情感和审美品味的知识被另一种缺乏吸引力的知识所取代时，科技侵蚀宗教的情况才可能发生。天文学正是如此。从远古时代到早期的现代，太空被认为是像大教堂一样的神圣之地，苍茫浩淼，美丽无比，像在演奏华章。然而，天文知识告诉人，它是由不同距离的一层层透明大气包

① Yi-Fu Tuan, “Space, Place, and Nature: The Farewell Lecture,” 参见 http://www.yifutuan.org/dear_colleague.htm，最后访问日期：2014年4月4日。

② Yi-Fu Tuan, “Space, Place, and Nature: The Farewell Lecture,” 参见 http://www.yifutuan.org/dear_colleague.htm，最后访问日期：2014年4月4日。

裹。”[①] 可见，西方的地理学知识动摇了人对自然之道的信仰。毫无疑问，当我们的科学知识取代人们能够被打动的所有自然与人文交织在一起的意义，我们看到的天空不再是神圣与美好的，而是由不同大气层包裹的混合气层而已。这种科学话语让人类本身所处的浪漫的天人关系受到了影响。因此，人相信可认识并征服自然，而自然再也不是能引发人情感共鸣的神之存在了。

四 时空融合和想象力

可超越地质知识的是“时间”，由此，产生不同阶段的“空间”意义。换句话说，知识并非固定的而是随着时间推移不断更新与发展的空间意义。2010 年，在美国地理学协会的年会上，段义孚与来自世界各地的地理学者探讨了“空间与空间性”问题，提出发人深省的问题，即时间维度中的空间意义。段义孚是中国人，离开故土 64 年后，于 2005 年回国。在本会上，他讲述“回家”经历，称该体验使他重新思考空间的人文意义。“对我来说，空间由文化和体验建构起来，它的意义对不同民族、不同个人都不一样。”[②] 这句话表达段义孚既从文化角度来理解空间，也从民族与个人在时间维度上的体验去看待历史空间。他认为，空间不仅由分类、比较和追溯方式获得意义，且被放置在博物馆或书本成为空间知识。这些并非空间的人文意义。各种不同内涵的文化空间，曾促使他思考空间如何成为可容纳万象，激活时空融合的想象。换句话说，段义孚以为贯穿社会发展历史长河当中的空间意义，方可让研究者获得自然大道的启迪。所以他说：“时间长河中，想象力被弱化或知识一旦减少，自然似乎才可更透明表达。但时间是特例，因属一段时期的知识是无法被抑制的。作为艺术品，知识携带体（文物）按照编年顺序，陈列在博物馆，且相关知识在文博学中都可大量获得；此知识构架中，人的想象力变得极其贫乏，局限在某种环境中。陈列在博物馆的艺术品，从古埃及木乃伊到现代丹麦家具，它们进入现代人视域，让参观者产生虚假控制感，却未带给参观者恐惧感，未让人感到

① Yi-Fu Tuan, “Space, Place, and Nature: The Farewell Lecture,” 参见 http://www.yifutuan.org/dear_colleague.htm，最后访问日期：2014 年 4 月 4 日。

② Yi-Fu Tuan, “Space, Place, and Nature: The Farewell Lecture,” 参见 http://www.yifutuan.org/dear_colleague.htm，最后访问日期：2014 年 4 月 4 日。

时间犹如万丈深渊。代表不同地质时期的大量知识，他们会使人麻木而并非激发人的想象力。另外一种情形是，笨拙之人在良好环境下也会变机灵，就像我有一天，在新墨西哥西北部的埃尔莫罗国家保护区，当场就变得灵光起来。”① 显而易见，这段话不仅表达段义孚批判现代场所常以线性时间观制造地理知识，也在暗示他希望人们看到生活化并穿越时空的想象力和体验都被削弱了。人需要在人文场所当中才会变得有灵光。段义孚举例道，在博物馆陈列的文物，都被从原生态的挖掘场所迁移过来，很大程度上失去其本身存在的地方感。这也就是为何当人们进入博物馆，看到古代人留下的东西没有感到恐惧或时间“犹如万丈深渊”。今天的博物馆都将古代物品禁锢在时间当中，成为一种知识，而不能激发人的想象力。然而，段义孚亲自来到墨西哥国家保护区，发现当场感受会让人灵光起来。这也是因为在场的真实性和现场感才是最真切的，可激发人的想象与理解。我们以为，段义孚这种感受与中国人“凭古吊幽、感怀历史”的空间感是相吻合的。

更进一步说，段义孚在《经验透视中的空间与地方》中提到，新社会与环境会引发一系列的新研究，人从而获得更多的应对世界问题的方法与理论。人虽可应接不暇地接受新知识，而本能具有的想象力会被削弱。因此，图像和意象组合的想象，无法被激活进而感知环境。实际上，在现代生活空间内，抽象/隐喻感知是很难形成的。想象是一种心理图像，心理图像无法在空间行为中产生任何决定性影响，也不能形成抽象的思维。过去的人有描述空间的能力，他们头脑中会形成图式，能够写出图像和意象丰富动人的诗歌。② 值得指出的是，通过遗迹激活时空融合想象的感受，现代人已难以在地感受或理解了。因此，段义孚继续解释说：“西北新墨西哥地区乃高原，由保护底下较软岩石的坚硬沙石层覆盖着。众多溪流，先渗入到坚硬的岩层，再渗入到较软的岩床，因此形成了峡谷，峡谷不断后退，在斜坡上形成高地或台地。在 17 世纪，西班牙探索者北上行军经过此地，在一个台地的山脚下休息，之后，在沙石上刻下他们的名字。这些名字现在受到玻璃板的保护，成为国家保护区。在此，我看到游客在石刻旁野餐，

---

① Yi-Fu Tuan, “Space, Place, and Nature: The Farewell Lecture,” 参见 http://www.yifutuan.org/dear_colleague.htm，最后访问日期：2014 年 4 月 4 日。

② Yi-Fu Tuan, *Space and Place: The Perspective of Experience*, pp. 40 – 93.

在掷飞盘，不亦乐乎。他们肯定都看见台地两边的名字，然而，这些字迹无论如何也不会使他们难过。但是，我不仅是难过，且因看时间在无限延展而震惊。”[①] 在墨西哥高地遗迹上，只有段义孚能凭借想象力感受百年前的战争，而现代人只看到了这个地方被“保护底下较软岩石的坚硬沙石层覆盖着”。现代人很少能够体会到北美土地入住了各种文化背景不同的人，这块土地利用是在战争、开矿、拓荒中展开，是在土著人、欧洲人、南美人之间展开。墨西哥高原上的石刻表达三百年前西班牙探索者北上行军场面，那时美国政治文化体还未出现。段义孚想表达的是，现代人只是知道或关心高地地质变迁知识，然而，三百年的北美开拓史，已淹没于五十万年的自然景观知识当中。段义孚说：“三百年对美国史来说是很长一段时期，是其全部。在那期间，倾盆大雨和片石冲刷，并未让斜坡后移四分之一英寸，所以这签名并未消失。斜坡的确向后移了，它至少从五十万年前的位置后移了几百英尺。”[②] 他的这句话在暗示，地理空间知识的产生掩盖了百年里家破人亡的场面、人与自然磨合的经历，在科学地理知识面前，现代人对战争当中的家破人亡毫无同情之心。段义孚还在演讲中提及，从想象力消失到地理知识产生，人因为科技脱离了地方，对自然失去了敬畏感，并且人还对自然强权性地掌控与利用。知识促使人与生物界（动植物）产生科学关系，家养宠物（狗）逐渐成为人的依恋，也是人的俘虏。从更大社会层面来看，来自自然世界的更多濒危动物（动物园）似乎成为被人抑制的对象。

五　自然的真实性

面对富含生命活力的自然界时，段义孚在学术生涯最后使用“浪漫地理学”一词来赋予其人文意义。他希望人与自然保持一种和谐相处的立场。在告别演说中，段义孚提出人文地理学发展的终极本质问题：因人类是感情动物，面对生活总会动情。那么，在日益完善的知识体系中，人是否还

---

① Yi-Fu Tuan, “Space, Place, and Nature: The Farewell Lecture,” 参见 http://www.yifutuan.org/dear_colleague.htm，最后访问日期：2014 年 4 月 4 日。

② Yi-Fu Tuan, “Space, Place, and Nature: The Farewell Lecture,” 参见 http://www.yifutuan.org/dear_colleague.htm，最后访问日期：2014 年 4 月 4 日。

有必要凭两极价值观（善与恶）判断我们所在地方的意义？演讲最后，段义孚为了提醒人文地理学研究的价值，以“何为真”的发问开始对“自然”问题的探讨：“我并非哲学家，所以，我一般不质疑何为真。不过，当对自然产生困惑时，我也会像约翰逊博士一样低头踢一枚石子思索。不，我的问题是，由人类思维建构的现实里，比如风景，这是真（客观）的吗？当我从山顶观赏眼前风景时，我没有这样的困惑。但当有人请我看过去的风景时，我产生无数困惑。这些困惑第一次出现时，我还是个小孩子。那时，走在自然史博物馆的长廊里，我看见一只在海边晒太阳的恐龙，然后，在透视镜前停了下来仔细观察。一只恐龙抬起它的腿，正要踏进水里。我认为博物馆的科学家们一定要确保所有细节的真实性，再展示给人们。为增强真实感，他们为背景添加颜色，有白色的沙滩，蓝色的海洋，还有夺目的日落。突然，我不禁问自己，‘制造过去的风景是为了谁？’是为我吗？因为我站在透视镜前吗？还是为了参观的游客？但是，在白垩纪时期还没有我们人类，大概不是为了我。这风景是因恐龙而真实吗？恐龙看见这样的风景吗？不，这场景不可能是真实的。因为恐龙缺乏色视觉，他们眼睛不能看清透视构造。那这是因上帝而真实吗？也许，上帝站在那儿，在夕阳西下的黄昏，若有所思，倾慕眼前所见的恐龙。但在几十亿年前为何上帝会透过人类眼睛看风景？上大学后，我对地质学的‘过去’仍充满疑惑，比如，博物馆陈列的考古物品作为过去的风景呈现在我们课本里，这些风景必定是人构建的。但是，为何我在看电影《侏罗纪公园》和《走进恐龙》时，仍会觉得这不是卡通世界的幻想，而是充分利用科技创造的真实世界呢？”①

显然，段义孚对“何为真”的提问与解答发人深省。实际上，世界上是没有什么真与假的，而科学世界也是一种想象。“真”就是人们用想象在“物”与“我”之间搭建的一种“语言”存在。如果用中国人的话解读，段义孚的意思就是感慨“古来万物无真实，赖有区区纸笔存”（岳轲言）。这也就是为何段义孚说，自己小时候就怀疑为什么恐龙会是在科学家设计的环境当中生活？他的一系列反问都说明，“真实性”存在于真实和不真

① Yi-Fu Tuan, “Space, Place, and Nature: The Farewell Lecture,” 参见 http://www.yifutuan.org/dear_colleague.htm，最后访问日期：2014年4月4日。

实、科学与想象之间。恐龙时代的地方是科学话语或电影制造者能够还原的“真实”吗？借助心理学研究成果，段义孚认为地方本质上是人建构的，“自然”的真实性或地理知识也是人想象的一种文化/语言。① 在《语言与地方的构建：一种叙述—描写的方法》一文中，段义孚说：“我们忽视语言在场所构建中最关键的作用，没有人类言说就根本不可能有思想，也不会有争论以及行动。语言带来了场所的构建。”② 段义孚在演讲中还指出，“想象”使人看到原本不在场的东西，并促发人的空间移动与改造行为。木匠能够看到木板，之后做出一把椅子。米开朗琪罗能看着大理石，之后雕刻出大卫像。就此自然的“真实性”问题，宋秀葵认为，段义孚始终关注人的终极命运，而真实性只是现实想象力与道德的平衡。③ 这说明，以人生存为核心内容的人与自然间的生态关系，可以形成想象力与道德平衡的生态伦理观。在环境改造与建构中，人的知识一旦脱离了道德，会导致种种恶果。这也是为何段义孚倡导人文地理学是在道德规范下，人通过想象力创建人性化、内在化道德空间，营造具有“真实感”的人工景观，创造有助于升华人性及教化风俗的艺术世界。

结　语

人文地理学是基于人文主义地理哲学发展起来的学科。段义孚以《经验透视中的空间与地方》一书，提出以“经验”探索地方与空间的地理学方法，对西方戏剧、文学、人类学、心理学和神学的研究都产生了重大影响。可以说，段义孚人文地理学研究成果所包含的“人文”思想值得人文社科研究者深入学习。

2014 年春，段义孚以个人“体验”再次总结人文地理学的重要理念——地方、空间和自然。他归纳人文地理学对社会科学研究的启示；他提醒听众注意在科技社会中，我们拥有了虚拟空间但也产生了在地人际关系疏远和空间隔阂的问题；他也说到在人地紧张关系的时候，让大学生们

---

① Yi-Fu Tuan, *Space and Place: The Perspective of Experience*, p. 97.

② Yi-Fu Tuan, “Language and the Making of Place: A Narrative-Descriptive Approach,” *Annals of the Association of American Geographers*, 81 (4), 1991, pp. 684 - 696.

③ 宋秀葵：《实现想象力与道德的平衡——评段义孚的生态伦理观》，《东岳论丛》2012 年第 5 期。

放心于自然。面临种种人的生存危机，人无须过分担忧社会/自然问题。段义孚最后说："没必要为这种趋势感到惋惜，毕竟莎士比亚和索福克勒斯笔下动情的戏剧描写，已深深扎根于特定的地方，维系着人伦纽带，牢不可破。呈现在舞台上的可能是动人画面，但现实中人的经历却似地狱。对地方深深的依恋，对民族主义的维护，这种情怀也许正在淡化——若'母亲'或'母性'可作表达故土的情感词，我们希望它用在天平的两端，一端是大学（母校），一端是地球。人地关系和人际关系一样，维系它们的纽带正变得松散，但这种松散关系一方面是愉悦的，人不再因自然灾害而畏惧自然，但令人不安的是，它已无能安慰人和鼓舞人心——无论我们对自然界持何态度，我们都知道它在退缩，取而代之的是，钢筋水泥建构的超级大都市。此外，城市空间产出机器人，它可从事各种工作，在公共场所或私人场所提供各种服务。机器无处不在的身影，将会怎样影响人互相表达情感和爱的能力呢？乐观看来，人不会受太大影响，因人是自然诗人，可从身边事物看见情绪，看清感受，看透目的。科学知识可能模糊了诗人的视线，但是没有想方设法地破坏它。"① 这段话从某种程度上是在批评科学地理知识，倡导人文地理学的同时也提出如何以"诗人"气质去应对今天人类恶化的生存环境与缺乏爱的社会。以道德平衡力为研究目标，我们看到段义孚始终关注着人地关系及人的终极命运。段义孚思想的研究专家宋秀葵评价他的生态伦理观是启示人与社会、人与自然、人与人保持平衡与生态的重要理论。② 段义孚上面的这段话当中不仅体现其辩证的人文地理思想，而且表达其对大学应该以培养具有人文意识的地理学者为目标的期盼。大学是一处能够培养出具有社会责任感公民的地方，它是我们地球母亲能够维持生命力及魅力的保证。最后段义孚总结道："人生活在情感世界中，情感跟胶水一样，将人与人紧紧粘在一起。因此，有人对我说已接触了社会世界。那么，理智世界（即大学）致力于培养的想象力和思维是怎样的呢？据行动评判，大学想象力和思维培养是居第二位置的。难以辩驳的是，我们的精力和才能被迫适应不断改进的技术、发展的社会和自然的栖息地。

① Yi-Fu Tuan, "Space, Place, and Nature: The Farewell Lecture," 参见 http://www.yifutuan.org/dear_colleague.htm，最后访问日期：2014年4月4日。

② 宋秀葵：《实现想象力与道德的平衡——评段义孚的生态伦理观》，《东岳论丛》2012年第5期。

当然，想在这些领域有所建树，我们思维必须敏锐，但不一定要奇思异想。作为地理学老师，我教学生理解和欣赏自然。我告诉他们，假如他们对‘梦到她湖’因熟悉而失去兴趣，他们需再看看冰川学课上学到的知识，重新激活他们的兴趣。”①

① Yi-Fu Tuan, "Space, Place, and Nature: The Farewell Lecture," 参见 http://www.yifutuan.org/dear_colleague.htm，最后访问日期：2014 年 4 月 4 日。

专题三

文化社会学

文化转向与文化社会学

郑　震*

摘要　本文系统梳理了西方社会学文化转向的社会历史缘由和基本特征，揭示了这一转向的革命性内涵及其理论意义。通过对这一转向的分析和批判，进而提出了文化作为社会行动的法则，以及文化社会学即是社会学本身的观点。

关键词　文化转向　文化社会学　社会学

Abstract　This paper systematically researches the social-historical causes and the fundamental characters of the cultural turn in western sociology. It brings to light this turn's revolutionary inherence and theoretical significance. Through analyzing and criticizing this turn, the paper argues that the culture is the rule of the social actions and the sociology of culture is the sociology itself.

Key words　Culture Turn　Sociology of Culture　Sociology

在西方社会学的历史中，文化问题从未脱离学者们的视野，然而主流学者对待这一问题的态度却在20世纪的六七十年代经历了天翻地覆的变化。本文正是试图揭示这一革命性变革的历史缘由和基本特征，进而探究文化对于社会学的意义以及文化社会学何为。

一　启蒙的乐观主义

针对法国大革命和英国工业革命影响下的资本主义社会的严峻社会问

---

* 郑震，南京大学社会学院副教授，研究方向为文化社会学与西方社会理论。

题，社会学作为一门学科在19世纪的欧洲被建立。从诞生起它就与高举科学和进步大旗的启蒙主义精神结下了不解之缘，事实上，它正是以这一精神回应时代问题的产物。这不仅是因为社会学这一名称的提出者法国人奥古斯特·孔德（Auguste Comte）是一位实证主义思想的积极倡导者，而实证主义本身就直接继承了启蒙运动的主流精神，更是因为在19世纪的西方世界，启蒙的乐观主义情绪可谓如日中天，它在学术领域打下了深深的烙印。正是在这样的思想情绪的感染下，社会学不仅作为一门学科被建立起来，它同时也继承了启蒙主义精神的主导思想。实证主义思想相信作为社会学研究对象的社会世界是具有其自身规律性的客观存在的事实，而社会学正是以科学的方法和客观公正的态度去发现这一世界的规律性。

启蒙主义精神所承载的客观主义、普遍主义和绝对主义的价值观长期统率着西方社会学的发展。在这一过程中虽然并不缺少异样的声音和各种修正的倾向，但是其主导的地位至少在20世纪六七十年代以前是不容争辩的。在20世纪的四五十年代，这一主导的力量展现为实证主义和结构功能论相结合的形态，用霸权来形容这一结合似乎并不过分。正是在这样的形势下，文化问题在主流社会学的视野中获得了其独特的表现。鉴于主流社会学热衷于对外在于时空的普遍规律性或一般形式的探究，文化所呈现的多样性和过程性不仅无法得到充分的重视，甚至被视为不重要的表象而被忽视。正是因为文化似乎不可避免地同相对性、不确定性联系在一起，在主流社会学的论域中它常常被排斥到社会分析的边缘，似乎文化充其量是一个次要的社会领域。

即便主流视角将目光投向文化，它也只是试图从中寻找不变的法则或抽象的形式。不仅那些以社会测量为己任的实证主义者在他们的具体研究中践行这样的信条，而且几乎从未从事过此种经验测量的结构功能主义的创始人塔尔科特·帕森斯（Talcott Parsons）也同样在他那些宏大的理论构思中践行这样的信条。尽管帕森斯在其理论中赋予文化重要的地位，但是文化充其量也只是若干功能必备项之一，以至于除了发挥某种普遍的系统功能之外，再没有什么实质性的内涵。这样的文化研究除了将文化的地方性特征加以彻底地忽视或掩盖之外，就只是把文化的特殊性视为某种不变本质的表象，形而上学的本质主义正是这些反形而上学的现代学者们在科学的幌子下继续盗用的古老信条。这一信条甚至在神话的世界观中就已经获得了生命，这也就难怪霍克海默（Max Horkheimer）和阿道尔诺（Theod-

or Adorno）不无讽刺地指出：“启蒙为了粉碎神话，吸取了神话中的一切东西，甚至把自己当作审判者陷入了神话的魔掌。”① 文化在实质上被忽视或边缘化的状况成为这一时期西方社会学研究的主导形态，甚至处于非主流地位的西方马克思主义社会学也在马克思的物质生产决定论的影响下将文化在本体论上视为一种派生的现象。

二 文化转向

20 世纪上半叶的两次世界大战在很大程度上摧毁了 19 世纪西方世界的乐观主义情绪。人们似乎不得不面对这样的事实，即科学的理性似乎并不是无所不能的灵丹妙药，历史的进步也并非摆在人类面前的必然之路。与此同时，20 世纪初期自然科学的革命性转变则颠覆了支配启蒙精神的牛顿－笛卡尔的认识论模型，进而将相对性和不确定性带入了作为知识典范的物理科学领域。然而，这些后果并没有直接在主流社会学的领域中产生反响，它们的影响往往只是被局限在社会学领域的边缘，例如法兰克福学派的批判理论家们对现代性和资本主义世界的反思与批判，美国社会心理学家乔治·赫伯特·米德（George Herbert Mead）将相对论的世界观引入了他的社会理论思考，② 等等。思想的主流似乎难免在时代的挑战面前反应迟钝，毕竟“主流”所暗示的是既得利益和统治地位，而挑战无疑是对这一切的威胁，这也就是为什么挑战往往为学术领域中那些边缘和弱势的群体带来希望，思想的更迭同时也是一场权力和利益的斗争。

第二次世界大战之后，西方社会学一度被结构功能主义和实证主义的联合所统治，这一联合的气质被米尔斯（Charles Wright Mills）描绘为宏大理论和抽象经验主义。③ 这两个貌似水火不容的取向却令人意外地结合在一起，从而透露出它们在思想上隐蔽的共识。与其说宏大理论的概念崇拜是要用概念去解释现实，还不如说是要将一个貌似一般性的概念框架强加给

---

① 〔德〕霍克海默、阿道尔诺：《启蒙辩证法：哲学片断》，渠敬东、曹卫东译，上海人民出版社，2003，第 9 页。

② George Herbert Mead, *The Philosophy of the Present*, A. E. Murphy, ed., Chicago and London: The University of Chicago Press, 1932.

③ 〔美〕赖特·米尔斯：《社会学的想象力》，陈强、张永强译，三联书店，2001。相关的论述可参考该书的第 2 章和第 3 章。

现实；与其说抽象经验主义是要通过所谓的科学方法去研究现实，还不如说它只是用一套自以为是的方法去阉割现实。因此，它们以各自不同的方式成就了同一种结果，那就是通过与活生生的经验拉开距离，从而在一种空洞的形式化和虚伪的科学精神中罢黜经验世界的具体性和复杂性，进而在一种确定性的幻觉中实现所谓的科学理想。其结果正如米尔斯所言："就实践而言，由于宏大理论表现出的形式的、含糊的蒙昧主义，以及抽象经验主义所表现的形式的、空洞的精巧，使得人们确信，对于人类和社会，我们还知之甚少。"① 事实很快就验证了这一点。

20世纪60年代，以1968年"五月风暴"为代表的席卷西方世界的社会运动对当时以科学自居的主流社会学提出了尖锐的挑战，主流社会学家们的理论和模型对于这场运动显得束手无策。无论是宏大理论还是实证研究都暴露出脱离现实的实质，主流思想在现实的考核中失去了往日的光环。与此同时，资本主义社会自身的转型则为思想的斗争提供了重要方向。从20世纪五六十年代开始，一股消费主义的潮流在西方资本主义社会兴起，诸如丰裕社会、消费社会之类的提法出现在知识分子的嘴边，这意味着消费文化开始成为热门的话题。产品的极大丰富所引发的激烈竞争反而削弱了生产方在市场中的支配性，在一个产品极大丰富的社会中消费者的文化偏好对于生产的引导作用被空前地提升。马克思主义所主张的生产决定论受到了前所未有的挑战，这一挑战甚至来自马克思主义阵营的内部，比如列斐伏尔（Henri Lefebvre）这位西方马克思主义的代表人物就在其中期思想中明确提出了消费转向的立场。② 消费转向的实质就是消费文化的转向，它意味着消费文化成为社会支配地位的重要来源，这完全颠覆了传统理论偏重于以生产为主导的思路。与消费文化的兴起相伴随的就是资本主义的全球化扩张。尽管资本主义的全球化扩张并不是一个战后的新鲜事物，但是第二次世界大战之后以跨国资本主义为其主要形态的扩张在速度和规模方面可谓史无前例。由此所激起的文化乃至文明的碰撞将人类学家在西方殖民侵略时代就开始思考的文化差异性问题再次放到了社会学家的面前。文化不再仅仅是一个次要的或派生的领域，文化的多样性和过程性问题也不再能够在一种普遍主义的傲慢中被忽视。文化迅速成为一个无法绕过的

---

① 〔美〕赖特·米尔斯：《社会学的想象力》，陈强、张永强译，第79页。

② Henri Lefebvre, *Everyday Life in the Modern World*, trans. by Sacha Rabinovitch, New Brunswick: Transaction Publishers, 1984, p. 60.

核心话题，并在某种意义上甚至成为唯一的问题。

社会变革和主流立场的失败最终为社会学理论的重建提供了契机，这同时也使一度被忽视甚至被压抑的各种异质性倾向得以登堂入室。对启蒙乐观主义精神的怀疑和批判、科学的革命、哲学和人类学的相对主义、精神分析的无意识理论等各种社会学之外的另类思想一同涌入了西方社会学的视野。马克思、尼采和弗洛伊德这三位怀疑大师开始成为当代西方社会学理论重镇的法国思想界的德国导师。① 至此，我们从这场思想断裂的社会历史机制不难看出，对于短暂的社会学学科史而言，这一变革经历了一个相对漫长的准备过程，而其最终的爆发却又仿佛突如其来。在思想史的内部，外在于社会学的各种异质因素早在19世纪社会学形成之时就已经开始酝酿和积累，这一过程一直延续到20世纪，并且长期徘徊于社会学领域的边缘。在学术领域之外，社会变革经历了两个重要时期：第一个时期是被两次世界大战严重挫伤了启蒙乐观主义的信心的时期，这一挫伤虽然在根本上动摇了实证主义的社会基础，但是深居象牙塔的实证主义社会学并没有受到直接的冲击，以至于它进而与帕森斯的结构功能主义联袂统治西方社会学；第二个阶段则是第二次世界大战之后资本主义消费社会的崛起和资本的全球化扩张以及20世纪60年代的学潮与社会动荡，这一阶段不仅为社会学提出了新问题，还彻底改变了西方主流社会学的命运，在面对新的挑战时，主流社会学的研究方法捉襟见肘。正是在这样的形势下，一批主要由年轻学者组成的思想力量，积极地回应新的社会问题，挑战并颠覆了传统主流思想的统治地位。我们可以将这一现象视为新生力量在体制外资源（被主流思想排斥的资源）的帮助下，借助于社会变革所给予的机遇，与学术领域中的统治群体之间争夺统治权的斗争。这一斗争的结果就是很大程度地改变了西方社会学的思想地图，且彻底改变了西方主流思想对待文化问题的态度，甚至在某种意义上以对文化的社会学研究重建了整个西方社会学。人们以差异替代了普遍，以相对替代了绝对，以视角替代了客观，以不确定性替代了确定性，从而在实质上推动了一场社会学的文化转向。

思想的革命显然是一场漫长且复杂的斗争过程，虽然最后的转变摧枯拉朽，但是它的准备阶段往往比人们想象的要漫长得多，其中投入的力量

① 参阅杨大春《杨大春讲梅洛-庞蒂》，北京大学出版社，2005，第16页。

也远远超出了思想本身的范畴。我们看到体制外资源、非学术的社会变革、主流思想的困境以及学术领域中的新生力量这四个方面共同促成了一场思想的革命，它充分揭示社会思想的变革从来就不只是思想本身的事情，它既是某一学科领域中的内部斗争，也是更为广泛的学术领域中的话语权力的斗争，更是学术领域所处的整个社会历史场域中的复杂斗争的结果。就此而言，思想史研究就是社会史的研究，社会思想史的急剧转型不可能完全独立于学术领域之外的社会领域的变革，如同社会的变革不可能排除思想因素的作用一样，仅仅在思想史中研究思想，只能是迂腐学究的一厢情愿。

三　文化研究与文化社会学

我们并不认为西方社会学的文化转向是无可指责的，它在颠覆传统主流社会学的客观主义、普遍主义和绝对主义神话的同时，也为极端相对主义和虚无主义打开了方便之门。与此同时，它同样没有能够摆脱主客体二元论的困扰，不仅像福柯和波德里亚这样的后结构主义者身陷客体主义的诱惑而不自知，甚至像列斐伏尔、埃利亚斯和布迪厄这样尝试克服主客体二元论的学者也最终未能如愿。[①] 那么文化研究对于社会学究竟意味着什么？文化社会学何为？

当社会学不再无视文化自身的特性，不再将文化视为一个次要的领域的时候，关于文化的社会学研究才获得了其应有的地位。把文化作为文化来研究，从而将文化及其特性视为在总体上理解人类社会的不可替代的重要窗口，将文化视为弥漫于整个社会的基本构成要素之一，甚至是不同程度地构成了生产统治力量的源泉所在（“不同程度”暗示了不同学者之间可能存在的分歧），而不是从所谓的经济基础或社会结构中推论出文化，或者像帕森斯那样尽管赋予文化结构性的特征，[②] 却将它在实质上抽空成一个抽象空洞的概念，更不要说不同于那些用所谓的一般性法则来消解文化之意义的实证主义研究了。文化转向的重要意义就在于，它促使人们重新估价

① 郑震：《列斐伏尔日常生活批判理论的社会学意义：迈向一种日常生活的社会学》，《社会学研究》2011年第3期。

② 〔澳〕马尔科姆·沃特斯：《现代社会学理论》，杨善华等译，华夏出版社，2000，第159页。

那些通常被纳入文化范畴的概念或现象在社会学研究中的意义（这些概念或现象包括价值、规范、符号、意义和知识等），不再用一种歧视的目光来看待文化的基本特性，并且肯定诸如差异、相对、过程、关系等文化的基本特征对于认知人类社会而言具有不可替代的重要性，这同时也就承认了文化对于人类社会的不可替代的重要意义。

正是基于这样的姿态，列斐伏尔笔下的当代资本主义社会是一个语言和符号所统治的社会，其日常生活批判理论的实质是对当代资本主义日常文化的批判。在罗兰·巴特（Roland Barthes）的启发下，列斐伏尔将当代资本主义社会视为一个参照物消失、实在隐退而语言取得霸权的社会，“故事不必是‘可信的’；可信性已经同参照物一同消失了，这对于一种自在的感觉和语言的自由做出了贡献。如果有一个共同场所的话，它就是日常生活，从那里我们乘着语言的翅膀展翅翱翔”①。而统治阶级也正是通过此种言语的虚构来生产其异化统治的力量。列斐伏尔的这一研究在很大程度上已经昭示了后来福柯有关人文科学话语的思考，福柯笔下的人文科学的话语就是对现代西方文化的一种称呼。在福柯看来，人文科学的知识并不具有其自我宣称的普遍有效性，它的实存、存在方式、方法和概念都扎根于文化的事件。② 尽管对福柯而言，权力相对于知识的本体论地位是不言而喻的，但是结合权力与知识的话语实践的重要性则凸显了文化在其社会分析和批判中的主体地位。而他对人文科学话语的分析所要揭示的就是一种历史的相对主义。时空相对性的问题已经成为文化研究的核心话题，文化被视为在时空中变化的过程性事件。除了福柯对人文科学话语的历史研究是对这一问题的系统阐发之外，埃利亚斯（Norbert Elias）毕生所致力的文化的结构性变迁的研究无疑也是其中的典范。与福柯从法国科学哲学中所继承来的认识论断裂的视角不同的是，埃利亚斯更加强调一种连续性的历史观，他试图以此来揭示人们视为理所当然的生活形态往往只是作为长时段过程产物的文化事件，它既不是从来就有的，也不是永恒不变的。深受埃利亚斯影响的布迪厄虽然没有把精力投放在对历史的细致梳理之上，但其注重文化视角的姿态则丝毫也不亚于埃利亚斯。他将文化资本视为发达资本主义社会的重要资本形态之一，而他从埃利亚斯那里借来的习性概念不

---

① Henri Lefebvre, *Everyday Life in the Modern World*, p. 139.

② Michel Foucault, *The Order of Things: An Archaeology of the Human Sciences*, New York: Vintage Books, 1970, p. 371.

过文化的另一个名称，这一概念构成了布迪厄实践理论的核心要素，在他看来习性所包含的“趣味（即明显的偏好）是对一种不可避免的差异的实践的肯定”①。差异性不再作为一种派生的表象被排除在理论诉求之外，而是被视为文化的本体论特征。至于布迪厄关于符号暴力的研究，则清晰地展现了将一种社会历史性的文化建构视为理所当然的客观事实所可能造成的消极后果。正如布迪厄所言：“符号暴力是建立在‘集体期望’或社会性地灌输的信仰之上的强取服从的暴力，但它没有被如此理解。”② 正是习性所生产的错觉掩盖了符号暴力的本来面目，在文化建构的错觉中，符号暴力得以大行其道。偏好于分析当代资本主义社会的波德里亚则继承和发展了列斐伏尔有关符号统治的主张，与此同时他还与布迪厄等人共同分享了差异的逻辑，将其发展为理解消费社会的核心机制之一。在波德里亚看来，符号秩序正是在文化的差异中获取统治的力量，“力量关系不再重要，因为符号不在力量的基础上运作，而是在差异的基础上运作”③。他进而以一种后结构主义的激进姿态谈论无所不在的符号统治，并以此将一种文化主义推向了极致。

然而一个有趣的问题是，尽管文化在这些学者的笔下获得了极其重要和显赫的学术地位，但是很少有人认真地就文化本身给出一个明确的概念，更不要说令人满意的概念了。文化恐怕是西方社会学研究中界定最为含混的概念之一，尽管它同时又是被人们讨论最多的概念之一。这与社会一词的境遇有些相似，尽管人们反复地使用社会一词，但是很少有人认真地去界定这个概念，仿佛人们理所当然的就应该知道社会一词的含义，尽管这并不能掩盖社会一词作为西方社会学乃至整个社会学中最为混乱不清的概念之一这一事实。也许正因为文化和社会所包容的内涵过于广阔，正因为它们总是处于过程和转型之中，任何定义都可能有失偏颇，以至于不下定义反倒成了一种明智之举。然而，知识的重要作用之一大概就是为生存提供某种确定性，尽管绝对的确定也许仅仅是一种无法达至的极限。

---

① Pierre Bourdieu，*Distinction*：*A Social Critique of the Judgment of Taste*，trans. by R. Nice，Cambridge：Harvard University Press，1984，p. 56.

② Pierre Bourdieu，*Practical Reason*：*On the Theory of Action*，Cambridge，Polity Press，1998，p. 103.

③ Jean Baudrillard，*Symbolic Exchange And Death*，trans. by L. Hamilton Grant，London，Thousand Oaks，New Delhi：Sage Publications，1993，p. 80.

文化概念的尴尬状况并没有随着文化转向的浪潮而被克服，相反它变得更加扑朔迷离。不过我们依然可以从这一转向的主要理论家那里寻到某些线索，为我们自己绘制文化的肖像提供批判的对象和启发的来源。不难看出，文化转向的视角明确拒绝了实证主义的自然主义倾向，主张将文化和自然加以区别。人们反对那种模糊文化与自然之差异的自然主义立场，反对将文化视为自然的一部分，即便是更加复杂的一部分。在文化问题上，反对自然主义的最极端的表现就是所谓的文化主义。与自然主义将一切解读为自然恰恰相反，文化主义者主张我们所面对的一切都是文化的建构，即便我们对事物的感觉也不例外。自然主义和文化主义的对立无疑还是西方二元论思维方式的老调，让我们把其还原论的偏执放在一边，文化主义对自然主义的批判意味着为文化提供一种本体论的地位，它至少表明用自然来还原文化不可避免地歪曲了现实，从而无助于对现实的理解。这种对文化的独特性的强调同时也就捍卫了社会学的学科地位。毕竟将文化与自然区别开来，强调文化与自然的本体论差异，也就肯定了研究文化的社会学具有一种独立的学科地位，它不是自然科学家族中的某个落后的可怜分支。

与此同时，这个不同于自然的文化具有怎样的存在状态呢？它是记录在书本中的知识，还是人们头脑中的观念，抑或是供人欣赏的作品？我们看到诸如价值、规范、符号、意义、信念、知识、话语、语言，等等，这些概念总是和对文化的理解联系在一起，不同的研究者往往偏重于其中的某些方面，展现出的文化面孔也就不尽相同。但即便如此，人们似乎都反对将文化仅仅视为一种现成的存在者，而是倾向于在实践的意义上去讨论文化的存在状态。但也正是因此，我们所提到的那些概念传达文化实践内涵的妥帖性也就参差不齐了。它们或者有失偏颇（如前理论的信念和理论的话语显然各有侧重），或者不够精确（如符号和语言难免给人存在者的印象），或者过于抽象而需要进一步的解释和阐发（如价值、意义和规范）。也就是说，无论人们如何理解文化，他们其实都是在探讨实际行动的问题，文化是实践的文化，而不是静止的符号或表象（将一幅艺术作品或一段文字视为文化本身不过是对文化所生产的实践后果的错误理解，这是对方法和产品的混淆①），这恐怕也正是文化对于社会学研究的重要意义

① 郑震：《文化社会学的基本问题》，《社会理论学报》（香港）2009 年秋季卷。

之一。这也就是为什么福柯会强调话语的实践性，布迪厄将习性视为实践的倾向性系统，而布希亚则赋予符号建构和统治一切的强大力量，如此等等。

那么这样一个不同于自然的实践的文化又是如何生产实践的呢？西方人挥之不去的主客体二元论在此又发挥了主导的作用。文化主要被描绘为两种存在形态（其实质不过是两种分析的建构，但不是每一个作者都会这样理解），即客观的社会结构和主观的无意识。无意识概念不仅是对内在性的一种理解，更重要的是这个借鉴于精神分析的概念承载着对文化批判的重要意图。当文化所建构的行动者对这一建构保持一种无意识的姿态的时候，各种由文化所支撑和强加的暴力与压迫就可以畅通无阻了。这也就是为什么列斐伏尔将由符号和语言所统治的当代资本主义社会称为恐怖主义社会；埃利亚斯通过习性的无意识运作来揭示对历史的遗忘和对现实的错觉；福柯在话语的规训中谈论现代社会对身体的压迫性建构；而布迪厄热衷于通过无意识所制造的误识和错觉来揭示符号暴力的委婉和冷酷；至于波德里亚，对他而言无意识象征了符号秩序的客体统治的降临，无意识不过是这一统治的傀儡。尽管无意识概念颠覆了狂妄肤浅的意识哲学，但是其所包含的消极意味则完全无助于对行动者能动性的肯定，以至于它似乎更像是一个客体主义式的派生的建构，这的确非常合乎福柯和波德里亚这样的后结构主义者的胃口。然而，当诸如埃利亚斯和布迪厄这样的学者将无意识和能动性对接起来的时候，谈论一种被压抑的无意识的能动性就显得自相矛盾。

至于文化的本体论属性，时空性毫无疑问地占据了压倒性的地位，文化这一概念本身似乎就是为这样一种时空性所设置的，谈论普遍和绝对的文化无异于对文化概念本身的罢黜。时空性为我们揭示了文化的过程性、关系性和事件性的特征。时空性意味着文化是变化的过程而非静止的绝对，时空性意味着文化是时空中伸延的联系而非孤立的实体，时空性还意味着文化不过是由过程性的关系所构成的事件而非客观给定的事实。总之，时空性将一种相对主义的视角引入了文化研究，与此同时它还暗示了文化具有区分和整合的功能。时空的差异表明不同的文化总是在实践中区分开不同的人群，而这一区分同时也意味着人群内部的整合，这两个方面不过是同一现象的不可分割的两面。

至此我们可以根据对这些线索的分析和批判，并结合我们自己对文化的理解描绘出一幅关于文化的肖像，我们乐于以如下的方式来界定文化：文化不能还原于自然却以自然为物质基础，它不是什么派生的表层或无足轻重的次要领域，而是弥漫于整个社会的基本构成要素，是社会历史性的或者说时空性的社会行动的法则，任何主观的文化和客观的文化都仅仅是对这一法则的分析性的建构，而不是事实本身。[①] 就其根本而言，文化是一个过程性的关系事件，它区分和整合实践的人群，尽管人们并不总是能够明确地意识到这一方法性的存在及其本来面目，但是这并不一定要诉诸某种被压抑的无意识假设或外在于个体的客体的统治，毕竟只有肯定在分析上存在着有限的主体能动性，我们才有可能在真正意义上超越主客体二元论的霸权。就此而言，文化在分析上主要是前意识的，它既没有无意识的被压抑的状态，同时又为意识奠定基础。[②] 在理论上与这一能动的内在性层次相对应的是一个外在的文化结构，它们共同构成了人类社会历史实践的两个抽象的理论分析层次。

因此，以文化为研究对象的文化社会学就绝不仅仅是一门分支社会学，它还是关于社会行动之法则的研究，即关于社会行动之如何成为社会行动的研究，而社会学的对象除了人的社会历史行动及其产物之外还能有什么呢？我们所经验的社会世界正是一个在自然物质基础之上由各种人类的社会历史行动所组建的世界，所有关于主观性和客观性的讨论都只不过是对这一行动的分析，就此而言文化社会学无疑就是社会学本身。[③] 作为一门一般性的社会学，它为分支社会学提供最基本的理论思路，即如何理解人类的社会历史行动，这一行动的法则具有怎样的基本属性和运行方式。就此而言，文化社会学彻底改变了传统社会学的基本立场，改变了社会学的世界观。于是，经济社会学就是关于经济文化的研究，也就是关于经济行动的因果分析，而对经济文化的批判则构成了经济社会学的批判维度。毕竟物质生产和消费依然是人的社会历史行动，经济社会学除了研究人的经济行动之外还能研究什么呢？以此类推，政治社会学就是关于政治文化的研究，法社会学就是关于法文化的研究，艺术社会学是关于艺术文化的研究，科学社会学就是关于科学文化的研究，如此等等。

---

① 郑震：《文化社会学的基本问题》，《社会理论学报》（香港）2009 年秋季卷。

② 郑震：《文化社会学的基本问题》，《社会理论学报》（香港）2009 年秋季卷；郑震：《作为存在的身体：一项社会本体论研究》，南京大学出版社，2007，第 26 ~ 27 页。

③ 郑震：《文化社会学的基本问题》，《社会理论学报》（香港）2009 年秋季卷。

结 语

尽管文化社会学已经成为一门显学，但人们对这门学科的理解依然十分混乱，它常常还只是作为一门分支社会学被人们所熟悉，以至于依然在重复着那些无法自圆其说的古老划分方式（政治、经济、文化、教育、法律、习俗等等），仿佛经济和政治之类的社会领域可以相对独立于文化领域而存在。然而，只要对这一问题稍加思考，我们就不难发现，这种不求甚解的提法不过是一些常识的偏见。当我们将文化所承载的知识、信念、规范、价值、意义等要素从那些貌似独立的领域中抽离的时候，还能剩下点什么呢？换句话说，我们用文化所描述的恰恰是支撑这些领域的基本规则，也就是生产那些构成这些领域的社会历史行动的法则，澄清了这一点，所有的错觉也就烟消云散了。[①] 只有揭示了传统划分方式的荒谬性，我们才可能真正地认识到文化转向的重要意义和深远影响。

① 郑震：《文化社会学的基本问题》，《社会理论学报》（香港）2009年秋季卷。

美国文化社会学的三副面孔*

卢文超**

摘要 美国文化社会学的研究对象是作为意义制造的文化。在这种研究中，美国文化社会学形成了三副面孔，即破碎的面孔，从研究整一的文化到研究破碎的文化；物质的面孔，从研究文化的精神层面到研究文化的物质层面；自主的面孔，从强调作为因变量的文化到强调作为自变量的文化。这深刻地改变了我们的文化观念，对我国当前的文化研究具有重要价值。

关键词 美国文化社会学 文化的社会学 意义制造

Abstract American sociology of culture studies the culture as meaning-making, and forms three kinds of research: the one has the fragmented face, which studies the fragmented culture instead of consistent culture; the second has the material face, which studied the material level of culture instead of its spiritual level; the third has the autonomous face, which focus on the culture as independent variable instead of culture as dependent variable. It has changed our ideas of culture dramatically, and is very valuable to the study of culture in contemporary China.

Key words American Sociology of Culture Cultural Sociology Meaning-making

---

* 本文为江苏省社会科学基金青年项目“美国艺术社会学研究”（15YSC008）的阶段性成果。

** 卢文超，东南大学艺术学院讲师，研究方向为艺术社会学和艺术理论。

2012年9月，当我赴美国西北大学社会学系访学的时候，参加了温迪·格里斯沃尔德（Wendy Griswold）教授主持的“文化与社会工作坊”。格里斯沃尔德是美国文化社会学家和艺术社会学家，她的研究对象主要是文学和艺术。工作坊每周举行一次，一般是社会学系的博士就其研究话题进行学术报告。我原本以为大家报告的题目应该集中在文学和艺术等“文化”的话题，但是，大家报告的内容却非常宽泛，涉及女性运动、同性恋运动、医药、食品俱乐部、宗教，等等。这些话题五花八门，却都可归入“文化”的名号之下。这让我意识到了美国文化社会学研究范围的广度。那么，美国文化社会学是不是什么都研究呢？如果什么都研究，那为何还要加上“文化”而不直接称“社会学”呢？换言之，既然“文化社会学”和“社会学”拥有基本相同的研究对象，那么，它的特殊性何在？为了回答这个问题，我们有必要深入到美国文化社会学内部，探讨其核心观念和基本面孔。

一 一个核心观念：作为“意义制造”的文化

文化是一个异常复杂的概念。在20世纪50年代，两位人类学家曾经数过当时社会科学中“文化”一词的不同定义，发现有160种之多。① 文化的定义虽然繁杂，但是，我们看待文化的基本方式却有限。格里斯沃尔德指出，我们主要用两种方式看待文化：一种方式将文化视为“人们曾想到和知道的最好之物”，这是马修·阿诺德（Matthew Arnold）的观点；另一种方式则将文化视为“复杂的综合体”，这是泰勒（E. B. Tylor）的观点。② 与格里斯沃尔德相似，在美国文化社会学家琳·斯皮尔曼（Lyn Spillman）看来，我们有时将文化视为人类表达的独特领域，有时将文化视为群体和社会的特征。③

这两种看待文化的方式都会给我们带来困扰和不便。当我们将文化视为人类表达的独特领域，将其视为“人美曾想到和知道的最好之物”时，我们就可能会落入精英主义的陷阱。当我们把文化视为群体的特征，将其

① Wendy Griswold, *Cultures and Societies in a Changing World*, Los Angeles: Sage Publications, 2013, p. 7.

② Wendy Griswold, *Cultures and Societies in a Changing World*, pp. 4 – 10.

③ Lyn Spillman, "Introduction: Culture and Cultural Sociology," in Lyn Spillman, ed., *Cultural Sociology*, Malden & Oxford: Blackwell Publishers, 2002, pp. 2 – 3.

视为“复杂的综合体”时，我们可能会将它理解成不同的事物：“不同的学者可能强调意义和价值的不同分析维度，强调人工制品，规范，习俗、习惯、实践、仪式、象征、范畴、编码、观念、价值、话语、世界观、意识形态或者原则。”① 在斯皮尔曼看来，这些侧重点之间存在着不可调和的矛盾和冲突。由此可见，这两种看待文化的方式各有缺憾。更不用说，这两种看待文化的方式彼此就难以相容。究竟应该将文化视为前者，还是看作后者？对此，我们可能会感到无所适从。

解决之道在于寻找共识。很多貌似冲突的观念可能在其他层面却是一致的，这在知识和思想领域屡见不鲜。因此，我们需要转换思考的层面，寻找一种“共识”来弥合这两种看待文化的方式之间的鸿沟。沿着这种思路，美国文化社会学家们提出了一种解决方案：我们可以将文化视为“意义制造”（meaning-making）的过程，这就可以解决上述两种看待文化的方式带给我们的问题。斯皮尔曼指出：

> 如果我们将文化视为意义制造的过程，很多迷惑和争论就会迎刃而解——这种观念可以结合“作为特殊领域的文化”和“作为群体特征的文化”，并且可以包含各种各样的事物：从人工制品到原则原理。学者们将它们视为文化的重要组成部分。②

因此，斯皮尔曼旗帜鲜明地提出：“文化社会学是关于意义制造的学问。文化社会学家探索意义制造如何发生，为何意义会变化，意义如何影响人类行为，以及意义制造在社会融合、控制和抵抗中发挥重要作用的方式。”③

格里斯沃尔德的观点与斯皮尔曼一致。在她看来，“文化社会学的兴起有很多原因。最普遍的原因是仅仅用物质因素来解释人类行为或捕捉人类经验的内在局限。因此，现在很多社会学家不仅将人看作理性的行动者，

---

① Lyn Spillman, “Introduction: Culture and Cultural Sociology,” in Lyn Spillman, ed., *Cultural Sociology*, p. 4.

② Lyn Spillman, “Introduction: Culture and Cultural Sociology,” in Lyn Spillman, ed., *Cultural Sociology*, p. 4. 译文中的着重号为笔者所加，下同。

③ Lyn Spillman, “Introduction: Culture and Cultural Sociology,” in Lyn Spillman, ed., *Cultural Sociology*, p. 1.

也看作意义的制造者”[①]。在这里，我们可以看到，文化社会学不同于以往社会学的关键之处就是它将人看作“意义的制造者”。换言之，“意义”是文化社会学的特征和要义之所在。正因为此，格里斯沃尔德才会宣称：“文化社会学寻找的是社会意义。在我们的文化菱形中，意义连接起了文化客体和社会世界。”[②] 在这样的文化观念下，美国文化社会学的研究形成了三副基本面孔：破碎的面孔、物质的面孔和能动的面孔。这深切地改变了我们对文化的认识。

二 美国文化社会学的三种基本面孔

（一）破碎的面孔：从整一走向破碎的文化

在传统的文化理论看来，文化具有整一性，它是人们所持有的共同理解，并且决定了人们的行为方式。马克斯·韦伯（Max Weber）的“扳道工”（switchmen）隐喻就是这种文化观念的最好表述。在他看来，“由‘观念’所创造的‘世界图景’，就像扳道工一样，决定了由利益的动力推动的行动轨道”[③]。无论是萨默尔（William Graham Sumner）所谈论的民俗和民德，还是雷德菲尔德（Robert Redfield）所认为的文化是人们“体现在行动和物品中的共有理解”，他们都认为文化是整一的，它的存在造就了集体行动的成功：人们以相同的方式理解他们所面临的处境，并且对于该做什么有相似的看法。人们将面临的处境辨识为“那些情况之一”，然后选择大家都会选择的方式做事。[④] 显然，他们的文化观念也基本符合韦伯的“扳道工”隐喻。

但是，对于这种文化观念，戴安娜·克兰（Diana Crane）一针见血地指出了其缺陷：“这种一致性和连贯性与其说是一种现实，还不如说是一种虚构或意识形态。”[⑤] 换言之，韦伯式的文化观念是靠不住的。格里斯沃尔

① 参见 Wendy Griswold，*Cultures and Societies in a Changing World*，p. xiii，重点号为笔者所加。

② Wendy Griswold，*Cultures and Societies in a Changing World*，p. 21.

③ Wendy Griswold，*Cultures and Societies in a Changing World*，p. 38.

④ 参见 Robert R. Faulkner & Howard S. Becker，“*Do You Know…?*” *The Jazz Repertoire in Action*，Chicago：The University of Chicago Press，2009，p. 189。

⑤ 〔美〕戴安娜·克兰主编《文化社会学——浮现中的理论视野》，王小章、郑震译，南京大学出版社，2006，第3页。

德认为："现在，很多社会学家认为文化与社会世界之间的关联是松散的。所有的文化都不是统一的，而是分裂的。韦伯眼中的文化为人们指导自身行动提供了一系列的观念和价值，这从根本上是误导人的。"①

因此，美国文化社会学家发展了一种新的文化观念。安·斯威德勒（Ann Swidler）认为，文化不是"扳道工"，而更像是"工具箱"（tool kit）。它不是整一的，而是零碎的，我们可以随时根据情况取用。她指出，"文化更像是一个'工具箱'或备选库（repertoire），行动者从中选择不同的部件建构他们的行动路线"②。在她的《谈论爱情：文化如何运作》一书中，她就用这种理论研究了美国中产阶级两种不同的爱情意识形态。在斯威德勒看来，他们既有"爱到天荒地老"的浪漫主义观念，也有"只要对方能满足我的需要"的现实观念，这两种观念相互冲突，互不相容。但斯威德勒的研究却表明，人们愿意在不同情况下使用它们。这两种相互冲突的观念并不会导致人们无所适从，因为它们就像工具箱中的物品，人们可以根据面对的情况而选择使用。斯威德勒指出："作为对世界的描绘，或者，甚至作为我们经历的描述，这样的文化意义可能是相互冲突的或不完整的，但是，这对其有效性没有任何损害。只要文化意义可以帮助人们调动他们行动所需的内在或外在支援，文化就是'真实'的。"③ 斯威德勒的"工具箱"理论具有重要的意义，对此，克兰曾有十分清晰的阐述：

> 个体行为的"经典"模型把个体看作是文化影响的被动接受者，文化影响决定着个体的目标。斯威德勒把文化看作一个"工具箱"，她的模型是对于个体行为"经典"模型的重大修正。斯威德勒认为，文化给个体提供了广阔的选择范围。它并不决定目标，而只是以"符号、传说、仪式以及世界观"等形式提供了人们用以解决问题和组织行为的工具箱。人们并不是被动的"文化吸食者"，他们是主动的，是文化

---

① Wendy Griswold, *Cultures and Societies in a Changing World*, p. 39.

② "工具箱"是斯威德勒所提出的，而"备选库"则可追溯到汉纳斯（Uif Hannerz）的《灵魂边缘：探究贫民窟文化和社区》（*Soulside: Inquiries into Ghetto Culture and Community*）一书。参见 Ann Swidler, "Culture in Action: Symbols and Strategies," *American Sociological Review*, Vol. 51, No. 2, 1986, pp. 273 – 286。

③ Ann Swidler, *Talk of Love: How Culture Matters*, Chicago: University of Chicago Press, 2001, p. 133.

的熟练运用者。[①]

由此可见，从韦伯的“扳道工”到斯威德勒的“工具箱”，文化的面孔不再是统一的了，而变成碎片化的了。需要注意的是，这种文化观念的改变也暗含着个体解放的意味：个体不再是消极被动地按照文化去行动，而是会积极主动地对文化进行选择和阐释，然后根据具体情境选择适当的文化去行动。文化变成了工具箱里的各种工具。克兰意识到，这与后现代主义精神是一致的。她指出：“这种后现代主义的时代精神强调的是文化的那些内在矛盾的、非一致性和非连贯性的侧面。”[②]

斯皮尔曼认为，这种研究探讨的是“在地上”（on the ground）的意义制造过程。[③] 它侧重研究人与人的具体互动中意义的制造过程。罗伯特·福克纳（Robert R. Faulkner）和霍华德·贝克尔（Howard S. Becker）对爵士乐歌手的研究就是这种面孔的文化社会学的另一个范例。在他们的《你知道么？行动中的爵士备选库》一书中，他们提出了下面的问题：爵士乐歌手相互之间并不认识，但他们可以成功地进行演出。这是如何发生的？通过研究，他们发现：

> 当人们一起行动，追求一个共同的目标时，他们并不是随机地行动，也不是机械地对情境进行反应——“哦，这是情境X，因此，我将做所有人在这种情境中所做的事”，这是依赖共同文化解释的一个粗俗版本——毋宁说，他们会以协商的方式行动。[④]

他们也意识到，文化对人们行动的解释力并不充足，这主要是因为：

> 情境并不总是符合范畴。每个人都想解决他们认为他们所面对的

---

① 〔美〕戴安娜·克兰主编：《文化社会学——浮现中的理论视野》，王小章、郑震译，第10页。

② 〔美〕戴安娜·克兰主编：《文化社会学——浮现中的理论视野》，王小章、郑震译，第4页。

③ 参见 Lyn Spillman, “Introduction: Culture and Cultural Sociology,” in Lyn Spillman, ed., *Cultural Sociology*, p. 7。

④ Robert R. Faulkner & Howard S. Becker, “*Do You Know...?*” *The Jazz Repertoire in Action*, Chicago: The University of Chicago Press, 2009, p. 188.

> 问题，对此而言，在共有的文化理解中可以找到的解决方案几乎总是无法提供足够清晰和不模糊的方案。即便情境是清晰的，下述情况也很少发生：每个人都知道他们应该做什么。①

因此，福克纳和贝克尔在研究中采用了“备选库”的观念。在他们看来，很多社会学家“意欲修复文化概念的一些缺陷。他们使用‘备选库’的概念表明，在特定状况下行动的人并没有发现‘文化’，因为‘文化’已经决定了他们必须做什么，对此他们没有选择，实际上，他们可以从社会或文化使之成为可能的一系列选项中去选择他们做的事情”②。因此，他们认为：“备选库——给予了我们一个理解集体行动形式的更加富有弹性的工具。”③

无论是斯威德勒，还是福克纳和贝克尔，他们都通过探讨人与人之间的具体的互动向我们展示了文化不再是整一的，而变成了碎片化的，人们并非被文化所决定，而是对文化的阐释具有主动权，文化成了工具箱或备选库，人们可以根据情况随时取用。实际上，他们的理论都与赫伯特·布鲁默（Herbert Blumer）及其所阐发的符号互动论有着很深的渊源。④ 布鲁默曾对以往的文化理论进行过尖锐的批判，在他看来，文化理论所设定的是：一旦情况一定，人们就会像机器一样反应。这并不站得住脚。因为在辨认信息和对其反应之间，还有主观解释过程，人们并非自动地对信息进行反应。斯威德勒的理论就受惠于布鲁默。伊萨克·里德（Isaac Reed）指出，斯威德勒的理论部分依赖于“实用主义影响的互动社会学传统，尤其是布鲁默”⑤。贝克尔和福克纳的研究就更是如此，可以说，他们的研究是从经验层面对布鲁默的理论进行的验证。他们自己就在研究中宣称：“当我们观察音乐家演出，当我们自己和其他人演出时，我们看到的实际上是米德和

---

① Robert R. Faulkner & Howard S. Becker, “*Do You Know…?*” *The Jazz Repertoire in Action*, p. 189.

② Robert R. Faulkner & Howard S. Becker, “*Do You Know…?*” *The Jazz Repertoire in Action*, p. 192.

③ Robert R. Faulkner & Howard S. Becker, “*Do You Know…?*” *The Jazz Repertoire in Action*, p. 194.

④ 需要注意的是，文化社会学与符号互动论之间存在着细微的差别。对此，斯皮尔曼指出：“符号互动论永远都在探讨流动的互动过程中的意义制造过程，与之不同，在这个层面的文化社会学家也强调了更广泛的文化库的意义，从这个文化库中，社会行动者建构出了他们的行动策略。”参见 Lyn Spillman, “Introduction: Culture and Cultural Sociology,” in Lyn Spillman, ed., *Cultural Sociology*, p. 7。

⑤ Isaac Reed, “Love and Theory: Other Ways Culture Could Matter,” *Newsletter of the Sociology of Culture*, Vol. 18, No. 2, 2004, p. 6.

布鲁默所谈论的中介过程，将个体的行动线逐渐织入步调一致的集体行为。”①

这种文化社会学的代表人物和重要著作还有米歇尔·拉蒙（Michele Lamont）的《工人的尊严——种族、阶级和移民的道德与界线》（*The Dignity of Working Men: Morality and the Boundaries of Race, Class, and Immigration*），盖瑞·法恩（Gary A. Fine）的《日常天才——自学艺术和本真性文化》（*Everyday Genius: Self-Taught Art and the Culture of Authenticity*），罗伯特·福克纳（Robert R. Foulkner）的《音乐市场：好莱坞电影工业中的作曲家及其职业生涯》（*Music on Demand: Composers and Careers in the Hollywood Film Industry*），大卫·哈勒（David Halle）的《内视文化：美国家庭中的艺术与阶级》（*Inside Culture: Art and Class in the American Home*）等。

（二）物质的面孔：从精神走向物质的文化

在帕森斯（Parsons）看来，文化等同于价值。他认为，“文化传统”提供了一种被界定为“共享的符号体系的某种成份的价值”，“这些价值可以作为个体在各种可供选择的取向中做出选择的尺度或标准”。② 罗伯特·乌斯诺（Robert Wuthnow）指出：“文化是撇开一切形式可以观察到的人类行为之后留下的剩余领域。它们是内在而不可见的人类思想生活，或作为个人，或在某种难以想象的集体意义上说作为‘集体目标’、‘共同价值’和‘主观实在’的概念。”③ 可以说，他们都将文化看作一种精神性的价值，这种价值是“内在而不可见的”。

在理查德·彼得森（Richard Peterson）看来，这样的观念限制了社会学家从社会学角度对文化进行经验研究。为了打开对文化进行研究的社会学通道，彼得森进行了一种策略性处理，那就是将“精神物质化”。换言之，他不再注重文化的精神层面，而开始关注文化的物质层面。彼得森提出“策略性的想法是将文化看作表现性的符号，而非规范性的价值，或者

---

① Robert R. Faulkner & Howard S. Becker, “*Do You Know …?*” *The Jazz Repertoire in Action*, p. 190. 对贝克尔与符号互动论之间的渊源关系，参见卢文超《符号互动论视野下的艺术图景——以霍华德·贝克尔为中心的考察》，《文艺研究》2015年第5期。

② 转引自周怡《文化社会学发展之争辩：概念、关系及思考》，《社会学研究》2004年第5期。

③ 转引自周怡《文化社会学发展之争辩：概念、关系及思考》，《社会学研究》2004年第5期。

抽象性的规范"[1]，这样，彼得森就将目光转到了被"这种宏观视角所忽略了"[2] 的文化生产进程以及这种进程对文化产品的具体影响。彼得森提出："文化生产视角聚焦于文化的内容如何被创造，分配，评价，传授和保存它的环境所影响。"[3] 也就是说，彼得森关注的是文化的物质层面而非精神层面，关注的是作为动态进程的文化，而非作为静态客体的文化。这正是他所提出的文化生产视角的要义之所在。[4] 这向我们揭示了文化的物质的面孔。

在这里，我将以彼得森对摇滚乐的研究为例进行说明。1955 年，摇滚乐取代爵士乐风行美国。那么，这背后的原因是什么呢？有人从"供应"的角度出发，认为是像猫王这样的艺术天才的原因；有人从"需求"的角度出发，认为是新成长起来的年轻观众的原因。彼得森认为两者都不完善。他从"文化生产视角"出发，认为是法律、科技、工业结构、组织结构、职业生涯和市场这六大因素促成了摇滚乐在 1955 年的横空出世。

彼得森对这六种因素的探讨非常细致和深入，它们环环相扣，为摇滚乐的出现创造了条件。其中，非常关键的就是广播台。可以说，这些因素都对广播台产生了影响或受到了广播台的影响，从而推动了摇滚音乐的诞生。从法律法规的角度来说，彼得森指出，1947 年之前，美国通讯委员会限制新广播台的成立；而此后它改变了政策，批准建立大量的新广播台。这些新成立的小广播台为后来摇滚音乐的诞生创造了条件。那么，为什么美国通讯委员会当时会改变政策呢？彼得森从科技角度对此进行了说明。在彼得森看来，当时电视的流行是关键原因。电视出现后大有取代广播台的趋势，因此，这才迫使美国通讯委员会改变了政策，取消了对广播台的禁令。于是，大量的独立小广播台出现了，这改变了以往大广播公司垄断的工业结构，它们不再能一手遮天。这也引起了组织结构的变化：小公司的决策层级减少了，变得对市场的反应更敏锐。与此同时，这也引起了音

---

① Richard A. Peterson, "Two Ways Culture is Produced," *Poetics* 28 (2/3), 2000, pp. 225 – 233.

② Richard A. Peterson, "The Production of Culture: A Prolegomenon," in *The Production of Culture*, Beverly Hills/London: Sage Publications, 1976, p. 15.

③ Richard A. Peterson, "Cultural Studies Through the Production Perspective: Progress and Prospects," in *The Sociology of Culture: Emerging Theoretical Perspectives*, ed., Diana Crane, Oxford: Blackwell Publishing Ltd, 1994, p. 165.

④ 卢文超：《理查德·彼得森的文化生产视角研究》，《社会》2015 年第 1 期。

乐行业中的职业生涯的变化。彼得森认为当时的音乐行业存在四种职业：技术人员、主持人员、企业家和管理人员。在大公司垄断的时期，是技术人员和管理人员的时代；而到了50年代，当大量小公司出现后，则进入了主持人员和企业家的时代。相比较此前的时期，他们更爱冒险，更有开创精神。这最终导致了市场的变化。在这里，彼得森之所以不讨论“观众”而讨论“市场”，是因为在他看来，影响文化产业决策的并不是观众的偏好，而是文化产业的决策者所理解的观众的偏好。他认为，在50年代之前，市场是同质化的；而到了50年代之后，市场变得异质化了：市场成为不同部分的拼图，每一部分都有其自己的美学。[①] 对于这种市场意识的变化，彼得森讲述了一个有趣的故事：有位独立广播台的音乐导演在餐馆吃饭时，发现女服务员不停地自己花钱点播同样的两首歌曲，一遍又一遍。这使他意识到，广播台播放歌曲没必要贪大求全，所以创造了“最佳歌曲前40名”的节目，结果大受欢迎。这种模式迅速传遍了北美。于是，广播台变成了“自动点唱机”模式：每个广播台都有自己的歌单，市场的异质化就形成了。凡此种种都为摇滚乐的出现打好了基础，否则，摇滚乐在20世纪50年代突然盛行美国是不可想象的。在彼得森看来，这六种因素不仅适用于对摇滚乐的分析，还适用于对爵士乐和乡村音乐的分析[②]。从更一般的意义上，彼得森认为，这也适用于对音乐和文化产业的分析。

彼得森的文化生产视角影响非常大。斯皮尔曼指出：“在这个领域的很多研究都将文化生产视角运用到了具体的文化产品和流派中。”[③] 克兰也指出：“文化生产的视角是文化社会学中最活跃的领域之一，主要考察文化符号生产的环境条件与文化符号本身的特征之间的关系——这一术语主要用于有关艺术、传媒和流行文化的研究，它们充分地显示了报酬体系、市场结构和筛选体制对于文化创作者的生涯和活动的影响作用。”[④] 在斯皮尔曼

---

① Richard A. Peterson, “Why 1955? Explaining the Advent of Rock Music,” *Popular Music*, Vol. 9, No. 1, 1990, pp. 97-116.

② 在彼得森的著作《创作乡村音乐——编织本真性》中，他对“文化生产视角”的运用达到了炉火纯青的地步。因笔者对此已有讨论，兹不赘述。参见卢文超《理查德·彼得森的文化生产视角研究》，《社会》2015年第1期。

③ Lyn Spillman, “Introduction: Culture and Cultural Sociology,” in Lyn Spillman, ed., *Cultural Sociology*, p. 8.

④ 〔美〕戴安娜·克兰主编《文化社会学——浮现中的理论视野》，王小章、郑震译，第11页。

看来，彼得森所代表的是“在组织机构中”（in the institutional field）的意义制造过程，它所关注的是组织机构等因素对意义制造活动的影响。可以说，彼得森通过研究向我们表明，文化不仅仅有精神性的层面，而且还有物质性的层面。文化的物质性层面对其精神性层面产生了重要影响，如果我们仅仅就精神谈精神，就可能无法理解有些事实的真相。所以，我们必须重视物质层面的问题。如果说文化的精神层面是社会学所无法或很难着手进行经验研究的，那么，文化的物质层面的问题则是社会学所擅长的。换言之，彼得森的文化生产视角打开了社会学家研究文化的一扇大门，这就是它会产生重大影响的原因。

这种面孔的文化社会学的重要学者和重要著作还有怀特夫妇（Harrison White and Cynthia White）的《画布与生涯：法国绘画界的机制转换》（*Canvases and Careers：Institutional Change in the French Painting World*），戴安娜·克兰的《先锋派的转变——1940～1984 的纽约艺术界》（*The Transformation of the Arant-Garde：The New York Art World，1940－1984*），保罗·迪马乔（Paul DiMaggio）的《艺术中的非营利企业：任务和限制研究》（*Non-profit Enterprise in the Arts：Studies in Mission and Constraint*），斯蒂芬·杜宾（Steven Dubin）的《缪斯的官僚化：公共资助和文化工人》（*Bureaucratizing the Muse：Public Funds and the Cultural Worker*）。①

（三）自主的面孔：从因变量走向自变量的文化

在斯皮尔曼看来，如果说美国文化社会学的第一种面孔关注的是“在地上”的意义制造过程，第二种面孔关注的是“在组织机构中”的意义制造过程，那么第三种面孔则是探讨“在文本中”（in the text）的意义制造过程。耶鲁大学文化社会学家杰弗里·亚历山大（Jeffrey Alexander）就是这种文化社会学的代表人物。

这种文化社会学与以彼得森为代表的文化社会学之间发生了尖锐的冲突，矛盾的焦点就是文化自主性问题。亚历山大在《文化理论的强纲领：结构解释学的元素》一文中指出，在以彼得森为代表的文化社会学中，文化是被决定的：“谈及文化社会学时，我们说其解释力来自于社会结构中的

① 在此我只简要列举了几位学者及其代表作品。对于文化生产视角影响下取得的丰厚学术成果，彼得森和阿纳德曾有详尽梳理，参见 Richard A. Peterson & Narasimhan Anand，“The Production of Culture Perspective，” in *Annual Review of Sociology*（30）：311－334。

‘硬性’变量——在这种研究取向中，文化被定义为是‘软性’的，并不完全是独立的变量，它或多或少被限定在只能参与社会关系的再生产。”① 因此，如果说前者是文化社会学（sociology of culture），亚历山大提出的研究方案则是文化的社会学（cultural sociology）②。在亚历山大看来，文化社会学和文化的社会学之间存在着巨大差异。他指出，文化自主性和能动性是文化的社会学区别于文化社会学的主要因素："传统的‘文化社会学’取向更多地将文化看作一种非独立的变量，而‘文化的社会学’中文化则在塑造人的行为和制度的建构时承担一种拥有相对自主性的‘独立变量’角色，能够对人的行为输入如物质、制度力量一样的勃勃生机。”③ 换言之，文化自主性是“文化的社会学”的核心和要义之所在：

> 这样一种积极的将文化与社会结构进行理论脱钩的尖锐争论，正是我们所指出的“文化自主”。相较于文化社会学，文化的社会学依赖于建立起这样一种自主性——并且只有通过这样一种强范式，社会学家们才能阐明文化在塑造社会生活方面所扮演的强大角色。与此相反，文化社会学提供的论点是弱范式，称文化是一种无力而模棱两可的变量。④

也就是说，与彼得森的弱范式（weak program）不同，亚历山大所提出

① 〔美〕杰弗里·亚历山大：《社会生活的意义——一种文化社会学的视角》，周怡等译，北京大学出版社，2011，第9~10页。

② 在《社会生活的意义——一种文化社会学的视角》一书中，译者将 sociology of culture 译为“文化的社会学”，将“cultural sociology”译为“文化社会学”。这颇值得商榷。如果将“sociology of culture”译为“文化的社会学”，那么以此类推“sociology of art/religion/science”等学科岂不都应译为“艺术（宗教，科学）的社会学”了。这与国内通行译法不符。实际上，亚历山大自己在该书中就提到，“cultural sociology”是“一个形容词和名词的结合”（第2页）。这表明“cultural”是形容词，是“文化的”意思。因此，该术语译为“文化的社会学”更为贴合。本文在引用译者译文的过程中，对此译法进行了修正，在以下相关引文中，将原译本中的“文化社会学”改为“文化的社会学”。

③ 〔美〕杰弗里·亚历山大：《社会生活的意义——一种文化社会学的视角》，周怡等译，第9页。

④ 〔美〕杰弗里·亚历山大：《社会生活的意义——一种文化社会学的视角》，周怡等译，第10页。需要说明的是，译者在译文中将 strong program 译为“强文化范式”，weak program 译为“弱文化范式”。颇为矛盾的是，在后记中，译者又将其译为“强范式”和“弱范式”。在这里引用时，笔者将之一并修订为国内通行的译法“强范式”和“弱范式”。

的强范式（strong program）“唯一且最为重要的特征是，它认可文化的自主性，并致力于实践这种文化－社会学理论”①。

在文化自主性的基础上，亚历山大提出要用诠释学方法构筑社会文本以推动研究，“将文化结构视为社会文本，使得借鉴文学研究的理论资源成为可能”②。在他看来，在以往的研究中，“学者们近乎残忍地将人类行动描述成了寡淡的工具性行为，好像行动的建构不需要参照人的内部环境，即由神圣－善、世俗－恶的道德结构和由创造大事年表并规定戏剧化意义的叙事性目的论所构成的内部环境”③。因此，在亚历山大看来，“道德剧、情节剧、悲剧和喜剧之类的叙事形式能够理解为带有特定的社会生活含义的‘类型’”④。值得注意的是，亚历山大的文化的社会学并非全盘否定了文化社会学，而是吸纳其优长。他提出：

> 我们在这里提出结构主义和解释学能够相互结合。前者为一般理论的建构、预测和文化自主性的主张提供了可能性。后者则使我们能够进行分析来捕捉社会生活的质地和性质。注意制度和行动者作为因果媒介对上述理论进行补充，我们就得到了一个强有力的文化的社会学的基础。⑤

亚历山大对犹太大屠杀的研究就生动地展示了他的这种文化社会学。在亚历山大看来，战后美国对于犹太大屠杀的认识刚开始是用一种“进步叙事”进行讲述的。这样的叙事“宣称由社会的恶带来的精神创伤终将被克服，纳粹主义终将被击败并从世界上消灭，精神创伤将最终被限制在一个创伤性的过去，而它的黑暗在新时代强大的社会之光下终将悄然隐

---

① 〔美〕杰弗里·亚历山大：《社会生活的意义——一种文化社会学的视角》，周怡等译，第10页。

② 〔美〕杰弗里·亚历山大：《社会生活的意义——一种文化社会学的视角》，周怡等译，第10～11页。

③ 〔美〕杰弗里·亚历山大：《社会生活的意义——一种文化社会学的视角》，周怡等译，第12页。

④ 〔美〕杰弗里·亚历山大：《社会生活的意义——一种文化社会学的视角》，周怡等译，第23页。

⑤ 〔美〕杰弗里·亚历山大：《社会生活的意义——一种文化社会学的视角》，周怡等译，第24页，重点号为笔者所加。

去"[①]。在这种叙事中，美国人与犹太受害者保持着距离，并未对其发生深刻的认同和共鸣。因此，当时犹太人组织要求在纽约建立犹太人种族浩劫纪念碑，但代表们全票反对。人们认为过去的已经过去，受过的苦难不会再次到来，我们需要的是对犹太大屠杀的受害者进行弥补。但是，时过境迁，这种进步的叙事中断了，让位于一种悲剧的叙事，"根据对犹太大屠杀这个全新的悲剧性理解，受难而不是进步，成为了叙事所指向的终极目的"。亚历山大认为这种叙事"关注的焦点不在于事态的逆转和改善（即我在这里所说的'进步'），而是罪恶的性质，它的直接后果以及导致恶发生的动机和关系"。[②] 因此，在这种叙事中，一切都与以往变得不同：

> 因为纳粹大屠杀的悲剧叙事取代了进步叙事，所以向善除恶的伦理标准似乎不像现代性曾经充满自信的宣誓那样强有力了。进步叙事把纳粹的罪行在时间上限定为"中古的"，以此来和理论上那先进文明的现代性准则形成对比。然而随着悲剧性观点的出现，野蛮却被放置到了现代性本身的基本性质中。[③]

就是在这样的变化中，犹太大屠杀这个社会事件本身被戏剧化了，成为一场悲剧，而这也"不再是发生在特定的某时某地的某件事，而是指一个纹章式的、象征性的人类受难的精神创伤。这个犹太人的可怕创伤终于变成了全人类的精神创伤"[④]。

在这里，我们可以看到，亚历山大将社会事件文本化了，由此将叙事、悲剧等观念用来理解犹太人大屠杀。值得注意的是，亚历山大并不仅仅注重这种对社会文本的阐释，他同时也关注了为何会产生对社会文本的不同叙事。换言之，是什么导致了对犹太大屠杀的叙事从进步叙事转变为悲剧叙事？亚历山大认为，这与诸多复杂因素有关。首先，以《安妮日

---

① 〔美〕杰弗里·亚历山大：《社会生活的意义——一种文化社会学的视角》，周怡等译，第36页。

② 〔美〕杰弗里·亚历山大：《社会生活的意义——一种文化社会学的视角》，周怡等译，第51页。

③ 〔美〕杰弗里·亚历山大：《社会生活的意义——一种文化社会学的视角》，周怡等译，第53页。

④ 〔美〕杰弗里·亚历山大：《社会生活的意义——一种文化社会学的视角》，周怡等译，第55页。

记》为代表的作品让美国观众与犹太大屠杀的受害者之间产生了心理认同；其次，人们界定的行凶者也从纳粹本身发生了扩展。对阿道夫·艾克曼的审判是其导火索，这使人们意识到，艾克曼不仅仅是纳粹分子，也可能是我们每一个人。当时的“米尔格兰姆实验”也推波助澜，加剧了将纳粹之恶向整个美国民众的迁移。这种符号意义的膨胀在越战叙事中表现得更加鲜明。在以往的进步叙事中，美国是解放者；但在越战叙事中，美国成了施暴者。于是，进步叙事的犹太大屠杀解构了，其中的解放者变成了“德国式的美国”，“凝固汽油弹被拿来与毒气弹类比，而越南那燃烧的丛林则被拿来与毒气室形成类比”①。于是，在这种符号逆转的过程中，“盟军和行凶者之间的这种类比很快就被广泛地接受为历史事实”②。这产生了巨大的影响。二战刚结束时，美国人曾经反对修建大屠杀纪念碑，但这时，已经没有人再反对了。

在这里，我们可以一窥亚历山大的文化社会学的妙处。他将社会事件建构为社会文本，并且用诠释学的方法来理解和研究这种社会文本，探讨了对这种社会文本的不同理解（是进步叙事还是悲剧叙事）所产生的巨大的社会影响。在这里，文化具有了自主性和能动性。它不再仅仅被物质、结构等因素所决定，它也可以反过来影响它们。

在这方面，比较有代表性的学者和著作还有罗伯特·乌斯诺（Robert Wuthnow）的《同步：音乐和艺术如何激活美国宗教》（*All in Sync: How Music and Art are Revitalizing American Religion*），以及罗恩·埃尔曼（Ron Eyerman）和安德鲁·詹米森（Andrew Jamison）的《音乐和社会运动：在二十世纪动员“传统”》（*Music and Social Movements: Mobilizing Traditions in the Twentieth Century*）等著作。值得一提的是，美国的这种文化社会学与国际上正在兴起的新艺术社会学是一致的。无论是英国社会学家提亚·德诺拉（Tia Denora）所提出的审美能动性，还是法国社会学家安托万·亨尼恩（Antoine Hennion）所提出的鉴赏语用学，都强调了文化和艺术的自主性和能动性，推动了文化社会学的美学转向。正如马克·雅各布斯（Mark Jacobs）和南希·汉拉恩（Nancy Hanrahan）指出的：“这一新兴文化观是一

① 〔美〕杰弗里·亚历山大：《社会生活的意义——一种文化社会学的视角》，周怡等译，第62页。

② 〔美〕杰弗里·亚历山大：《社会生活的意义——一种文化社会学的视角》，周怡等译，第63页。

种美学的文化观。”①

三 美国文化社会学的贡献及其对中国的启示

经过上述讨论，我们可以回到开篇提出的问题。我们可以看到，美国文化社会学研究的对象是文化客体（the cultural object）。那么，什么是文化客体呢？在格里斯沃尔德看来，文化客体不是物品自身拥有的属性，它取决于我们的关注点。她举例说，缝的被子是商店中的商品或者保暖物品时，并没有牵涉它的意义，因此不是文化客体；如果我们考虑它表达的是妇女们一起缝出了优美和实用的物品，它就成了文化客体。② 在这里，关键之处就是“意义的制造”。可以说，虽然美国文化社会学研究的话题很广泛，但是，这个特征使它区别于其他方式的研究。正是在这个意义上，米歇尔·拉蒙才指出，注重“意义制造”的文化社会学可以在种族、民族和移民研究、不平等状况研究、比较社会学和知识与科学社会学领域大有可为。③ 因此，“文化社会学”不能用一般意义上的“社会学”取代，它有自身的个性和特点。

美国文化社会学的发展促成了人们文化观念的转变：首先，文化不再是整一的，而变成破碎的，与此相应，人们不再是被动地接受文化，而会主动地阐释和利用文化；其次，文化不再是精神的，而变成了物质的，它的物质层面对其意义产生了重大的、不可忽视的影响，而当社会学家将这种观念推到极致的时候，就可能会忽略文化精神层面的影响，这就激起了其他社会学家的不满和反驳；最后，文化不仅是因变量，也是自变量，文化具有自主性和能动性，发挥着和物质力量一样的影响。凡此种种，都加深和丰富了我们对文化的认识。

回到中国的语境。当前，在对文化的研究中，占据主导地位的研究范式是来自英国的文化研究，而来自美国的文化社会学则较少有人探讨。虽然它们都是以文化为研究对象，但是，它们之间却存在着重要区别。格里

---

① 〔美〕马克·雅各布斯、南希·韦斯·汉拉恩主编《文化社会学指南》，刘佳林译，南京大学出版社，2012，第1页。

② Wendy Griswold, *Cultures and Societies in a Changing World*, p. 12.

③ Michele Lamont, “Meaning-Making in Cultural Sociology: Broadening Our Agenda,” *Contemporary Sociology*, Vol. 29, No. 4, 2000, pp. 602 - 607.

斯沃尔德指出，两者的关注重心和方法论并不相同："文化社会学首先和主要聚焦于文化客体和社会世界之间的关系，而文化研究更注重文化的一面，因此，这种对文化和社会的平衡的注重是文化社会学与文化研究的一个区别。第二个区别是方法论上的：作为一种社会科学，文化社会学更依赖经验方法和对证据的分析，而文化研究是更为纯粹解释性的。"[①] 可见，美国的文化社会学与现在国内流行的文化研究范式并不相同，它可以给我们提供研究文化的新视角和新思路，以推动我们对国内文化现象的研究[②]。

就在中国发展文化社会学而言，美国文化社会学至少可以给我们带来以下启示：首先，我们应该面向本土田野，创建本土的文化社会学学派。可以说，美国的文化社会学就是这样发展起来的。他们基本都是在美国的田野进行的研究，比如贝克尔和福克纳对芝加哥爵士乐歌手的研究，彼得森对美国乡村音乐和摇滚乐的研究。他们在田野调查中发展自己的理论，而不是完全被国外传来的理论所俘获，并由此开创和发展了美国特色的文化社会学；其次，我们应该注重跨学科地、多领域地汲取营养。正如斯皮尔曼指出的："当代文化社会学经常依赖人类学，历史学，女性主义，文学批评，媒介研究，政治哲学，文化研究和社会心理学，以获得理解文化的更好方式。——对于从社会学角度研究文化来说，这种跨学科的意识是其富有活力的不可或缺的因素。"[③] 这也是我们发展文化社会学的必经之途。

---

① Wendy Griswold, *Cultures and Societies in a Changing World*, p. 15.

② 在笔者看来，彼得森的文化生产视角就是国内所亟需的一种研究范式，它可以推动国内对文化的经验研究（参见卢文超《理查德·彼得森的文化生产视角研究》，《社会》2015 年第 1 期）。斯威德勒和贝克尔亦然。以亚历山大为代表的文化的社会学强调文化自主性，所以，对国内在文化的研究中如何沟通社会学与美学，它具有重要的启示意义。

③ Lyn Spillman, "Introduction: Culture and Cultural Sociology," in Lyn Spillman, ed., *Cultural Sociology*, p. 5.

法国艺术社会学批判

何　蒨*

摘要　20世纪70年代，艺术社会学领域逐渐出现了“法国学派”与“美国学派”之说，这也是法国艺术社会学研究的独特性受到国际认可的开始。本文首先简要回顾20世纪西方艺术社会学的发展背景与大致脉络，然后就法国艺术社会学的发展历程，包括经典学者及他们对后代研究者的影响，特别是70年代以来法国艺术社会学的发展情况进行详细介绍。最后回到中国语境，通过当代艺术的案例思考艺术社会学在分析本土案例、面对西方话语权、建立中西方学术平等交流等方面的积极意义。

关键词　艺术社会学　法国学派　学科自律　文化霸权

Abstract　In the 1970s there is the emergence of the “French school” and the “American school” in the area of art sociology. It is also an important moment for international recognition of the originality by French researchers in this field. This paper is to introduce a brief review of the history of art sociology during the 20th century, then presents the key authors in this field in France, and the evolution of the discipline from 1970s as well. Finally, the case of Chinese contemporary art will bring us to think about the positive role of art sociology by analyzing the status of universal values in an intercultural context and a globalized world where the hegemony of Western discourse

* 何蒨，巴黎政治学院国际关系研究中心比较政治学博士候选人，主要研究艺术与文化社会学、中国现当代艺术体制变迁和中国对外文化关系。

in art field remains a concern for most researchers from non-Western countries.

Key words Sociology of Art French School Autonomy of Discipline Hegemony

导 语

法国的艺术社会学研究传统由来已久，产生了许多颇有影响力的学者，如今更以“法国学派”和“美国学派”并称国际学界。本文将从这一学科的诞生背景、代际传承、在法国的研究现状、批评反思等几个方面入手，对法国艺术社会学的发展历程做一次梳理。

本文将参考当今法国艺术社会学界的两位代表人物娜塔莉·海因里希（Nathalie Heinich）① 与布吕诺·佩吉诺（Bruno Péquignot）② 的研究成果，从学科发展与方法论更新的角度考察法国艺术社会学的发展历程。我们将首先介绍20世纪法国学者视野中的艺术社会学三代学人，包括社会文化背景、代表学者的作品与观点、时代特征与局限性等。其次，我们将专门介绍法国艺术社会学的发展脉络和代表人物，特别是70年代以来的学科研究详细情况。最后，我们将回归中国语境，借助中国当代艺术的典型案例，探讨如何将西方艺术社会学运用到中国特有的文化社会语境中，如何将中国的特殊性与全球化背景建立联系，挖掘具有启发性的观点，探寻中国艺术社会学的自觉之路。

一 艺术社会学的“法国学派”

20世纪70年代，艺术社会学领域逐渐出现了“法国学派”与“美国学派”之说，这也是法国艺术社会学的独特性受到国际学界认可的开始。按照娜塔莉·海因里希的划分，艺术社会学在20世纪经历了三代人的发展历程。法美学派均诞生于1960年代，即第三代学人时期。与“美国学派”的

---

① Nathalie Heinich, *La sociologie de l'art*, Paris: La Découverte, 2004.

② Bruno Pequignot, “La sociologie de l'art et de la culture en France: un état des lieux,” *Sociedade e Estado*, Brasília, Vol. 20, No. 2, May/Aug. 2005, p. 304.

代表学者霍华德·贝克尔（Howard Becker）、杰弗里·哈里（Jeffrey Halley）、薇拉·左贝尔格（Vera Zolberg）一样，法国学者不再将目光投向过去的艺术或文化史，而是通过实地调研、统计学和访谈等手段处理当下的艺术文化问题。此外，60年代以来的艺术社会学有着学科自律性不断增强的特征。从第三代学人开始，艺术社会学终于脱离了艺术史、文艺批评和美学，成为一门独立的、具有科学性的学科。

“法国学派”与“美国学派”的异同点，主要体现在两大流派的代表人物布尔迪厄（Pierre Bourdieu）与贝克尔的对比中，他们代表着两种认知和两种介入艺术与社会问题的立场。贝克尔的交互社会学（sociologie intéractionniste）是一种预设了各类行为者之间平等关系前提的社会学认知立场，因此，他的“艺术界”关注的是行为者之间相互依赖和互动的关系，并由此考察他们的物质或非物质竞争及运作机制。相反，布尔迪厄的“场域”和“惯习”概念都建立在行为者之间的支配与被支配关系上，这种研究支配关系（domination）的社会学致力于揭示场域中内在的、潜在的结构矛盾及立场冲突，以及这些元素与其他类型场域的交互关系。布尔迪厄的研究出发点，可能会导致对处于统治支配地位的价值规范的维护（包括那些原本处于受支配地位、后来获得合法性的艺术形式）。因此，这种分析方式在某种程度上会成为话语权不平等的来源。贝克尔的交互社会学虽然规避了这种风险，却因对平等社会关系的预判，其理论间接地维护或粉饰了复杂艺术世界中的不平等现象。

当然，两位社会学家的研究也具备一些共同点，例如都有为艺术祛魅的功能，都揭露艺术自律及艺术天赋说的虚构性等。此外，两位学者的研究对象都是现实经验，并不涉及象征与意义表征的问题。换言之，祛魅型的社会学往往也带有揭示真理的意味，但在社会象征领域，真理阐释的多样性与相对性本身就是社会学家要面对的问题，这是布尔迪厄和贝克尔没有解决的领域。多义性、误读、阐释立场的复杂性等，都是当代艺术在传播中经常遇到的问题，也是当今法国社会学家关注的重点之一。

“法国学派”自20世纪90年代以来始终保持着国际影响力。从1991年开始，法国格勒诺布尔成为国际艺术社会学者们进行经常性学术交流的根据地。自1999年开始，法国国家科研中心（CNRS）开始资助“作品、公众、社会研究小组”（OPUS）。该小组的研究成员不仅分布在法国，也包括加拿大。加拿大法语地区的艺术文化社会学研究十分活跃，他们既借鉴了贝克尔的交互社会学，也吸收了法国学派的成果，形成了具有特定地域文化特色（印第安人、白人及移民混合的社会形态）的研究方法。美国的艺术社会学代表之一杰弗里·哈里主持的德克萨斯大学“艺术文化传播社会学实验室”（SACC），也是法国国家科研中心（CNRS）的下属机构之一。

二　法国学者视野中的艺术社会学三代人

在娜塔莉·海因里希看来，严格意义上的第一代艺术社会学人，实际上是一批自觉区别于19世纪社会学家及文化学者的艺术史和美学研究者。这些人对传统的“艺术家-作品”的阐释框架不满，渴望打破这种二元对立的束缚。这种态度不仅表明他们对当时盛行的艺术自律及唯心艺术理论的不满，而且与19世纪实证主义的兴起息息相关。第一代学者主要活跃于20世纪上半叶至第二次世界大战前后，多来自匈牙利、英国和德国。他们的共同点是受到马克思主义影响，一部分人倾向于用马克思主义解读艺术与社会的反映关系，例如匈牙利的艺术社会史学者阿诺德·豪泽尔（Arnold Hauser）、英国的弗朗西斯·克林根德（Francis Klingender）和弗雷德里克·安塔尔（Frederick Antal）；另一部分学者倾向于用哲学思辨的方式思考审美问题，以法兰克福学派为代表。

第一代学者多将审美问题社会化，实际上是一种社会学性质的审美分析，将艺术与社会视为平行的研究对象。这种视野的时代局限性，首先体现在一部分学者对待艺术作品的态度上，即作品崇拜论（fétichisme），有些学者甚至选择捍卫艺术自律，这与艺术社会学致力于为艺术祛魅的目标正好背道而驰；其次，第一代学者认知社会的方式多建立在社会实体论基础上，将经济、技术、文化等外部因素视为独立于社会的现象加以分析，这种方法论有明显的时代烙印；最后，这一代学者多在因果论的逻辑中解读艺术与社会的关系，这导致对艺术的阐释缺乏微观的分析，大而化之、过于思辨的研究手段在今天看来已经过于笼统，有停留在形而上学的危险。

第二代学人打破了艺术与社会的平行关系，走出了二元对立的思辨性及艺术反映论的框架。他们摈弃了过去的宏观视角，将艺术与社会视为“内外”关系，即艺术从属于社会，并从这种“包含”结构出发去阐释微观的艺术现象。这一代学者主要涵盖活跃于20世纪50年代的艺术史学家，多来自英国和意大利。因为微观视角使然，这些学者多采纳实证方法，关注艺术生产及传播的社会条件，从而有了“赞助人”“艺术机制①”“文化环境”“大众”“生产者”等研究对象，并由此产生了丰富的研究成果。他们通过社会因素分析艺术风格的成因，不仅解释了艺术生产的社会性，更颠覆了一些艺术史的成见。例如，英国艺术史学家弗朗西斯·哈斯克尔（Francis Haskell）的《赞助人与画家：意大利巴洛克时期的艺术与社会》（*Patrons and Painters: Art and Society in Baroque Italy*, 1962）通过分析艺术生产所受的外部限制（例如作品地点、规模、主题、材料、色彩、完成期限、价格等），确认了赞助人社会身份与作品定价变化的相关规律，以及文化民主化对现实主义题材的推广作用。最有趣的是，哈斯克尔指出，巴洛克时期的意大利，当赞助人给予艺术家绝对自由时，往往并不能促成真正的创新，这在很大程度上推翻了赋予艺术家自由就是保护艺术创作的观点。

第二代艺术社会学者们产出了很多脍炙人口的研究成果，最为人称道的莫属英国文化史学家迈克尔·巴克森德尔（Michael Baxandall）的《十五世纪意大利的绘画与经验》（*Painting and Experience in Fifteenth-Century Italy*, 1972）。在这本被艺术史学界视为经典的著作中，作者对文艺复兴时期的视觉文化进行了精辟的分析，指出了特定时代视觉经验的组织方式及社会基础。在巴克森德尔看来，绘画也可被视为社会关系的产物，反映着某个时代的社会经济生活，因此也可以成为研究社会历史的材料。美国学者斯维特拉娜·阿尔珀斯（Svetlana Alpers）的《伦勃朗的企业：工作室与艺术市场》（*Rembrandt's Enterprise: The Studio and the Market*, 1988）② 也在学界享有极高口碑。作者通过考察画家如何引导观众对自己作品的接受方式——例如强化个人风格、推动绘画市场的整体价格水平、创作当时并不流行的肖像和风俗画等——指出艺术家通过改变观众的视觉模式，巧妙地将观看者的注意力从作品主题转向创作形式与手法，从而潜移默化地加强了伦勃朗绘画技巧在大众心中的认知，成功塑造了艺术家的社会及历史声誉。

除了英语地区的学者，意大利的艺术史学界一直有着“微观历史”的传统，代表人物以恩里科·卡斯特诺威（Enrico Castelnuovo）和卡洛·金兹

① 本文中将会用到“机制”和“体制”两个词，对应的都是institution。为了区分，我们暂时认为，“机制”一词更为中性化，用来形容一套或若干套制度体系的运作，而“体制”则指具有行政特色的制度体系的运作。

② 〔美〕斯维特拉娜·阿尔珀斯：《伦勃朗的企业：工作室与艺术市场》，冯白帆译，江苏美术出版社，2014。

堡（Carlo Ginzburg）为主。他们在研究中引入时间与空间的概念，强调“中心”与“边缘”在地理分布及阐释时差中的意义，由此摆脱了以往艺术史在真空中谈论风格和艺术成就的框架，为风格演变和迁徙开辟了新的解读空间。总而言之，第二代艺术社会学学者的写作方法更接近微观的艺术社会史，他们没有那么强大的意识形态野心，也不执著于艺术理论的构建，而是更多地满足于局部社会历史的写作，却也因此获得了极为丰富的成果。

第三代艺术社会学者出现于20世纪60年代，他们与前两代人有一些本质上的不同。这一代学者抛弃了过去两代人对艺术与社会关系的成见，转变了对社会的认识——从实体论走向关系论。从此，艺术与社会不再是彼此平行或一者包含在另一者中的关系，艺术与社会的特定边界不复存在，艺术即社会，两者都是人类关系的复杂体现。这一转向对于艺术社会学的重要之处在于，曾经被前代学者视为既得的研究概念，如作品、技术、文化环境等，都需要摆脱其自在的实体状态，成为反思和解构的对象。第三代艺术社会学者尝试破解艺术中的自律假象，揭示其中隐含的社会构成关系，再将解构之后的复杂关系重新整合，阐释作为社会关系存在的艺术世界。

第三代艺术社会学者具有强烈的社会学身份意识，与前两代学者相比，他们在真正意义上开拓了艺术社会学的学科自律，包括主动界定研究目标、对象、方法和判断标准，以便使艺术社会学与艺术史、艺术社会史、文化史、艺术批评、美学或社会批评理论划清界限。更重要的是，第三代社会学者清晰地认识到自己的职业使命，不仅要理解复杂的艺术及社会文化现象，更要能够通过艺术这一特殊领域掌握社会学自身的认知逻辑。这种对学科特殊性的要求，是西方人文学科不断自律的结果。

总之，第三代艺术社会学人摆脱了通过社会解读艺术作品的天真愿望，这一代学者清晰地意识到艺术既不是社会现象的反映，也不是包含在社会中的实体，艺术与社会之间虽不具有同质性和同构性，但也并非彼此截然分离。这一代学者采纳更为务实的立场，对当下的艺术和文化现象更感兴趣，对文字素材保持警惕及有限的信任。他们关注艺术的社会功能，以及各种行为主体在艺术场域中的行动逻辑。总之，在文化民主化的大潮下，第三代艺术社会学者成功地打破了艺术语言与形式等级的束缚，将各种文化现象纳入考察的视野，这在很大程度上扩张了艺术的认知范畴，也大幅更新了艺术社会学的问题意识。

娜塔莉·海因里希对西方艺术社会学三代人的划分从学科生成逻辑入手，这种分类注重知识积累与学科建设的关联，却也在一定程度上具有“泛社会学”的倾向，即把文化批评及艺术史学内部的方法论更新也纳入艺术社会学的范畴。例如，她对本雅明“灵韵”（aura）概念的解读，或是将潘诺夫斯基定义为文化史学者，虽然可以提示这些作者的时代特征（或局限性），但也模糊了这些作者的微妙立场、意义的丰富性及理论的前瞻性。其次，娜塔莉·海因里希的方法论中呈现对个人主义的尊崇，并预判个人主义等同于独特性（originalité），这样的立场在某种程度上是西方社科研究的规范立场。但是，如果从跨文化的角度看，这种根植于欧洲传统的个人主义，结合了学者的政治立场，有时会导致价值判断上的偏移，将具有特殊性的价值体系（例如西方现代性的特殊性）视为具有一般规范功能的普世价值体系。最后，对个人主义的强烈关怀，也使娜塔莉·海因里希的分析方式较难处理愈来愈工业化及金融化的当代艺术生态环境。

三　艺术社会学研究在法国

在娜塔莉·海因里希划分的艺术社会学三代人的基础上，布吕诺·佩吉诺将法国的社会学研究分为两个阶段，第一阶段从20世纪30年代开始直至1985年，此后为第二阶段。1985年，法国社会学家雷蒙德·穆兰（Raymonde Moulin）在马赛组织的首届艺术社会学国际交流日，标志着法国学界与国际接轨的开始。从此以后，随着跨学科需求及国际学术交流的增加，法国的艺术社会学与经济学、艺术史、历史学及语言科学的交融更加紧密，这不仅拓宽了其方法论及概念更新的空间，也增强了法国艺术社会学的国际影响力。

总体而言，如果我们总结艺术社会学的基本研究方法，会注意到西方学者多遵循美籍俄裔语言学家罗曼·雅各布森（Roman Jakobson）提出的大框架，也即信息的生产、传播和消费三阶段，将之运用到艺术社会学领域，即对应生产者（艺术家）、传播中介（艺术机构和市场）与接受者（大众）的分类。我们将从这个角度梳理法国艺术社会学的发展脉络。

（一）生产者

从生产者的角度出发，有两类主要的研究方向，其一以让·杜维涅的戏剧社会学为代表，分门别类地对不同的艺术表达形式进行社会学考察；另一个方向以布尔迪厄为代表，研究创作者在社会关系及资源配置中的立场、地位变化及相关的运作机制。

让·杜维涅（Jean Duvignaud）是法国戏剧社会学的先驱，他的《戏剧社会学：论集体阴影》[①] 试图呈现戏剧历史的重要发展阶段与社会动荡之间的关系，特别是作品中的英雄人物如何凝聚了时代的集体焦虑与社会危机。杜维涅主张艺术社会学应当“能够通过广泛的社会经验去认知普遍的艺术经验”[②]。为此，他在1967年出版的《艺术社会学》（*Sociologie de l'art*）中提出了艺术作品的社会功能观。在杜维涅看来，艺术社会学是“正在形成的艺术现象”与“转变中的社会”的结合点，艺术作品不再是嵌入现实的某个物体，而是凝聚着不可预知的潜在性的事物，这种潜在性仅仅经由艺术家才能得以释放。

皮埃尔·布尔迪厄对艺术的社会学思考已经广为中国读者所知。布尔迪厄尝试将艺术重新置于社会关系的“物质性”（matérialité）中，而不是从历史或单一社会的角度出发。他提出的“场域”（champ）概念，从文化生产关系的范畴连接了艺术生产与文化消费的两极。布尔迪厄认为，对艺术作品的社会学理解来自对作品诞生及接受环境的认知，“惯习”（habitus）与“立场”（position）则是这种认知的两个主要构成因素，而文化生产过程中的“支配关系”（domination）则使场域的结构更加复杂。此外，艺术家创作作品的过程与塑造自身的过程相辅相成，当他身处场域中，他的状态受到来自惯习和社会角色的双重形塑，这两种压力之间也会形成矛盾。因此，在布尔迪厄看来，艺术作品是社会及历史环境的产物，艺术家则身处场域中、有着多重身份（作为个体、社会主体及职业艺术家），这使得他的创造行为归根结底要受到惯习和社会文化生产系统的双重作用。

雷蒙德·穆兰（Raymonde Moulin）是法国艺术社会学的重要代表之一，她在20世纪80年代初曾组织过对法国艺术家群体的研究，即她主编的《艺术家：社会形态论》[③]。为了更好地阐释这一群体的特征，穆兰及合作者提

---

① Jean Duvignaud, *Sociologie du théatre*, *Essai sur les ombres collectives*, Paris: PUF, 1965.

② Jean Duvignaud, *Sociologie du théatre*, *Essai sur les ombres collectives*, p. 34.

③ Raymonde Moulin, *Les Artistes*: *essai de morphologie sociale*, Paris: Documentation française, 1985.

出了“社会可见度”（visibilité sociale）的概念。通过调查大量专业性出版物，如艺术期刊、拍卖画册等，计算艺术家名字的出现次数，以此形成艺术家获得社会认可的客观基数，这一数据体现了艺术家融入职业领域的程度。这样的研究能够衬托出“中介者”的重要作用，也即艺术传播领域中的行为者——他们在艺术场域中的地位非常重要，甚至会对整个艺术生态环境产生影响。但是，穆兰也强调，读者不应混淆职业化与创作本身。社会学将艺术家的信息客观化，得出他们的职业化程度，但这并不等于对艺术家主观创作经验的诠释，更不是对艺术作品价值的评判。

此后，皮埃尔－米歇尔·门格尔（Pierre-Michel Menger）也对艺术职业的共性做过研究，例如他在 1989 年发表的论文《艺术家生活的合理性与不确定性》[①] 中谈到，艺术家的社会出身大多复杂，他们结婚、拥有子女的比率比普通人低，更有趣的是，艺术家的婚姻往往具有向上层社会导流的趋势，例如男性艺术家经常与社会地位高于他们的女性结婚。门格尔的《创造性工作：在不确定性中实现自我》[②] 可谓对艺术家职业观察的集大成之作。

更年轻一代的法国社会学者吸收了布尔迪厄的场域及惯习概念，尝试对艺术家的生存状态进行更为精确的研究。例如米歇尔·维西里埃－勒西（Michèle Vessillier-Ressi）对文学写作者的研究《作家的职业：他们如何生存？》[③]，以及她对造型艺术家的研究《艺术家的生存条件：艺术、金钱与社会》[④]；安东尼·汗宁（Antoine Hennion）于 1993 年出版了《音乐激情：传播社会学》[⑤]，通过对音乐作品的内部研究和外部研究，将“艺术中的社会”与“社会中的艺术”相互对照；戏剧领域，则有皮埃尔－米歇尔·门格尔（Pierre-Michel Menger）的《戏剧演员：在多重自我中的培养、实践与职业化》[⑥]，以及卡特琳娜·帕拉黛丝（Catherine Paradeise）的《戏剧演员：职

---

① Pierre-Michel Menger, “Rationalité et incertitude dans la vie d'artiste,” *L'Année sociologique*, Troisième série, Vol. 39 (1989), pp. 111 – 151.

② Pierre-Michel Menger, *Le travail créateur. S'accomplir dans l'incertain*, Paris: Gallimard/Seuil, 2009.

③ Michèle Vessillier-Ressi, *Le métier d'auteur. Comment vivent-ils*? Paris: Dunod, 1982.

④ Michèle Vessillier-Ressi, *La Condition d'artiste, regards sur l'art, l'argent et la société*, Paris: Maxima, 1997.

⑤ Antoine Hennion, *La Passion musicale: une sociologie de la médiation*, Paris: Métailié, 1993.

⑥ Pierre-Michel Menger, *La profession de comédien. Formations, activités et carrières dans la démultiplication de soi*, Paris: Documentation française, 1997.

业化与就业市场》[1]；在建筑领域，可以参考弗洛朗·尚培（Florent Champy）的《建筑社会学》[2]。

对业余艺术家的研究在20世纪90年代才开始出现，由法国文化部主导并提供财政支持，例如奥利维·多纳（Olivier Donnat）于1996年出版的《业余艺术家：法国人的艺术实践调研》[3]。通过这份研究，我们看到前辈学者分析艺术家生存状态的一些标准已经不再生效，例如收入、学位、所属艺术协会等，越来越多的艺术家通过谋求一份职业保证生存，以便进行无经济诉求的艺术创作。此外，很多艺术家并没有受过专业教育，却依然可以建立自己的职业艺术生涯。而且在个人主义盛行的西方社会，艺术家协会的作用也越发式微。

社会如何看待艺术家的公众身份也是一个有趣的研究领域。娜塔莉·海因里希在《从画家到艺术家：古典时期的艺术工匠与院士们》[4] 中指出，从19世纪浪漫主义以来，画家与作家的身份已经进入社会象征含义的更新循环中，他们脱离了手工工匠的身份，开始拥有创作使命感。同时，判断作品好坏的方式也不再建立在学院标准上，而是源于艺术家的独特性。要想成为艺术家，就必须懂得挖掘自身的“独创性”（originalité），能够表达丰富的内在精神世界，并且在表达形式上具有普遍性。艺术家社会身份的提升伴随着艺术语言边界的不断扩张，特别是当代艺术吸纳一切新实践、新材料与新形式的趋势。正如娜塔莉·海因里希在《成为艺术家：画家与雕刻家的社会地位演变》[5] 中指出的，如今法国的艺术家们多自称“造型艺术家”（plasticien），这一称呼显得更为中性，就是为了避免“艺术家”（artiste）这一名词所负载的过于沉重的历史价值，为新型的艺术家社会身份开辟了道路。

（二）流通领域

从生产者到接受者，艺术作品要经过各种流通环节。流通领域也可被

---

① Catherine Paradeise, *Les comédiens: profession et marches du travail*, Paris: Presses universitaires de France, 1998.

② Florent Champy, *Sociologie de l'architecture*, Paris: La Découverte, 2001.

③ Olivier Donnat, *Les amateurs: enquête sur les activités artistiques des Français*, Paris: Ministère de la Culture/DEP, 1996.

④ Nathalie Heinich, *Du peintre à l'artiste. Artisans et académiciens à l'age classique*, Paris: Minuit, 1993.

⑤ Nathalie Heinich, *Tre artiste: les transformations du statut des peintres et des sculpteurs*, Paris: Klincksieck, 1996.

视为一个“中介”领域，其中作为研究对象的内容包括：艺术机制，如市场、机构、文化政策等；社会文化环境；专业艺术爱好者，如收藏家等。对这三类对象的研究，能够使我们把握艺术作品在流通环节中受到的条件限制，以及作品对不同行为者产生的物质及象征影响。皮埃尔·弗朗卡斯特尔（Pierre Francastel）、罗杰·巴斯狄德（Roger Bastide）、雷蒙德·穆兰（Raymonde Moulin）等都是这一领域的前辈，他们的研究模式与结论也成为后代学者的参考和研究出发点。

皮埃尔·弗朗卡斯特尔可谓法国艺术社会学的开山鼻祖。这位学者将意识形态、艺术创作的材料及技术发展引入分析的范畴，致力于解释艺术如何能够为理解社会现象及世界观带来启发，但他并不从马克思主义的艺术反映论出发，也不维护艺术自律的理念。除了20世纪30年代的早期著述如《凡尔赛的雕塑：论法国古典品味的诞生与演变》[①]外，弗朗卡斯特尔较有影响的研究主要形成于二战后。在其著作《绘画与社会：从文艺复兴到立体主义——论一种造型空间的诞生与毁灭》[②]和《艺术社会学研究：绘画创作与社会》[③]中，作者更关注形式问题，特别是对绘画与雕塑的风格分析，但这并不是为了建立艺术的内部阐释，而是为了解读社会的系统特征，例如他对文艺复兴时期的绘画造型空间与当时社会结构的分析。在某种程度上，这类研究接近于通过历史中的重要作品来解读社会精神史。

如果说，弗朗卡斯特尔通过深入研究艺术作品的造型语言结构，从中掌握所在时代社会中的象征意义结构，使得他与当时的马克思主义艺术史学家拉开距离，那么他与同时代法兰克福学派的差异，则在于他成功地为创作者及艺术品祛魅，打破了某种偶像化和神秘化的艺术认知，这恐怕是弗朗卡斯特尔对于早期艺术社会学的最大贡献之一，也奠定了他在艺术史学界的革新地位。但是，弗朗卡斯特尔的分析也存在一些时代的局限性，例如他对社会环境的研究仍具有抽象性，没有落实到作品生产及传播的详细条件中去，没有提出更清晰的概念和理论框架。更重要的是，在弗朗卡

---

① Pierre Francastel, *La Sculpture de Versailles. Essai sur les origines et l'évolution du gout français classique*, Paris: Morancé, 1930.

② Pierre Francastel, *Peinture et Société*: *Naissance et destruction d'un espace plastique. De la Renaissance au Cubisme*, Paris: Audin éditeur, 1951.

③ Pierre Francastel, *Études de sociologie de l'art*: *création picturale et société*, Paris: éd. Denoël-Gonthier, 1970.

斯特尔的时代，由于意识形态的大环境，特别是尚且青涩的社会学观念面对强大的艺术史话语体系的脆弱地位，作者会对艺术社会学的生成方式产生某种刻意的限定。正如布吕诺·佩吉诺曾引用弗朗卡斯特尔的一句著名表述："艺术社会学的生成模式仅仅建立在对作品的深入分析上。"[①] 这里的"仅仅"两字恰恰也是后代学者质疑弗朗卡斯特尔的出发点。

罗杰·巴斯狄德早在 20 世纪 40 年代就对社会学如何处理艺术与社会的关系有着前瞻性的思考。他在 1945 年出版、1977 年再版的《艺术与社会》[②]中，已经提出了针对艺术生产者（生产者）、观众（接收者）及艺术机构（传播中介）的三段研究模式。巴斯狄德眼中的艺术社会学，能够以制度的方式认知艺术。这部著作虽有前瞻性，却受到时代的限制：实地调研在那个时代还处在刚刚起步的阶段，远不具备推导出成熟结论的能力。此外，巴斯狄德也指出了那个时代阻碍艺术社会学成为一门独立学科的障碍：强大的社会规范意识、社会实体论的泛滥以及哲学意识形态的影响。

雷蒙德·穆兰的主要研究方向包括艺术市场和艺术机制，她对艺术与社会关系的思考有着非常严格的概念框架。对穆兰而言，艺术社会学的目标是研究艺术生产的条件，特别是市场在艺术家及艺术机构之间的中介作用。穆兰在 1967 年出版的经典著作《法国的绘画市场》[③] 中专门考察了法国艺术家与艺术机制的关系，包括与绘画有关的各类行为主体，例如艺术家、订购方、美术馆、画廊、收藏家等，由此揭示这些行为者如何影响了艺术竞争，并且塑造了各类机制之间的共识——这些共识又是作品获得社会认可（合法化）的必要条件。值得指出的是，即便社会学家更为关注艺术生产的条件，但这并不说明他们不关心艺术作品的质量。相反，恰恰因为社会学家意识到作品的品质——审美的、艺术的价值——受到生产与接受环境的制约，但又并非被这些条件完全左右，因此才能赋予艺术作品一定的独立与自律地位。

在各类细分的艺术体系领域，早在 20 世纪 50 年代就有法国哲学家贝尔纳·泰瑟德尔（Bernard Teyssèdre）对 17 世纪古今之争时出现的早期学院派辩论、1648 年皇家绘画雕塑学院的建立，以及一小群艺术专业人士兴起等

① Bruno Pequignot, "La sociologie de l'art et de la culture en France: un état des lieux," *Sociedade e Estado*, Brasília, Vol. 20, No. 2, May/Aug. 2005, p. 304.

② Roger Bastide, *Art et société*, Paris: Payot, 1977.

③ Raymonde Moulin, *Le marché de la peinture en France*, Paris: Minuit, 1967.

问题的分析，也即他的《路易十四时期的罗杰·德·帕尔及关于色彩的争论》①。法国70年代的相关研究更关注社会文化环境的复杂性，例如乔治·杜比（Georges Duby）在1976年出版的代表作《大教堂时代：艺术与社会（980～1420）》② 中，尝试解读西方14世纪出现的新艺术形式与财富的地理分配、新型顾客的诞生、新理念与新信仰、宫廷文化的传播、艺术语言的内在活力等因素之间的联系。克里斯托弗·夏尔勒（Christophe Charle）则在1979年出版的《自然主义时期的文学危机：小说、戏剧与政治——关于文学群体及流派的社会史论》③ 中，展示了19世纪下半叶不同文学流派和风格之间的复杂关系。同样在70年代，关于审美及接受方式的探索也在不断深入，这类研究关心艺术界的专业人士如何看、听和理解一件作品。例如，法国艺术史学家罗伯特·克兰（Robert Klein）从60年代末就开始研究艺术价值的多样化定义方式，他在1970年出版的《形式与心智：论文艺复兴与现代艺术》④ 中指出，独创性（originalité）是一个纯粹的现代性议题，现代艺术领域的话语体系逐渐被创新及独创性问题所占领，这是过去不曾有过的新社会现象。

80年代，法国艺术社会学研究中出现了更多关于读者、艺术爱好者、收藏家、艺术市场专业人士、艺术教育机构的研究。例如，雅克·林恩哈尔德（Jacques Leenhardt）与皮埃尔·约瑟亚（Pierre Józsa）于1982年合作出版的《解读阅读：关于阅读的社会学》⑤，对阅读行为中的判断能力、判断模式及阅读策略进行了研究。罗杰·夏尔提耶（Roger Chartier）在1987年出版的《法国旧制度时期的阅读与读者》⑥，也尝试从历史角度重构书籍出版的社会史，作者特别考察了西方社会集体高声朗诵的习俗如何转向个体静默的阅读方式。阿兰·科曼（Alain Quemin）则对拍卖师行业有着精辟

① Bernard Teyssèdre, *Roger de Piles et les debats sur le coloris au siecle de Louis XIV*, Paris: La Bibliothèque des Arts, 1957.

② Georges Duby, *Le Temps des cathédrales. L'Art et la société* (980 - 1420), Paris: Gallimard, 1976.

③ Christophe Charle, *La Crise littéraire à l'époque du naturalisme, roman, théatre, politique*, Paris: Presses de l'Ecole normale supérieure, 1979.

④ Robert Klein, *La Forme et l'intelligible: écrits sur la Renaissance et l'art moderne.* Paris: Gallimard, 1970.

⑤ Jacques Leenhardt & Pierre Józsa, *Lire la lecture. Essai de sociologie de la lecture*, Paris: Le Sycomore, 1982.

⑥ Roger Chartier, *Lectures et lecteurs dans la France d'ancien régime*, Paris: Seuil, 1989.

的分析，如 1997 年出版的《拍卖师职业的演变》[①]。莫妮卡·塞尔热（Monique Sergé）于 1998 年出版了《19 与 20 世纪的美术学院》[②]。

同一时期，法国的一些哲学家也对专业艺术爱好者的审美问题产生兴趣，并对文化艺术圈内部如何接受作品的方式加以研究，代表学者如路易·马兰（Louis Marin）。他于 1977 年出版的《毁灭绘画》[③] 研究的就是卡拉瓦乔作品中的"高贵主题"如何受到当时文人的唾弃，却被喜爱创新的画家及艺术爱好者追捧的现象。此外，法国哲学家雅克琳娜·利希滕斯坦（Jacqueline Lichtenstein）对西方文人为何偏爱素描胜过色彩的原因进行了考察，她的著作《雄辩的色彩：古典时期的修辞与绘画》[④] 指出了社会文化环境中价值秩序的重要性。利希滕斯坦指出，从 17 世纪下半叶开始，一些艺术理论家就试图与哲学立场、审美偏好及社会出生论脱开关系，以此获取更为独立与自主的艺术阐释空间，这一过程实际上揭示了 18 世纪西方启蒙主义哲学中审美自主化趋势的到来。

到了 90 年代，法国的艺术社会学领域涌现出一批关注文化体制、行政管理和文化政策的学者，例如杰拉德·莫尼埃（Gérard Monnier）于 1995 年出版的《法国大革命至今的艺术与机制》[⑤]，皮埃尔·瓦斯（Pierre Vaisse）于同年出版的《第三共和国时期的法国画家》[⑥]。多米尼克·普罗（Dominique Poulot）则对美术馆及博物馆的出现原因和发展进行了梳理，特别是法国大革命以来官方艺术机构的历史、民族情感及文物观的演变，代表作是《博物馆、民族与文化遗产，1789 ~ 1815》[⑦]。菲利普·乌尔法力诺（Philippe Urfalino）对法国当代艺术领域的公共政策进行了梳理，例如他于 1995 年出版的《审美判断的委派权：地方当代艺术基金会》[⑧]，以及 2004 年

---

① Alain Quemin, *Les commissaires-priseurs: La mutation d'une profession*, Economica, 1997.

② Monique Sergé, *L'école des beaux-arts: XIXe et XXe siècles*, Paris: L'Harmattan, 1998.

③ Louis Marin, *Détruire la peinture*, Paris: Flammarion, 1977.

④ Jacqueline Lichtenstein, *La couleur éloquente, rhétorique et peinture à l'age classique*, Paris: Flammarion, 1989.

⑤ Gérard Monnier, *L'art et ses institutions en France de la Révolution à nos jours*, Paris: Gallimard, 1995.

⑥ Pierre Vaisse, *La Troisième République et les peintres*, Paris: Flammarion, 1995.

⑦ Dominique Poulot, *Musée, nation, patrimoine, 1789 – 1815*, Paris: Gallimard, 1997.

⑧ Philippe Urfalino & Catherine Vilkas, *La délégation du jugement esthétique. Les Fonds régionaux d'art contemporain*, Paris: L'Harmattan, 1995.

出版的《文化政策的发明》①。

（三）大众

在文化消费阶段，对受众的系统性研究，特别是各类观众对不同艺术表达形式的接收方式，恐怕是法国艺术社会学的特点之一，相关领域的研究成果十分丰富。

布尔迪厄无疑是研究大众的代表学者，他于1966年出版的《艺术之爱》（*L'Amour de l'art*）通过对欧洲美术馆的统计调研，为研究大众文化实践开辟了全新的道路。作者提出的一些概念打破了抽象的学院研究框架，颠覆了当时的社会学传统。有些概念虽然在今天看来十分平常，但如果考虑到当时的学界及社会心态，特别是大环境中对实证结论的抵触，我们就能理解布尔迪厄建立在直觉基础上的概念创新有着怎样的历史意义。首先，布尔迪厄强调"大众"的复数性，指出"大众"不可以被当作"铁板一块"来研究，大众的多样性来源于社会资源分配的不公，这也导致了不同类型的大众接触文化艺术的机遇不平等。其次，布尔迪厄尖锐地指出，西方社会所信奉的"无功利"品味具有虚假性，品味与出身环境及社会审美密切相关，因此他提出了"文化资本"（capital culture）的概念。最后，布尔迪厄通过实地调研发现，所谓的"艺术之爱"，主要涉及的是那些在文化资本上处于优势，却在经济资本上处于劣势的人群（例如知识分子）。这一具有挑衅意味的结论很快受到当时其他学者的攻击，但这种情形只是时代局限的体现。布尔迪厄对艺术赏鉴活动的祛魅，很快受到法国公共文化管理机构的关注。这是社会学影响公共政策的成功案例之一，也体现了社会学在文化民主化进程中的重要地位。

布尔迪厄打破了品味"无功利"的假象，强调其社会构成性。此后，他对这一问题的深入研究，体现在他1979年出版的《区隔：品味判断的社会批判》中。布尔迪厄通过"惯习"（habitus）概念的提出，打通了实证性质的文化实践研究与规范性质的品味社会学之间的联系，由此解释艺术作品如何被不同类型的受众欣赏及解读。但是，值得注意的是，布尔迪厄并没有将自己的理论局限在解构品味的社会性上。相反，他强调品味可以在抵抗功利意识的同时，慢慢自我习得，这恰恰预设了品味判断的普世性与

---

① Philippe Urfalino, *L'invention de la politique culturelle*, Paris: Hachette, 2004.

无功利特征。因此，布尔迪厄的社会学通过分析微观的社会关系，成为一门针对社会支配、具有揭示力和批判性的社会学。这种批判特征在理论诞生之初曾产生很强的学界及社会效应，如今则是人尽皆知的共识。

诚然，布尔迪厄的社会学成功连接了文化实践调研和品味社会学，但这两个方向作为对大众研究的起点，也各自有着深入的发展。其一为大众文化实践调研，这类研究更多地体现为对文化管理体系运作方式及决策过程的分析，其目标是改善公共文化机构的治理能力。这方面的研究成果非常丰富，内容涵盖美术馆、戏剧、音乐会、歌剧、电影、文化遗产等多个对象和领域。此外，从 1974 年开始，法国文化部开始定期推行《法国人文化实践调查》（*Pratiques culturelles des Français*）。这一长期性的调查可以呈现法国人参与文化活动的习惯，各种数据的变化也能反映社会政治经济环境情况，有利于国家出台有效的公共文化服务政策。法国社会学家奥利维·多纳（Olivier Donnat）的研究具有代表性，如他在 1994 年出版的《法国人与文化》[①]，以及 1999 年发表的《文化实践的社会分层及演变：1973 ~ 1997》[②]。

在西方民主国家中，公共文化服务能力在很大程度上反映了文化民主的进程，也是衡量民主社会的标准之一。公共文化服务必然触及文化民主化问题，即如何联系大众文化与高雅文化，同时解决两者矛盾引发的政治诉求。在这一领域，西方的公共文化政策面临着两种可能的方向，其一是过于尊崇经典和权威，强调文化的精英特征，从而导致文化政策过于保守，在政策实施上不利于保护处在弱势地位的艺术表达形式；另一种方向是过于听从民意，推崇大众文化，对精英文化进行批判，以至于有走向文化民粹主义的危险。布尔迪厄的支配社会学在某种程度上有着捍卫文化精英品味的意味，这也促使一批维护大众文化的社会学家和研究成果出现，例如克洛德·格里农（Claude Grignon）和让 - 克罗德·帕斯隆（Jean-Claude Passeron）于 1989 年共同出版的《博学与通俗：文学与社会学中的悲惨主义和民粹主义》[③]，两位学者通过参考英国社会学家理查德·霍嘉

① Olivier Donnat, *Les Français face à la culture.* Paris: La Découverte, 1994.

② Olivier Donnat, "La stratification sociale des pratiques culturelles et son évolution, 1973 - 1997," *Revue française de sociologie*, 1999, 40 - 1, pp. 111 - 119.

③ Claude Grignon & Jean-Claude Passeron, *Le Savant et le populaire. Misérabilisme et populisme en sociologie et en littérature*, Paris: Gallimard/Seuil, 1989.

尔特（Richard Hoggart）对大众文化的丰富研究，抵抗布尔迪厄的文化正统说。

对大众的另一类研究方向，即品味社会学，重点关注大众审美视角，这类研究有助于呈现特定社会环境中文化价值体系的构成与机制。这方面的早期代表作是布尔迪厄主编的《一种平凡的艺术：论摄影的社会用途》①，这本著作探讨了摄影这一艺术形式的多种社会功能及社会文化价值。后来的研究，如1991年让－克罗德·帕斯隆（Jean-Claude Passeron）与埃马纽尔·裴德尔（Emmanuel Pedler）合作出版的《赏画之时：格拉特美术馆调研总结》②，试图探讨决定观众欣赏作品时间长短的因素，并指出专业人士可以长时间观摩一件作品，而一名渴望了解艺术、缺少相关知识的观众也可能会长时间流连于一件作品。1999年，杰拉德·莫格尔（Gérard Mauger）、克罗德·波利亚克（Claude Poliak）和贝尔纳尔·普达尔（Bernard Pudal）合作出版了《读者史》③，从文学的角度出发，重构读者阅读行为的轨迹，将阅读与个人生活经历加以联系，从而得到对读者阅读习惯的认知。

法国社会学界研究大众品味的代表人物之一是娜塔莉·海因里希，特别是她对当代艺术如何受大众拒斥的社会学研究。她参考了吕克·布尔当斯基（Luc Boltanski）与罗朗·特维诺（Laurent Thévenot）于1991年出版的社会学著作《辩护：论崇高的经济学》④。该书提出了政治伦理的社会学方法，该方法试图与布尔迪厄的批判型社会学拉开距离。吕克·布尔当斯基和罗朗·特维诺主张一种更为实用的社会学，摆脱对真相的追求，转而关注行为者和人际关系之间具有沟通性的、相对的、务实的关系。海因里希在1998年出版的《当代艺术的三重游戏：造型艺术的社会学》⑤中，将艺术领域中多样的价值体系加以区分，不同的行为者对各种艺术形式做出

---

① Pierre Bourdieu, *Un art moyen. Essai sur les usages sociaux de la photographie*, Paris: Minuit, 1965.

② Jean-Claude Passeron & Emmanuel Pedler, *Le Temps donné aux tableaux: compte rendu d'une enquête au Musée Granet*, Marseille: CERCOM/IMEREC, 1991.

③ Gérard Mauger, Claude Poliak & Bernard Pudal, *Histoires de lecteurs*, Paris: Nathan, 1999.

④ Luc Boltanski & Laurent Thévenot, *De la justification leséconomies de la grandeur*, Paris: Gallimard, 1991.

⑤ Nathalie Heinich, *Le Triple Jeu de l'art contemporain. Sociologie des arts plastiques*, Paris: Minuit, 1998.

的不同反应，体现在他们介于审美价值体系、伦理价值体系、功能价值体系、经济价值体系、公民价值体系之间的路径方式。正是这种多元的价值体系共同发生作用，以及个体采纳价值体系的配置方式不同，才会造成人们对艺术作品接受方式的多样化。

海因里希对大众品味的研究，还体现在她早期的著作《梵高的荣光：关于赏鉴的人类学散论》[①] 中。作者通过调查艺术家死后十年间的社会评价，指出梵高并不像后人以为的那样，始终处于默默无名或不被理解的状态。相反，梵高的作品始终受到关注，并且得到当时一些著名评论家的欣赏。然而，20 世纪大部分有关梵高生平及作品的研究，都在很大程度上塑造了一个不为众人理解、孤独的疯子般的艺术家形象，以至于人们普遍认为梵高悲惨的结局来自他不幸的人生，这种现实与集体认知的反差正是艺术社会学要关注的问题。

海因里希强调，社会学家的目的，不是揭露大众认知的“错误”，而是考察这种“不被世人理解的孤独天才”的形象为何出现，建立在哪些动机上，为何得以广泛流传。作为新一代社会学者，海因里希与布尔迪厄的不同之处在于，布尔迪厄致力于揭示唯一的真相，指出人们对艺术认知的虚构性，但这种唯我独尊的立场已经不再适应多元文化并存的全球化现实。海因里希主张艺术社会学应当走出规范认知的牢笼，采纳描述性的、相对主义的立场，成为理解各种价值体系共存现实的工具。

四　批判与启发

纵观法国的艺术社会学研究历程，我们会看到中国在相关领域还有一条漫长的道路要走，原因有三点：首先，我们的艺术社会学还处在起始阶段，现有研究的主题较为分散，经常以直觉或经验为出发点，我们对西方艺术社会学理论的系统介绍也刚刚开始，对西方理论发展的上下文语境把握还不够细腻；其次，我们参考的西方艺术社会学理论，大都是成熟期的产物，会让我们忽略该学科成长历程中的批判阶段，特别是对艺术与社会关系的系统性思考，以及从生产、传播和接收角度进行的社会环境分析；

① Nathalie Heinich, *La gloire de Van Gogh: essai d'anthropologie de l'admiration*, Paris: Minuit, 1991.

最后，中国特有的审美传统及社会结构，需要我们反思西方艺术社会学对中国语境的适用性与阐释可行性，由于我们还没有充足的针对本土案例的社会学调研事实与论据，我们尚不能提出一些自己的观点或理论，仍处于借鉴西方的阶段。

西方艺术社会学运用于中国语境时经常遇到的问题之一，恐怕就表现在如何定义“普世价值”上。以中国当代艺术为例，如果说艺术家追求自由和独立就代表着对普世价值的采纳，那么问题在于如何在跨文化语境中定义这种“自由”和“独立”。20世纪80年代至90年代出现在中国的政治艺术是很好的案例。这类艺术形式曾经在西方大受追捧，其视觉效果显露出艺术家和政治权力的鲜明对抗。但有趣的是，如果我们对艺术家的话语、思路和创作历史做细致的推敲，会发现一些看似抵抗的艺术语言，其实来自艺术家对政治偶像的崇拜。这一线索很明显地体现在王广义的政治波谱艺术作品脉络中，特别是从他1990年代初的绘画《大批判》系列到2008年的装置作品《东风·金龙》。如何解答这种矛盾？艺术家与创作行为及本土环境有怎样的关系？西方是否误读了中国艺术家？中国艺术家的价值观与西方普世价值有怎样的关系？类似的问题我们还可以举出很多。

如何恰当地将西方理论运用到中国的语境中，始终是一个复杂的难题。不过，在娜塔莉·海因里希的社会学方法论宣言《艺术为社会学带来什么》中，作者给出了一些建议，非常值得我们借鉴。她指出：“面对普世性的要求，社会学家一般可以做出如下选择。首先，他可以选择传统的哲学立场，将普世性要求视为一种现实表达，从康德哲学的角度出发，指出艺术如何体现普世价值。其次，他也可以选择传统的批评式社会学立场，将普世性要求视为人造事实或假象。……但是，还有第三种立场的可能，即从实用主义出发看待对普世性的需要，从规范的角度观察普世价值具有哪些功能。因此，普世性原则不再是一个事实，而是一种判断依据及/或视角思路。将普世性作为一种对价值的判断，而不是对现实的判断。”①

显然，从娜塔莉·海因里希的建议出发，我们有可能逃出西方普世价值的道德牢笼，走出中国当代艺术被“政治正确”与“中国现代性”夹击

① 〔法〕娜塔莉·海因里希：《艺术为社会学带来什么》，何蒨译，华东师范大学出版社，2016，第62～64页。

的矛盾。换言之，我们本应将西方普世价值视为一种特殊的立场，并且探讨这类价值判断在中国当代艺术的传播中起着怎样的作用、产生了哪些后果，以及对中国艺术家的创作又产生了哪些影响。王广义作为政治波普艺术的代表，又是处在怎样复杂的社会关系与象征结构中，将他对政治偶像的崇拜与视觉批判联系起来，并且在西方文化全球化的背景下，将这对矛盾完整的融合在个人艺术创作中的？事实上，要解答这些问题，只有付诸艺术社会学，将王广义作品作为个案，从个人创作历程、政治波普的语言特征与象征意义、中国本土的集体记忆与社会结构、全球化当代艺术的传播背景以及西方观众对当代中国的认知等方面分别进行研究，才有可能将如下问题解释清楚，即中西方审美传统的碰撞及个人与国家的关系如何体现在中国社会的现代化及全球化进程中。这个问题还可以导向其他更为宏观的假设：例如，在中国文明的历史中，艺术与社会是否有着与西方不同的发展关系？中国社会的关系结构和价值体系在多大程度上区别于西方以个人主义为基础的社会制度，从而使得我们无法将西方普世主义的价值体系完全照搬过来？西方自文艺复兴以来，艺术始终走在一条通向自由与解放的道路上，以至于其现当代艺术是以消解艺术的道德性与伦理基础为出发点的。但在中国，艺术的概念始终与伦理道德紧密或隐秘相连，哪怕在当代艺术中依然如此，那么中西方对艺术的定义是否有着本质的不同？

借助这样的思考，我们可以从法国艺术社会学的发展历程中得到启示。例如，我们可以参考法国学者研究不同艺术形式社会化的具体分析方法，但对他们如何定义艺术与社会的关系持保留和批判的态度，仅仅将之作为一类参考模式。我们也可以研究中国观众接受当代艺术作品时的态度，考察中西方观众面对同样作品时的不同反应，然后分析造成这种差异的原因。又比如，我们可以分析中国的艺术体系及艺术机构的运作模式，或是中国艺术市场的运作条件，从而分析中西方艺术机制的异同点。总之，当上述这类具体的研究成果越发丰富时，我们越有可能对作为舶来品的“当代艺术”与中国社会的关系有更为清晰的认识，从而将之与传统艺术及现代艺术如何存在于中国社会的方式加以比较，以此分析中国社会在现代化及全球化进程中经历的结构变化及价值冲突。

娜塔莉·海因里希在《艺术为社会学带来什么》开篇中也指出，了解“当下社会学的某些新趋势，并且看到，这些新趋势产生的原因，并非因为研究者对艺术抱有特殊兴趣，而是艺术价值的问题促使他们做出进一步追问"[①]。显然，在作者看来，艺术社会学的目的之一，是能够通过艺术问题把握恰当的相对主义方法论，反思我们对现有社会的僵化理解，更好地呈现多元价值并存的世界，避免落入话语权的陷阱之中。正是在这个意义上，艺术社会学能够成为一种有效的工具，抗击霸权主义，制衡西方话语权，但前提是我们需要进行更系统化的艺术社会学调研，不能仅仅局限于艺术领域，还要覆盖更为广阔的文化范畴，乃至价值观和象征领域，才能真正释放艺术社会学丰富的阐释潜力，使我们在中西比较的视野中更好地理解现代中国社会的结构特征、关系特征和价值体系。

① 〔法〕娜塔莉·海因里希：《艺术为社会学带来什么》，何蒨译，第3页。

专题四

视觉艺术与视觉性研究

扩展视域中的凝视*

〔英〕诺曼·布列逊 著　郑从容 译**

摘要　本文旨在考察一个在当代绘画和视觉性研究中颇为重要的术语："凝视"（*le regard*）。凝视从萨特到拉康的概念衍变，说明二者在一些关键层面上仍具有某种概念的封闭性，在颠覆中心化主体的同时，仍残留了主体视点中心，导致视觉被描述为受到了凝视的威胁。而西田几多郎和西谷启治则对主体进行了更为彻底的移除，用"空"（sūnyatā）的概念将凝视置于一个扩展的视域，由此引发了大量的概念转换，尤其是在有关威胁和主体应置身何处的问题上。

关键词　凝视　空　主体　去中心化

Abstract　In this paper, Norman Bryson exams an important term in contemporary discussions of painting and visuality: "the Gaze" (*le regard*). By tracing the concept as it passes from Sartre to Lacan, he argues that, due to their conceptual enclosure, both have actually retained the subject's standpoint, despite their radical decentering of the subject, which results in a portrayal of vision as menaced at that vestigial center. Then he proceeds by in-

---

* 本文译自 Norman Bryson, "The Gaze in the Expanded Field," *Visual and Visuality*, ed., Hal Foster, Missouri: Walsworth Publishing Company, 1988, pp. 87 - 113.

** 诺尔曼·布列逊（1949～），当代英国艺术史家、艺术理论与批评家，符号学艺术史论的奠基者，现为加利福尼亚大学圣迭戈分校的艺术史教授，在18世纪艺术史、批判理论和当代艺术等领域都有广泛的研究，著有"新艺术史"三部曲《语词与图像：旧王朝时期的法国绘画》《视觉与绘画：注视的逻辑》《传统与欲望：从大卫到德拉克罗瓦》和《注视被忽视的事物：静物画四论》；郑从容，南京大学大学外语部讲师，主要从事文艺理论、英美文学和英语教学研究。

troducing the theoretical development of Nishida and Nishitani, two Japanese scholars whose direction of thought, with a new term from Eastern culture: "sūnyatā" (blankness, emptiness or nihility), displaces the subject much more thoroughly in the field of vision, and relocates the Gaze in an expanded field where a number of conceptual transformations become necessary, especially concerning the aspect of menace and the question of where the subject resides.

Key words The Gaze (*le regard*) Sūnyatā Subject Decentering

一

在本文，我将考察一个当今在绘画和视觉性讨论中变得颇为重要的术语：*le regard*，即"凝视"（the Gaze）①。首先我要尽可能地厘清凝视从萨特到拉康的概念衍变，即从萨特的《存在与虚无》中所说的他者之凝视（the Gaze of the other），到拉康的《心理分析的四个基本概念》前两节对该说法的重新演绎。对一些人来说这是个熟悉的领域，而对另一些人则会不那么熟悉。接下来，我将尽我所能将之阐释清楚。但是，一旦厘清了凝视（*le regard*）这个概念，我便想转向一种初看起来似乎并不怎么与此相干的视觉阐释，即由日本学者对西方哲学的思考而引发的一种视觉阐释，发起人主要是西田几多郎（Kitarō Nishida），后来又由其弟子西谷启治（Keiji Nishitani）继承。之所以想要援引西田几多郎和西谷启治的看法，是因为其理论发展在许多方面都比萨特和拉康走得更远，旨在对我们的视觉观进行某种激进重塑，而这样一来，也将彻底改造我们的绘画观。

我将会论证，从萨特到拉康，这条研究思路在一些关键层面上仍然具有某种概念的封闭性，在那里视觉（vision）仍然是被置于世界中心的主体视点（standpoint）理论化的产物。尽管中心化的主体逐渐被萨特和拉康所颠覆——他们思考的方向显而易见是在对主体进行彻底的去中心化——但在我看来，其实二人还是在思想中为作为中心的主体视点留有余地；正是

① 由于原文在表达"凝视"时有时用"le regard"，有时用"The Gaze"，有时则用"the gaze"，译文分别译为"凝视（*le regard*）"和"凝视"，以示区别。——译者注

这种残留的主体视点中心，才导致视觉被描述为在其残留的中心位置受到了威胁——来自外界的威胁，在某种意义上也可以说，它在视觉领域因为注视（regard）或凝视而受到了迫害。从西田几多郎到西谷启治的思路，在视觉领域对主体进行了更彻底的移除，它在迄今基本为西方视觉性讨论所忽视的一个术语中找到了表达形式：空（sūnyatā）①，翻译为“空白”（blankness）、“虚空”（emptiness）或“虚无”（nihility）。空白的概念，通过在西田几多郎和西谷启治思想中的演变，将凝视（*le regard*）重新置于一个扩展后的视域，在那里必须尽快做大量的概念转换：尤其是有关威胁的方面，它仍在影响着拉康对主体视觉体验的诠释；还有在凝视之下，以及在空或“空白”的扩展领域中，主体置身何处的问题方面；另外还有绘画实践中，凝视（*le regard*，the Gaze）和空（sūnyatā，blankness，emptiness）的视觉结构在画笔、颜料和画架层面上所产生的影响方面。

二

萨特有关“他者”之凝视（the gaze of the other）的概念在其“公园里的观察者”（the watcher in the park）这一故事或场景中②最为清楚地得到了阐明。故事分两个阶段：在第一阶段，萨特步入一个公园，发现只有自己独自一人：公园里的一切都由他的看说了算，而其视点又成为该视野中毫无异议的中心。公园里的一切都在这个动态视野（lived horizon）的绝对中心面前展开，主体则身居该变动世界的一个静止点上，成为其视野的主人和拥有绝对权威的场景监察员。在这种由自我掌控所产生的最初的欣喜中，没有什么能对自我作为其视觉王国焦点的统治地位造成威胁。但在萨特所说的第二个阶段，这种充盈的、光明的平静感突然被带到了尽头：因为在公园和观察者的独立王国中闯入了另一个人，他的闯入打破了宁静，也打开了观察者自我封闭的世界。观察者反过来成了被观察的对象：在所有观察者的观察之下，观看者变成了另一人眼中的景观（spectacle）。此时，所

① “sūnyatā”是佛教语，意为空，空性。原文在不同语境中分别使用了“sūnyatā”，及其英文翻译“blankness”，“emptiness”和“nihility”，译文分别译为“空”（sūnyatā）、“空白”“虚空”和“虚无”，如原文刻意使用斜体的，译文用黑体标出，以示区别。——译者注

② Jean-Paul Sartre, *Being and Nothingness*, trans. by Hazel E. Barnes, New York: Philosophical Library, 1956, Chapter 1, section 4, pp. 254 - 302.

有先前曾集中于观察者动态视野中心的力线（lines of force）也都变向、反转，并在闯入者的空间及其闯入点处重新汇集起来。方才，所有的透视线本来都是从地平线向公园里的观察者汇拢；而现在，随着另一个视角被打开，视线们迅速逃离了观察者的自我，转而去迎合这个新来者的视点。因为闯入者本身也是站在他自己事物的中心，既被带往他所看到的一切，又将他所看到的一切带回到自身之中；观察者本人现在则被推至视线的边缘，而不再是中心；他成了一个消失点（a vanishing point），而非观察点（a viewing point），一个远在他者地平线上的模糊的影子（opacity）。所有一切都在这个闯入者的中心点上重新汇集起来，而观察者却不在那里：闯入者变成了某种排水管（drain），吸干了之前的那种充盈感，又像黑洞一样将场景从观察者那里拖入吞噬一切的虚空之中。

如果我们要用图像方式来再现萨特的故事，拉斐尔《圣母的婚礼》（*Sposalizio*）可以展示出它的一般结构。在某种意义上，画中所有建筑空间都在向观看者展开，将其值得注意的方面呈现给那立于纵观全局处之人，每条透视线（line of flight）都穿过飞檐、石板和拱廊，伸向至高无上的观景者。但在另一种意义上，广场建筑又是面向一个观画者没有也不可能在的地方。一旦观看者出现并站在视点上，他或她便得面对另一个与视点正好相反的点：消失点。所有那些穿过窗、门、走道的正交线都汇集于消失点之上，而观看者本人却恰好不在此处。广场的透视线急速奔向这一位于视野尽头之“他者”的排水管或黑洞，在去中心化过程中摧毁了主体单一的自我掌控。视点和消失点不可分割：没有哪个视点可以没有消失点。可见，观看主体在其自我掌控的同时也植入了自我取缔的原则：主体中心的毁灭也正是“看”得以产生的条件。

这个案例也许更接近拉康而非萨特，因为在萨特那里，成功实现了视觉反转的行动者（agent）是个人化的：他是另一个存在，在这种“主奴辩证关系”中，“我”在“他”的面前变得晦暗不明、一无所有。拉康对萨特故事的重新演绎摈除了这一个人化的他者①。他讲的故事要离奇得多。拉康离开了巴黎，来到布列塔尼，与渔民们一起行进在辽阔的海上。海面上漂浮着一些残骸，特别是有一只沙丁鱼罐头，一名渔夫看到后朝拉康叫道：

① Jacques Lacan, *The Four Fundamental Concepts of Psycho-analysis*, ed., Jacques-Alain Miller, trans. by Alan Sheridan, New York and London: W. W. Norton, 1978, sections 6-9.

“看到那只罐头没？你看到它了吧？可是它却看不到你噢！”[1] 他的说法让拉康颇感不安，因为他能感到有一种视角可以证明这种说法并不属实：无生命物体组成的世界在某种程度上总是在回视那些观看它们的人。这一被赋予了某种奇特力量的回视来源何在？拉康的讲述不是依靠另一个体观看者的入侵，而是依靠能指（the Signifier）在视觉领域的侵入。我在看的时候，看到的不仅仅是光，而且是可理解的形式：光线被某个视网膜——一个意义之网——捕获，就像那些漂浮的残骸被渔夫之网所网住一样。人类要将其视觉体验共同编成一支管弦乐，就需要每个人将他或她的视网膜体验提交给一个可理解的世界，在社会所认可的（各种）叙述方式中接受检验。视觉是社会性的，因此对视觉真实（visual reality）这种社会建构的偏离才能被检测出来，并得到不同的命名，如幻觉（hallucination）、误识（misrecognition）或者“视力障碍”（visual disturbance）。在主体和世界间插入了产生视觉性的所有话语，即文化建构，它们使视觉性不同于视觉——未加调和的视觉体验。在视网膜和世界之间插入了由各种符号组成的滤屏（a screen of signs），包括所有植入社会领域的跟视觉有关的多元话语。

这道滤屏投下了一道阴影：有时拉康称之为盲点（scotoma），有时则称之为污点（stain）。因为我们透过符号之屏观看世界时，我们看到的东西都被一张来自外界的网络所捕获：它是动态的意义拼合体，或一个移动的意义马赛克。这个网络比其个体的行动者（agents）或操控者（operators）都要强大。一旦我学会说话，便被塞进了在我之前业已存在的各种话语系统，而且将会待在里面，直至离世。同样的，当我学会社会地去看时，亦即，当我开始用来自我所处社会环境的各种认知符码来描述我的视网膜经验时，我也被塞进了在我之前便已被用来观看世界的各种视觉话语系统，这些系统在我看不见世界之后还会继续存在下去。这个滤屏投下了一道死亡的阴影。我所看到的一切都与独立于我生命之外的某种文化建构的“看”交织在一起：我个人的发现，我眼睛在探索世界时所发现的一切，都不是在以我的方式展现出来，也对我的此生漠不关心。符号之屏羞辱了视力（sight），它通过指称点（points of signification）和能指链（chains of signifiers）来进行运作，而后者本身并没有光。能指在光之上运行，或利用光来

---

[1] Jacques Lacan, *The Four Fundamental Concepts of Psycho-analysis*, ed., Jacques-Alain Miller, trans. by Alan Sheridan, p. 95.

发挥作用，但它本身无光，或只有从我眼睛那里借来的光。能指在我的视觉上投下了一道黑影，正因为这道黑影，我无法再沐浴于一片光明之中。我的视域被某个不速之客打断、穿透，它便是这张能指之网。为了用图像说明该不速之客究竟是指什么，拉康举了小荷尔拜因（Hans Holbein，约1497～1543）的一幅画《使节》（*The Ambassadors*，1533）为例①。画中的大使们都是学问家，拥有所有知识密码，不论是科学还是艺术，只要是在他们社交环境中流行的，他们都有；但是他们的视域却被某种他们无法掌控的东西所穿透，一个骷髅从侧面穿过了他们的空间，通过变形将它自己投掷到画面之上。

这一滤屏（或骷髅，或盲点）的插入所产生的结果，便是观看主体不再是视觉经验的中心，正如语言主体不再是话语的中心一样。当我言说时，会尽量让每个单词都充分体现我的独特思想。可事实依旧是，在我言说的社会场域，我所发出的每个单词都必须遵循在我进入它们地盘之前便已然设好的各种路径或网络。言说者并没有创造出这些路径或网络，他也控制不了它们。同样，在我观看时，我所看到的一切也都形成于先于我的看之前便已设置好的各种路径或网络。也许我觉得我在自己的话语中是处于某种中心位置，但该语言网络的存在使我失去了中心地位。与此类似，视觉方面的情况也可能是，我一直觉得生活在自己视觉的中心——在我眼睛背后的某个地方（什么地方?）；但是，同样的，这种视觉体验也遭到了来自我所处的社会环境的能指之网的去中心化。

拉康将这种阐释又推进了一步。他不讨论日常对话中的言说者，而是邀请我们去思考一下精神分析对象的话语。精神分析的体验，按照拉康的定义，是逼迫言说者意识到他或她使用的单词有其自己紊乱的生命；它们遵循之前并不知晓的路径和限制，在行进途中也只是在围绕着欲望或恐惧兜圈子，却永远不会抵达那里。心理分析是在他者语域里言说的体验。接受心理分析者并没有站在那些能指活动的控制中心；他或她更像是它们的迷惑不解的观察者，拉康对视觉的分析揭示了同样的现象：看的主体并不在视觉理解范围的中心，无法掌控经过视域的各种能指链和能指串。视觉在他者视域的边上或边缘线上展开。对这种形式的看，拉康给出了一个命

① Jacques Lacan, *The Four Fundamental Concepts of Psycho-analysis*, ed., Jacques-Alain Miller, trans. by Alan Sheridan, pp. 85 – 90.

名：在他者视域上的看，在凝视之下的看。

三

现在我想越过萨特和拉康而抵达另一支思想流，即通过西田几多郎这位20世纪最具影响力的日本哲学家从欧洲传到日本，又经由他之手传到西谷启治那里的思想流，后者著作的英译本比西田几多郎本人的专著更易于被西方读者理解①。西谷启治对萨特的批评在其著作《宗教与虚无》（*Religion and Nothingness*）里占了一个很重要的篇幅，它也是基于这样一个观察，即萨特从主体立场出发研究本体论、主客体问题时并没有彻底颠覆思想的封闭性②。西谷启治评论道，萨特的"我"（*je*）③可以抵达某种程度的虚无（nihility），在其中一切存在都被抛至怀疑之中，除了进行怀疑的"我"本身，因为"我"在本质上便具有某种根本的不可削减性。举例来说，当"我"充分理解了上帝之死，并开始怀疑由外界强加于主体之上的道德观是否有效时，作为一种回应，这个萨特的"我"便转而求助于其自身，并且奋力将某种自我的本真性（authenticity）——正是这种本真性使道德行为直接得以产生——加以定位：当道德形式遁入虚无，并在那里被宣布无效的时候，克服这种道德取消便要借由"我"来宣称自己是道德行动的真实核心。道德形式遁入虚空会取消它们自己，但并不取消"我"——这个通过作用于外界的虚无，将自己力量重新翻倍的"自我"（self）。对西谷启治来说，萨特的虚无主义是半心半意的：萨特将宇宙置于虚无之上的"自我"周围，而这个"自我"就在该处积蓄了力量，利用周边空白作为跳板，于

① 西田几多郎（KitarōNashida，1870－1945）的英文版著作包括：*Intelligibility and the Philosophy of Nothingness*，trans. by Robert Schinzinger（Honolulu：East-West Center Press，1958）；*A Study of Good*，trans. by V. H. Viglielmo（Tokyo：Printing Bureau of the Japanese Government，1960）；*Last Writings*：*Nothingness and Religious Worldview*，trans. by David A. Dilworth（Honolulu：University of Hawaii Press，1987）。有关西田几多郎与后结构主义、后现代主义语境的相关性，参见 William Haver，*The Body of This Death*：*Alterity in Nishida-Philosophy and Post-Marxism*（《这种死亡之身：西田几多郎哲学和后马克思主义中的他者》），Ph. D. Dissertation，University of Chicago，1987。

② Keiji Nishitani，*Religion and Nothingness*，trans. by Jan Van Bragt，Berkeley：University of California Press，1982，pp. 30－45.

③ 即"我思故我在"中先验的"我"，以下皆译为"我"。——译者注

此发起了它自己的真实行动①。西谷启治观察到，这是把虚无当成了某种会让“自我”产生反作用的东西——在此例中“自我”是通过加大努力和加固其中心地位的方式做出反应的。按照西谷启治的说法，在萨特的例子中，把“我”本身置于虚无或虚空之上的事情其实并不曾发生过：“我”在遭遇虚无时会再次现身，并巩固“我”作为自身体验的中心地位。

因此，这跟萨特的视觉叙述，即公园观察者所在的场景描述是一致的。他者的侵入使自我变成了与他者相关的一个景观或客体：自我因其视野上被他者闯入而有消亡的危险。但萨特的分析其实还停留在离以下阶段很远的地方，在该阶段，主体遭遇的威胁会导致虚无，导致一种彻底的主体去中心化。萨特的观察者被他者的凝视所物化，正如他者也被观察者的凝视所物化一样：但是主客体之间最根本的关系在整个遭遇过程中仍然保持不变。就好像不论是公园里的观察者，还是打破平静的闯入者，都被提供了各种光学镜架（optical frames）——双筒望远镜、望远镜、取景器——这些镜架将外部世界缩减到仅仅两个极点，观察者（现处于他者视线的威胁之下）和闯入者（同样受到了威胁）。二者尽管相互威胁，从根本上讲却都未曾受到挑战：主体可以幸存于这种凝视之下，越是暴露在这个“他者”（alterity）之前，反而越能更好地得以幸存，因为尽管他者也许会对主体造成威胁，却不会在任何意义上真正消解它或消泯它。主体作为主体的感觉实际上得到了加强，而不是遭到了取缔：而按照西谷启治的说法，这是因为整个场景都被限制在了它的两个极点——主体和客体——之上。（这里）尚未考虑清楚的是更为宽广的视觉框架问题。

四

像萨特的《存在与虚无》一样，西谷启治的《宗教与虚无》也对笛卡尔“我思”（cogito）的自我封闭性进行批评。在“我思”之中，主体把自己理解为宇宙的中心，周围是稳定、广袤的客体世界。主体和客体都存在于一种相互肯定和确认的状态之中。主体从其物的世界的中心位置看出去，看到了客体，并将它们理解为分离的实体（entities）。也就是说，客体在主体面前展示为：（1）在某个个别的地方拥有稳定方位的完整的存在之物；

① Keiji Nishitani, *Religion and Nothingness*, trans. by Jan Van Bragt, p. 33.

(2) 具有独立的自我存在（不需要依赖于任何其他事物的存在而存在）；(3) 有一种永恒、长久的存在形式。主体看到实体的世界，发现自己也是一个与它们对称存在的实体。像它们一样，主体也 (1) 存在并只存在于一个地方。它的存在也 (2) 独立于周边的各种客体，并且完全可以怀疑后者的存在，如果没有这种怀疑，就会导致主体开始对自身存在进行怀疑。并且，(3) 尽管物质世界变化万千，主体却依然还是它自己。在这些主体与其客体世界共享的实体性质之外，“我思”主体还有一种为世间客体所不具备的特征，即 (4) 宇宙中心的地位，正是在其周围，客体世界聚集、相交，形成了主体的经验范围。

像萨特和拉康一样，西谷启治的目标是颠覆这种人类中心主义的主体观，但是他的批评与前两者不同，因为他坚持使用一个术语：空 (sūnyatā)，翻译为“虚空”“彻底的非永久性（暂时性）”“空白”和“虚无”。[①] 实体，作为一种概念范畴，被发现无法维持对空的批判，而且主体和客体一旦转入了空的范畴，其实体性实际上便荡然无存。将实体确定为一个固定形式，给它一定的轮廓边界，这只有在实体周边的宇宙被屏蔽和实体退出了宇宙变化场的情况下才成为可能。实体概念只有通过某种光学装置才能保存下来，这个光学装置在每个实体周围都投下了一个感知框架，从视域中截出一块，又将截下的这一块在这个静止的框架结构中固定下来。但是，一旦该框架被撤除，人们就会发现客体是连续运动的一部分，而这种连续运动在任何一处都不可能被截停。假如这个客体是朵花，其存在便只是从种子到尘灰的不断转化中的一小段而已，处于对物质的不断剥除和扰动之中：在任何一个点上，客体都不会被捕获并被固定成形式 (Form) 或理念 (eidos)。实体被移至空 (sūnyatā) 域或彻底的暂时性领域后，就分崩离析了。既然它身处永远变动不羁的宇宙世界，便不能再说成是单独占有一个位置：它无法从这个世界中分离出来，或得到任何一种有限的轮廓。正因为它无法同这个暂时性世界分离，也不能说它享有独立的自我存在，因为它的存在之地也是其他一切的存在之地。并且，它也无法再戴着一个永久性形式的面具而出现。

按西谷启治的叙述，一个客体的存在只能以否定的方式来加以定义。

---

① 关于空 (sūnyatā)，参见 Keiji Nishitani, *Religion and Nothingness*, trans. by Jan Van Bragt, Berkeley: University of California Press, 1982, chapters 4 – 6。

鉴于如果不将客体X放到整个场域（global field）内，便无法将它单独分离出来，看似客体X的东西只不过是X与周边整个区域之间的差异而已。同样的，看似“周边区域”的东西也只是它与客体X之间的差别而已。在形态学意义上，西谷启治的思考接近于索绪尔对个别单词在语言中定位问题的解释。索绪尔认为，单词本身是虚无（nothing）：它缺乏实体的所有性质。与实体相反，单词是通过与周边区域（在此例中，便是与语言中其他所有单词）之差别而被“区分性地”建构出来的。同理，西谷启治也论述了客体的区分性存在：客体系统“不知道任何肯定性的存在方式”，并且，既然客体场域是一个连续的变动体，单个客体便是由延宕（différance）构成的，在时间性上同样存在着延期。西谷启治的这种思考与德里达对语言中延宕的描述很是相近。单词的意义从来不会完全展示出来。如果想要知道一个单词的意思，我们会在词典里把它查出来，而词典给出的并不是那一个词的意思，而是其他一些单词或同义词。人在读一句话时，直到读到句末，才知道一个词在句中的含义，而反过来，随着人读到下一句、下一段或者下一页，该句的意思也在发生着变化。意义在某种意味上从来就不曾抵达；同样的，对西谷启治来说，存在也从来不曾抵达（所有的存在都不曾抵达）。种子的形式已经在变成花的形式，而花也已在化作尘灰。该客体当下的状态就好像是花中既包含着它过去作为种子的形态，又潜藏着它即将化为尘灰的形态，持续不断的延迟会产生如下结果：花从来就没在当下在场过，在这点上它跟种子和尘灰并无不同。

西谷启治在总结（曾经作为）实体的这种延宕性/差异性的在场（presence）时，用了一系列闪光的格言警句来照亮他的文本，正如受侵的公园和漂浮的沙丁鱼罐头那种寓言可以照亮萨特与拉康的文本一样（“理解”了这些格言警句，便抓住了论点的核心）。西谷启治的两个重要格言是：“火不可能燃烧火”，和“水不可能洗水”。[①]

也许火的本质是燃烧；如果它不燃烧，它便不是火。可是火并不能燃烧火；它不能存在于自我封闭之中。火能够燃烧一切可以燃烧的东西，但是有样东西它不能燃烧，那便是火本身。要让火成为火，它必须从火焰的封闭中延伸到周边场域，而只有当火之根延伸到周边地带才能燃烧得起来。

---

① Keiji Nishitani, *Religion and Nothingness*, trans. by Jan Van Bragt, Berkeley: University of California Press, 1982, p. 116.

同样，水之本质是它能清洗存在的一切，如果它不能洗，便不是水。但是，有样东西水是不能洗的，那便是水本身。水不能存在于实体的自我封闭中，不能在周围划上界线或确定一个轮廓，只跻身某个排斥了周边区域的单一场所。水要成为水，就必须得渗出该边界，渗透到实体周边的干燥地带，并通过灌溉的多孔过滤器流入周边区域：只有这样做，离开了水的自我封闭后，水才能成其为水。水抵达存在，是在它把水本身抛之身后，并进入了它自己所不是之物的时候，它的存在由它之所不是而得到了解释。也可以这样说，事物存在于它们的不存在，是借助于一种建构性的否定性模式、虚空模式或者空（sūnyatā）的模式而存在。

五

西谷启治的视觉分析在运作上与萨特颇有不同。在萨特那里，客体对主体来说，可谓出现在取景器尽头的东西。这种取景器或者合法的视觉建构制造了一种隧道视觉效应（tunnel vision），周边所有场域都被屏蔽了。存在的只有那些出现在取景装置（framing apparatus）里的东西——视角、图景框、照相机：观看者在一头，客体在另一头。西谷启治的做法则是消解掉总是在为主体制造出客体、又为客体制造出主体的景框装置。客体移至空的场域后，它看上去便不是存在于视觉隧道的另一头，而是存在于宇宙的其他全部场域。客体向周边宇宙全方位打开，以它为背景否定性地、区别性地定义出自己。那向客体看出去的观察者，看到的仅仅是客体所在整个场域（global field）的一个角度、周边360度圆上的一条切线（one single tangent），和从客体到周边全部场域的360度光射面上的一条单切线罢了。

正如西谷启治把客体带出取景装置——图景框、合法的视觉建构——并将之置于扩展后的空白场域或空的场域一样，他同样也把观察者从取景器或视镜的小孔处拉开，并将之重新定义为完全不受任何框架所限制。观察者仍然睁大着眼睛：宇宙并没有消失。但观察者现在成了经由宇宙场域其他一切存在而存在的存在物，而不仅仅是视觉隧道尽头之客体所产生的主体效应。让我们这样说，观察者的眼睛看出去，看到了全方位环绕在主体周围的整个场域的一部分。这一小部分所见之景（或呈圆锥状，或呈金字塔状），实际不过是周边宇宙场域的一个片段；这种不全面的视景无法从周边整体场域中截下来，挑出来，制作成代表观看者全部存在的东西。使视域呈那种狭隘的锥形或金字塔形的，正是视框的封闭性——视觉隧道、取景器和合法的视觉建构。但是，一旦该视框消解于空或虚空的场域，那种狭隘视角的四周就将包裹上一层不可见之物。一旦去掉了视框，那光彩明亮的部分就会被发现其实是在不可见之物中成形的，即成形于黑暗的或者不被注意的剩余物（unmarked remainder）之中，后者的延展超越了视觉边缘，并包抄、进入了观察者（spectator）脑后及眼后的空间。可见之物得到了视野外之物的支持并与之相互穿透，一种他者的凝视从各个方向裹住了视线。

这样的一种凝视如何得到再现？现在我们确乎到了再现（representation）的真正极限。从现在起，只有破坏这个视框的技艺才可以代表被视框排斥在外的不可见之物。如果我们试图想要向自己描画出空或空白的凝视，就必须采用非再现或反再现的方式。对此最清晰的形象化展示也许是来自一种技艺，一种既张扬又颠覆再现艺术实践的技艺，即在日本被称为“泼墨”（flung ink）的技艺。

视觉领域对空（sūnyatā）最完整的表达，无疑是一种浸润于禅画（Ch'an painting）概念里的绘画实践。雪舟（Sesshū，1420－1506）的山水画是一种置于视框中的形象，这也许意味着我们仍没有脱离取景装置的思考轨道——这种视觉隧道化将客体世界的一小部分固定在一头，就是为了另一头观察主体的一部分。实际上，这种形象并没有想要超越日常视觉事实，因为这些事实关系到将客体看成是客体存在的一部分或一个侧影（profile）。在我们观看事物时，的确只能看得到一条切线，而不是从各个方向发出的光的全辐射：禅在这方面并无异议。禅所提出争议的，是当客体存在于虚空场域时，这样出现的那个侧影是否可以被认同为客体本身。这个形象需要囊括进来的，是客体剩余物（the object's remainder），即从观察者所不在的无数其他地方看到的其他客体景象。并且，这一形象即便是在记录下那个通往经验观察者的狭窄光道时也必须要承认的，是观察者的剩余物（the viewer's remainder），亦即，所有因观察者假设唯此一景，而被排斥出去的其他景象的总和，即周边的不可见之壳（envelope of invisibility）。从禅的角度来看，绘画所冒的风险是，它制造了一个虚假的本体（ontology），在其中看者与被看者在视觉隧道里得到了融通：主体误把客体的某个侧影当成了客体本身；而这一侧影，被这样切割下来后，又为它自己创造了一个假定实在的观察主体，固定在视觉隧道的另一头。

在泼墨画的例子中，禅的解决之道是通过向所有的偶然性力量敞开，使形象变得无形，消除看的两极化。墨被泼上去时，它从视框的封闭处或视觉隧道快速流出，将形象敞开在构成周边宇宙环境物质转化的场域之中。飞溅的墨迹让形象的固定形式服从于相反力量的全局配置。固定形式（Eidos）被抛散在四方之风中。形象飘浮在这些来自视框之外的力量之上；它是被抛的，就像有人掷骰子那样。闯入形象的是宇宙中的其他东西，一切视框之外的东西。

禅的书法泼墨也是一样，它速度是如此之快，以至于墨无法被收纳到字的笔画体系之内。当书写动作缓慢并且是刻意为之的时候，这些墨痕还可以被限制在控制框架中。书法家按照所写的字（the character）来运笔，而字形又主宰着毛笔的运作。而当运笔加速后，握笔的姿势便从固定不变的两极对立结构松弛了下来：墨汁比手可以控制笔时飞溅得更快，并且溅到了纸卷或绸卷上该字原定结构的可控范围之外。字挣脱了控制它的主体，也挣脱了字形的束缚。文字和书法家形成的框架被另一个术语所打破，该术语代表着二者有限的封闭系统之外的一切：亦即，宇宙中的其他事物，以及与书写和文字的实体相对，并作为自由、独立的形式将两者都彻底消灭了的虚空场域。

某物闯入了视域，从外部侵入了它。视觉被某种主体完全无法控制的东西所穿过，某种暗藏视觉二分体之外一切存在之力量的东西，让我们谓之曰凝视。但它并不是萨特式的凝视，甚至也不是拉康式的凝视。

六

在拉康那里，某物闯入了眼界空间并使得眼前无光，它即凝视。而在墨汁飞舞中，也有某物进入了视域，完全黑暗、不明，代表着绝对的他者（alterity），它即宇宙中其他事物的“他者性”（otherness），以及使主体和主体视觉彻底失去了中心地位的周边场域。当画家和书法家泼出墨汁时，有种对一切认为行动是宇宙之中心的说法的弃绝，同时也有种对（像萨特那样）将客体作为替换性宇宙中心之说法的否定。然而这些对自我和中心的取消并没有带来任何明显的威胁意味，这也许说明，在某些方面，萨特和拉康仍然是在某个智力的封闭体内讨论问题。

拉康对视觉和绘画的解释中，成问题的似乎是那种赋予凝视之上的偏执色彩。禅的例子则指向这样一些视觉性体制（regimes），在那里主体的去中心化也许会被认为本质上并不是灾难性的。这转而也引发了这样一个问题：如果，在某些“替代性的”视觉体制中，去中心化并没有伴随着威胁或压迫意味，为什么拉康却只提供了一种视觉和绘画模式，即否定性或者恐吓性的凝视模式？

对我来说，相关答案似乎有两个。第一个关系到拉康思想中一种相当深刻的不确定性，这种不确定性与文化差异性在主体建构中所扮演的角色有关。拉康关于主体如何形成的叙述是以文化方式展开的：它在于对使人类主体性得以沉淀下来的象征性次序和指称密码的破坏，鉴于象征性次序和指称密码的形成在历史上和文化上都是可变的，拉康的主体是文化和历史塑造出来的，而不是自然所赋予的。但是，拉康更多的是在讨论主体最初对象征界（the symbolic）的介入，而非主体后来在该处的生活状况。而主体后来的存在才正是历史、文化和阶级等多种可变因素发挥作用之处，主体正是在穿越由局部话语所排成的巨大矩阵中被构建出来的：在工作场合和家中，在教育、医疗、法律、资产和政府等机构中，以及在所有社会形态的多元文化领域里。我们肯定会去思考拉康所用的术语：象征界和想象界（the Imaginary），并视之为作用于所有那些成人领域里，而不仅仅是作用于主体最初形成的阶段（童年时期）。但是拉康倾向于优先叙述主体的基因遗传和形成性时刻，而不是对其漫长而多样化的成人生活做详细的描述。这种对主体起源（genesis）和装置（installation）的专注使人难以考虑清楚文化差异性的问题。这种困难部分地在于，很难理清视觉体制的文化多元性，这些视觉体制中的一些也许是以不同于带有威胁意味的视觉体制的方式去看待主体的去中心化问题的。

第二个答案是第一个答案的某种延伸：拉康对想象界的描述给其论证带来了一个中心，它具有文化的特殊性，而不是普遍性。西谷启治对视觉的分析让人觉得有趣，是因为其分析方式与拉康是如此接近：跟拉康一样，西谷启治也把萨特当作前辈，二者都认为，将一个至高无上的主体当作宇宙的中心，是一种幻想。在空的场域中，中心化的主体分崩离析；其边界消解了，一同消解的还有让人感到安慰的客体的边界。虚无和空白取缔了主体加于自身之上的世界中心地位；而且，彻底去中心化之后，主体开始以非中心化的方式来理解自己，将自己看作居于一种可构性的虚空之中，并为这一虚空提供了居所。这样的去中心化是拉康和西谷启治共同探讨的主题；而他们所用的途径却大相径庭。也许其分歧可以用荷尔拜因画中的骷髅和禅画中的泼墨来加以说明。作为死亡的威胁，骷髅出现在想象界对自己失去中心位置的抗议中，本身也是一种抗议；相反，泼墨画泼出的墨汁则形象化地表达了主体对去中心化的接受。骷髅表现了主体对自身被消解的恐惧，而泼墨则体现着主体对一个中心主体位置的放弃，在彻底的虚空场域，“我思”（cogito）最后的残余也失去了价值，变成了一片空白，实际上被抛至了空气之上。二者之间变化了的是想象界的文化建构。这表明，说到底，拉康那种萨特式的、在凝视迫害下的视觉阐释，本身也是在想象界中得以展开的，这种想象界又是在文化和历史上以某种个别的方式建构起来的。如果是这样，那么便正是这种分析法本身需要经过某种文化和历史的去中心化。

为什么我或者其他任何人要花时间来争论拉康关于凝视的概念呢？我自己的回答是，尽管我显然对其中的某种偏执色彩有所保留，但拉康对视觉性的解释于我而言，似乎有着极其重要的历史意义。它标志着一个根本性的转变，离开了过去思考视觉时所采用的依据。19 世纪出现了一种视觉理论，在其中视觉的真相存在于视网膜之上、眼的生理结构中，及与光学仪器相关的神经学之中。在 20 世纪，主要作为视网膜和光学范畴的视觉概念已经包括了许多重要的研究性活动：在艺术史中，有形式主义；在艺术理论中，有通过知觉心理学而抵达艺术的途径，如在贡布里希（Gombrich）或阿恩海姆（Arnheim）的著作中；在博物馆和展览厅的建设中，前提是形象的去语境化，以便允许观看者的眼睛和纯粹形式之间发生无中介（unmediated）的交融。在这些活动以及其他相关活动中已经出现了作为知觉纯粹性的艺术理念：它是永恒的、从社会领域隔离出来的、具有普遍性的。后现代主义使我们超越了认知型（episteme），承认我们居于其间的视觉领域是一个意义领域，而不只是形（shape）的领域，并且承认它已经被口头话语、视觉话语以及各种符号所渗透；而这些符号是社会性地建构起来的，正如我们自己一样。

这里真正的发现是，我们当作私人的、隐遁的和内在的东西——如知觉、艺术、博物馆里对艺术的看法——其实都是社会的产物。发生危机的是某种被发现的视觉政治学。最终，这才是有人向拉康赋予凝视的那种偏执或恐怖主义色彩发问的原因。让我们说，从拉康开始，将视觉性想象成某种在一定时间内共同构建的东西，便不再如此之难了；因此我们对视觉性负有责任，道德上的责任。但是至少对我来说，在拉康眼里，主体对视觉性社会领域的介入本质上是具有灾难性的：他所用的是一种关于摄取（capture）、附属（annexation）和死亡的词汇。对于此，其他某些人可能会说：（视觉建构）一旦形成，其恐怖级别便取决于权力在该建构中如何进行分配，以及人在其中被置于何地。在一个男性窥淫狂的凝视下，一名女性很可能会感到恐惧。那么，大街上的乞丐感到恐惧，或者第三世界国家在殖民主义眼光下变得微不足道并被异化为风景，难道不是出于同样的原因？恐怖源于该眼光是按照权力的有无建构起来的。把某种恐怖想象成与眼光本身内在地相关，会使人更难以想清楚是什么使眼光变得可怖或不可怖的。这样做使眼光的可怖性自然化了，而这当然才是令人恐惧之处。不过，在拉康对眼光的可怖性做出描述之后，接下来应该做的，便是就权力如何在利用视觉和视觉性的社会建构这个问题做出分析，做出多个分析，或做出许多个分析。还应该分析的是，权力是如何乔装打扮，并将它的运作隐藏在视觉性中，隐藏在关于纯粹形式、纯粹知觉和具有文化普遍性之视觉的一系列神话中。

讨论：

诺曼·布列逊（Norman Bryson）：我必须澄清一点。雪舟和村田珠光（Murata Shukō）的禅画，可以追溯到15世纪——我并不是想在这些禅画和西谷启治之间建立起某种历史联系。我举这些画为例只是为了图解一些观点；而并非对东方、西方及其传统作历史性的断言。但是鉴于萨特用到了公园的视觉场景、拉康也将荷尔拜因的画拿来作为其观点的图例，我想禅画也许可以为西谷启治的观点提供某种视觉形式。

罗莎琳德·克罗斯（Rosalind Krouss）：在你谈到空（sūnyatā）这种凝视时，尤其当你把它与西谷启治的视框理论联系起来的时候，你说它关乎黑暗和无识别标记的剩余物（unmarked remainder）——那些在西方透视学意义上落到了视框之外的东西。我马上联想到梅洛－庞蒂（Merleau-Ponty）在《知觉现象学》（*The Phenomenology of Perception*）一书中形成的观点，即视觉恰恰形成于眼后及体内正在发生之事——所有那些成为世界视角的视角。他对这种视觉现象给出的解释恰恰是，它取决于被该观察者视角排斥在外的其他一切视角的总和，他的这个解释特别与塞尚（Gézanne）有关。我不知道——也许这纯粹是我个人（想法）的投射——在西谷启治那里是不是有《知觉现象学》的回响。

布列逊：在我看来，西谷启治似乎确实从梅洛－庞蒂那里得到了启发，但是泼墨的艺术实践很显然与塞尚的艺术实践不同。这里更多的是强调一种对主体的彻底去中心化，我想，这指出了西谷启治和梅洛－庞蒂间的区别，尽管在对不可见之物的意义诠释上他们是相近的。在梅洛－庞蒂那里，似乎不仅存在着一种对身体的去社会化，而且也存在着一种对身体的简化——有这种简化是因为身体仍被看作中心，人们是从那里看到了世界，而它也正是西谷启治所抛弃的那个中心。

这便引发了如何区分梅洛－庞蒂和拉康的问题。在某些时候，拉康被人问及他的立场是否与梅洛－庞蒂相似，奇怪的是，他竟回答说是。但是很显然，这不可能，因为在梅洛－庞蒂那里，身体是一个位于主客体世界之间的统一的、未经侵扰的存在，有着杂技般的优雅和感性上的调和，恰好适应主体在肉身世界里的人格化存在。而这种肉身与其所在世界的和谐在任何把符号（sign）看作在干扰身体与世界之结合的理论中都恰恰是不存在的。而今，当我召唤出我的东方例证时——尽管只有这个例证适合于从外部与西方对话中所产生的论点——看上去我却好像是在召唤出一种纯态势绘画（gestural painting），不过，我的重点并不在于日本画中的纯态势，而在于泼墨过程中的去态势：梅洛－庞蒂所说的身体态势（gesture），位于其世界的中心，但也会随着这些墨汁被泼洒出去。

马丁·杰伊（Martin Jay）：我认为关键是要认识到，复现在这一日本话语中的，与其说是一个梅洛－庞蒂的主题，不如说是一个海德格尔的主题。当海德格尔谈到 Umsicht（寻视）概念，即谨慎的环视时，他是指一种没有任何特别向量（vector）的视觉。而当他质疑作为西方科学座架理论（Gestell）一部分的座架（enframing）概念时，他所驳斥的对象与日本思想家们并无不同。他的空地（Lichtung，又译为澄明）理念，即关于林中空地的理念，也是一个关于真理显现之地的理念——但真理却不一定显现于任何身体的一只眼或一双眼之前。真理被显现出来，而眼睛只是在那儿做了见证，这恰好与你所谈及的、它在日本绘画中的显现方式如出一辙。鉴于海德格尔 1920 年到 1940 年间在日本曾有过显著的影响，我很想知道你所讨论的图像是否是对他有意识的继承。

我的第二个问题涉及罗莎琳德刚才有关梅洛－庞蒂的问题。梅洛－庞蒂在我看来似乎是界于萨特和拉康之间的一个很重要的过渡性人物，不仅是因为他对身体和目光的交错更感兴趣，也是因为他对符号更感兴趣。我认为如果说梅洛－庞蒂不像拉康，只谈论身体，那很可能是不正确的。在他最后的写作中，其实引用了拉康（“无意识的结构跟语言很相像”），至少他还在某种结构主义语言观方面做了一些探索。但是，我的确同意，后期的梅洛－庞蒂对视觉互动要比拉康乐观得多，拉康和萨特都有一种悲观得多的，甚至可能是颇为偏执的观点。不过，梅洛－庞蒂也介绍了一些把我们带往拉康的要素，包括在这个肉身世界中观察者和被观察者在语言学意义上的和解。

诺曼·布列逊：这两个重要观点我都赞成。有关西谷启治和海德格尔之间的联系：是通过西田几多郎来完成的，西田几多郎的二十多个学生，包括西谷启治，都去跟随海德格尔学习过。不过其实我有个问题想问你。它在我脑子里萦绕已久——一个关于17世纪、18世纪和20世纪的不同法国传统赋予视觉性的偏执色彩问题，我印象深刻的是你写过有关这一传统在20世纪状况的介绍【在《凝视的帝国》（*Empire of the Gaze*）一文中】，尽管我也有些保留意见，特别是涉及福柯的问题。不过，我想知道的是，该传统是否也包括拉康对去中心化是偏执的和带有恐怖色彩的论辩。

马丁·杰伊：我觉得他早期在讨论“镜像阶段”（mirror stage）时，视之为对自我（ego）完整性（integrity）的一个虚假认识的源头，的确反映出某种具有普遍性的、对于凝视的敌意态度，这种凝视被看作自我意识形态形成的源泉。但在后来的《心理分析的四个基本概念》——一个极其艰深的文本——中，拉康也许偏离了他关于视觉在严格意义上是偏执的和带有恐吓意味的观点，而这也许可以解释他为什么要借鉴梅洛－庞蒂——是为了将问题的严重性多少降低一点。我同意福柯也可以被看作在弱化这种纯敌意的传统；但梅洛－庞蒂则明显是在这样做。我们必须防止用非黑即白的方式来理解这个问题。但我认为拉康大体上说必须要放到这个视觉批判的传统中去理解。阿尔都塞也一样，当他论及意识形态是凝视和镜像阶段的产物时，也借鉴了拉康的观点，对视觉发起了攻击。当克里斯蒂安·麦茨（Christian Metz）谈到电影的视界政体（the scopic regime）时，同样也引用了拉康来贬低视觉。因此我认为他们都是同一个大叙事里的组成部分。正如你所说，拉康有此观点，主要是从萨特那里继承来的；萨特的视觉观对许多这些思想家来说都极有启发意义。也许还有人会提到巴塔耶（Bataille）——在巴塔耶和拉康之间有许多有趣的关联，而且巴塔耶对眼光的首要性在其作品【比如色情小说《眼睛的故事》（*L'histoire de l'oeil*）及其关于视觉的一些文章】中有过非常精彩的点评。这也应当被看作拉康形成其视觉态度的缘由之一。

乔纳森·克拉里（Jonathan Crary）：诺曼，你能为我澄清一下吗？一开始你说你不愿在西方和非西方传统之间设置一个对立，之后你又说只能选一个日本例子来体现（incarnate）这种他者传统。对你来说是否可能从20世纪的西方现代主义艺术实践中选择一个例子呢？或者，是否这先验地便是不可能的呢？

诺曼·布列逊：不，这并非不可能；这只是一个关乎哪些形象可以给这些观点提供最佳形式的问题。并没有什么文化的封闭性会使西方艺术实践无法体现出西谷启治所用的概念。

乔纳森·克拉里：那么让我来提一个相当粗浅的、形式主义的问题。如果弗朗兹·克莱因（Franz Kline）的画作被展示出来，人们会说些什么？

诺曼·布列逊：我倒是更多地想到了波洛克（Pollock）的作品，但我不能以它为例。在波洛克和泼墨禅画之间有一个本质区别，说清楚它很重要。尽管在具有偶然性的形象中，有一种对形式控制的放弃，但在波洛克的画作中它又重新出现了：中心化的主体位置以如此之多的方式复现出来——比如，让偶然性成为他的风格，这样刚好在自我控制被放弃时，它便又作为其个人风格而重新现身了。这是一种让中心化在去中心化的当口再次出现的方式。另一种复现方式是通过波洛克的那种滴彩着色法：色滴相互重叠起来，形成了一种异常清晰的深度——人们观赏波洛克的画，就好像是在通过许多面不同的滤镜——而被泼墨画打断和破坏的，恰恰正是画框中那种异常清晰的深度。正因为这些原因——而不是因为任何不可穿越的文化封闭体——选择雪舟而不是波洛克才更为明智。

杰奎琳·罗斯（Jacqueline Rose）：我对马丁有一个答复，这个答复涉及我对我们今天至此已经讨论过的许多话题所产生的疑问。我想简短地就拉康对视觉的敌意做一种历史化处理：它需要被放到心理分析的源头上，放到沙可（Charcot）在萨佩特雷里精神病院（Salpetriere）的诊所里所发现的那些患歇斯底里症的形象中去分析。这个例子也许已经被过度引用了，但它或许会重新让人们认识到：把形象的即时性（immediacy）和可获性（availability）当作女性身体本身的即时性和可获性，这一点非常需要质疑，尤其是在把罗莎琳德展示给我们的那些妇女形象作为语境的情况下。

我的第二个观点，是在拉康模式的偏执问题上对诺曼做出回应：我愿意对它也做一种历史化处理。诺曼称为视觉恐怖或视觉偏执的东西，其实也是对某个具体的历史时刻所做出的回应。该历史时刻用“基于性器官的牺牲之爱”（genital oblativity）这一概念来概括也许是最好不过，这个概念（引用一下拉康）“现在正在被到处按救世军大合唱的调子大唱特唱”。换句话说，视觉的否定性（the negativity of the visual）和精神的否定性（the negativity of the psychic）不仅是自我心理学（ego psychology）批判的一部分，也是某种社会性需求（a social demand）批判的一部分，这种社会性需求既是关于两性伴侣（the couple）的，又作用于两者之上，并且使两者成为一对。

当代艺术的当代性：以成都说唱音乐为例

任　海著　李　芳译　肖伟胜校*

摘要　目前全球创意经济导致了这样一种趋势：当代艺术与创意产业中的经济与社会问题密切关联而丧失了对审美准则的关注。艺术家如何对创意经济中的艺术生产进行思考和批评呢？为了回答这一问题，本文以成都说唱音乐为例探讨艺术家如何进行“当代性”的生产。这里的当代性是指各种时间被看作不同的，却又同样在场的时间的共存状态。这群艺术家用成都方言生产当代性的叙事，以此对创意经济进行审美批评。一方面，他们将成都说唱音乐作为“艺术即生活”的形式对当代艺术的机制化进行批评；另一方面，他们的说唱音乐执着于表现艺术的自律性，使艺术家的创造性不受经济的、政治的或社会权力的干扰。成都说唱不应当被看成仅仅是挪用其他国家的说唱音乐。它更体现了一种艺术时间形式，不仅表达了成都艺术家的创造性，而且表达了使当代艺术成为一种可能性的政治美学。

关键词　当代艺术　当代性　成都说唱　创意经济　创意城市

Abstract　Drawing on the scholarship of contemporary art in visual culture, art criticism, aesthetics, and philosophy, the paper explores ways in which artists critique a current trend in art production: abandoning the aes-

* 任海，美国亚利桑那大学东亚研究系与人类学系终身教授，主要研究全球化与流行文化、媒体与视觉文化、数字人文、城市研究、时间研究、文化批评理论、当代艺术与美学、政治哲学等；李芳，西南大学外国语学院副教授，主要研究美国小说、女性文学；肖伟胜，西南大学文学院教授、博士生导师，主要研究西方美学与当代文化理论。

thetic principle of art while embracing social and economic principles of the creative economy. Specifically, the paper examines the production of "contemporaneity" by a group of young rap artists in Chengdu. Contempora-neity refers to a temporal situation in which various times are counted as a coexistence of different but equally *present* times. The group of artists, who use Chengdu dialect to perform their music, produce narratives of contemporaneity in ways that they offer an aesthetic critique of the creative economy. They deploy "Chengdu rap" music as a form of "art as life." And, they insist on the autonomy of art, separating art creation from the interference of other forces (whether economic, political, or social). My argument is that Chengdu rap music is not simply an "appropriation" of the hip-hop music of another country (e. g., the United States). Rather, it expresses a form of art time that speaks not only to the creative aura in Chengdu but also to the politics of aesthetics that makes their art possible in the first place.

Key words Contemporary Art　Contemporaneity　"Chengdu Rap"　Creative Economy　Creative City

导　论

在现今文化产业化时代，艺术已经成为创意经济的一部分，它既刺激经济的发展又促进人们的社会交往。每个受教育者为了成为当代生活的艺术家，均被激励着去掌握具有创造性的技能，比如绘画、弹钢琴、唱歌、舞蹈、讲故事、摄影、拍电影等。同时，衡量专业艺术家作品的标准也转向它所带来的社会、经济、技术等方面的影响，包括是否创造了就业机会，促进了城市的发展，介入了社区生活，或者从事慈善工作等。因此，全球创意经济导致了这样一种趋势：创意经济中的艺术失去了与美学的内在联系，对生存性（包括消费性）的关注取代了对思想性的发挥。

艺术家如何对创意经济中的艺术实践进行批评呢？为了回答这一问题，笔者聚焦于时间问题，具体来说，就是考察一群成都说唱艺术家如何进行“当代性”的生产。这里的当代性，指的是这样一种时间状况，即各种时间被看作不同的却又同样在场的时间的共存。这群艺术家将成都方言用于其音乐表演活动中，用两种方式生产当代性的叙事，以此对创意经济进行审美批评。他们将成都说唱音乐作为“艺术即生活”的形式。与创意经济中各种社会介入艺术形式不同，“艺术即生活”是一种智识平等体验的美学模式，它不仅使日常生活中不可理解的变得可以理解，也对创意经济中“当代艺术”的机制化构成了挑战。同时，他们的说唱音乐执着于表现艺术的自律性，使艺术家的创造性不受经济的、政治的或社会的等其他权力的干扰。在这种美学政治中，他们的音乐想象性地创造了一种与创意经济的历史时间不同的变体。通过对创意经济多种艺术批评形式的探讨，笔者认为成都的说唱音乐不应当被看成仅仅是挪用其他国家，尤其是美国的说唱音乐。成都说唱更体现了一种艺术时间形式，不仅表达了成都艺术家的创造性，而且也表达了使当代艺术成为一种可能性的政治美学。

一 当代艺术作为创意经济的社会机制

在各种艺术类型中，当代艺术普遍被看作1989年后的现象，其发展与创意经济和现今文化产业密不可分。[①] 著名的艺术史论家特里·斯密斯（Terry Smith）总结了三种主要的全球性潮流。第一，“当代”艺术是“新的现代的”艺术，是“再次现代主义的、怀旧—感性主义的和富丽堂皇的艺术”。[②] 我们通常会在公立或专门的私人博物馆，著名的商业画廊，重要的拍卖行，以及名人收藏品里鉴赏到这一潮流中的艺术品，而这些机构矗立在驱动现代性之弧的经济力量的中心或附近地带。决定当代艺术性质的第二种潮流与“多种文化的通道”息息相关。[③] 这一跨国的、过渡性艺术在

---

① Terry Smith, “Contemporary Art and Contemporaneity,” *Critical Inquiry*, Vol. 32, No. 4, 2006, pp. 681 – 707; Terry Smith, “Contemporary Art,” in *The Global Contemporary and the Rise of New Art Worlds*, Hans Belting, Andrea Buddensieg, and Peter Weibel eds., ZKM/Center for Art and Media, 2013, pp. 186 – 192; Juliane Rebentisch, “The Contemporaneity of Contemporary Art,” *New German Critique*, Vol. 42, No. 1, 2015, pp. 223 – 237.

② Terry Smith, “Contemporary Art,” in *The Global Contemporary and the Rise of New Art Worlds*, Hans Belting, Andrea Buddensieg, and Peter Weibel eds., p. 188.

③ Terry Smith, “Contemporary Art and Contemporaneity,” *Critical Inquiry*, Vol. 32, No. 4, 2006, p. 692.

双年展以及临时巡回展览之类的国际性巡展中尤为突出。当代艺术的第三种潮流与世界范围内艺术家人数的大量增长，以及新的通信技术为数以百万计的用户提供的机会相关。这类艺术作品往往被看作“病毒式传播”“小规模”“互动性”，以及自己制作的。与“高雅艺术或者对抗性政治的艺术”相比，这类艺术更关注的是那些与“生存的不确定条件”相关的“时间、地点、关联性和情感的实验性探讨”。①

这些潮流是由冷战后的全球状况决定的。首先，将当代视为新的现代，是试图与在欧洲中心主义话语里产生并被理论化的“现代艺术”的地位相妥协。② 这也是将“现代主义”重新整合到新的创意经济中的过程。我们在收藏和展示“现代艺术”的主要城市（如伦敦、柏林和纽约）都能看到这一状况。③ 其次，来自欧洲与北美外的艺术家所创作的文化的或宗教形式的当代艺术，显然是为了对抗处于霸权地位的欧洲和美国的殖民主义、帝国主义以及资本主义。这种当代艺术促使新的全球大同主义思潮的产生。斯密斯认为这种当代艺术至少经历了三个明显的阶段：“以反抗性、反帝国主义为基础来寻找民族或本土的形象”；“抛弃简单化的身份认同主义，以及腐化的民族主义而偏爱于单纯的国际主义”；以及“在一切事物与关系都处于永久转换的状况中，广泛地寻找汇通性的世界大同主义或者世界性。”④ 再次，与计算机和网络相关的新技术与媒体进一步促使越来越多的个人参与到当代艺术实践中。因此，那些试图保持在欧洲和北美艺术体制话语权的努力，那些对这一话语权作出反应的新的世界大同主义，以及新技术引发的新机会造成了当代艺术的多样性，我们不能再以“线性发展这一比喻”来阐释这种多样性。⑤ 这种多样性就是对当代艺术的当代性的表达。也就是

① Terry Smith, "Contemporary Art," in *The Global Contemporary and the Rise of New Art Worlds*, Hans Belting, Andrea Buddensieg, and Peter Weibel eds., p. 188.

② Terry Smith, "Contemporary Art and Contemporaneity," *Critical Inquiry*, Vol. 32, No. 4, 2006, p. 688.

③ Juliane Rebentisch, "The Contemporaneity of Contemporary Art," *New German Critique*, Vol. 42, No. 1, 2015; Claire Bishop, *Artificial Hells: Participatory Art and The Politics of Spectatorship*, London: Verso, 2012; Tom Finkelpearl, *What We Made: Conversations on Art and Social Cooperation*, Duke University Press, 2013; Robert Hewson, *Cultural Capital*, London: Verso, 2014.

④ Terry Smith, "Contemporary Art," in *The Global Contemporary and the Rise of New Art Worlds*, Hans Belting, Andrea Buddensieg, and Peter Weibel eds., p. 188.

⑤ Juliane Rebentisch, "The Contemporaneity of Contemporary Art," *New German Critique*, Vol. 42, No. 1, 2015, p. 236.

说，当前的当代艺术不仅认可同一种话语里不同的参与者（及其对应的不同的时间性）的存在，而且必须将他们视为同等体。这就意味着当代性凸显了各种对立、不满、紧张、矛盾以及差异等的共存。

在中国当代艺术学界，一些学者研讨了中国艺术家如何参与各种各样的重要的国际展览与项目，努力成为当代艺术国际话语中的对等体，以及力图将新技术与媒体融入其作品中的创新。另一些学者则讨论了当代艺术家如何介入城市发展（尤其是房地产项目）之中，以及艺术家在文化产业中扮演的角色。然而，当代艺术的当代性这一关键问题却被忽视了。本文聚焦于介入中国城市创意经济之中的当代性与当代艺术这两者间的关系，力图呈现该研究上被忽视的问题。①

中国的“当代艺术”这一概念源于20世纪70年代晚期。当时，中国艺术家和批评家以此来反映艺术与中国现代化进程之间的关系。为了将当代艺术同官方艺术、主流学院派艺术与传统艺术区分开来，大量的功夫花在“持之以恒的实验——对社会的介入和强烈的国际化倾向”等方面。② 我们可以用诸多术语来指认这些尝试，如“现代艺术”“前卫艺术”和“实验艺术”。“现代艺术”指的是一种在中国现代化进程中出现的艺术形式，“前卫艺术”则与现代化进程中的中国政治相关。

1989年在北京的中国美术馆举行的“中国现代艺术展”，为80年代的前卫艺术画上了句号。这是一场“来自民间的非官方的展览”，并且“参展作品均为中国艺术家所创作，当代中国艺术此时还未成为全球艺术景观的一部分，而且与当时的国内政治形势紧密相连”③。然而，由于该展览对中国当代艺术持久的影响力，它的历史意义与其他国家同一年度举行的类似展出不相上下，这些展出有巴黎蓬皮杜艺术中心的“大地的魔术师”，第三届哈瓦那双年展“传统与当代性”，和伦敦黑沃德画廊的“另一个故事：战后英国的非洲—亚裔艺术家”等。④

20世纪90年代（尤其是1992年后），中国艺术家和批评家开始使用

① Laikwan Pang, *Creativity and Its Discontents*, Duke University Press, 2012; Winnie Won Yin Wong, *Van Gogh on Demand*, University of Chicago Press, 2014.

② Hung Wu, ed., *Contemporary Chinese Art*, The Museum of Modern Art, 2010, p. xiv.

③ Hung Wu, ed., *Contemporary Chinese Art*, p. 396.

④ Hans Belting, Andrea Buddensieg, and Peter Weibel, eds., *The Global Contemporary and the Rise of New Art Worlds*, pp. 58 - 59.

“当代艺术”或“实验艺术”这样的术语。正如巫鸿指出：“艺术家尝试一切东西，包括媒体、风格、内容、展览系统、教育以及市场等。这一系列的实验里暗含着对当代性的强烈追求，或者说是对一种特定的主体性的刻意建构。欲达成此目的，艺术家们赋予当下个性化的当代指涉物、语言和观点。”[①] 当代艺术的制度化开始形成，以艺术界的新自由主义发展为特征：市场逻辑扩张到艺术创作中，艺术生产中出现新的劳动组织形式，中国艺术市场出现跨国发展。许多艺术家选择成为“自由的独立艺术家”，或者，不附属于任何国有艺术机构或组织。艺术劳动成为市场劳动的一部分。

自2000年以来，当代艺术在中国经济从“中国制造”转变为“中国创造”模式的过程中，已经成为中国城市创意经济中重要的部分。政府也在积极地将基于市场的中国跨国艺术界转换为全球艺术界。[②] 这是2000年上海第三届双年展发起的。该展览由政府机构设计，主要目的在于使此次展览成为“一项国际规模的卓有成效的活动，并从学术的角度探讨全球化、后殖民主义以及地方主义等问题。”这次展出的作品以一些精选的国家以及中国的当代艺术为主。该展览中当代性的主要表现为来自不同空间的各种当代艺术的共存。鉴于此，中国的当代艺术的出现就是一种全球艺术界的表达。巫鸿指出，尽管该展览“标志着中国当代艺术正常化发展的新时代”，“其特征就是以去政治化、商业化、提高生产力，以及对其自身的起源与发展逻辑萌生的一种历史意识等为主要特征”。[③]

第三届上海双年展后，中国当代艺术成为一种全球艺术界话语。一些中国大城市出现了大规模的双年展和三年展。利用双年展和三年展等时髦话语，促使当代艺术与中国城市发展中的创意城市模式之间的关系趋于正常化。例如，2001~2011年，成都举行了五次双年展。最初的四届是由私人企业家邓鸿筹办并监管的。2011年的双年展“物色·绵延”，是由成都市政府为了将成都打造成基于创意经济之上的“世界花园城市”而筹办的。在一座城市渴望以创意城市形象跻身当代全球性城市的语境下，大量的艺术装置与多媒体作品以双年展或三年展为名，颠覆了文化身份上僵化的界

---

① Hung Wu, ed., *Contemporary Chinese Art*, p. 184.

② 跨国艺术界归属于世界艺术，而全球艺术界所表达的是在东亚、北美、南美、非洲和欧洲的各种艺术世界的更平等的关系。

③ Hung Wu, ed., *Contemporary Chinese Art*, p. 396.

限。2011 年的成都双年展成为一种“国际对话的平台”[①]。该双年展在成都东区音乐公园和成都工业文明博物馆举行，地处东郊记忆园区的一部分。这是市政府投资的一个重要创意产业园区。来自二十多个国家和地区的艺术家进行参展。除了双年展以外，新近落成的成都当代艺术馆也定期举行各国的当代艺术展（如法国、德国、美国）。这些项目有助于彰显成都不仅是中国而且是全世界重要的当代艺术中心的地位。

各种当代艺术机构的发展，体现了大城市积极参与全球艺术市场并创造艺术空间的大潮流。中国当代艺术已成为全球艺术市场一支发展最迅猛的力量。1990 年，中国仅仅分享了全球当代艺术市场份额的 0.4%，而 2011 年则到达 30%，成为世界上最大的市场。[②] 艺术市场的快速发展导致大城市商业画廊的激增，比如，成都的营利性画廊有 K 画廊和 XLY 现代美术馆。同时，一种新型的城市艺术空间也开始出现。不同于先前位于贫穷、半乡村的“画家村”，这种新型艺术空间在地理上和文化上都趋向于靠近城市中心，并将艺术融入休闲消费与娱乐空间中。比如，北京的“798”，一个最初包豪斯风格的军需品供应建筑群，被改造成为一个重要的艺术区。成都主要的当代美术馆和画廊都集中在新的高科技区。

20 世纪 80 年代以来中国当代艺术的历史发展显示了当代艺术这一概念的演变与中国和全球社会、政治、经济变化有着密切关联。这些变化彰显出遵循市场逻辑的新自由主义扩张渗透到艺术创造、艺术职业和艺术制度化的领域。最近几年来中国经济从“中国制造”转变成“中国创造”，进一步促使当代艺术融入中国创意经济中，因为当代艺术有助于提升创造性与创新思维的标准。20 世纪 80 年代到 90 年代间，当代艺术与官方艺术之间的界限还相对明晰，然而自从进入 21 世纪的创意经济中，当代艺术与经济、政府之间的关系界限变得日益模糊了。显然，在中国，当代艺术已经成为城市创意经济的一种机制（dispositif）。[③]

当代艺术一旦成为创意经济的机制，还能与美学挂钩吗？要回答这一

① He Huazhang and Lü Peng, *2011 Chengdu Biennale*, Edizioni Charta, 2012, p. 21.

② Hans Belting, Andrea Buddensieg, and Peter Weibel, eds., *The Global Contemporary and the Rise of New Art Worlds*, pp. 134 – 135.

③ 在英国、荷兰、德国、澳大利亚和美国等许多其他国家也存在类似的趋势。参见 Claire Bishop, *Artificial Hells: Participatory Art and The Politics of Spectatorship*, London: Verso, 2012; Tom Finkelpearl, *What We Made: Conversations on Art and Social Cooperation*, Duke University Press, 2013; Robert Hewson, *Cultural Capital*, London: Verso, 2014。

问题，必须理解艺术与社会、政治之间的关系已经发生了怎样的变化。艺术体制（regime of art）指的是某个物体、行为或者实践可以被理解为艺术的关系网络。① 法国哲学家雅克·朗西埃（Jacques Rancière）认为，从历史的角度可以划分三种艺术体制：形象的伦理体制、艺术的再现体制以及艺术的审美体制。② 在福柯看来，这里的"体制"一词，指的是艺术可定义、可实践和可思考的方式，与社会对个体和集体的管理有关。希腊的柏拉图时代，诗作和剧院表演产生的形象能影响个人和社区的气质。因此，在具有治疗作用的舞蹈、作为教化的诗歌以及作为（市民的）节庆的戏曲等实践过程中产生的形象，所引发的是伦理问题。在伦理体制下，艺术既不存在，也不被认可是一个自主的领域。所以，这一体制是以形象而非艺术为特征。其次，在艺术的再现体制下，艺术模仿生活，从而与生活分离开来。艺术家的专业知识既与工匠也和表演者的专业知识区别开来。正是这一区别使美术凭借生产和审美之间的假定而得以调校。最后，艺术的审美体制废除了艺术的再现体制的等级规则，促进了主体的平等、体裁的消解、风格与内容之间关系的淡化。在今天的创意经济时代，艺术家通过审度社会与经济对艺术的冲击，而以各种方式介入社会业已成为主要潮流。艺术类事物和日常生活事物之间显而易见的疆界常常模糊化了。然而，在美学的介入下，作为生活的艺术和为了艺术而艺术两者之间的协商一直在进行着。这意味着艺术创作将重点从生产转向了"审美"（aisthesis，一种体验模式，我们据此从感官上和知性上感知事物，并将其看作艺术）。③

在艺术审美体制更广泛的语境下，克莱尔·毕晓普（Claire Bishop）认为聚焦于"关系美学"而不考虑对抗性将使介入社会的艺术与审美脱节。④ 因此，注意当代艺术和创意经济两者关系中的对抗性至关重要，唯此才能维系使当代艺术得以存在的审美基础。此外，我认为将当代艺术仅仅看作创意经济的机制，会使当代艺术变成排他性的类别，从而否认当代艺术自身的当代性，尤其是不同时间的共存，包括那些具有敌对性的、充满争议

① Oliver Davis, *Jacques Rancière*, Polity, 2010, p. 134.

② Jacques Rancière, *Aesthetics and Its Discontents*, Polity, 2009; Dissensus, Continuum, 2010; *Aisthesis*, Verso, 2013.

③ Hai Ren, "Cinematic Regimes and the Disappearing Factory in China," *Signs & Media*, Vol. 11, Autumn 2015, pp. 155 – 179.

④ Claire Bishop, "Antagonism and Relational Aesthetics," *October*, Vol. 110, Fall 2004, pp. 51 – 79.

性的时间。当代性“不是艺术品可有可无的某种额外的品质”，恰恰相反，当代性是艺术品“这一概念本质的部分。一切内涵丰富的艺术，对现今有意义的所有艺术，肯定地说，都是当代的”①。根据当代性的这一理解，当代艺术具有扩展性：它不仅仅包括美术（油画、雕塑、建筑和视频），还包括非正统的艺术形式。正是在这种意义上，不管是非裔美国人的，还是西方的、日本的，或是中国的说唱音乐，都可以是一种当代艺术形式。下面我将讨论成都的说唱音乐家如何利用当代艺术的对抗性及其当代性去参与对成都的创意经济的反思。

二　说唱音乐：当代性的叙事操作

说唱（rap music）是一种当代艺术，是一种可以把“当代性”拿回来的艺术实践模式。成都说唱始于2000年，2006年一群年轻的说唱音乐家建立了CDC说唱会馆，使之更具组织性。2008年，CDC说唱会馆得到扩大并正式化，成为成都说唱音乐家互相交流的平台。CDC说唱会馆也组织和主办说唱音乐会，发布唱片。到2015下半年前，CDC说唱会馆还通过网络和社交媒体网站如虾米、微博、微信、豆瓣、人人、百度等网站来传播。因此，他们的听众远不止是参加音乐会的歌迷。目前，隶属于CDC说唱会馆的音乐家包括Sleepy Cat、谢帝（Fat Shady）、Ty.、Lil White、Ansr J、Drunk、马思唯（Masiwei）、王以太（3HO）、天地会（由Psy. P和Melo组成）和Onstyle（孟子与小新的组合）。他们中大多数人出生于20世纪80年代末或90年代。其中有些受过大学教育，有些没有。他们一般都喜欢非裔美国人的说唱歌曲，这从他们在虾米网站列出的最喜爱的音乐清单上可以看出来。

尽管当代说唱音乐意义上的说唱是最近的现象，作为一种伴随着歌唱的表演类别的说唱，在成都却有着悠久的历史。它的源头可以追溯到汉朝。在成都的汉墓挖掘出的陶俑里就有说唱俑，这被看作成都传统艺术最好的例证之一。因此，在某种意义上，用说唱指代成都方言说唱是对本土历史的认可，也体现了说唱音乐深深植根于某个城区甚至某个特定街道的事实。

---

① Juliane Rebentisch, “The Contemporaneity of Contemporary Art,” *New German Critique*, Vol. 42, No. 1, 2015, p. 234.

这一事实也说明了成都说唱作为一种嘻哈（hip-hop）文化形式的本真性，也因此，它与全球其他嘻哈形式，如美国、巴西和土耳其的一样属于当代。[①]

本文不会赘述每个成都说唱音乐家及其作品，而是将焦点放在讨论他们如何协商“作为生活的艺术”和“为艺术而艺术”这两者的关系上。“作为生活的艺术”，指的是他们的音乐艺术如何通过打破美术体制的等级使其艺术成为生活的一部分。“作为生活的艺术”聚焦于艺术对社会的介入，“为艺术而艺术”则回归到艺术的自足性上，使艺术在经济需求外保持自身的创作自由。

（一）作为生活的艺术

成都说唱艺术家坚持使用成都方言进行说唱表演。比如，在 Melo 的《老子教你成都话能说各种 Flow》这首歌中，成都方言是重要的阐释方式。作为说唱音乐的核心概念，flow 指的是节奏的使用，声音的流动性，以及瓦解传统时间感的艺术。[②] 在这首歌曲中，“flow”指的是一种表达自我的有机方式。通过使用母语，这位 21 岁的艺术家获得一种不受普通话的教育干扰的思维过程。2001 年 1 月 1 日起开始施行的《中华人民共和国国家通用语言文字法》规定：在无线广播、电视、电影、正规学校教育和行政管理中，要使用普通话，在大众媒体和公共领域中不再提倡使用方言。成都说唱就属于刘津所说的中国“方言说唱音乐”[③]。谢帝认为：“每个城市都有自己的个性，该个性就在方言中。当你听到成都方言时，无论是什么样的情感体验，标准的普通话无论如何都不能给予。”[④] 因此，通过使用成都方言，说唱艺术家可以抵抗全国性语言对思维过程的限制。本土的表达方式也使他们发现，盲目跟随全国/全球的主导标准会带来一些发展中的具体问题。因此他们的说唱带来的中国味比起抽象的通用语更为奇异。

---

① Tony Mitchell, ed., *Global Noise*, Wesleyan University Press, 2001; Thomas Solomon, “Hardcore Muslims,” in *Muslim Rap, Halal Soaps, and Revolutionary Theater*, Karin van Nieuwkerk, ed., University of Texas Press, 2011, pp. 27 – 53.

② William J. Cobb, *To the Break of Dawn*, New York University Press, 2007, pp. 87 – 88.

③ Jin Liu, “Alternative Voice and Local Youth Identity in Chinese Local-Language Rap Music,” *Positions East Asia Cultures Critique*, Vol. 22, No. 1, 2014, pp. 263 – 292.

④ Matt Sheehan, “Meet the Chinese Rappers Bringing Hip-Hop to the Middle Kingdom,” *The World Post*, August 11, 2015 (Translation modified).

在成都方言的语境下，音乐家们也将成都某些特定的地方和说唱美学联系起来。对于 Melo 和谢帝来说，城中靠北的一条主要街道——人民北路，成为他们的说唱舞台。Melo 有首歌就叫《人民北路一段》，这条街成为遭遇警察、犯罪和各种不安状况的地方。这地方可与美国许多内陆城市相媲美，比如洛杉矶中南部、底特律方圆八英里内。因此，成都说唱音乐家喜欢那些说唱艺术家，他们作品的创作是以美国这些城市（比如 Ice Cube、Eminem 和 Jay-Z）为灵感的。在谢帝的歌曲《北门扯把子》中，艺术家问道："成都哪儿最 hip-hop？当属成都北门，努力工作，辛勤赚钱的拼搏精神，正是成都北门精神！"因此，从街道的层面关注现实，艺术家们不但能发现城市生活的问题，还能找到为生活重新注入能量并创造新生活的精神。

通过一种空间隐喻宣告其艺术的当代性是将生活当作艺术的方式。通过这种方式，他们的说唱使当下生活中的各种矛盾显现出来。这方面有两个例子特别引人注目。一个是通过聚焦于城中心靠北地区的中产阶层化现象，而对发展主义话语进行批判。比如 Onstyle 的《挖掘机》和《听了就瘦》，Melo 的《北改！白改！》和《Uber Free Style》，以及 Psy. P 的《边缘地段》。另一个例子涉及对教育教学法的批判。这在 Onstyle 的歌曲《坏学生》《我是愤青》和《小时候，大时候》中尤为明显。这些例子表明作为生活的说唱艺术对于成为生活社区的一部分持有开放性。也就是说，说唱既是艺术，又不是艺术，是艺术之外的某样东西。成都说唱作为生活社区的一部分有益于本土的建构，因为这里的身体、形象、空间与时间之间的关系不仅仅得到重新分配，也从对抗的角度重新政治化了。这样，说唱不仅从艺术体制的去政治化（即艺术主要服务于社会和经济）得到解放，而且从美术体制的限制中得到了解脱。

（二）艺术的自主性

成都说唱通过成为生活社区的一部分，建立了多种形态的平凡生活。同时，成都说唱也执着于艺术或艺术空间的自主性。鉴于此，我将聚焦于成都说唱艺术家们如何营造一种"深邃的无聊"（profound boredom）感，这种无聊不仅源于由工作、经济活动而导致的"无空闲的时间感"[1]，也源于

---

① 关于"无空闲时间"与"空闲时间"的区别，可参考本纳德·斯蒂格勒（Bernard Stiegler）对在空闲时间里关照自我的政治经济学讨论。相关论著有：*For a New Critique of Political Economy*, Polity, 2010, Chapter 4; *What Makes Life Worth Living*, Polity, 2013; *The Re-Enchantment of the Work*, Bloomsbury, 2014。

“一种时间本身可以自己延展的感觉”①。无聊感是一种特定的、抽象的时间体验，是获得现代性体验的最佳切入点。瓦尔特·本雅明认为，无聊属于“注意力、好奇心、涣散、迷恋、冷漠、兴趣、不关心、想入非非或白日梦等一系列术语的一部分，这一系列术语建构起一个复杂的辩证关系网，从而形成了一门憧憬乌托邦的现代性现象学”②。在艺术上，无聊提供了一个空间来抵抗“文化产业扩展到艺术的操作领域”，包括最近文化产业把艺术世界合并到自身领域之中。③ 如果说无聊感是现代性问题，那么深邃的无聊感则是当代性问题。

成都说唱以多种方式表达了深邃的无聊感和当代性之间的联系。2014年早些时候，谢帝参与了“中国好歌曲”这个全国性的展示歌唱才艺的节目。他演唱的《明天不上班》（2011）引起了轰动。网络与视频的累计点击量多达1.2亿。这首歌是一个将深邃的无聊感与当代性结合的极佳例子。首先，这首歌的歌名具有争议。由于“中国好歌曲”是中央电视台主办的节目，艺术家只能用《明天不上班》而不能用原唱中的《老子明天不上班》，然而在演唱中他可以使用“老子”一词。“老子”是成都方言里一种自我称呼，在日常生活中使用频繁，习以为常。在中国文化中，老子的另外一个用法通常指中国著名的道教哲学家老子。这两种用法有一个共同点，就是“老子”与主体性的密切关系。“子”指的是“人”，可以是特定的人或泛称。“老”从字面上是指“老”了，但在中国传统哲学，特别是道家哲学思想里指的是时间的价值，类似于中国文化养生术里用的“功夫”（字面上指的是用于某件事上的时间）。④ 在这种文化和哲学语境下，《老子明天不上班》中的老子意指不上班的人能实现自己的时间价值，也就是说他/她如同照料自我一般管理着自己的时间。在这层意义上，不去工作的“老子”代表着得到精心照料的自我的主体性。作为道教思想家的老子花时间研究出一种对抗僵化规章制度的人生哲学，与之相似，谢帝歌曲里的老子是我所说的“自由时间”的主体。只有在自由时间里（即没有被占用的时间），老

---

① “深邃的”时间这一概念最初由马丁·海德格尔提出。引文参见 Peter Osborne, *Anywhere or Not At All*, Verso, 2013, p. 182。

② Peter Osborne, *Anywhere or Not At All*, p. 179.

③ Ibid., p. 179.

④ Hai Ren, “The Merit of Time,” in *The End that Does: Art, Science, and Millennial Accomplishment*, Cathy Gutierrez and Hillel Scwartz. eds., Equinox, 2006, pp. 17 – 36.

子才能“活出一点真实”（借用谢帝另一首歌的歌词）。作为自由时间的主体，老子反对“被占用的时间”并与此对抗，不管这些时间是出于社会的、经济的，还是其他规范性语境下有目的和为生产服务的。

通过把自己称为“老子”，艺术家有意识地冒犯了老板。这里的老板不是一个具体的人，而是一个说唱对象。根据这首歌，在以生产和消费为特色的规范社会里，“上班”包含着几层意思。首先，劳动者的日常生活围绕着标准的钟表时间转。时钟上所指的早上8点不仅标志着每天上班时间的开始，也宣布了每天按部就班的无聊感。它界定什么是富有成效的和什么是缺乏成效的，以及什么是有目的的和什么是无目的的。其次，“上班”产生了一连串被资本主义套牢带来的消极状况：失眠、头昏、交通拥挤、公共空间完全商业化（比如，公汽和地铁里充斥的广告）。再次，“上班”导致了一系列工人要遵循的事：规则、制服（不管天气如何极端变化）、合适的仪表（要遮盖纹身）以及客服（对顾客的良好态度）。最后，“上班”使工人意志消沉：尽管管理者、老板以及政府官员的腐败行为成为日常现象，雇员却因其个人的缺点常常备受指责。

《老子明天不上班》这一术语在现存工作制度下是不可能的事，它只是一个主观性决定而已。正是在这个意义上，该陈述成为一种关于时间政治的表达。在自由时间里，老子能够如歌中所说“想咋懒我就咋懒”。这种任性的懒散充分体现了主体深邃的无聊感，即主体能以无限多的方式延展自由支配的时间。首先，拒绝上班引发了在被占用时间之外可以做也可以不做任何事情的生动想象。一个人可以花整个晚上做某件事情，而不是为第二天的工作做准备。其次，老子获得了一种“自由”感，一种可以不受规则限制做任何事情，或者做任何能改变现有规则的事情。最后，老子可以做一系列他一直渴望做的事情。老子可以穿任何风格的衣服（而不仅仅是工作服）。老子可以将说唱作为一个用来糊口的职业。

在《老子明天不上班》这首歌走红后，谢帝又创作了《老子就爱呆到成都》这首歌来抵制这样一种残酷现实，即唯利是图的音乐产业往往会将新生艺术家从本地迁移到全国或国际环境中去发展。在这首歌的末尾，谢帝反思了他作为音乐家在参加全国歌唱比赛前后的生活。他提及这样一件趣事：他原本想创办一个说唱馆，为自己提供谋生机会，甚至可以有机会与像碧昂斯这样的大牌歌星签约。然而，在成都建立一个说唱馆的梦想，只有当他唱了《老子明天不上班》这首歌之后，仍然还是自由时间的主体方才可能实现。

这首新歌对于呆在成都的执着似乎显示了歌手的本土主义思想（对成都的眷念），但这是误解。正如我说过，这首歌是对那些要求他去其他地方作为职业歌手工作的回应。显然，他意识到自己的成功，并将那视为在成都生活得很好的标识。过去十年里，许多成都人在参加全国歌曲大赛后成为著名的歌手，包括几个“超女”歌唱比赛中的获胜者。他们中的大多数决定为了“更多的机会”和“更好的生活”移居北京（被称作“北漂”）或者其他东部沿海城市。成都艺术家一旦出名，就会搬到北京和上海之类的地方以保证其音乐生涯的持续发展。然而，谢帝在这首歌中坚持艺术家可以呆在成都谋生从而拒绝为了发展而迁移的主流话语。这可谓延续了《老子明天不上班》的精神。这首表达要坚持呆在成都的歌，既是对音乐创作受到音乐产业的全面商业化的抵制，又同时宣告了成都说唱只能在成都这个空间里具有自主性。

《老子就爱呆到成都》再次强调成都是老子拥有自由时间（也就是深邃的无聊）的主体空间。音乐家通过一系列词汇刻画生活在成都的深邃的无聊感：安逸、巴适、休闲和好耍。总的来说，这些词语生产出一个展现深邃无聊感的文本：自我在自由时间的无限延伸的基础之上，用各种方式得到观照的图景。这些词语在表面上都指“舒适”的意思，但实质上是对自我的观照。在将成都市打造成创意性城市的情势下，主流媒体聚焦于推进该城市的“宜居”形象。官方的创意性城市话语，一方面使用“安逸”这一本地语来表达“安宁和舒适”，另一方面也用适当的或合理的衡量方式，如城市基础设施（道路、建筑、公共交通）、城市环境（空气质量、树木、绿色空间、公园、医疗设施）和公用事业（水、电、网络）等，来阐述“宜居”的概念。因此，安逸只是在舒适的意义层面上与宜居相关。安逸的另一层意思“安宁”，植根于日常生活中自我的健康状态。安逸中蕴含的“安宁”是非常独特的：它仅仅是自我的一种特性。以谢帝为例，他的歌曲《老子明天不上班》的成功，使他实现了安逸的第一层意思：生活舒适。他通过“巴适”（确凿的舒适感或肯定的舒适感）这个词来表达生活舒适这层意思。同时，“安逸”的第二层含义“安宁”，与他在自由时间的生活方式有关。因此，“休闲”一词暗含着在空闲时间无所事事或对深邃无聊的生活的积极追求，这与传统的“休闲”（即为了将自己的劳动再生产于经济服务中而保留的时间）相反。对自由时间深邃的无聊的追求通过“好耍”（即

“玩”）这个词来表达。一方面，对“玩”的各种活动的认可，可能被融进城市创意经济中（比如音乐街道、音乐公园和音乐节）；另一方面，“玩”也强调游戏性，不太严肃，或潇洒（如他的另一首歌《要的就是一种随意》的主题就是无拘无束）。“好耍”使“啥也不做”的概念得到拓展，使人性得以保持心智健全。这一思想与席勒的“自由游戏”的概念比较接近。[①]“安逸”“巴适”“休闲”和“好耍”这一系列思想综合在一起，就产生了对于深邃无聊这一感性体验的智性话语，也就是说，形成了一种关照自我的自由时间的美学。

另一个将深邃的无聊感与当代性结合起来的例子是抄袭问题。在中国流行文化里，抄袭国外产品的现象已成为共识，并频频遭到指控。中国的说唱音乐也不例外。比如，高艺鑫的电影《盗版猫》（2009）将抄袭看作中国城市嘻哈文化的核心主题。在艺术领域里，抄袭在各个层面都有体现，如仿造、复制、模仿、挪用以及利用现成的东西。这些术语指出使全球艺术界的当代性凸显出来的各种实践。它们所涉及的当代性的共同点是本土与全球之间的关系。全球说唱艺术界的当代性，既不是使某一种本土形式超越另一种本土形式，也不是在两者之间的辩证差异中达到一个平衡，更不是一种复杂的全球性，即各种说唱音乐的一种混合文本。相反，全球说唱艺术的当代性是对说唱音乐多种形式共存现象的认可。事实上，说唱音乐艺术本身只有在认可其当代的状态，也就是任何形式的说唱艺术都是本土的这一事实，才可能是当代的。不管是非裔美国的，还是中国的说唱音乐，都与特定的地理维度（某个城市、某个街坊、某个街道和某个圈子）有密不可分的关系。

在成都说唱里，谢帝是一位反映说唱音乐当代性的典型艺术家。在他的歌曲《中国说唱故事》里，谢帝呼吁将成都说唱当作和美国、日本、韩国、中国香港、中国台湾等国家和地区的各种说唱音乐形式共存的音乐。通过歌曲《老子明天不上班》来批评“被占用的时间”，通过《老子就爱呆到成都》和《要的就是一种随意》这两首歌把成都当作说唱根据地，这位艺术家在《中国说唱故事》这首歌里讨论了中国说唱音乐的问题。在这首歌中，他将成都说唱当作中国的说唱故事：不上班并不意味着拒绝谋生（“崇高的追求你不要忘，赚钱吃包饭也不要忘”）；呆在成都并不意味着不

---

① Jacques Rancière, *Aesthetics and Its Discontents*, Polity, 2009, pp. 27－28.

关注世界其他地方（“不要让小圈子一直转，一直看，蒙蔽你双眼”）。首先他拿美国的说唱音乐进行了比较。成都说唱家工作的文化环境与美国说唱艺术家比如Eminem和Jay'Z工作的文化环境是无法比较的（“Eminem在说唱，Jay'Z在说唱，走起来走的是不同的方向，中国在说唱，美国在说唱，同一个框架有不同的模样”）。在中国照搬美国的说唱是行不通的。甚至按照某个地方的日常生活来创作歌曲也可能会引起争议（比如谢帝在参加“中国好歌曲”竞赛时其歌名中用“老子”引起争议）。此外，说唱音乐在亚洲其他国家和地区也得到了充分发展。比如在韩国，说唱音乐是官方认可的文化产业的组成部分。这就意味着说唱音乐在这里得到了文化政策的支持。与之相对，中国的说唱音乐还较为新颖。中国许多的音乐家试图通过在嘻哈音乐中使用普通话来模仿其他国家的说唱音乐。这也是说唱音乐产业化过程的一部分。然而，由于音乐产业倾向于以盈利而不是以艺术创新为核心，仅仅只有少数说唱音乐家能够在商业上获得成功。与其他国家的说唱音乐进行比较，我们无法说世界上的说唱音乐是一致的。不管是在国内还是国外，这也是中国说唱音乐必须面对的当代性。正是基于对当代性的理解，艺术家才拒绝为老板工作（在中国城市的音乐产业情境中），才坚持成都说唱的本土特征，也才将“老子”作为自由时间的主体。所有这些方面都说明了成都说唱表达了深邃的无聊感与当代性的密切关系。只有不上班，才能获得无限延展的自由时间；只有聚焦于本土，说唱音乐才能产生非凡的生存意义；只有将自我称为“老子”，自己才能成为自我观照的主体。这些都体现了成都说唱作为艺术本身的激进性。该艺术的激进性源于对说唱音乐（即作为全球艺术界的说唱音乐）的当代性的认可。

结论：当代性和成都说唱音乐

成都说唱并不代表中国说唱音乐的全貌，成都的艺术家们也从来没有这样说过。但他们确实揭示了有关当代性概念的一些东西，尤其是说唱音乐作为当代艺术所具有的当代性。从概念上讲，当代性包括时间和空间两个维度。其时间性指的是多个事件的共存性，空间性则强调这些事件中所有参与者的平等关系。然而，在当代性的运行中，事件往往是异时的，其同时性常常不被认可。此外，同时代参与者间的平等往往体现在各种差异上的平等。因此，特里·斯密斯认为当代性的运行可以通过三种异质性的主题来表达："对感知极端脱节的持续的体验，即对同一世界的观察与评价之间无法匹配"，"异步时间性实际上的共存"和"各种文化与社会多重性挤压的偶然性"。[①] 难道当代性运行中的问题妨碍了我们把它作为概念来使用吗？答案显然是否定的。为了使当代性成为一个更有力的概念，我们或许应该从成都说唱艺术家那里学会将当代性当作一种对各种不可能的、不相互兼容的，以及/或者当下不可呈现的事物的共存现象的认可。

我们要理解创意经济下当代消费社会里的当代艺术及其艺术家形象，当代性这一概念无疑有着重要的意义。当代性使我们理解说唱音乐不仅仅只是艺术，更重要的是，它是一种当代艺术。目前东亚嘻哈音乐和说唱音乐学界用以阐释的理论框架源于特别看重的美国的，尤其是非裔美国人说唱音乐的理解。比如，在评判亚洲说唱音乐是否正宗时，出发点往往是它能否与美国的说唱音乐媲美。这种理解的前提是假定说唱音乐形成一个世界性体制，其中北美、欧洲和其他地方的民主社会引领潮流，而世界其他地方仅仅是在追随他们并从本土的角度加以利用。然而，正如成都艺术家们所体现的，尽管说唱音乐可以被看作一个艺术体制，但它是极其本土的，也因此是当代的。说唱艺术家往往讨论贫穷、暴力、歧视以及不平定的生活等问题。这些是全球各地说唱艺术家们所共同关注的问题。这种当代感的前提也正是基于这些问题的本土性，能用本土语言公开表达，并能根据其本土偶然性进行讨论。因此，说唱音乐的当代性取决于对说唱音乐本土性（即独一无二性）的认可。正是在这层意义上，说唱音乐是当代艺术，一种对创意经济里的当代艺术体制进行批评的当代艺术形式。

在创意经济语境下的当代消费社会里，艺术家的含义发生了变化。"天才"艺术家的神话受到艺术界的全面挑战。尤其是20世纪60年代以来，观念艺术明确表明艺术独创性往往更多地与某些社会力量的压制有关。现在，艺术家不再享受其在社会中的优越地位，而更多的是，艺术家"作为同时代人来见证他或她的文化与社会的当下"[②]。当代生活的艺术家必须以其主体性，来对其作为创意经济中的当代人和作为创意经济的批评者这两者进行协调，同时又为创意经济的历史时间的连贯性注入一些不连贯的元素。

---

① Terry Smith, "Contemporary Art and Contemporaneity," *Critical Inquiry*, Vol. 32, No. 4, 2006, p. 703.

② Juliane Rebentisch, "The Contemporaneity of Contemporary Art," *New German Critique*, Vol. 42, No. 1, 2015, p. 228.

一方面，如果艺术家着力再现他/她的时代（即作为他/她当下时间的同时代人），那他/她就不可能活在经济力量之外；另一方面，如果艺术家保持他/她的艺术家身份，用当代艺术把目前与未来和过去的问题结合起来思考，成为诗人瓦莱里（Paul Valéry）所说的“错综复杂”（implex）的创造者，那他/她就不可能存在于自由时间之外。[①] 这些矛盾状况是艺术作为生活和为艺术而艺术的当代的表达形式。本文所讨论的成都说唱场景恰恰是对这些不可能情境的共存的认可。

① Juliane Rebentisch, “The Contemporaneity of Contemporary Art,” *New German Critique*, Vol. 42, No. 1, 2015, p. 224.

作为画框的“第四堵墙”与旁观者观看模式的确立[*]

罗成雁[**]

摘要 戏剧和剧场普遍的“第四堵墙”模式，是在19世纪末随着写实主义戏剧理论和剧场实践才逐步确立下来的。“第四堵墙”作为画框，为细节真实地再现社会画面提供了表征典型化运作的空间。写实主义戏剧在塑造完美图像的旁观者过程中，改造了文艺复兴时期的镜框式舞台剧场。具有区隔功能的“第四堵墙”正式确立，并在一系列空间的部署中建立了封闭的、二分的观众/演员、观看/行动的象征性位置。于是，在写实主义“第四堵墙”的镜式反映之中，观众、演员均与角色处于双重认同的运作之中，甚至倾向于对日常世界意识形态的再认同。观众，乃至演员，均在“第四堵墙”的视觉装置中，成为意义生成、行动乃至自己生活世界的旁观者。而且，在剧场建制、电影院和电视屏幕等装置中，“第四堵墙”及其功能逐渐完善并传播开来，成为最自然的视觉装置。

关键词 写实主义戏剧 第四堵墙 画框 旁观者

Abstract “The Fourth Wall” was built up with the theory and practice of Realistic Theater at the end of 19th. As a picture frame, “The Fourth

---

* 本文系2016年度云南省哲学社会科学艺术科学规划立项一般项目“云南省文化创意产业可参观性的生产研究”（A2016YBZ010）的阶段性成果。

** 罗成雁，文艺学博士，云南行政学院文化与科技教研部讲师，主要研究视觉文化与西方文艺理论。

Wall" provided a real detailed description space for typical representation. With the representation of perfect image of social life, Realistic Theater molded spectator and changed the Proscenium Theatre of Renaissance. And "The Fourth Wall" with the function of distinction was formally established. The space deployment of "The Fourth Wall" distinguished the symbolic character position of the spectator and actor, seeing and acting. Thus, with the mirror representation of the "The Fourth Wall" in Realistic Theater, both spectator and actor double identified with the character /image, and also re-identified with the ideology of daily life. As a result, spectator and actor were disciplined by this vision apparatus of "The Fourth Wall" and became a real spectator of the meanings, action and the world of life. Besides, "The Fourth Wall" and these functions were spread in the theater institution, cinema apparatus and the screen of television after the end of 19th, and became a most natural visual apparatus.

Key words Realistic Theater The Fourth Wall Frame Spectator

引 言

在我们既有的戏剧观念和剧场中，“第四堵墙”是观演关系的基本形态。其他剧场和戏剧观演活动也只是“第四堵墙”开放程度的不同而已，它并不是写实主义所特有的。① 事实上，18世纪由狄德罗首次提出的“第四堵墙”，直到19世纪写实主义戏剧，才成为剧本写作、导演、表演甚至观众观看的基本原则。真正的“第四堵墙”剧场结构，也是直到此时才确立下来并广泛传布的。在这个过程中，19世纪末写实主义戏剧带着自己的悖论，在对“第四堵墙”观念的实践中，即在镜框式舞台剧场各个元素的出现和功能的改变中，在小剧场运动以及相应的表演理论等实践中，开始实现并完善这种理论预想。这一时期所建构的“第四堵墙”观看方式和相应的看与被看的结构关系被固定下来，其建构观看主体、行动主体及其认同机制也开始广泛传播。

① 孙惠柱：《第四堵墙：戏剧的结构与解构》，上海书店出版社，2011，第4页。

因此，“第四堵墙”的观念实际上就是19世纪末写实主义戏剧观看机制的纽结点，也是旁观者、行动主体建制化的生产机制。一方面，其对旁观者位置主体的建构及其本身的悖论，成为现代主义戏剧变革的基本背景和主题；另一方面，从19世纪开始，照相术、电影乃至电视相继发明，写实主义戏剧和剧场与摄影装置、电影院空间部署乃至后来的电视装置发生着交互作用。“第四堵墙”模式，正是这些视觉装置的相似点。因而，“第四堵墙”及其建构的旁观者模式也随着这些装置的普及而遍布日常生活的每一个角落。因此，本文分析了写实主义戏剧、剧场“第四堵墙”建构旁观者的功能形成和普及过程，探寻旁观者主体位置的建构、旁观者角色的双重认同及其存在的悖论，进而也探寻这一仍具有强大影响力的视觉装置更多的可能性。

一　画框：“完美”图像的旁观者

19世纪末的写实主义将世界把握为图像，把社会生活当作“社会图画”来把握和再现，原则是用真实的细节再现典型环境中的人物，客观地再现日常生活的一个片断，细致地观察、记录社会生活的画面。如学者所言：“把人重新放回到自然中去，放到他所固有的环境中去，使分析一直延展到决定他的一切生理和社会原因中去。”① 由此，一方面，写实主义在题材上转向了日常生活场景，比如中产阶级客厅闲聊、书房算账等“墙”内日常生活；另一方面，写实主义要求客观地记录和描绘，以细节的真实再现生活场景、生活片段、人物合乎日常生活的行动逻辑顺序、情绪反应，甚至面部表情。因此，既是对源于文艺复兴时期“世界是个舞台”的世界图像化时代的回应②，同时也出于写实主义对社会环境、日常生活的强调，写实主义戏剧在题材和表现手段上都需要“第四堵墙”，并且都努力建构“第四堵墙”。“第四堵墙”即使不在剧场建筑上成为现实，也在剧本写作观念上、表演理论上、观众位置的建构上成为写实主义戏剧的原则。“第四堵墙”已然成为写实主义戏剧结构观看的功能性元件。

首先，写实主义戏剧“第四堵墙”具有画框的功能。19世纪末的写实

---

① 周靖波编《西方剧论选：变革中的剧场艺术》，北京广播学院出版社，2003，第438页。

② 〔英〕马·布雷德里、詹·麦克法兰：《现代主义》，胡家峦译，上海外语教育出版社，1992，第472页。

主义企图再现“社会图画”。而且，作为世界图像化时代的表征之一，它将世界把握为图像，置于观察者的面前。中产阶级的客厅、书房、底层劳工的蜗居、资本家的收购站等墙内的日常生活图画也需要一个表征的空间。因此，“第四堵墙”作为画框，为“社会图画”提供了一个叙述的表征空间、一个细节真实化运作的表征空间，使日常生活的细节、人物所处的社会环境成为可观察、可分析的图像，即“社会图画”。当然，作为画框的“第四堵墙”更是在琐细、杂乱的日常生活中框取一个典型片断，从而再现典型环境中的典型人物。与根据观众建立的传统剧场的舞台空间不同，这是一个依据客体来安排的空间。“18世纪以来的资产阶级戏剧、自然主义戏剧、现实主义或新现实主义戏剧或契诃夫戏剧，它们都意味着这个纯粹的客体空间抄袭着一个‘真实的’或假设为真实的场所；如此，空间与其说是相对行动，不如说是作为一个独立的舞台现实来被观看和理解的，其功能主要是图像的。”①

无一例外，19世纪末的写实主义戏剧都着力于对舞台场景的描写，都致力于建构一个图像般的舞台空间，这些场景通常是客厅、起居室、书房等，甚至是花园和风景，也都是通过这透明的“第四堵墙”而被看到的。易卜生《社会支柱》所有的戏剧活动都在这透明的“第四堵墙”空间内发生，所有的冲突都被框定在这个固定的画框之中，其场景中事物的变化也表现出戏剧的发展。这种场景在写实主义戏剧中俯拾即是。即使是花园这一开阔的风景也会带上画框这种截取和框定的效果。② 安托万在自由剧场的实验，首先就是要制造四条边、四堵墙作为画框，并力图使墙内的光线都与日常生活一样。③ 斯坦尼斯拉夫斯基，精确安排布景和走位，寻找钱包、数钱等动作的细节，起居室的陈设，都可以是一张张完整的照片。

其次，在19世纪末写实主义戏剧中，“要在舞台上再造出一种真实的环境，因为在这种观点看来，一种真实的环境——一种特定的空间，特定的陈设，与街道、办公室或景色的特定关系——实际上就是演员之一：是

① 〔德〕于贝斯菲尔德：《戏剧符号学》，宫宝荣译，中国戏剧出版社，2004，第152页。

② 〔挪威〕易卜生：《易卜生戏剧四种》，潘家洵译，人民文学出版社，1978，第5页；〔俄〕契诃夫：《契诃夫戏剧集》，焦菊隐译，上海译文出版社，1980，第90页。

③ 〔英〕J. L. 斯泰恩：《现代戏剧的理论与实践》（一），周诚等译，中国戏剧出版社，1986，第51页。

表演的真正力量之一。”[①] 这些场景细节与戏剧冲突和人物行动有着紧密的关系。《罗斯莫庄》中搭在沙发上的围巾，《朱丽小姐》中的马靴和女仆的厨房，无一不是戏剧性因素。可见，写实主义戏剧中那些不厌其烦的动作提示、面部表情的描写、书桌的位置、书桌上面的文件，等等，这些舞台提示的细节真实也表明，只有在这个透明的“第四堵墙”框定的空间内，才能具有真实感，才能完成细节符号的运作。

这创造了一个完美地再现环境和排除了噪音与群体干扰的再现空间、表征空间。由此，将日常生活从庸碌的无意识中抽离出来，给予清晰地、集中地呈现和详细地观察，正如典型环境中典型人物所要求的那样：“应该使观众在观看演员在舞台上动作的时候，也能机械地感觉到我们在现实生活中不知不觉地养成的那种动作逻辑和顺序的‘机械性’。”[②] 这种再现“摆脱了躯体、心智、精神的种种习惯，清洗了浑噩不明的生活”[③]。19 世纪末写实主义戏剧、剧场“第四堵墙”，就是一种画框对现实生活本身的框定，从而得以对这个“图像”中的方方面面进行观察、分析、解剖。

但是，“第四堵墙”画框内的“细节”真实的运作也带来了幻觉和极权。一方面，舞台上这个细致雕绘的社会生活“画面”是“真实”的、不可介入的画面。它将自己视为完整的真实，禁止观众介入和破坏幻觉的行为，以这样的方式规约观众的行为、观看方式，限定观众只有观看的权力，而隔离于行动和创造真实的权力。这是一种对观看与行动的剥离，当然也是权力的配置。另一方面，在整个封闭的固定剧场中，也会产生这样一种幻觉，它“带有极权主义特征，即把剧院四墙之内的世界当作现实的世界，唯一真实的世界”[④]。这是安托万去掉脚灯和镜框台口，将“第四堵墙”自然化并扩展至整个剧场所创造的幻觉。与观众并不介入舞台的完整图像，也不对舞台行动负有责任一样，剧场中的观众也无法介入现实生活，这是一种行动权力的丧失。这便使“第四堵墙”的区隔功能凸显出来。

---

① 〔英〕雷蒙德·威廉斯：《现代主义的政治——反对新国教》，阎嘉译，商务印书馆，2002，第 121 页。

② 〔俄〕斯坦尼斯拉夫斯基：《演员自我修养》，郑雪来等译，中国电影出版社，1986，第 229 页。

③ 蓝剑虹：《回到史坦尼斯拉夫斯基》，唐山出版社，2002，第 317 页。

④ 〔英〕马·布雷德里、詹·麦克法兰编《现代主义》，胡家峦译，上海外语教育出版社，1992，第 478 页。

二 区隔：旁观者二分模式

（一）从“画框”到区隔的“墙”

其实，“第四堵墙”画框的功能由来已久，早在文艺复兴时期意大利的镜框式舞台剧场和透视布景处，这个镜框台口就具有了画框的功能，它提供视觉符号运作的空间。然而，此时的剧场和戏剧都不是写实主义“第四堵墙”的戏剧，此时亦没有“第四堵墙”的观念。由于透视画景的使用，演员和观众必须处于一定的距离上，才能与透视的灭点保持一致，才不会破坏画景的透视效果和真实感。因此，透视画景往往只是时间地点统一的表现，或者是景观的展示，并不是戏剧冲突必不可少的环境。由此，“第四堵墙”画框内画景的视觉空间往往区别于演员的行动－表演空间。[①] 这在剧本写作和演出的关系之间也非常明显。[②] 演员－人物的行动是在“第四堵墙”画框之外发生的，演员与观众在同一空间之中。于是，在这里，虽然有“第四堵墙”的建筑雏形，但没有“第四堵墙”的观念。虽然图像化的时代来临，却未在剧场中建构旁观者主体。

关键在于，这一视觉空间与演员的行动－表演空间的区分，颠覆了由透视法和透视画景给观众所建构的观看者位置，使透视画景所设定的，只是观众与画景的距离，而不是观众与演员的区隔。众所周知，透视画景的灭点设定了观看者的位置，只有在这个位置上和一定的距离内才能获得最好的视线和最佳的透视效果。于是，按照理想的设计，观众就应该被固定

① 塞里奥在《建筑学》中指出，舞台分成两个部分，舞台拱形台口的前面部分是表演区，而后面逐渐上升至观众视线的斜坡则是供透视画景布景用的。这一区分在17～18世纪仍然是主要的剧场状况。在1676年意大利“表演舞台在舞台前段与布景舞台分开，这一区分才由欧洲第一本关于剧场建筑的专著明确地确立下来（如，Fabrizio Carini Motta的剧场建筑学著作中）。这一区分至少存在了一百年之久。”参见〔英〕克里斯多夫·巴尔梅《剑桥剧场研究入门：从能剧到数位剧场》，耿一伟译，书林出版有限公司，2010，第69页；李道增《西方剧场史》（上册），清华大学出版社，1999，第150页。

② 威廉斯通过对文本和演出之间关系的考察发现，1676年《诚实的商人》（*The Plain Dealer*）在特鲁里街（Drury Lane）皇家剧院（Theater Royal）上演。“在舞台纵深中部位置，现在有一个镜框式的拱门，在它之后的地方，即‘房间’中，是绘画的景片。”“表演最主要的部分都是在镜框式拱门前面的舞台上发生的，拱门里的幕布也只是偶尔降下来。”参见Raymond Williams，*Drama in Performance*，New York：Basic Books，1968，pp. 81－82。

在观众席的位置上，才能形成有效的看与被看的关系。但是，在演员的表演空间与舞台的视觉空间的区分中，演员往往能够挣脱视觉空间的限制，与观众进行交流，在伸出的舞台上与观众打成一片。观众和演员虽然受到视觉空间的限制，但是并没有被隔离。而且，这个视觉空间在设置观众位置的时候，并没有将观众从这个空间中分离出去。因为，透视法在自身的透视点中设置观众的位置的同时，也将观众引入了视觉空间中，使之成为舞台空间一个必不可少的结构要素，即观众被嵌入舞台中。因此，舞台布景的视觉空间、演员的行动－表演空间和观众席之间并不是各自封闭的、独立的，当然更不是对立的。

但是，随着对真实感追求的推进，舞台镜框台口前部演员的行动－表演空间被逐渐地切除了，而这正是"第四堵墙"观念提出的时期。① 与此相应，狄德罗随着自己的市民剧理论的发展，第一次在理论上提出了"第四堵墙"的观念。"无论你写作还是表演，不要去想到观众，只当他们不存在好了。只当在舞台的边缘有一堵墙把你和池座的观众隔开，表演吧，只当幕布没有拉开。"② 随之而来的是 19 世纪剧场的逐渐演变。一开始是镜框式台口之前的上下场门被移出，接着是脚灯的安装，然后把追求视觉可见性的演员推入框内的布景区域，箱式布景的使用，最后，19 世纪末至 20 世纪中期，写实主义戏剧将厚厚的镜框式台口本身淡化，甚至废除，作为界限的笨重画框就此被自然化。从此，"第四堵墙"将自己从镜框式台口笨拙的物质性中摆脱出来，演员也很自然地被限制在这个框内。③

（二）封闭性空间二分的结构模式

这种将演员行动－表演空间与布景视觉空间完全融合的努力，直到 19 世纪末的写实主义戏剧才臻于完善。正是写实主义戏剧"细节真实"再现"典型环境中的典型人物"的诉求，环境－布景才同演员融合，"画框"舞台才成为这个叙述运作的表征空间。写实主义"第四堵墙"画框功能对演

---

① 剧场建筑学家们"进入 18 世纪后半期，本应只有一个舞台——如表演舞台与布景舞台应该占据同一个空间——的提议才被提出来讨论。关于它最早阐述和随后的发展能在一系列理论家的著作中找到"。那种将舞台前部伸入观众席的做法受到广泛的批评。参见 Lain Mackintosh, *Architecture*, *Actor and Audience*, London: Routledge, 1993, p. 28。

② 〔法〕狄德罗：《狄德罗美学论文集》，徐继曾等译，人民文学出版社，1984，第 176 页。

③ Lain Mackintosh, *Architecture*, *Actor and Audience*, pp. 30－31.

员的行动—表演空间的“收编”和融合实际上创造了两个各自独立的、封闭的空间，即演员的舞台空间和观众席。如此，19世纪末的写实主义才真正使那个源自绘画布景的画框，在剧场中具有了“墙”的功能，真正成为“第四堵墙”，同时具有空间区隔的功能。

狄德罗在提出“第四堵墙”观念时，就强调其“隔开”的区隔功能。左拉也谈到自然主义剧场的关键问题在于“观众干涉的问题”。[①] 而易卜生则不再写作独白和旁白，还要求演员不能跨越这条界线，以免破坏观众的幻觉和享受。[②] 安托万在四面围墙的房间内排演，直到最后才决定撤去哪一面墙。斯坦尼斯拉夫斯基在“马洛列特科娃家的客厅”训练演员。

写实主义“第四堵墙”区隔出的两个空间是封闭的、相对独立的、二分的。而且，每一个空间都通过这种区隔和封闭规定了一定的行为规则。这在斯坦尼斯拉夫斯基的表演体系中表现得最为明显。他体系的起点正是“第四堵墙”的观看结构模式。《演员的自我修养》在开篇就提到“第四堵墙”外黑暗观众厅的吸引力给演员所带来的恐慌，那是“舞台框外可恶的黑暗”。他强调：“第四面墙一打开，舞台框的大黑洞便成为主要的方面，你就得来适应它了。人们就是从这第四面墙向房间里观看的，所以你随时都得想到这第四面墙，考虑这第四面墙。”[③] 通过将“注意转移到对手身上去”，这就形成了写实主义基本的观看和交流模式，即“当众孤独”。[④] 而同观众的交流是间接的交流，是通过与演员对手的交流、与剧中人物的交流来间接的达成的。这样，演员的表演活动被封闭在舞台这个同质的空间之内，有一套注意力和行动的模式。

因此，观众被从这个相对封闭的空间中分离出来，不再是舞台“图像”生成的一个元件，也不介入或影响演员的表演。观众被封闭在另外一个区隔于舞台的空间之中，成为一个沉思的、观看的主体。斯特林堡描述过这种观看模式：“当看着舞台上演员的动作时，你最初的感觉是，作为一个观众，你完全被忽视了。演员不会看向你，没有台词是直接对着你说的——观众以一个聪明的方式来听，那能传递作者已经深思熟虑的问题和答案——你感觉自己就像一个偷窥者，就像从一个钥匙孔偷窥一样，不一样

① 周靖波编《西方剧论选：变革中的剧场艺术》，第435页。
② 〔挪威〕易卜生：《易卜生全集》第八卷，多人译，人民文学出版社，1995，第219页。
③ 〔俄〕斯坦尼斯拉夫斯基：《演员自我修养》，郑雪来等译，第117页。
④ 〔俄〕斯坦尼斯拉夫斯基：《演员自我修养》，郑雪来等译，第133页。

的是，这里没有墙。”①

19 世纪中期以后，也正是写实主义发展和完善的时期，在实际的剧场实践中，灯光和观众席的演变也完善了“第四堵墙”的空间区隔功能和二分结构模式。由于技术的进步，气灯以及随后电灯的使用使得灯光成为剧场中一个可控制的因素。灯光在照明的功能之外，具有了区隔空间的语法功能，从而成为一个结构观演关系的功能性要素。② 在黑暗的观众席与照亮自己的舞台二分对立之间就形成了不可逾越的鸿沟。与演员不能跨越那个明亮舞台的封闭性一致，观众被禁锢在黑暗的、沉默的观众席之中。这也是我们所强调的惯例。观众由此成为合法的窥视者，也成为不能介入的旁观者。

同理，观众席的变革，不管是位置还是排列，也正是将观众的空间从舞台空间区隔出来，与舞台相对立，并使之具有封闭性，同时规定了观众的行为准则。空间的部署，所形成的是二分的、对立的观看结构模式。一方面，在 19 世纪末，一些国家就在法规中规定了观众厅的密度和舒适度、安全距离。③ 于是，观众的行为能力逐渐丧失，更加被动，观看成了真正意义上的旁观，放弃了行动的“权力”；另一方面，观众席也被越来越集中地排列在舞台“第四堵墙”的正对面，从而失去了观众环绕着演员的模式，观众与演员、舞台与观众席二分的模式在“空间上的规训”形成了。这种空间二分对立的模式成了 19 世纪中期以后，即写实主义戏剧发展时期，剧场主要的演变趋向，而这些剧场在其后都很少发生改变。④ 毋庸置疑，这种排列方式强调了观众作为一个观看主体的位置和观看的准则，而演员及其

---

① August Strindberg, *Strindberg on Drama and Theatre*, Egil Tornqvist and Birgitta Steene, ed., Amsterdam: Amsterdan University Press, 2007, p. 29.

② 到了 19 世纪中期，可被连续控制的气灯，在莎士比亚的室内剧场之后第一次发挥着结构观演关系的功能。观众席可以变暗，“演员现在乐于退后到图画框的后面”。这种气灯在随后的发展中为电灯所取代（如在 1887 年和 1888 年，巴黎歌剧院和拜罗伊特剧院都装上了电灯，这种空间区隔的功能也更加明显），瓦格纳在 1876 年率先熄灭了观众席的灯光，取消包厢，让观众的注意力集中在舞台之上。其后，追求现实主义风格的欧文熄灭了兰心剧场观众席的灯，成为英国第一个使观众席变暗的人。参见 Lain Mackintosh, *Architecture, Actor and Audience*, p. 36。

③ 如 1878 年，英国的演出法案就规定了身体与身体之间的距离。从而观众在“较小的密度的房间中坐在更加舒适的座位上，变得更加的被动，也更加昏昏欲睡”。参见 Lain Mackintosh, *Architecture, Actor and Audience*, pp. 22 – 23。

④ 参见宫宝荣《法国戏剧百年：1880 ~ 1980》，三联书店，2001，第 13 页。

表演则成为被看的客体。

这对视觉空间的强调、对空间的区隔和配置是对位置的分配，对行为规范、模式的配置，即角色的分配。剧场“是参与者必须遵守规则的游戏，表演者与观众通常会依循被分配的角色，借此互动”①。其实，“第四堵墙”就是主体的“生产”——观众（观看的主体、不行动的窥视者）与演员（行动的主体、被看的客体），并由之形成了观众/演员的二分结构，规定两个空间的性质和功能，规定两个空间中的行为模式，甚至确立相应的角色行为规则。从写实主义戏剧开始，“演员在他们的布景之中，在他们的画框后面，也在更加明亮的脚灯后面，在一个明亮的画面之中，观众从一个有意识地分割开来的、黑暗的观众席中观看他们”②。这是具有标识性意义的，因为观众与演员的关系往往是区分不同戏剧形式的标准，“第四堵墙”的绝对隔离保证了写实主义戏剧和剧场的认同作用以及真实幻觉的制造。

这样一来，写实主义戏剧和剧场观众/演员二分结构和封闭性的特征就会走向自己客观、真实再现的反面。第一，在封闭性的、区隔的、角色分配中，观众接受的是“作者已经深思熟虑的问题和答案”。即意义不是由观众和演员共同生成的，而是给定的。因此，即使通过精良的表演吸引观众的注意力，让观众在想象中与演员一同经历的参与方式，也只是形式化的参与。第二，这种观众/演员二分结构模式往往是一种消费的模式。“以演员和观众为主要元素来定义的，事实上并不是戏剧行为，而是戏剧的消费活动。”③ 第三，在这种空间区隔和二分中，观众和演员被固定在两个空间位置之中，被固定在两种行为模式、“职责”明确的角色之中。双重化的隔离，使二者无法互换角色。由此，戏剧背离了其“重生”的精神。这是戏剧脱胎于再生仪式以来所具有的独特性。根据哈里森的考察，戏剧起源于酒神颂这种再生的仪式，关键在于“生命从一种阶段向另一种阶段的转折”，“即弃旧从新，抛弃旧的形象，换上新的面目”。④ 这种“再生”不仅仅是演员的角色扮演，同时也是观众的“再生”。然而，观众在此没有参与、介入的可能，缺乏角色变形、变换的可能。这就缺乏生成的能力，从而导向的是僵化的

① 〔英〕克里斯多夫·巴尔梅：《剑桥剧场研究入门：从能剧到数位剧场》，耿一伟译，第22页。

② Raymond Williams, *Drama in Performance*, pp. 91 - 92.

③ 蓝剑虹：《现代戏剧的追寻——新演员或是新观众?》，唐山出版社，1999，第141页。

④ 〔英〕哈里森：《古代艺术与仪式》，刘宗迪译，三联书店，2008，第71页。

角色的重认，即对日常生活、社会文化、戏剧剧场所分配的角色和行为模式的重认，这种僵化地、循环往复地重认，会带来常态的疯狂。

在祛魅的现代社会中，旁观者二分模式“是人”，而背离了戏剧“做人”的精神。“在一个到处实行演员/观众二分的种族隔离政策的社会中（在剧院、电影院和电视中），人们无从去察知那个书写、铭刻在我们自身躯体上的‘剧本’，而且，我们无从，也欠缺去将生活演出另一可能性的技能（另一种‘做人’的技术，戏剧在此引入‘是’人和‘做’人的差异）。”① 戏剧剧场在封闭的、二分的空间模式和观众/演员关系结构模式之中，剥夺了观众扮演的可能性，即参与的可能性。

三 镜像：旁观者的双重认同

在写实主义戏剧和剧场这个空间区隔的二分结构中，建构和区分了两个主体的位置，由此形成了不断重新确认的循环结构。这也源自于“第四堵墙”这一观念和剧场实践在写实主义这里所具有的镜子功能。“我们现实主义者仍然坚持古老的信念，即文学和剧场的目标是‘举着镜子照出自然，展现它本身的特征’。”② 写实主义戏剧要求真实地再现生活，从而达到对社会生活的认识，这一原则在思想谱系上来源于柏拉图的“镜子说”、模仿说。不管是现实主义的“典型”理论，还是自然主义“照相式”精确、客观地记录和再现现实生活，都是“镜子说”在19世纪的衍生形式。③“第四堵墙”的舞台就是一面照见以观众席为代表的现实的镜子，在再现、映射出现实镜像的同时，也建构了双重认同的观看主体。

（一）观众与“第四堵墙”：观众对旁观者位置的认同

首先，在写实主义戏剧和剧场中，剧作家是作为一个“社会图画”的观察者、描绘者、记录者，作为社会现实生活准确的观察者、科学的实验者和生活片段的记述者，是一个主体的位置，将存在者“摆置到自身面前和向自身而来摆置”。这个主体的位置、观察者的位置，也正是写实主义戏

① 蓝剑虹：《现代戏剧的追寻——新演员或是新观众?》，第149页。

② August Strindberg, *Strindberg on Drama and Theatre*, Egil Tornqvist and Birgitta Steene, eds., p. 34.

③ 肖伟胜：《视觉文化与图像意识研究》，北京大学出版社，2011，第110～111页。

剧和剧场要求观众所认同的位置——在“细节的真实”所构造的完美图像的观看者的位置。易卜生说，观众认同于诗人的观察。[①] 这既是在思想内容、情感上要求作家亲身经历，也是要求观众认同于作家这个观察者的主体位置。《社会支柱》中博尼克的住宅场景描绘既是对观看者主体位置的设定，也是对观看者视线的引导，从而促使观众对这一观看主体位置的认同。

如上所述，“第四堵墙”的区隔功能将观众限制在固定的位置上，位于舞台为代表的世界镜像面前，全心地观看这些现实生活的镜像——人物角色的世界。事实上，区隔设定了一个象征性的观看主体位置。走进这样的剧场，成为一个理想的写实主义戏剧理想的观众，就意味着对这个观看主体位置的认同，意味着在这一观演活动系统、观演关系结构模式、符号运作模式之中获得一个位置，从而成为在剧场建制、视觉场域中占据着主体位置的观看者。这也就是拉康所说的象征性认同。只有在这一对戏剧、剧场建制的所指定的位置的认同之中，观演活动才得以可能，观看才能获得快感。

阿尔都塞则将其称为意识形态将个人传唤为主体。这是一种意识形态的认同。走进写实主义理想剧场，认同于“第四堵墙”所布署的象征性位置，作为得体的旁观者观看“细节真实”呈现的完整的图像，即现实生活的镜式再现，无法“干涉”舞台行动，成为“明了和简洁的人群”[②]。在这些仪式化的、自然而然的、自觉的行动之中，“认识到我们都是主体，并且我们是通过最基本的日常生活实践仪式发挥功能的”[③]。在写实主义戏剧剧场中，无意识地承认/误认自己观看者的主体位置、排除一切噪音的排斥机制、行动和观看之间的区分，承认/误认人的行动具有理性的结构，承认/误认真实的普遍性，如此，写实主义戏剧剧场画框功能、区隔功能和镜像功能，往往也是询唤旁观者的意识形态运作机制。这些剧场结构的设置、空间的划分和区隔、观众行为的规约、演员表演的方式等，往往会作为意识形态机器的剧场所规定的仪式，让观众以这样或那样的姿态、行为方式参与意识形态机器的常规实践。在写实主义戏剧和剧场中，就是作为旁观者，在沉思默想中，观看并享受幻觉，或者说受制于面前的现实幻觉。

---

① 外国文学研究资料丛刊编委会编《外国现代剧作家论剧作》，陈焜等译，中国社会科学出版社，1982，第3页。

② 周靖波编《西方剧论选：变革中的剧场艺术》，北京广播学院出版社，2003，第437页。

③ 陈越编《哲学与政治：阿尔都塞读本》，吉林人民出版社，2003，第363页。

（二）演员与角色：演员对旁观者位置的双重认同

写实主义戏剧剧场观众这种对主体位置的认同也发生在演员的身上，演员也被置于"第四堵墙"这个相对封闭的空间之中，被禁止跨越"第四堵墙"的舞台框，不准去"看观众"，禁止与观众谈话，必须与舞台环境融合在一起，等等。在这一仪式化的行为实践之中，认同于自己所处的、封闭的、镜面空间之中的位置。演员对这一"行动"（表演）主体位置的认同，最基本的行为方式就是在舞台上过着"角色的生活"。这使得演员在与角色及其作为行动者位置的双重认同之中，真正成为旁观者，即演员对旁观者位置的双重认同。

斯坦尼斯拉夫斯基要求："演员完全不由自主地生活于角色之中，既不去注意他怎样感觉，也不考虑他在做什么，一切都是自然而然地、下意识地做出来的。"① 与角色同呼吸，共命运，处于一种"我就是角色"的状态。如此，在舞台上，演员和角色之间的距离被抹除了，演员自己扮演的机制也被抹除了，"已经看不见自己本人了"。这意味着，"我存在着，我生活着，我和角色同样地在感觉和思想"②。斯特林堡也认为："角色演员忘记自己，完全地潜入角色之中，并变成他所扮演的角色。"③ 这种对演员在舞台上"我就是"角色的强调，事实上就是要求演员与角色的同一性，是演员对角色的认同，是演员对角色这一镜像的认同。

这是想象性认同的运作。拉康将认同分为想象性认同和象征性认同，二者相互作用，从而形塑自我并与世界建立关系。想象性的认同早在婴儿的镜像阶段就已经发生。婴儿在6～18个月的时候，将镜中完整的形象归属于自己，从而达到对自己破碎的身体的格式塔完形，建构出理想自我（ideal-ego）。④ 这是结构自我和主体的原初场景。而事实上，镜像还可以是在其中看到自己的形象、人或事物。⑤ 就在这一"看"之中，完成自我塑型，从

---

① 〔俄〕斯坦尼斯拉夫斯基：《演员自我修养》，郑雪来等译，第26页。

② 〔俄〕斯坦尼斯拉夫斯基：《演员自我修养》，郑雪来等译，第249页。

③ August Strindberg, *Strindberg on Drama and Theatre*, Egil Tornqvist and Birgitta Steene, eds., p. 131.

④ 〔法〕雅各·拉康：《"我"之功能形成的镜子—阶段》，参见〔斯洛文尼亚〕斯拉沃热·齐泽克等《图绘意识形态》，方杰译，南京大学出版社，2002，第124～125页。

⑤ 〔法〕雅各·拉康：《"我"之功能形成的镜子—阶段》，参见〔斯洛文尼亚〕斯拉沃热·齐泽克等《图绘意识形态》，方杰译，第126页。

而也是被抛入一个异化的完整形象之中，而这却是一个想当然的异化身份的盔甲。[①] 写实主义戏剧舞台，演员对角色的认同，就是对角色 - 镜像的认同。通过角色建构了自身，从而生活在角色的身份和世界之中。

演员这一特殊的存在，在舞台的演出中，是通过与角色的认同化身为角色，成为演员 - 角色这一"行动"主体的。通过想象性认同再一次认同于自己在区隔建制中的主体位置，即完成象征性认同。这展现了认同作用的两个方面，即想象性认同与象征性认同是不可分割且相互作用的。[②] 因为，想象性认同通过认同于镜像，结构出完整的、同一性的自我原型，它的功能在于建立起有机体与世界、与现实的关系。由此，使有机体在象征界中获得一个主体位置、符号位置、建制位置成为可能，"成为继发认同的根源"[③]。在写实主义戏剧剧场的表演中，演员对角色的这种认同已然成为一种必需的"仪式化"行为，只有在这种行为实践和行为方式之中，演员才区隔于观众，才处于演员 - 角色行动主体的位置，建立其与观众 - 观看主体二分的关系。而完成演员"同观众交流的最好办法就是通过与剧中人物交流"[④]。

因此，一方面，剧场"第四堵墙"空间区隔的建制所建构的位置在召唤演员认同于这一主体位置；另一方面，演员通过与角色 - 镜像认同，通过"我就是"角色的状态生活在舞台上，从而再一次认同于建制中演员的位置。于是，在演员对角色的镜像认同之中，演员先在的象征性认同也在起作用，包括演员作为社会现实生活一员的象征性认同。这也是斯坦尼斯拉夫斯基强调演员的有机天性的原因。演员已经在"第四堵墙"的剧场建制、剧本建制之中，成为封闭舞台空间中映现现实世界的表演者，更不用说演员与观众一样，是现实世界之中的一员，也是作为现实世界符号秩序之中的主体，来"观看"角色，并认同于角色的。

（三）观众与演员 - 角色：对旁观者位置的再认同

同理，这样的双重认同运作中写实主义戏剧演员最后便是引发作为旁

---

① 吴琼：《雅克·拉康——阅读你的症状》，中国人民大学出版社，2011，第 411 ~412 页。

② 〔美〕狄伦·伊凡斯：《拉冈精神分析学辞汇》，刘纪蕙等译，台湾巨流出版有限公司，2009，第 134 页。

③ 〔法〕雅各·拉康：《"我"之功能形成的镜子—阶段》，参见〔斯洛文尼亚〕斯拉沃热·齐泽克等《图绘意识形态》，方杰译，第 124 页。

④ 〔俄〕斯坦尼斯拉夫斯基：《演员自我修养》，郑雪来等译，第 484 页。

观者的观众对演员－角色的认同。斯坦尼斯拉夫斯基始终相信，演员只要通过与剧中角色的交流，通过体验角色的情感，并把情感传达给其他的演员－角色，就能够引起观众的注意和参与。① 在演员“我就是”角色的状态中，观众透过“第四堵墙”的镜式再现，在演员－角色身上看到自己的相似物，看到自己的影子，那正是自己的重影。观众都认同于演员－角色镜像，舞台上符合日常生活的角色就是观众的“我”。

一方面，通过演员与角色的认同作用，在区隔中，观众认同于角色，让这个“重影”代替自己行动，而本人则远离事件本身的危险性，同时也放弃了行动的能力，即“重生”的能力。由此，观众认同于剧场“第四堵墙”建制所询唤的观看主体的位置。另一方面，这种镜像映现不只是投射出观众的形象，还再一次强化了观众对日常无意识的认同。就如心理分析镜像阶段一样，镜像同时也具有自我建构、自我完形的功能。因此，这一演员－角色的镜像参与了对观众的建构。“自我把镜中之像——不论那是自己的还是他人的，甚或只是一个物像——凝定为自己的理想形象，并以误认的方式将其视为自己的自我形象，以此来预期和投射自我的未来以及自我与世界的关系。”②

于是，观众对角色的双重认同建构了观众作为自己生活世界旁观者的位置。写实主义戏剧便因此往往会反过来强化日常世界的意识形态及其相应的社会代码。“此一以假乱真的镜子一方面将想象之物当成真实来向我们呈报，并且以一种不可逆的方式来呈现，这也就是说，将想象之物转化成‘绝对真实’。另一方面，它借由幻觉的再现能力将原本早已统治着观众的日常世界的意识形态再次予以强化，将它再现为一‘绝对真实’的状态，观众因而被敌对阶级的意识形态所异化。”③ 最后，戏剧放弃了自己拆解僵化生活的能力，甚至反而强化日常生活的无意识。意识形态透过承认的机制，通过镜像的双重反射结构，把个人放到旁观者位置上，赋予他们自己的认同，建立主体与现实的生存条件的想象性关系，从而完成意识形态机器生产关系再生产的功能。写实主义戏剧所建立的“第四堵墙”因而往往会走向自己的反面，这在“第四堵墙”的现代变体中表现得最为明显。

---

① 〔俄〕斯坦尼斯拉夫斯基：《演员自我修养》，郑雪来等译，第484页。
② 吴琼：《雅克·拉康——阅读你的症状》，中国人民大学出版社，2011，第435页。
③ 蓝剑虹：《现代戏剧的追寻——新演员或是新观众?》，第211页。

四 “第四堵墙”旁观者建构功能的传播与反思

重要的是，“第四堵墙”观众/演员二分观演关系结构模式是生产性的。虽然作为运动思潮的写实主义戏剧在19世纪末只持续了短短的三十年（1877～1906），[①] 但是，“第四堵墙”所建构的二分的观演关系结构模式，凭借着它的简洁和经济，凭借着人们行动与思考二分的现代意识形态，在建制中一直延续了下来，甚至被强化为普遍的模式。

首先，固定剧场这个物质装置是一套观演建制。它简洁的物质性使它将某种观演关系结构模式物质化，并保存了下来。20世纪初，皮斯卡托就批评说：“一个方形的部分，一个画框，观众通过它获得一个对陌生的世界‘严禁的观看’（forbidden look）。舞台和观众席之间的鸿沟三个世纪以来已经决定性地塑造了国际的戏剧了。”[②] 这种镜框式的舞台和它“第四堵墙”的模式已经是普遍的、仍然是主导着今日剧场的基本型制。

其次，在19世纪末至20世纪中期，“第四堵墙”建制的延续，也得益于写实主义戏剧的媒介环境，即电影的发明。他们拥有19世纪中期以来细节真实再现的共同渴望和无意识的冲动。[③] 电影装置与“第四堵墙”剧场和戏剧之间相互模仿、相互加强。早期的电影拍摄戏剧舞台[④]，并模仿镜框式舞台剧场建立电影院。电影特殊的机器装置，实现了写实主义戏剧、剧场“第四堵墙”的理想。可以说，电影院建制更完美地实现了“第四堵墙”的三个功能。因此，电影屏幕装置也在商业竞争中逐渐改变传统伸出式和圆形剧场的型制。[⑤]

最后，在电影、电视、视窗等这些当代的“第四堵墙”中，在新媒介快速的发展和普及之中，旁观者二分的、认同作用的“第四堵墙”的功能运作和观演关系结构模式继续发挥着作用。因而，在写实主义戏剧落潮之

① 〔英〕J. L. 斯泰恩：《现代戏剧的理论与实践》（一），周诚等译，第2页。

② Erwin Piscator, *The Political Theater*, New York: Avon Books, 1963, p. 189.

③ Bert Cardullo, ed., *Theater and Cinema: Contrasts in Media*, 1916－1966, Palo Alto: Academica Press, 2011, p. 4.

④ 〔法〕乔治·萨杜尔：《电影通史·第一卷·电影的发明》，忠培译，中国电影出版社，1983，第157页。

⑤ Lain Mackintosh, *Architecture, Actor and Audience*, p. 2.

后，“第四堵墙”二分的旁观者模式和运作机制成为现代主义戏剧观演关系变革的基本背景。而我们当下需要反思的视觉建制的历史源头，正在于19世纪观看的技术和机制。不管是写实主义戏剧思潮，还是现代主义戏剧变革，“第四堵墙”的视觉建制都具有不可忽视的当代性。

画框的隐现与艺术观念转折[*]

汤克兵[**]

摘要 画框不只是艺术作品的一个外在物理框架，而是已然内化为我们区分物理空间与艺术空间的视觉隐喻。在传统绘画中，画框的“窗口”隐喻与“透视建构”纠缠在一起，赋予所框之绘画空间以理性、秩序和清晰等古典主义价值。现代艺术一方面不同程度地表现出对这种“画框专制”的质疑与挑战，另一方面通过对画面的割裂、压平、拆解，戳穿了传统绘画的幻觉空间，也因此解构了画框与作品之间那种虚假耦合的美学关系。现代艺术的种种“去画框”行为背后总是另有一套关于“画框”的话语。某种意义上而言，艺术总是通过“画框”这个看似隐而不显的“外围构件”来宣称自己的存在。

关键词 画框 窗口隐喻 光学现实主义 平面性

Abstract The frame should not be only regarded as an external physical framework of artworks, but has been internalized as a kind of visual metaphor to separate the objects it represents from those objects that are irrelevant to the representation. In the history of painting since the Renaissance, what is at stake with the frame is the metaphor of painting as window. Within the space contained by the frame the values of reason, order and clarity work to achieve a coherent picture space uniting. However, modern artists expose the

---

* 本文为2015年重庆市研究生科研创新项目（CYB2015073）、西南大学2015年中央高校基本科研业务费专项资金资助项目（SWU1509387）的阶段性成果。

** 汤克兵，西南大学文学院2013级文艺学专业博士研究生，主要从事视觉文化与艺术理论研究。

value-conferring mechanism of space of illusion by refraining from the complete picture plane, thus deconstructing the false aesthetics relationship between the frame and the artwork. Those characteristics of de-framing always refer to another set of discourse systems about absence of rapport. In a sense, the art is given its own rights depending on how the frame seemingly considered as the periphery of the picture.

Key words Frame Window as Metaphor Optical Realism Planarity

画框通常被视为艺术品的一个外在物理框架，艺术史学界对画框的意义往往缺乏充分的认识，即使偶尔提及也只是当作一种趣味问题看待，视之为艺术品的外在装饰物。事实上，西方绘画史上一直不乏对画框与艺术品关系的关注。例如老普林尼在《自然史》中提到，当宙克西斯试图掀开盖在巴哈修斯画作上的“幕布”时，却惊奇地发现，原来绘画上面的“幕布”本身就是一幅“画”。画家正是利用了我们习惯于揣测“幕布”后面总有可看的东西。类似的仿效之作，有17世纪荷兰画家基斯布莱西特斯（C. N. Gijsbrechts）的作品《绘画的背面》（*Painting Turned Around*），画面只是一幅关于绘画背面框架的图像；现代主义画家皮卡比亚（Francis Picabia）有一天在德鲁昂餐馆展出了一幅令观者百思不得其解的“绘画”：四根线条延伸穿过一个悬在半空中的画框。皮卡比亚展示了一个没有“图像”的空画框。这意味着画框可以对周围环境任意切割，观者从不同角度可以看到不断变化的“图像”；此外，马格利特（Rene Magritte）的绘画《空画框》，以及当代纽约艺术家克里斯顿·厄卡特（Christian Echart）以《虔诚意象与幻影》（*Andachtsbild and Eidolons*）命名的画框系列作品，都直接以“画框”为形象揭橥艺术的“观念”建构本质。可见，画框是思考艺术品意义的一种视觉隐喻符号①。

当艺术品成为一种意义的陈述对象时，画框就将其与周围环境明显地分离开来，改变了艺术品的现实地位。从这个层面来说，画框不只是艺术品的一个外在物理框架，而且是已然内化为我们区分物理空间与艺

① 艺术史家迈耶·夏皮罗认为，画框在其历史文化惯例中形成了自身的符号学价值。参见 Meyer Schapiro, “On Some Problems in the Semiotics of Visual Art: Field and Vehicle in Image-Signs,” *Semiotica*, Vol. 1 (1969): 223 - 242。

术空间的视觉隐喻。它将图像从非图像化事物中分离出来，赋予所框之物一个意义世界，并与框外世界联系紧密，由此引发诸如内部与外部的区分①、真实与虚构的转换乃至“画框专制”等关涉艺术观念的更为根本的问题。

一 画框的“窗口”隐喻：传统绘画与透视建构

从既有的文献来看，最早关注画框之于观看的重要性的是古典主义绘画大师普桑。1639 年，尼古拉斯 · 普桑（Nicolas Poussin）应其赞助人尚特罗（Chantelou）的要求，将《以色列人收集吗哪》（*Israelites Gathering the Manna*）这幅画寄往巴黎。这幅画描绘了圣经《出埃及记》的这样一个情节：一种神奇的食物（吗哪）从天而降，犹太人因而免于饥饿。在给赞助人的回信中，普桑特别交待了画框的问题：“一旦你收到了这幅画，如果你喜欢这个主题，我请你用画框装饰它；这是必要的，以便观画时眼睛的射线能集中于画面，不至于因邻近物体的干扰而注意力涣散。”②

普桑请求赞助人给画附加一个画框，说明他既关心毗邻画作是否干扰注意力的集中，也担心周围环境（巴洛克式的墙面装饰）可能侵入绘画的内部空间。反过来说，此时的画框就起到了将其呈现的对象与无关再现的外在环境分离开来的作用。对普桑而言，画框既是人为制造的视域“界限”，也是观者与图像之间的一个定位与聚焦装置，同样也暗示了画框之于艺术品的意义建构的重要性。一方面，从绘画的制作来看，画框、边界或图画的基本形制本身即构成构图秩序的根本原则，它预先存在于艺术家整合和组织画面的活动之前，并决定此后的每一步；另一方面，从观者的角度来说，画框因此就成了观看和理解绘画的一个更为根本的假设条件，因为“它决定画面的中心并赋予每个部分或每个形象以轮廓清晰的空间，确

① 乔治 · 西美尔曾把画框的边界功能与对绘画的审美介入联系起来，他认为画框双重地强化了绘画的边界功能：一方面是排除了绘画自身之外的事物，另一方面又在整合绘画的内部结构，因而使得作品能够单独置于那种带来审美愉悦的距离中。参见 Georg Simmel，“The Picture Frame：An Aesthetic Study，” trans. by Mark Ritter，*Theory Culture Society*，Vol. 11（1994）：11。

② Jean-Claude Lebensztejn，“Framing Classical Space，” *Art Journal*，Vol. 47，No. 1（Spring，1988）：37.

定它在中心及边框的水平和垂直联系中的视觉价值”①。

沃尔夫林（Heinrich Wafflin）就曾以画框所确立的二维结构（平行线与垂直线）为基础，将文艺复兴时期绘画与巴洛克绘画区分为“封闭的形式”与“开放的形式”这两种不同的构图风格。在封闭式的绘画作品中，所有人物在画框所确立的视觉体系中给人以平衡和稳定的构造感；而在开放式绘画作品中，斜角线与画框的水平线和垂直线形成鲜明对照，图画内容往往被画框的边缘切断，似乎要挣脱且否定画框所限定的内部空间。某种意义而言，此时的画框成了一种关于视觉秩序建构的隐喻。正如路易斯·马林（Louis Marin）所说，“画框使艺术作品在可见的空间内获得独立，它使再现成为排他性的在场。画框如实地界定视觉感知的条件，也同样界定了再现的意图——通过画框，图像绝非只是看到的一个事物：它成为静观的对象”②。画框将我们放置在一个视觉政体（scopic regime）的矩阵中，我们体验艺术作品的审美幻象，如同它毫无疑问地被呈现。进一步借用阿尔都塞（Louis Pierre Althusser）用来描述意识形态的术语，那就是画框“询唤”我们，而且向我们提供看似独特的观看体验。

画框引发的观看体验通常与一种特殊的视角，即与绘画的透视建构所规定的“透视地看”构成一种呼应关系。从词源学来看，“透视”一词来自拉丁语 *perspicere*，本身就含有“看清楚”（seeing clearly）或者“透而视之”（seeing through）、让事物明晰之意。由于观看本身涉及视角的选择问题，而既定的视角也就规定了绘画内容以何种方式显现，因此意识到支配我们视觉的条件并将其固化为一种知觉模式也就成了一个核心问题。如果说阿尔贝蒂关于绘画的“窗口”隐喻是对这种观看的特殊视角和知觉模式的一种圈定，那么，绘画的透视建构就必须对眼睛有所操控。

根据布鲁莱内斯基（Filippo Brunelleschi）的木板画实验，直线透视假定了我们观画的过程仿佛是单眼透过一个窥孔来看这个世界，因此绘画仿佛是“一目了然”的。然而，日常视觉经验中并不存在“单眼透视”，我们

---

① Thomas Puttfarken, *The Discovery of Pictorial Composition*: *Theories of Visual Order in Painting 1400 – 1800*, New Haven & London: Yale University Press, 2000, p. 6.

② Louis Marin, “Le Cadre de la Représentation et Quelques unes de ses Figures,” *Cahiers du Musée National d'Art Moderne*, 1988 (24): 67; Louis Marin, “The Frame of Representaiton and Some of Its Figures,” in Paul Duro ed., *The Rhetoric of the Frame*: *Essays on the Boundaries of the Art-work*, Cambridge University Press, 1996, pp. 79 – 80.

通常用两只不断移动的眼睛来看东西。对此，阿尔贝蒂（Leon Battista Alberti）是心知肚明的。不过，为了掌控事物的显现，阿尔贝蒂将复杂的视觉还原为静态的单眼观看，并把我们置于一个由画框或窗口建构的虚假内部。阿尔贝蒂在其著作《论绘画》中这样介绍自己的绘画过程："首先讨论取景。我在一个绘画平面上画一个大小不定的正方形，将它视为一面打开的窗口，透过它我能看到所要描绘的对象——这样才能让观察者觉得自己眼前的可视面与画家创造的画面是同一个面。"① 与布鲁莱内斯基在面板上钻一个仅供单眼窥视的小孔类似，在阿尔贝蒂的透视建构中，画家的首要任务不是确定没影点或距点，而是架构一个我们今天所谓的"取景框"。视觉世界本身如同一个连续的空间包围着我们，当景框将视觉世界的连续性分割出有限的区域并纳入其中时，所有显现就占据了一个正面朝向我们的封闭空间。这样说来，一个可以对可见世界任意裁剪的"正方形"与具有透视效果的"窗口"是相通的。唯有通过这个虚拟的"窗口"，所要描绘的对象才能被安置在边框所投射的空间内部，以便我们在这个框内审视历史（即阿尔贝蒂所说的 *istoria*）。因此，对于阿尔贝蒂而言，这个审视历史的"景框"在视觉再现方面构建了一种概述和界定现实的模式。

当阿尔贝蒂将透视法建构与观看的视窗效果捆绑在一起时，绘画的"窗口"隐喻越来越成为后来者解释传统绘画艺术的一个重要理论依据。② 费拉莱特（Filarete）就更形象地把学习透视法比作建造一栋大楼，他把绘画也看作一个透明的窗口："我们首先要假装站在某个窗户前，通过这个窗口，我们在平面上可以看到想要描述和绘制的一切事物。"③ 达芬奇通过一个想象的透明的玻璃窗来描述透视法技术，认为透视无非是通过一扇平坦而透明的玻璃窗观察事物，然后在玻璃面上描下在它后面物体的轮廓。达

---

① Leon Battista Alberti, *On Painting and On Sculpture*: *The Latin Texts of De Pictura and De Statua*, trans., Cecil Grayson, London: Phaidon, 1972, p. 55.

② 关于西方传统绘画与透视建构的联系，除了阿尔贝蒂的"窗口"论之外，还有自柏拉图以来盛行的"镜子"说（也称"模仿说"）。虽然同样作为一种认识论的隐喻，但两者略有不同。"镜子"强调机械地投射和抄录外在世界，而且世界与错觉之间界限分明；而"窗口"则强调"透而视之"，侧重艺术主体的创造性因素。处于内外之间的"窗口"在区分两种不同空间感知的同时，也暗示生活中的视觉空间与绘画的二维空间之间的连续性与可转译性，即有选择地"再现"世界、"界定"现实。参见 Patrick Maynard, "Perspective's Places," *Journal of Aesthetics and Art Criticism* 54 (1996): 23－40。

③ Antonio di Piero Averlino, *Filarete's Treatise on Architecture*, trans. & ed. by John R. Spencer, New Haven and London: Yale University Press, 1965, Vol. 1, p. 302.

芬奇所强调的“玻璃窗”这个取景装置，实际上综合了阿尔贝蒂所说的具有透视效果的“窗口”和半透明的“纱屏”，有论者称之为“达芬奇之窗”[①]。丢勒（Albrecht Dürer）甚至在《描画女裸体》这幅插图中，还原了阿尔贝蒂用来辅助画轮廓的“格子窗”或“纱屏”。布鲁克·泰勒（Brook Tayloy）在《直线透视法》（1715年）中讨论绘画的透视建构时，索性将画框之于观看等同于窗口所呈现的亦幻亦真的效果：“一幅近乎完美的绘画必须能够迷惑观者的眼睛，以至于他无法辨别所见之物只是一些涂抹在画布上的人工颜料，还是像从窗口那样透过画框所看到的再现物”[②]。由此，阿尔贝蒂的“窗口”越来越从语义学的修辞效果转化为一种视觉空间建构的装置。同时，画框作为观看主体视框的认识论隐喻，也与透视建构不可避免地纠缠在一起。由于透视建构假定了所有显现相对于主体的看，观察者无法自己去构想一些东西，“因此观察者总是受制于摆在他眼前让他看到的东西”[③]。此外，预设的“窗口”实际上是将观看主体置于旁观者的位置，如同室内的人通过窗口向外窥视，却没有被看，因而这种观看是不对等的，“这种观看的非对称性预示了后来一种新的视觉政体的出现，即边沁的‘圆形监狱’”[④]。

二　光学现实主义：印象派的“画框意识”

如果说传统绘画理论力图通过透视建构来营造一种像是透过窗口看到的逼真效果，那么这个在封闭的画室里构想出来的“窗口”所承载的理性、秩序和清晰等传统价值观念则因印象派画家发起的“光色革命”而开始动摇。印象派画家认识到透视法建构假定的单眼视觉违反了日常生活中的观看经验，也越来越意识到画框打开的是一个不确定的空间。通过对外在具象与内心情感的双重排空，印象派画家在艺术与自然之间找到了一种新的连接关系，即追求一种未经各种意识形态和文化习性中介的“自然的纯真

---

① Maurice Henri Pirenne, *Optics, Paniting and Photography*, Cambridge: Cambridge University Press, 1970, p. 74.

② Kirsti Andersen, ed., *Brook Taylor's Work on Linear Perspective*, New York: Springer Science + Business Media, LLC, 1992, pp. 75 - 76.

③〔德〕鲍里斯·格罗伊斯：《揣测与媒介：媒介现象学》，张芸、刘振英译，南京大学出版社，2014，第16页。

④ Georges Teyssot, "Windows and Screens: A Topology of the Intimate and The Extimate," *Log*, No. 18 (Winter 2010): 76 - 77.

印象”，打破了文艺复兴以透视幻觉为基础的写实传统。

为了追求这种“自然的纯真印象”，19世纪的印象派画家们主张将文艺复兴以来所确立的“画其所知”再现程式清理出去，他们也自信有能力将视觉所见以“科学的准确性”描绘在画布上①。这种“科学的准确性”实际上就是把19世纪自然科学对光和色谱的研究成果直接运用到绘画创作之中。在印象派画家看来，“清晰的轮廓，抑或说线条本身在自然界中是不存在的。画家关心的应是光和色，而不是物体和存在本身。”② 而且自然物体的光线和色彩随着时间流逝而不断变化，画家的任务就是力图呈现个体视觉经验的瞬间性与偶然性。这就需要画家们到室外写生，去观察大自然，尤其观察水的反光和折射，雾的光柱细微变化，思考如何用准确而恰当的色彩和线条将自然的“光效应”描绘在画布上。莫奈与雷诺阿这两位艺术家就曾经在一起并肩创作，在巴黎的水边旅游胜地蛙塘试图捕捉并表现稍纵即逝的光线效果，两人也都分别创作出杰作《蛙塘》。相比传统绘画追求以假乱真的物像，印象派绘画则坚持一种客观的视觉真实，一种观念上的“光学现实主义”（阿纳森语）。这种“视觉真实”不只是简单地保留了自然对象的外表，更是光线与阴影、水波反光和飘过的云彩的形式，永无止境的质变。“这就是我们实际看到的世界。它并不是观者在有限的画框内，以凝视不动的眼睛所看见的固定的和绝对的透视幻觉，而是不停转动的眼睛，所捕捉的千姿百态、不断变化的景象。”③

印象派画家们对光和色的革命性探索，直接影响到他们放弃或疏远传统绘画常用的镀金画框，进而重新选择适合自己的画框。例如修拉（Georges Seurat）和梵高（Vincent Van Gogh）等人甚至在作画前就已经想好了画框的形状和颜色，德加（Edgar Degas）更是亲自设计并制作框模。惠斯勒（James McNeill Whistler）就坦诚地指出：“为了一种自始至终地和谐，我像绘画那样认真地设计（我的画框）——它们和作品的其余部分一样，是一个重要的构成部分。”④ 最初修拉也采用印象派画家早期偏爱的白色画框。

① 〔英〕贡布里希：《艺术的故事》，范景中译，广西美术出版社，2008，第561页。

② 〔美〕威廉·弗莱明、玛丽·马里安：《艺术与观念》（下册），宋协立译，北京大学出版社，2008，第581页。

③ 〔美〕阿纳森：《西方现代艺术史》，邹德侬等译，天津人民美术出版社，1994，第21页。

④ John Mathey, “The Letters of James McNeill Whistler to George A. Lucas,” *Art Bulletin* 49（September 1967）：253.

在发明了“点彩”画法后，为了防止画框边缘造成的阴影破坏画面色彩的统一，逐渐以深色画框取代了浅色的。有时候索性将点彩涂到边框上，造成画框隐退的效果。印象派艺术家们对画框的慎重态度，从一个侧面说明了其自身的艺术追求。对于印象派画家来说，由于巴洛克式镀金框有反光，如果将之与闪烁的画面镶嵌在一起，反而会削弱印象派画家们所要达到的那种效果。所以，印象派画家大多以简易的白色或杂色画框取代以往的镀金边框。这一细微变化曾引起当时有眼光的艺术批评家的高度重视，例如拉法格（Lafargue）就曾入木三分地写道：“在他们的各种展览中，这些独立的画家用合乎理性又不无想象的精致画框取代了旧式镀金的框架，后者是专业学院派惯用的构架。日照下满目绿茵茵的风光、冬日极好景、灯火耀眼且服饰五光十色的室内等，都要求不同类型的框架，而这只能由画家本人来提供，就如女性知道该穿什么，施什么粉黛和该选什么墙纸配自己的闺房一样。”①

新旧艺术家们对特定画框的不同理解，恰恰是反映了各自艺术理念的分歧。西涅克（Paul Signac）就曾说过，独立画家们所用的白色画框本身即被逐出当时官方沙龙展的一个充足理由。当时，不用镀金边框既不合规范也不够高雅。曾经有人邀请德加参加一个画展，他对画家说：“或许你会觉得我们所要求的框架——过于花哨了一点，但是绘画难道不是一种奢侈品吗?”德加的回答是：“先生，你的框架或可如此，但是，我们的框架却是那种绝对不可少的框架。”② 德加的回答引人深思，这里的“框架”（画框）呈现出一种双关语之意。德加的“画框意识”一方面彰显出他对自己艺术观念的自信；另一方面也暗示了官方沙龙展出的画作总是需要格外抢眼的“装饰”，这实际上是一种罪恶，用德加的话说即“画框乃是绘画的淫媒”③。言外之意，好画不一定配好框。事实上，卢梭就曾在《爱弥儿》中谈到什么是真正的好画时，建议按照装配框子的装饰特点来评判。给一幅画配置一个金色边框表面上是为了绘画看起来美观，实际上是在嘲笑这幅画的价值不高。相反，一幅真正有价值的绘画，只需给它装一个简单的黑色框子，“因为它本身已经很美，不再需要别的装饰，而且，要是让框子分

① 转引自丁宁《绵延之维——走向艺术史哲学》，三联书店，1997，第173页。

② 转引自丁宁《绵延之维——走向艺术史哲学》，第174页。

③ Dominic M. McIver Lopes, “Rev. of The Rhetoric of the Frame: Essays on the Boundaries of the Artwork,” *The Journal of Aesthetics and Art Criticism*, Vol. 56, No. 4 (Autumn, 1998): 408.

去了人们对图画应有的注意，那是一项损失。”① 无独有偶，康德在《判断力批判》中同样将画框之类视为破坏美本身的“修饰”。与雕像的衣着或是宫殿的柱廊一样，油画的镶框都是对艺术用品的外在装饰，虽然它增加了作品的魅力，但并不是作品内在秩序的构成部分。“如果它必须同那金边画框一样仅仅是为了能过它的魅力来博得对这幅画的喝彩而安装起来的，那么这样一来它就叫修饰，而对真正的美造成了破坏。”②

至此，我们就不难理解印象派画家为何抵制镀金画框而选择简单的条形边框了。画框（装饰）可以说是审美态度的客体化，传统绘画之所以要配置画框，是因为画框有助于绘画呈现错觉引发的审美存在；但根据美的无功利性原则，画框或装饰本身又并不具有美的形式。当绘画只是追求一种未经各种意识形态和文化习性玷污的“自然美”时，那么作为装饰功能的镀金画框反而会妨碍绘画自身美的显现。对印象派画家来说，绘画是真诚的艺术，不需要外在的装饰。所以，他们更倾向于选择朴素而简易的浅色或杂色边框。印象派艺术家对画框的慎重选择，实际上是祛除了绑缚在画框之上的美学话语，还原了画框的实际功能，即画框只是为悬挂画作而存在的物理框架而已。

三　平面性：先锋派艺术的“去画框”行为图解

尽管印象派画家们对光色的革命性探索挑战了文艺复兴以来的艺术再现传统，走向了阿纳森所说的“光学现实主义”，但印象派仍然以自然为客体对象，画面上呈现的形象轮廓也相对完整而单纯，即便到了后印象派画家塞尚（Paul Cézanne）那里，通过改造透视法调和了既往明暗对比与轮廓限定的矛盾，艺术依然是一种和自然平行的和谐体。然而进入20世纪，被称为“先锋派艺术”的野兽派、立体主义、抽象表现主义和超现实主义等艺术流派在具象与抽象之间掀起了新一轮的图像肢解运动，以致艺术挣脱了美的理念樊篱成为更为显在的能指系统。

先锋派艺术家们用实际行动向传统绘画的美学观念发起猛烈攻击，“画

① 〔法〕卢梭：《爱弥儿——论教育》，李平沤译，商务印书馆，1996，第181页。

② 〔德〕康德：《判断力批判》，邓晓芒译，人民出版社，2002，第62页。

框”自然也成了摧毁的对象。在雕像史上，罗丹也许是第一个取消雕像基座的人。他创作的群雕《加莱义民》(*The Burghers of Calais*) 起初是没有基座的，后来因被认为不合时宜，这件作品经过协商最终被放在一个较矮的基座上。而第一幅舍弃了画框的绘画，是毕加索作于 1908 年的热尔特律德·施坦的肖像画。在这些革新者们看来，取消或放弃画框意味着反抗权威和摧毁旧秩序。卢桥·丰塔纳 (Lucio Fontana) 更为激进，他第一个把画幅的媒材亚麻布划破，以此表明绘画作品的基础无非就是一个平面。扎洛塞尔认为，就像视平线引入与早期专制主义高度文明的关系一样，画框构想和古希腊的人物形象也有着类似的联系，画框和透视是相关的，画框将人物围拦起来，使人所处的范围受到限制。这种四平八稳的造型原则在文艺复兴时期重新占了统治地位，扎洛塞尔称其为“画框专制”①。如此一来，画框的问题不仅是一个美学的问题，还涉及了文化建构的合法性问题，而先锋派艺术家们反抗的正是文艺复兴时期以来这种以理性秩序为中心的“画框专制”。值得注意的是，先锋派艺术家们抵制传统惯例的画框，反过来却正好说明是对画框的理会和在乎。蒙德里安 (Piet Cornelies Mondrian) 就曾在一封信里写道：“就目前来看，我是第一个把绘画从画框中解放出来的，而不是将之置于其中。我感到没有画框的图像要比有画框的好，而且配置画框会造成三维空间感，有一种深度的错觉。所以，我用普通木料做成画框，然后置画于其上，从而更有真实感。把图像和环境融合起来而形成的真实性是我走向抽象绘画以来所持的一种理想。”② 可以看出，这些艺术家们把作品的画框当作一种具有核心意味的艺术问题，但摆脱画框并不意味着艺术作品已经足够自律到不需要画框的地步。只不过，作为一种对抗策略，画框根本上涉及画面三维空间的再现问题，因而现代艺术家们以各种方式回到绘画的“平面性”③。

---

① 〔德〕希勒布雷希特：《现代派艺术心理》，陈钰鹏译，上海文艺出版社，1989，第 141 ~ 142 页。

② André Masson, Fernand Léger and Piet Mondrian, “Eleven Europeans in America,” *The Bulletin of the Museum of Modern Art*, Vol. 13, No. 4/5, (1946): 35 - 36.

③ 美国艺术心理学家保罗·韦茨和艺术批评家阿诺德·格里姆奇尔在谈论现代主义绘画时指出：“现代主义另一个最值得注意和最整体性的倾向，是消除了透视空间，这就导致了画面的平面化。”同时强调指出：“艺术家追求的不是字面意义上的平面性，而是力图把画的表面当作关于空间和深度的艺术表述的主要场所；因此，艺术家把绘画的表面和画布视作真实对象而非一个幻觉‘窗口’的方式，往往成为现代主义绘画最突出的风格特征。”参见周宪编译《艺术的心理世界》，中国人民大学出版社，2003，第 115 页。

在印象派对光色的革命性探索基础上，后印象派与野兽派绘画摒弃了轮廓线与明暗对比，并将色彩空间发挥到更为极致的地步。塞尚用各种色块堆积成一个个似是而非的形态，重新定义了绘画的几何构造；高更沉迷于图案装饰；梵高热衷于鲜艳和火辣的色彩来表现内心激流暗涌般的情绪。在马蒂斯（Henri Matisse）的作品《生命的欢乐》中，画面中的人物轮廓歪斜而细软，画面上由闪光的一团团植物环绕着林间的空地，似乎要冲破构图的边界线所受到的限制。如果说野兽派仍然保留了某些物质对象的基本轮廓，而立体主义则对物质对象的形式进行了最大限度的肢解和拆毁，它成为走向纯粹抽象主义的最有力的步伐①。立体主义的抽象拼贴艺术将画布上面的“痕迹”视为符号和装饰物，它不再是一个完整平面，不再是透过窗口看到的自然和现实，而是将这些碎片化的构件直接堆积在绘画的前面，仿佛是一幅未完成的草图，揭示出绘画的流动性：它仍在画。图像的意义不再停留在画面表面，而是通过观看者的多种视角来重构其意义。也就是说，从观者的角度来看，我们看到的不再是一幅画的图像，而是一些半抽象的符号。尤其到了立体主义的综合时期，画面中小提琴、树木、水罐或房子等这些现实物象基本上被纯粹的色块和几何图形所取代，立体主义摆脱了具象的羁绊之后，走向了彻底的抽象。后来以康定斯基（Wassily Kandinsky）为代表的抽象表现主义、以马列维奇（Malevich）的至上主义为标识的硬边几何抽象、以蒙德里安为代表的“新构成主义”等非具象抽象艺术，继承并超越了立体主义的先锋路线，继续将抽象进行到底；以杰克逊·波洛克（Jackson Pollock）为代表的“行动派画家”则彻底摒弃了“架上画”的“画框”限制，将画布挂在粗糙的墙上或放在地板上，最大限度地将身体运动与情感的自发性有机地整合在画布上。在《蓝杆》系列画中，波洛克发明的滴色画法任由各种纵横交错的颜料与脚印、烟头和碎木屑等杂物混融，远离了形象与空间的构造。当画家追求身体与情感的自由释放，画框就可以弃之不用，此时画布就成了绘画的载体，画面成了画家身体痕迹的记录，现代艺术也因此真正走向了“残暴的艺术”（尼采语）和“去人性化”（加塞特语）。

无论是塞尚晚期将风景题材处理成具有语义功能的几何体，马蒂斯绘画中隐现的“情感透视”，还是立体主义的“感官解体，思想成形”（布拉

① 牛宏宝：《西方现代美学》，上海人民出版社，2002，第263页。

克语)；无论是呈现自由情感的“表现性”抽象，还是纯粹的“构成性”抽象，现代主义绘画艺术的走向亦日渐清晰：将传统绘画中的透视空间拆解乃至压平为非理性的抽象平面，还原画面的线条与色彩的源初性和自由，赋予“艺术本体”绝对意志。而要达到这种本真性的还原，就必须拆解基于传统意义上画框内部隐含的虚假焦点透视。正如让·克莱尔所说：“当前一个被普遍接受的观点是：从塞尚到抽象主义的现代艺术史其实就是一部艺术家设法将自己从非自然透视法的桎梏中解放出来的斗争史，艺术家们主张把画当作‘载体’而不再把画当作‘窗口’。因为如果把画当作窗口的话，眼睛就会陷进一种与自然空间完全不同的幻觉空间中去；而当我们把画看成是载体的时候，我们所注意的是它的物质构成。这类绘画的形象化空间——都是以一种非焦点式的、各向同性的形象展现在我们面前。”① 也就是说，当把画框作为窗口时，画框便已将视觉世界的连续性割断，边界随之也会产生一系列诸如中心与边缘等空间意义上的视觉秩序，而画面的中心又是通过焦点透视法来建构的，如此一来画框才能有助于眼睛专注画面并产生静观效果。所以，在传统艺术作品中，绘画往往遵循边界和中心的法则。如果一幅画挂歪了，绘画作品的视觉意图会发生改变，这会影响绘画的明确主题和审美传达。但是，“在很多现代艺术作品中，作品已经甚至没有上下之分，因此，要分清一件抽象画的上下总是一个难题。有时候，人们竟把画颠倒过来挂在墙壁上。艺术家自己有时也说，他的画没有一种固定的挂法，人们可以每隔几个星期将他的画转过九十度，以便可以从不同的方向去观察。”② 当现代主义抽象绘画不再是对窗口中的物象的有机整合，绘画图像也不再遵循“边界”或“中心”的知觉习惯，艺术家们也就拆解了画框与凝视之间的合作关系，进而解构了画框与艺术作品那种虚假耦合的话语关系。

结　语

不管是具象艺术，还是抽象艺术，艺术风格变化的背后一直隐含着“画框”的视觉隐喻。在传统绘画中，画框的“窗口”隐喻与“透视建构”

---

① 〔法〕让·克莱尔：《森·山方》，蒙田译，参见许江、焦小健编《具象表现绘画文选》，中国美术学院出版社，2002，第264页。

② 〔美〕卡斯顿：《现代艺术的美学奥蕴》，李田心译，湖南美术出版社，1988，第76页。

纠缠在一起，赋予所框之艺术空间理性、秩序和清晰等古典主义价值。现代艺术家们一方面不同程度地表现出对这种“画框专制”的质疑与挑战，另一方面通过对画面的割裂、压平、拆解，戳穿了传统绘画的幻觉空间，乃至最后放弃架上画的画框惯例，也因此解构了画框与作品之间那种虚假耦合的美学关系。

实际上，现代艺术在热衷于与传统绘画分庭抗礼的同时也申明了各自的艺术观念与立场。达达主义宣称“反对一切纲领”，杜尚精心准备的“小便器”，马列维奇的“白色方块”，似乎都指向了现代艺术的“观念化”倾向。某种程度上而言，抽象艺术表现出的种种“去画框”行为，客观上为后来的装置艺术和观念艺术等更令人震惊的艺术形态奠定了基础；同时，也使艺术与非艺术之间的界限日益模糊，艺术风格多元化。然而，这是否意味着艺术就没有边界了呢？换言之，艺术如何宣称自身？面对收藏在博物馆里的《泉》和厕所里的“小便器”，我们依然可以“辨识”何种可以称之为艺术品。当博物馆成为《泉》的“画框”，成为艺术品的一种边缘空间时，“画框”就再次成为一种隐喻性的话语，适如内外之间的“附件”逻辑①：它始终是一种匮缺，既不存在，也没有被取消，所以我们只能说画框在“隐现”。如此这般，艺术的“去画框”行为背后总是另有一套关于“画框”的话语。某种意义上来说，艺术总是通过“画框”这个看似隐而不显的“外围构件”来宣称自己的存在。

① 画框归属的不确定性回应了德里达的“附件逻辑”：“附件依靠着、紧贴着作品，以附加在作品上的形式出现；但是它并不会倒向一边，而是来自一个特定的外部环境，并在运转过程中实现内部的碰撞和协作。它既不是外部也不是内部。”参见 Jacques Derrida，*The Truth in Painting*，trans. by Geoff Bennington and Ian Mcleod，Chicago：University of Chicago Press，1989，p. 54。

极少主义的意义表征与后现代主义批评话语的兴起

周彦华*

摘要 极少主义是诞生于战后20世纪50~60年代美国的一场艺术运动。它是现代艺术和后现代艺术的分水岭。但在极少主义初次登场的时候，艺术批评界却一度表现出失语，其中以格林伯格和迈克尔·弗雷德为代表的现代主义形式主义批评家对极少主义进行了强烈的抨击。通过比较和分析现代主义和极少主义艺术的意义表征方式，我们不难看出，现代主义批评范式之所以在极少主义面前失语，原因在于两种艺术在意义表征层面的差异，即两者在表意形态和审美意义生成机制上的差异。这种差异使得用现代主义的批评范式来阐释极少主义自然就缺乏时效性和话语针对性。在某种程度上，极少主义的意义表征开启了艺术批评的转向，预示着现代主义批评范式的终结和后现代主义批评话语的兴起。

关键词 极少主义 物性 剧场性 意义表征 后现代主义

Abstract The term Minimalism relates to an American art movement in the postwar period from the 1950s to the 1960s. It was an artistic watershed between modernist and postmodernist periods. In the face of this new art movement, art criticism lost its words. For instance, some formalist art critics such as Clement Greenberg and Michael Fried argued against Minimalism in-

---

* 周彦华，哲学博士，四川美术学院当代视觉艺术研究中心教师，美国亚利桑那大学东亚研究中心博士候选人，主要研究西方现当代艺术理论、中国当代艺术。

tensively. Through a series of comparisons and analysis based on Minimalist significance representation, this essay argues that the reason for the invalidity of modernist criticism lies in the differences between the two types of art in terms of their significance representation, which refers to artistic expression and aesthetic motivation. These differences led to a lack of effectiveness and discursive relevance when art criticism confronted a new art phenomenon. To some extent, Minimalist significance representation inaugurated a shift of modernist art criticism. It implied the end of modernist criticism and the start of postmodernist criticism.

Key words Minimalism Objecthood Theatricality Significance Representation Postmodernism

导 论

我们知道，从罗杰·弗莱（Roger Fry）、克莱夫·贝尔（Clive Bell）开始直至集大成者格林伯格（Clement Greenberg），这些艺术批评家以艺术形式为阐释中心，在现代主义艺术意义表征演化和更迭的基础上，建构了一种以形式为基本视觉语汇的艺术批评范式。然而，当格林伯格及其追随者迈克尔·弗雷德（Michael Fried）等批评家们在面对20世纪60年代晚期出现的极少主义艺术实践时，却表现出异常的恐慌和反感。于是，他们对这种新的艺术实践活动展开了强有力的抨击，抨击的重点落脚于极少主义对现代主义艺术范式的偏离。为什么当格林伯格和弗雷德等人遭遇极少主义艺术时会如此激愤、反感甚至恐慌？到底是极少主义艺术实践本身出了问题，还是他们固守的批评话语遭遇到了危机？作为20世纪60年代新兴的艺术实践，极少主义和现代主义艺术在意义表征和生成机制上，到底有何联系，又存在着怎样的差别？要回答这些问题，我们就必须重返极少主义遭遇批评的现场，重新审视格林伯格、迈克尔·弗雷德等批评家是如何阐发、剖析这种新的艺术样式。事实上，正是极少主义和现代主义艺术在意义表征和审美机制上的差异，才导致以格林伯格为代表的现代主义批评范式在极少主义面前的失语，这种批评范式在时效性和话语针对性上的缺失，昭示着西方现代主义批评范式的困境和危机，也预示着后现代主义批评话语的来临。

一 现代主义形式批评遭遇极少主义

1967 年美国纽约犹太博物馆的一场名叫“初级结构”的展览，成了极少主义迈向北美艺术主流的一次契机。自那之后，卡尔·安德烈（Carl Andre）、唐纳德·贾德（Donald Judd）、索尔·里维特（Sol Lewitt）和罗伯特·莫里斯（Robert Morris）等成为在艺术界耳熟能详的名字。[①] 虽然这次展览受到了各大专业和大众媒体的关注，但是相应的批评之声也随之而来。观众面对那些金属或者玻璃钢的立方体瞠目结舌，批评家也陷入了失语的恐慌中，他们无法从现有的理论资源中为这类作品找到合理的解释。面对极少主义所开创的“新美学”范式［希尔顿·克莱默（Hilton Kramer）］，以格林伯格为代表的批评家发起了强烈的抨击。他们认为这些没有任何形式和构成关系的立方体完全违背了现代主义的美学原则。与其说这些东西是艺术品，不如说他们就是随处可见的物品。

具体而言，格林伯格对极少主义批判大致可以分为三个方面。首先，他从艺术与非艺术的界限出发，批判极少主义强调媒介自身的“物性”。格氏曾在《雕塑的近况》一文中，用“随心所欲”来抨击极少主义这一类创作。首先在他看来，极少主义那些反形式的重复的立方体和以杜尚为代表的达达艺术家们所使用的现成品，在本质上都是对物品的使用。按照这样的逻辑，任何一件物品都可以成为艺术品。其次，格林伯格还用“好设计”来形容极少主义艺术家的创作。他认为，极少主义艺术家使用的都是“工业批量生产”的材料，那是否就意味着艺术家的创作不再需要直觉和灵感？对于格林伯格而言，极少主义艺术家更像是在设计而不是在做艺术创作。他将这些艺术称为“庸俗艺术”，因为极少主义完全背离了现代艺术的初衷，也消解了大众文化与精英文化的对立。最后，格林伯格还用“瞬间的在场”的理论来抨击极少主义雕塑所强调的“无穷的在场”。他认为现代主义的作品首先是形式自律的，它的存在因其自律的形式而使之成为独立的、不与空间发生关系的艺术作品，这种独立性正是现代主义作品在场的体现。

① Irving Sandler, *From Avant-Garde to Pluralism: An On-The-Spot History*, Stockbridge, MA: Hard Press Edition, 2006, p. 191.

它不受外界的干预，不追求与观众的互动，观众即刻就能把握住这件作品的全部。这样的在场是一种“瞬间的在场”，这是现代艺术极力肯定的。而极少主义推崇的“无穷的在场”，即通过对物体维度和物体相对于观众的站位的变化，使物体在场。[①] 在观看极少主义作品时，由于这种站位的变化，观众无法一次性地完全把握作品全部。随着观众观看位置的移动，作品的视觉特征也在变化。极少主义正是要求这样无穷的视觉变化，向观众营造无穷的在场体验。

迈克尔·弗雷德对极少主义的批评主要在于他看到了现代主义绘画的新契机，即用形状和色彩来消解形式简化之后凸显的媒介的物性。就形状而言，弗雷德注意到弗兰克·斯特拉（Frank Stella）的晚期作品。这些作品虽然仍是以条纹画为主，但其重要变化在于画框开始由早期的矩形变为不规则的几何形状。我们知道，一般而言画框都是矩形的。对于作品形式来讲，这个画框是不具备造型意义的。然而，斯特拉大胆地将规则矩形画框变为了不规则的几何形，意图鲜明地与画框对话。斯特拉对画框形状的改变打破了画框作为装裱材料的实用功能，因为不规则的形状将观众的视线停留在画框周围，而不会将视线延伸至画框之外。这就使得画框成为画面视觉空间的一部分，阻止了画框成为日常生活物品的可能，保留了画框的美学价值。弗雷德认为，斯特拉晚期的“形状绘画”正好探索了如何通过突破既定的矩形画框，来凸显作品的视觉性特征。正是这种形状的新要求，让弗雷德确信：“现代主义绘画就是通过媒介的形状来击溃或悬置它自身的物性。”[②] 就色彩而言，弗雷德发现色彩也是掩盖媒介物性的巧妙途径。如果说形状让现代主义绘画避免了基底的实在性，那么由于色彩能进一步加强形状，所以它也能避免基底实在性。[③]

另外，弗雷德用“剧场性”（theatricality）概念来反驳极少主义。他认为极少主义所强调的无限绵延的时间和“无穷的在场”就如同在剧场观看戏剧一样。这个“剧场”就是由观众和不断变换的空间，以及媒介物性自身共同构筑的特殊的情境。弗雷德用“剧场性”来概括极少主义作品的特

---

① Clement Greenberg, “New Sculpture,” in *Art and Culture: Critical Essays*, Boston: Beacon Press, 1965, pp. 180 - 186.

② 〔美〕迈克尔·弗雷德：《艺术与物性：论文与评论集》，张晓剑、沈语冰译，江苏美术出版社，2013，第160页。

③ 〔美〕迈克尔·弗雷德：《艺术与物性：论文与评论集》，张晓剑、沈语冰译，第165页。

征，其原因有二。第一，弗雷德从罗萨林·克劳斯对莫里斯雕塑的分析中看到了极少主义拟人的本性。[①] 而这种拟人特质正是戏剧的一大特点。第二，极少主义艺术家还常常运用如树脂纤维等新材料来创作雕塑作品。这些光滑的新材料为几何体涂抹了“光晕”（aura），使作品具有了间距感、空远感以及难以捉摸的特征。而这种光晕正是一种戏剧舞台的效果。这样一来，极少主义重拾艺术中的光晕，似乎又与本雅明所认定的现代主义艺术就是“光晕的消失”这一说法背道而驰。依弗雷德看来，极少主义努力营造的这种“剧场性”，正是因为极少主义作品自身的浅薄、空洞，以及不能形式自律，它才必须依靠与外部观众的互动来完成。[②] 归根结底就是因为作品不能审美自律。

概言之，格林伯格和弗雷德对极少主义批判的主要原因在于，极少主义脱离了现代主义表征范式。就现代主义表征范式而言，它遵循的基本原则是审美自律性。相反，极少主义并不追求这种自律性。事实上，极少主义对媒介物性的直接凸显，以及对剧场化观看方式的强调，颠覆了现代主义艺术的审美自律原则，体现了一种他律式的审美原则。如果说艺术批评是对艺术品意义的探究，那么由于这种后现代主义艺术的意义表意形态和生成机制与现代主义艺术有很大差异，现代主义的批评话语很难解释这样的艺术创作。面对极少主义颠覆性的艺术语言，以格林伯格为首的现代主义批评家自然会对其进行强烈的批评。那么接下来的问题是，极少主义和现代主义艺术在意义表征上有何差别？它对现代主义意义表征有哪些突破呢？

二　现代主义与极少主义的表意形态之比较

艺术的表意形态和审美意义生成机制构成了艺术的意义表征范式。我们不妨首先对现代主义和极少主义艺术的表意形态进行一番比较，看看它

① 克劳斯评价莫里斯1965年创作的雕塑《无题》时曾这样说道：“它们一个站，一个躺，另一个两端着地。每一个L朝向不同，与我们身体构成的空间关系明显不同，于是生出不同的体验；由于它们与地面特定的关系，每个L物体的身材都在变幻，它们的整体维度以及那个L两臂的内比都在变化。”参见 Rosalind Krauss，*Passages in Modern Sculpture*，Cambridge：MIT Press，1981，pp. 258 - 262。

② 〔美〕迈克尔·弗雷德：《艺术与物性：论文与评论集》，张晓剑、沈语冰译，第172页。

们两者到底存在着怎样的差异。现代主义艺术强调作品的“视幻性”“个体性”和“自律性”；而极少主义的表意形态呈现三个特点：作品的“物性”“序列性”和“剧场性”。如果从时间关系上对极少主义的三个特征进行梳理，就不难看出这三个特征之间不是并列关系，而是递进关系。这种递进关系让极少主义的表意形态彰显出它自身的演进特征，也使它从现代主义艺术中独立出来，成为一种后现代艺术话语。

（一）视幻性与物性

“视幻性”（opticality）是古典和现代主义绘画一直以来秉持的基本立场。“视幻性”实际上是在艺术作品中制造的一种视觉的错觉，这种错觉让艺术作品脱离于真实的存在。“视幻性”的观念在格林伯格早期的批评中扮演着重要角色。格林伯格曾言，当在画布表面落下第一笔的时候，实际上就破坏了其实际的平面性。解决这种绘画媒介的物质性（比如笔触）对绘画平面性干扰的唯一办法就是视幻性，一种光学意义上的错觉。[①] 而对于现代主义艺术来说，制造视幻性的方式就在于极力推敲形状和色彩等形式要素。因为正如弗雷德所言：“形状和色彩都在现代主义作品中设置了一种纯粹的‘光学的’空间错觉，一种诉诸眼睛本身的空间错觉。”[②] 在这个意义上，我们也可以说现代主义通过对作品进行视幻性表达来完成它的形式自律。然而，极少主义却与之相反，他们所做的恰恰是对作品中的“视幻性”进行“清除”，让作品的物质性凸显。乔治·迪迪-于贝尔曼认为，对于极少主义而言，首要任务就是清除一切“幻象”，即视幻性。这种抽空一切幻象和情感的艺术是反表现主义和反心理主义的艺术，一种维特根斯坦式的对内在之物的批判，它将自我认识的幻觉打得粉碎。从而把所谓“明确物体”强加给人眼，让这些物体除了展示自身之外不再有别的奢望。[③]

这里提到的“明确物体”（specific object）是极少主义的一个重要概念。1965年极少主义艺术家唐纳德·贾德发表论文《明确物体》，在开篇就谈道：“在过去几年中，有一半甚至一半以上的最优秀的新作品已经既不是

① 〔美〕迈克尔·弗雷德：《艺术与物性：论文与评论集》，张晓剑、沈语冰译，第28页。
② 〔美〕迈克尔·弗雷德：《艺术与物性：论文与评论集》，张晓剑、沈语冰译，第28页。
③ 〔法〕乔治·迪迪-于贝尔曼：《看见与被看》，吴鸿缈译，湖南美术出版社，2015，第29、39页。

绘画也不是雕塑。”[①] 贾德所言的“明确物体”实则是既非绘画又非雕塑的三维空间中的实在物。[②] 它使极少主义艺术家规避了现代主义悬置已久的“作品基底的物质实在性”是否合法的问题。他们直面作品中的物质性，并认为“它干脆就是实在的”[③]。换言之，对“物性”（objecthood）的肯定，正是极少主义清除“视幻性”的表意方法。这是因为物性通常强调触觉，使作品给人一种触摸的体验，而非观赏的体验。在极少主义艺术家眼中，清除了视幻性的艺术作品既非绘画又非雕塑，而是贾德所言的“明确物体”，这就与追求作品形式的现代主义拉开了距离。那么，悬置了视幻性的“明确物体”是怎样在艺术史上赢得合法地位的呢？

极少主义作品中的物性是由其所呈现的可触摸性引起的。然而，这种触摸的体验决定了在审美过程中，观众对艺术对象的感知不是一种由我到对象的图像意识中的感知。在图像意识中的感知，是我们传统意义上的感知，需要感知者通过图像这个表象才能感知事物本身。而极少主义的感知是一种现象学意义上的简捷的感知。这种简捷的感知是将对象作为它们的内在内容包含于自身的观看，也是一种对事物直接把握的方式。[④] 在简捷的感知中，并不存在一种被主体对象化的图像表象，相反主体被浸润在事物向我们敞现的图像之中，并在这种浸润中把握事物的全貌。为了呈现这种感知方式，极少主义艺术家们需要寻找一种非图像、去视幻性的造型。于是几何状的立方体，即物体最基本的结构单元，便成了非图像造型的最典型代表。之所以说几何立方体是一种非图像造型，是因为这些静默的立方体中传达出了“空”的意味，这种“空”揭示了一种如同黑夜的包容、渗透和触摸功能。[⑤] 当我们的观看被这些功能所影响之时，我们的观看就成为一种辩证的观看。即当我们凝视对象时，我们同样被它所注视。这种“视

---

① Donald Judd, “Specific Object,” in *Art in Theory, 1900 - 2000: An Anthology of Changing Ideas*, Charles Harrison and Paul Wood, eds., Oxford: Blackwell, c1992, pp. 824 - 828.

② James Meyer, *Minimalism*, London: Phaidon, 2000, p. 28.

③ 〔美〕迈克尔·弗雷德：《艺术与物性：论文与评论集》，张晓剑、沈语冰译，第104页。

④ 〔德〕马丁·海德格尔：《形式显现的现象学》，孙周兴译，同济大学出版社，2004，第31～37页。

⑤ 梅洛-庞蒂曾揭示出黑夜的包容性。他指出：“黑夜不是一个物体，它包容我，它渗透进我所有的器官——它直接触摸我，它是一个整体，是一个神力般神秘的整体。”参见 Merleau-Ponty, *Phenomenology of Perception*, trans. by Colin Smith, London: Routledge and Kegan Paul Ltd, 1962, p. 328。

觉辩证”体现的正是一种现象学的简捷的感知。① 由此可知，现象学所强调的简捷的感知是“明确物体”赢得合法地位的理论基础。在现象学简捷的感知中，我们要求感知者对事物本身进行感知和把握。这正好印证了斯特拉所言的“你看见了什么便是什么”（What you see is what you see）。那么接下来的问题便是，当一件立方体避免了现代主义的空间幻觉，成为一件“明确物体”之后，它又如何让自己的美学意义生效呢？

（二）个体性与序列性

解决该问题的第一个方式便是将物放置于序列中，通过语境关系来建立一种整体性。在现代主义创作中，艺术家往往强调作品的个体性。这种个体性体现了现代主义艺术中的精英原则。纵然将作品安排到序列之中也是现代主义艺术策略之一，但是就现代主义艺术作品而言，序列中的各个作品是唯一的。它们通过将自己置于一种等级关系的序列中来生成作品的意义，离开了其中一件，作品的意义将会不完整。批评家劳伦斯·奥洛威指出，在现代主义绘画中，一个序列的意义来自一个有等级关系的系统。这个意义上，现代主义追求作品序列性的意义在于他将画布上的每个要素组合在序列中，以此来建立一种等级感，鼓励观众思考形式背后作品的意义。而对于序列中的每个要素而言，他们都是独立存在的。②

20世纪60年代中期，极少主义艺术家开始将他们的作品组织在一种非等级状、非组合的序列中。他们认为只有这种非等级化和非组合化的序列性才能打破序列中每个要素的个体性，于是他们通过“重复”的手法来拒绝这种等级性。这些非等级的序列模式在极少主义作品中十分常见。艺术家们试图通过强调一种重复和对称的“一个接一个”的句式结构，将作品统一安排进一个序列中。这个重复的句式，强调了单个物体之间的语境关系。

从对序列模式的运用可知，由于极少主义的立方体无法进行自我定义，

① “视觉辩证”指一种在凝视对象时又被对象注视的观看。它要求我们在面对观看对象时，“辩证地处理自己的处境，即辩证地看待我们眼中所见之物和某个突然在暗中凝视我们的东西之间的关系。”参见〔法〕乔治·迪迪-于贝尔曼《看见与被看》，吴鸿缈译，第80~81页。

② Laurence Alloway, “Systemic Painting,” in *Minimal Art: A Critical Anthology*, Gregory Battcock, ed., Berkeley, L. A. & London: University of California Press, 1995.

那么艺术家就尝试将传统表意形态中的“作品”扩展为多个物的集合，并将其统一在非等级的序列中来认识物自身。这种非等级性确保了极少主义作品的稳定，也就是说当时是什么样就永远是什么样的物体，因为它不会生出人们的情绪变化，因此它的意义不变。[①] 这种稳定迫使观者在排除情绪变化的过程中，将单个物体的变异压缩为简单的逻辑变量，从而“回到事物本身”。这样一来，将作品安放在序列中，保证我们能够对极少主义作品进行现象学的观审，而非现代主义图像意识的观看。因此，作品中的这种序列性，把极少主义与追求个体独特性的现代主义区别开来。

（三）自律性与剧场性

定义一个立方体的第二种方式便是探索立方体与周围空间的关系。莫里斯（Robert Morris）在他的《雕塑札记》第二篇中，借用格式塔心理学和现象学的原理，强调了雕塑外部空间对于雕塑自身的意义。他认为，极少主义雕塑对外部环境的追求，引发了观众将自身的存在置于与作品同样空间的一种意识。而观众的这种自我意识，产生了现象学般的对主体的探究。[②] 在《感知现象学》中，梅洛－庞蒂（Merleau-Ponty）注意到，“任何图形都是在外部空间与身体空间的双重界域上显现的”[③]。这意味着，空间从来都不是抽象的概念，它是活生生的有关身体存在的空间性呈现。换言之，空间并不是与我们身体相对的对象，相反我们就处在这样的身体空间的直接性中。身体并不是在客观的空间中，它自己就属于空间。因此身体的空间性就是对身体存在的敞开，是身体作为身体实现的方式。[④] 梅洛－庞蒂把这种身体与周围世界的相互作用的特殊场所称为“生活－身体”。他认为：“身体之谜就在于，它同时是能看见的和可见的。身体注视一切事物，它也能够注视自己。”[⑤] 身体的这种自反性使得主客体不再是单向的认知关系，而是一种可逆的艺术关系。詹姆士·迈耶（James Meyer）认为，受梅洛－庞蒂的影响，极少主义作品构成了一种语言，来理论化（theorize）一

---

① 〔法〕乔治·迪迪－于贝尔曼：《看见与被看》，吴鸿缈译，第34～35页。

② Robert Morris, "Note on Sculpture," in *Art in Theory*, *1900－2000*: *An Anthology of Changing Ideas*, *Charles* Harrison and Paul Wood, eds., pp. 826－834.

③ Merleau-Ponty, *Phenomenology of Perception*, trans. by Colin Smith, London: Routledge and Kegan Paul Ltd, 1962, p. 98.

④ Merleau-Ponty, *Phenomenology of Perception*, trans. by Colin Smith, p. 98.

⑤ Merleau-Ponty, *Phenomenology of Perception*, trans. by Colin Smith, p. 98.

种相互扩展的观看方式，一种包含的知觉体验。[1] 在此体验中，审美的中心已经不是艺术作品，或者物自身。那么什么才是这种审美活动的中心呢？

前面我们提到弗雷德对极少主义的批评中的两个关键词，一个是“物性”，另一个是“剧场性”。这两点使极少主义成为与现代主义相背离的“新艺术”。它意味着需要通过外界环境来定义艺术作品。不过，弗雷德的批评似乎为我们认识这种“剧场性”审美范式找到了答案。事实上，极少主义所呈现的艺术表意形态是以“场”（field）为中心的。这个场是由艺术家、观众和作品共同构成的，它将观看方式由艺术作品内部引向外部。这样一来，艺术作品的自律被打破，因为，相对于现代主义艺术企图通过艺术家赋予作品观念和意义，从艺术内部定义艺术，极少主义拒绝从艺术内部定义艺术，而是通过激发“剧场性”，从艺术外部定义艺术。

综上所述，极少主义对现代主义表意形态的背离是从三个方面切入的：（1）承认作品中的“物性”来悬置现代主义作品中的“视幻性”；（2）强调序列的句式结构来抵制现代主义艺术的“个体性”；（3）将作品放置于“剧场”关系中，造成一种他律的审美关系来消解现代主义作品的“自律性”。这三个方面，使极少主义背离了现代主义的审美自律，成为一种他律的艺术。极少主义的他律性体现在艺术与日常生活距离的消失。那么导致极少主义和现代主义艺术之间表意形态差异的原因何为？对该问题的回应，则需要僭越艺术表意形态层面，回到艺术意义表征的第二层，即审美意义生成机制这个问题上来。

三　极少主义的“剧场性”审美意义生成机制

审美意义生成机制是指审美意义产生的工作系统，它是产生艺术表意形态的动力系统，也是艺术批评的重要参照系。这个工作系统由艺术创作四要素构成，即世界、艺术家、观众和作品。这四要素的相互作用产生艺术作品的意义。而历史上艺术范式的演变正是对这四要素关系的不同强调。[2] 那么现代主义和极少主义的审美意义生成机制到底有何差异？它们对

---

① James Meyer, *Minimalism: Art and Polemics in the 1960s*, New Haven: Yale University Press, 2011, p. 161.

② 〔美〕M. H. 艾布拉姆斯：《镜与灯——浪漫主义的理论和批评传统》，郦稚牛等译，北京大学出版社，1989，第4页。

上述四种要素的强调存在着怎样的不同？

在现代主义表意形态中，如果从意义生成机制的四要素入手，我们可以看到：第一，就世界而言，这个要素是缺失的。由于摄影技术的发现，对世界的表征不再是艺术家独有的专利，艺术家作为记录客观真实的角色被新技术取代。艺术表征世界的功能受到了挑战，引发了所谓“表征的危机”。但是，这并不是艺术家对世界本身的怀疑，而是艺术家对能否表征这个世界的怀疑，即对表征本身的怀疑。第二，从艺术家这个要素来看，通常情况下艺术家通过人本质的对象化来描摹世界。但在现代主义艺术中，艺术家走出了对客观世界对象化的表现，从而走向了主观世界，走向了自我表现。现代主义艺术作品中大量的抽象图式说明，艺术家不再关注如何再现客观真实，而是探究自己的主观世界。第三，从作品这个要素来看，现代主义艺术开始对作品的“内在性”进行探讨，也即关注艺术家个人精神和情感的表达以及对形式本身的探讨。因此，从作品的内在符号学结构来看，现代主义艺术作品中，能指与所指的关系虽然保持着，但与指涉物的关系显得游离。① 也就是说，我们熟悉的现实世界在艺术中消失。在艺术中，我们开始面对一个陌生的世界。能指—所指之间的差异和距离，是现代主义艺术与日常世界和大众的距离，也就是艺术品趋向于审美经验而远离日常经验的距离。② 第四，就观众而言，现代艺术中观众的地位逐渐被加以提升，欣赏者正在经历一个从被动消费者到主动生产者的角色的转变。这个转变实则归因于作品所指—能指关系的断裂。观众对作品文本的解读不再是对艺术家意图的回溯，因为能指—所指关系的断裂使观众不能再猜测艺术家的意图，而必须将个人经验融会在作品中，使作品意义生效。那么现代艺术的表意形态是在哪种机制中产生的审美意义呢？

在观察到现代主义的抽象艺术后，艺术史家伊夫－阿兰·博瓦指出，在抽象艺术中，所有的模式都需要编码，因为正是编码给抽象某种意义，所以理解抽象艺术就是解码的过程。③ 现代主义艺术的自主性来源于艺术家对自我主观精神世界的编码，它让艺术作品呈现在一个自足的符号系统中。而对其进行审美则是从一个观念到另一个观念的解码过程。具体表现为，

---

① 周宪：《审美话语的现代表意实践》，《文艺理论研究》2003 年第 3 期。

② 周宪：《审美话语的现代表意实践》，《文艺理论研究》2003 年第 3 期。

③ Yve-Alain Bois, *Painting as Model*, Cambridge MA: MIT Press, 1993.

它从点、线、面开始再回到点、线、面本身。[①] 现代主义对形式自律和媒介纯粹性的追求实则都是在探讨艺术如何回到艺术自身这个问题。

在现代主义艺术的审美意义生成机制中，艺术家对世界能否被表征产生了怀疑，他们把世界这个要素悬置起来，并对个人的主观精神世界编码，这就是现代主义艺术审美意义生成原理。由于现代艺术中作品的形式往往是自足的，因此，在表意过程中，艺术家在作品形式自身的语义系统中对作品进行编码。具体体现在对作品的色彩和形状等形式要素进行编码，来凸显作品的视幻性。这样一来，观众必须具备相关的艺术史知识才能进入这个语义系统，理解艺术家编码的方式和目的，对作品进行解码。因此，现代主义以来的艺术表意形态遵循着编码—解码的线性范式。

对于极少主义而言，它打破了过去编码—解码的线性审美意义生成机制，开创了一种“剧场性”审美意义生成机制。从世界这个角度来说，极少主义将现代主义悬置的“世界”概念重新纳入作品的意义生成机制之中。但极少主义眼中的“世界”与古典艺术被再现的世界已经不同。因为极少主义的一个重要特征就是，它对世界的怀疑不再是怀疑它能否表征世界，而是对实在世界本身产生了怀疑。换言之，如果说现代主义是对表征世界质疑的话，那么极少主义则是对实在世界本身的质疑。世界是不可被认识的，我们对世界的认识实际上是对各种现象的感知。这说明世界已经不再是那个被自我对象化的世界，而是将自我包含其中的世界。世界不是以他者的姿态展现，而是以一种与自我同一的方式呈现在现象界。在极少主义的审美意义生成机制中，被重新纳入的“世界”其实并非再现性艺术中的那个被自我对象化的客观世界，而是被以自身的方式呈现的现象世界。因此，极少主义不再对客观世界进行表征，而是创造情境，让世界以自身的方式呈现，从而以一种“你看见什么就是什么”的方式表征。

从艺术家来看，极少主义艺术家的主体性遭到怀疑。比如，他们宣扬对物质实在性的展现，也即将“物”直接呈现在观众面前。当世界作为在我们意识中建构的现象被纳入艺术创作中时，艺术家与世界就处在同一性的关系中。也就是说艺术家不再是艺术创作唯一的主体，世界也不是艺术创作面对的那个绝对的客体。这意味着艺术家对作品的控制被世界分担了。因此，我

---

① 高铭潞：《意派论——一个颠覆再现的理论（一）》，《南京艺术学院学报（美术与设计版）》2009年第3期。

们可以看到后期极少主义尤其强调现场（世界）的特殊性。他们主动在艺术创作中磨灭个人痕迹，依靠作品的场域来使作品意义生效。因此，艺术家主体的消失就是20世纪60年代之后极少主义表意实践的一大特征。

从观众这一要素来讲，对现场特殊性的强调还引发了观众的主体意识。这意味着观众也不是被动观看作品，而是主动体验作品。那么这种体验具体来讲是什么呢？莫里斯观察到，一个大尺度的物体将会比一个小尺度的物体涵盖更大的外部空间。如果你想将一件大尺度的物体尽收眼底，你就需要与他保持较大的距离。相反，一件小尺度的物体就需要观者近距离观看。因此，这件小尺度物体延展的外部空间就会小很多。正是物体与观者之间这个距离才产生了一个更加延伸的情景，因为它让物理的体验成为必要。① 这就意味着观众在体验作品时需要根据现场的特殊性来调整身体活动。由此可见，现场的特殊性也会影响观众的审美体验。

从作品这一要素来看，艺术家、观众和现场都成为作品意义生效的途径，因此，作品的意义不再是唯一的，而是多义的，解读的途径也是多元的。作品中能指—所指的游离趋势加剧，这就造成了作品表意方式的平面化、碎片化和混杂化。这种碎片化在极少主义之后的偶发艺术（Happening Art）和大地艺术（Land Art）中表现得更为明显。这些艺术都试图跨越艺术与日常生活的边界，打破艺术品的神圣性和经典性。它们把被现代主义艺术纯化了的审美经验混杂于日常经验之中。

由此可见，极少主义艺术审美意义生成机制的变化，首先是四要素角色发生了变化，这种变化导致极少主义打破了过去编码—解码的线性审美模式，致使世界、观众、作品和艺术家的关系不再是主—客二分的关系，而是一种平面的延展关系。其次，与现代主义的审美意义生成机制相比，极少主义的“剧场性”审美意义生成机制有如下两个特点：第一，在现代艺术审美意义生成机制中世界、艺术家、作品、观众四要素是分离的。它们各司其职互不影响。而在极少主义中，世界也即现场不仅与艺术家一起成为作品意义的制定者，还影响着观众对作品的审美体验。这样一来艺术家、世界和观众是相互作用的，他们共同运作形成了一个剧场。作品就诞生在这个剧场性关系之中。第二，在极少主义的表意系统中，作品的能指

① Robert Morris, “Note on Sculpture,” in *Art in Theory, 1900 - 2000: An Anthology of Changing Ideas*, Charles Harrison and Paul Wood, eds. , p. 831.

与所指之间的关系出现了深刻的断裂。作品的编码者不再仅仅是艺术家，而是由观众、艺术家和世界共同构成。作品不再是孤立的物体，而是一个剧场。四要素在极少主义艺术中构成了彼此相互作用的机制。作品就在这个互动的机制中生成意义。

极少主义开启的“剧场性”审美意义生成机制，使它与现代主义的意义表征方式区别开来。在这种机制中，强调艺术创作四要素是平面的延展关系，且在机制中相互作用，共同生成作品的意义。我们只有深入把握这种生成机制的内在动力，才能对极少主义这种艺术实践做出合乎其自身的阐释和评价。

结　语

极少主义开启的他律式的“剧场性”审美意义生成机制显然不同于现代主义艺术的自律性机制，这两种不同的机制自然会产生两种不同的表意形态和批评话语。这样一来，用现代主义的批评范式来阐释极少主义的艺术实践无疑就缺乏了艺术批评的时效性和话语针对性。一方面，现代主义所追求的形式自律和媒介的纯粹性在极少主义这里并不奏效。极少主义虽然表现为形式的极简，但这种极简已经不属于现代主义的语境。并且，极少主义也不再追求媒介的纯粹性，相反，他通过一种剧场和物性的他律方式来使作品意义生效。显然，用现代主义的语义系统来阐释极少主义已经变得不合时宜。另一方面，现代主义批评范式的立足点是现代主义的审美自律，但是对极少主义而言，与其说它追求与日常世界的分离状态，毋宁说它意图将自己等同于日常生活。这一点在极少主义后期的后极少主义、大地艺术、观念艺术或者偶发艺术中体现得更为明显。这种艺术与日常生活边界的消失意味着，极少主义已经背离了现代主义的自律性审美原则，而朝向了去中心、崇尚差异的后现代主义审美原则。在这个意义上，现代主义审美原则在极少主义中的失效意味着现代主义批评范式的终结，也预示着后现代主义批评范式的兴起。

专题五

影视文化批评

论反乌托邦电影的意识形态编码

陈　晓*

摘要　脱胎于科幻电影的反乌托邦电影近年来逐渐成熟，影响益盛。反乌托邦电影通过构建虚拟的“反乌托邦”叙事空间，描绘科技泛滥、极权统治下的人性异化来表达当下社会的诸多困境与社会诉求。它们看似是对主流意识形态的反拨之作，实际上通过影像编码完成着对个体的深切“询唤”。深入考察这类电影我们会发现，反乌托邦电影以暴力行为纾解了个体对于政治统治和社会秩序的焦虑；通过英雄符码的建构与消解，弥合了社会意识形态的缝隙；由多歧的主题使“反乌托邦”最终沦为失察的话语。

关键词　反乌托邦电影　电影叙事　意识形态批评　文化研究

Abstract　The dystopian film derived from the science fiction movie. In recent years, the dystopian film becomes a kind of mature genre film gradually and has more and more influence. The dystopian film constructs a virtual "Dystopia" narrative space. It expresses the dilemmas and appeals of the present society by depicting the technology evolutions and the alienation of human nature under a dictatorship. Dystopian film seems to be a resistant work of the mainstream ideology. But, in fact, it interpellates the individuals through the image encoding deeply. We found that this kind of film shows the violence to relieve the individuals' anxiety about the political orders. It also bridges the gap of social ideology by constructing and deconstructing the codes

* 陈晓，南京大学文学院影视专业硕士研究生，研究方向为电影理论与批评。

of heroes. Then, it uses the multipartite subjects and causes the meaning of "Dystopia" to be ignored.

Key words Dystopian Film　Film Narrative　Ideological Criticism　Cultural Studies

"反乌托邦"（dystopia）一词起源于古希腊，"dys-"（δυσ-）可译为"坏的、糟糕的"，"topia"（τόπος）源自希腊语，原表示"空间"，现引申为"风景画"。就词义而言，"反乌托邦"即指"糟糕的图景"。"反乌托邦文学三大经典"《一九八四》（*Nineteen Eighty-Four*）、《美丽的新世界》（*Brave New World*）、《我们》（*We*）的诞生标志着反乌托邦小说类型的确立，当代学者将反乌托邦小说界定为："描绘出在乌托邦文本中或其实践化之下可能造成的黑暗世界图景，表达了人类对以科技、绝对理性主义等为助力的乌托邦噩梦的抗拒。"① "反乌托邦电影"，就其概念而言，可以狭义地被定义为：以"反乌托邦"为题材的类型电影，影片以虚拟构想的空间为背景，描绘极权统治下的社会形态及人性异化的景象，并从侧面反映当代社会的困境与矛盾。广义而言，凡是虚构了"糟糕的空间景象"的类型电影都可被视为反乌托邦电影。编码（code）在文化研究的语境之下是指一整套规范性的符号系统，而影像的编码系统较之文字，其文化内涵更为复杂，其意识形态属性亦潜藏得更深。作为类型的反乌托邦电影，就其题材而言，折射出与其他类型电影不同的社会文化特征，但又鉴于其影片叙事的重复性、可预见性，以及其文化价值上的"二元性"，反乌托邦电影在实际的文化价值输出过程中，在实际上完成了主流意识形态对个体的"询唤"（interpellate）。

一　电影中的"反乌托邦"

"反乌托邦"起初作为一种类型元素贯穿于电影史的发展之中。《大都会》（*Metropolis*，1921）可称得上反乌托邦电影的始祖，影片上映的时间甚至比"反乌托邦文学三大经典"（20世纪三四十年代）更早。该片导演弗里茨·朗格首次向观众展现了一幅光怪陆离的未来图景，譬如飞行器等先

① 王一平：《反乌托邦小说的科技伦理反思与诉求》，《外语教学》2013年第4期。

进科技围绕着富人阶层，穷人阶层生活在黑暗肮脏的机械丛林中，这些都为之后反乌托邦电影的视觉风格奠定了基调。这部电影出现于20世纪20年代的德国并非偶然，它与工业大国的背景和世界战争的影响密不可分。影片以矛盾双方握手言和而落幕，乔治·萨杜尔（George Sadoul）称其表现了明显的“大政治企图”①。类似的影片还有颂扬科技发展、科学进步的《笃定发生》（*Things to Come*，1936）。反乌托邦电影在诞生之初不仅是电影题材的创新和视听语言的尝试，而且是电影艺术与工业生产的直接勾连。

进入20世纪五六十年代，作为类型片的反乌托邦电影正式诞生，其标志作品是改编自反乌托邦小说的同名影片《一九八四》（1956），文学作品中被树立的“老大哥”（Big Brother）形象由此成为后世反乌托邦电影中的类型化反派人物。从这一时期的少量作品中可以看出后世反乌托邦电影最主要的两类样式：一类延续了三十年代的科幻风格，如《阿尔法城》（*Alphaville*，1965）；另一类则走向社会现实层面，如《一九八四》和《华氏451》（*Fahrenheit 451*，1966）。这些作品开始用电影语言来描绘反乌托邦景象，重新界定科技和人性、制度与个体的关系，并多以悲观视角审视未来世界的科技图景和社会政治结构，甚至将矛头直指当局，极具讽刺和批判色彩。这类影片无论在视听艺术层面还是在主题内涵层面，都成为后世反乌托邦电影效仿的典范。

到了七八十年代，反乌托邦电影的数量明显增加，社会类反乌托邦电影，如《发条橙》（*A Clockwork Orange*，1971）、《绿色食品》（*Soylent Green*，1973）、《傻瓜大闹科学城》（*Sleeper*，1973）、《五百年后》（*THX 1138*，1971）等，基本延续了前一阶段反乌托邦电影的社会反思性，并开始融合暴力、喜剧等商业元素。科幻类反乌托邦电影则多走“动作大片”的道路，将反乌托邦的世界打造成主人公大显身手的舞台，如《死亡车神》（*Death Race 2000*，1975）、《逃离地下天堂》（*Logan's Run*，1976）、《银翼杀手》（*Blade Runner*，1982）、《疯狂的麦克斯》（*Mad Max*）系列、《终结者》（*The Terminator*）系列、《过关斩将》（*The Running Man*，1987）、《极度空间》（*They Live*，1988）、《机械战警》（*RoboCop*，1988）等。其中机器人、复制人、外星生物等视觉符号与主人公的硬汉形象相对照，构成了特

① 〔法〕乔治·萨杜尔：《世界电影史》，徐昭、胡承伟译，中国电影出版社，1995，第174页。

有的视觉元素。与五六十年代相比，反乌托邦电影，尤其是科幻类反乌托邦电影，越来越追求刺激性场面，相对弱化了对于现实社会的批判和反思力度，也不再流露对于科技的悲观与恐慌，大多成为提供消费娱乐的文化产品。

九十年代以后，反乌托邦电影在视觉风格上更加多元化。就数量而言，科幻类反乌托邦电影已大大超越社会类反乌托邦电影，《V字仇杀队》（*V for Vendetta*，2005）、《盲者之国》（*Land of the Blind*，2006）等直接贴近社会政治生活的题材屈指可数。大多数反乌托邦电影进一步削弱了现实关怀的力度，《大逃杀》（*Battle Royale*，2000）等改编自畅销反乌托邦小说的电影也已大大削减了文学作品本身的社会隐喻色彩，翻拍作品更是刻意淡化意识形态属性，尽量避免出现敏感的对白。至此，反乌托邦电影与爱情电影、青春电影等类型电影已无二致，成为商业电影的有机组成部分，尤其受到好莱坞制片厂的青睐。这一阶段的反乌托邦电影多沿袭了与动作、科幻等元素结合的传统，如《天狱飞龙》（*Fortress*，1992）、《末世纪暴潮》（*Strange Days*，1995）、《十二猴子》（*Twelve Monkeys*，1995）、《撕裂的末日》（*Equilibrium*，2002）、《少数派报告》（*Minority Report*，2002）、《我，机器人》（*I，Robot*，2004）、《逃出克隆岛》（*The Island*，2005）、《冲出宁静号》（*Serenity*，2005）、《云图》（*Cloud Atlas*，2012）、《雪国列车》（*Snowpiercer*，2013）、《遗落战境》（*Oblivion*，2013）等。反乌托邦电影的风格在类型演变过程中，呈现出两大变化。一是主题多样化，如《千钧一发》（*Gattaca*，1997）表达了对唯基因主义的思考；《黑客帝国》（*The Matrix*）系列成为赛博朋克[①]反乌托邦电影的经典之作；《人工智能》（*AI*，2001）赋予机器人人性之光；《人类之子》（*Children of Men*，2006）展现了英雄的末日救赎；《月球》（*Moon*，2009）书写了人类的孤独与自我认知。二是类型糅合趋势增强，出现了“黑色电影+反乌托邦”如《黑暗扫描仪》（*A Scanner Darkly*，2006）；“动画片+反乌托邦”如《机器人总动员》（*WALL·E*，2008）；“喜剧片+反乌托邦”如《黑店狂想曲》（*Delicatessen*，1991）、《欢乐谷》（*Pleasantville*，1998）、《蠢蛋进化论》（*Idiocracy*，2006）；“爱情片+反乌托邦”如《别让我走》（*Never Let Me Go*，2010）、《时间规划局》（*In Time*，2011）、《命运规划局》（*The Adjustment Bureau*，

① 赛博朋克（cyberpunk）即围绕计算机、信息技术、黑客技术等主题的文艺作品。

2011)、《逆世界》(*Upside Down*, 2012)。除此之外，近年来引人瞩目的现象级“青少年科幻电影”也多为反乌托邦电影，如《宿主》(*The Host*, 2013)、《赐予者》(*The Giver*, 2014)、《饥饿游戏》(*The Hunger Games*) 系列、《分歧者》(*Divergent*) 系列、《移动迷宫》(*The Maze Runner*) 系列等。这一阶段涌现的反乌托邦电影极大地拓宽了此类题材的边界，电影中的反乌托邦图景越来越奇幻诡谲，部分作品的主题达至哲学高度，也令观众对此类电影有了新的认识。

电影中的“反乌托邦”起初作为科技发展及全球战争背景下的题材创新，之后受到反乌托邦文学作品的启发，经过自身的类型化演变，逐渐区别于其他类型片，构成了独立的类型电影样式，与众不同的叙事空间折射出这类电影更深层次的文化内涵。

二 叙事空间：“规训”下的异质世界

反乌托邦电影在影片的开头通常会以一组蒙太奇镜头展现虚拟世界的图景，同时以黑、白、灰等冷色调渲染氛围，强调陌生化的效果，让银幕中的反乌托邦图景与观众的思维之间建立起牢固的“假定性”关系。空间与规则是反乌托邦电影中不可缺少的两重“假定性”元素，正如西部景象之于西部片，都市场景之于黑帮片，叙事空间的独特性成为区别类型的基本标准之一，而反乌托邦电影叙事空间的特殊性在于对异质世界的描绘。如上文所述，反乌托邦电影的视觉样式自《大都会》起就已经奠定，除科技种类及地理空间不断翻新外，视觉基调的呈现几无变化，通常包括两大类。一是以灰黑色、昏黄色为主调的“末日”(启示录与后启示录)景象，或称之为“废土”场景。空间内存留着荒无人烟的旷野，成规模的大型机械，或是无人居住的高楼大厦，肮脏、混乱、暴力、犯罪等情景随处可见。二是以灰白色为主调的“未来城”景象。由于某种力量的管辖，空间内维持着表面的安宁，一切看上去井然有序，甚至近似天堂。此外，还会经常出现两种空间并置的情况，如《逆世界》《饥饿游戏》等。一般而言，上层社会总是光鲜明亮、繁荣富裕，下层社会则破败昏暗、萧索贫穷。

除地理层面的空间构建外，反乌托邦电影还需建立一套牢不可破的生存“规则”，具体表现为群体的区隔、森严的等级和荒谬的秩序。如在《饥饿游戏》的反乌托邦世界中，国家被划分为至高无上的都城与另外十二个行政区，这十二个行政区每年被迫交出少男、少女各一名参加残酷的“饥饿游戏”，最终只有一人可以生还。这种规则的荒谬性不仅体现在以个体生命为娱乐手段的反人道思维，更在于游戏规则本身也可由都城的掌权者随意操控。这种基于幻想的反乌托邦空间形态，以及基于权力的反人性规则，可以视作反乌托邦电影视觉图谱最重要的两大表征，而由此隐喻并折射出的现实社会形态和权力博弈也正是这一题材的文化意义所在。

被科幻理论家罗伯特·斯科尔斯（Robert Scholes）称为“结构性寓言”的科幻文本书写，与结构主义关系密切。他认为：“结构性寓言所根据的是对当代生物圈的忧虑，担心的是作为整个生态系统的生物圈以及作为一个宇宙系统的宇宙。”① 结构主义从20世纪初开始不断发展壮大，其理论强调整体性和系统性，忽略了个体情感，而这一阶段的文艺作品（尤以科幻作品为代表）恰恰弥补了其中的断裂。这也就不难解释，为何在特殊时间范畴内产生的反乌托邦电影，在叙事空间的设置上与后结构主义代表人物福柯笔下的景况如此相似。

米歇尔·福柯（Michel Foucault）在《规训与惩罚》（*Discipline and Punish*）中提到两种“规训社会”的样式，第一种被称作城市的“隔离区”，其特点是“封闭的，被割裂的空间，处处受到监视”，“一种广延性权力以一种确定无误的方式统治每个人的肉体，使该城镇变得静止不动。这就是一个治理完善的城市的乌托邦”②。第二种则是沿用了边沁（Jeremy Bentham）的“全景敞视监狱”概念的全景敞视结构。“全景敞视结构提供了这种普遍化的模式。它编制了一个被规训机制彻底渗透的社会在一种易于转换的基础机制层次上的基本运作程序。”③ 尽管“隔离区”与“全景敞视监狱”有政治学意义上的区别，但在形态展现上十分相似，都包含着被区分的空间、被监视的个体、被强制服从的规则等特征。

不难发现，反乌托邦电影中的空间恰恰建构了一个虚拟的广泛意义上的“规训社会”，监视者高高在上，并以俯瞰的姿态窥视着被监视者的一举一动，对其进行空间区分，为其制定“游戏规则”，将个体纳入庞大的规训

① 〔美〕罗伯特·斯科尔斯：《科幻文学的批评与建构》，王逢振译，安徽文艺出版社，2011，第31页。

② 〔法〕米歇尔·福柯：《规训与惩罚》，刘北成、杨远婴译，三联书店，1999，第221～223页。

③ 〔法〕米歇尔·福柯：《规训与惩罚》，刘北成、杨远婴译，第235页。

系统之中。叙事空间的特殊性使得反乌托邦电影本身超越了电影语言层面，指向当代社会生活中的隐秘性“规则”，揭示了广泛存在于现代社会中的不平等关系。从这个层面而言，反乌托邦电影对当代社会权力与自由关系的深刻揭露与反乌托邦文学是一脉相承的。但是这种看似离经叛道的革命性仅仅停留在影像编码的表层，在反乌托邦电影类型化的发展过程中，一种难能可贵的、对于社会文化现代性的表述逐渐消逝殆尽。

三　暴力对抗：失序状态与社会意识形态

托马斯·沙茨（Thomas Schatz）将类型电影分为“融合类型”与“秩序类型”，前者主要包括歌舞片、喜剧片、家庭情节剧等类型，冲突往往设置在文明的空间，最终通过情感来解决主要矛盾。后者则包括西部片、黑帮片、侦探片等类型电影，“这些类型中的冲突是被外化的，被转化为暴力，并且常常通过消除某些威胁社会秩序的方式来解决”①。反乌托邦电影的视觉图谱往往设定在竞争的空间内，通常讲述孤胆英雄反抗社会秩序的故事，并以动作、惊悚为主要叙事元素，属于典型的“秩序类型”。

如果说“秩序类型”中所谓的“暴力美学”是以电影影像的纯粹形式感表现了人类的矛盾心理：“对死亡的恐惧和攻击的本能”②，并以此纾解观众潜意识里的焦虑情绪的话，那么反乌托邦电影则更加精准地指向了社会政治层面的暴力规则。反乌托邦电影的题材规定了暴力行为并不单纯指向个人“冤冤相报”的私怨，而是一种制度层面的反拨。电影《一九八四》中遍布电幕（监视器）的大洋国充满了现实隐喻色彩；《发条橙》精细地描绘了个体（Alex）如何在政府权力控制之下丧失本性；《饥饿游戏》中的都城为其他十二个区烙上“原罪”的记号，并要求他们献上“贡品”参加残酷的饥饿游戏。在这类电影中，极权政府或是“老大哥”的形象成为政治暴力的直接隐喻，由此构成了电影叙事的一个极点。

然而真正令人恐惧的并不仅仅是暴力本身，而且还有生成暴力的一整套体系。由于暴力的合法性问题无法证实或证伪，因而合法性往往与权力话语直接关联，其判断标准也理所当然地掌握在拥有权力的一方，而不拥

① 〔美〕托马斯·沙茨：《好莱坞类型电影》，冯欣译，上海人民出版社，2009，第40页。

② 郝建：《“暴力美学”的形式感营造及其心理机制和社会认识》，《北京电影学院学报》2005年第4期。

有权力话语的人一方面成为政治的旁观者，另一方面成为被制度规训的人。这类人构成了反乌托邦电影叙事的第二个极点，即被统治阶层。他们往往处在失语状态，成为暴力的承受方，如《撕裂的末日》中面无表情的民众、《云图》中兢兢业业为餐厅服务的克隆人等。这一极点指向了现实中的大多数人，米尔斯（C. Wright Mills）在《白领——美国的中产阶级》（*White Collar: The American Middle Classes*）一书中将美国社会最庞大的白领群体描述为“一些牺牲品式的英雄，他们作为小人物，从事的往往是一些并非出于自己本意的活动，他们默默无闻地在某个什么人的办公室或商店里工作着，从来都不许大声说话，和人顶嘴，或站着不干活”，“这些总可以被看到但又很少为人们参详的人，是政治上的哑巴”①。由此，反乌托邦电影本身构成一个镜面，映照出现实社会的特殊景象，并为失语的社会群体开辟了想象空间。

这种普遍的社会失语症可以归结为工业革命和世界战争的后遗症，甚至具体关联到美国社会的信息革命、干涉战争和政治丑闻。科幻片在20世纪70年代的涌现，就已经折射出人类对于技术发展的隐忧。这种忧虑不仅反映在工业文明中的机械对人类的反噬，还表现在社会政治将借助科技手段对个体实行更隐秘的控制。进入21世纪之后，信息技术的膨胀式发展、“棱镜计划”（PRISM）的曝光等，加剧了当代人对于技术和制度的恐慌，而反乌托邦电影关于极权统治和人性异化的主题的一再上演，也毫无疑问地成为宣泄焦虑情绪的出口之一。当代学者曾一针见血地指出，美国“系统而有节奏的社会运动，剧烈程度在可控的范围之内，就像‘小病不断，大病没有’，帮美国泻了内火。有如轻泻剂，将流行话题拔升后，以意识形态分野的方式纳入公众话语体系，是美国新闻界和信息娱乐业为当权者（即控制资本投入的集团）分化社会阶级矛盾而承担的一项重要职责”②。在反乌托邦电影的叙事当中，所有近似真实的社会现象都经历了影像的过滤，并被赋予幻想色彩，悬置在似乎离现实社会很遥远的未来或是平行宇宙，而电影也凭借“无害”的叙事空间内的暴力行为，来疏导和慰藉现实生活中对隐秘控制存在的焦虑不安。正如鲍曼（Zygmunt Bauman）所言：“文化

① 〔美〕C. 赖特·米尔斯：《白领——美国的中产阶级》，杨小东译，浙江人民出版社，1987，第11页。

② 董海滨：《析美国文化产业中的意识形态纷争和身份认同冲突》，《现代传播》2012年第12期。

是一种反随意的装置，它试图生产与维持秩序；它是一场旨在反对随意及其带来的无序的持续战争。在秩序与无序的外在斗争中，文化的立场毫不含糊地站在了秩序的阵营中。”[1] 反乌托邦电影在影片中叙述规则，并通过暴力反叛规则之后，又在现实生活中巩固了这种规则，这种带有意识形态色彩的编码方式具体表现在影片的叙事策略和主题设置两个方面。

四 叙事策略：被消解的英雄符码

叙事空间内的统治阶层和被统治阶层构成了相对平衡的两极，而英雄的出现打破了原有的平衡，成为电影叙事的第三极，构成了叙事策略的倾向性所在，同时也隐性表达了影片意识形态的倾向性。与西部片中作为“文明代理人”（进入社区－离开社区）的英雄形象不同，反乌托邦电影中的英雄原本就生活在社区当中，并对空间内的一切规则了如指掌。“激励事件”的触发则意味着英雄将直面暴力，并且通过相似的暴力手段来拆解社区中原有的暴力，即一种典型的“以暴制暴”思维。同样的，英雄的暴力行为也存在合法性的问题，因而在叙事策略上，英雄的暴力合法性被置换为“合理/情性”，成为一种特殊的影像编码策略。英雄勇于对抗现行体制及社会秩序，并通过出众的技能有效地对统治阶层构成威胁，成为新的暴力符号。纵然如此，反乌托邦电影最终又会通过英雄符号的彻底消解，将其纳入主体范畴之内，这也恰恰表明了此类电影深层次的意识形态属性。

最典型的例子是《V字仇杀队》中“V”这个符号的建立与消解。电影改编自同名漫画，讲述了在极权统治下的未来英国，V以极端暴力的方式对抗政府，最终击败了统治者，赢得了大多数民众的支持。V是一个身份难辨的怪客，影片将其抽象为一种精神力量，但实际上仍然是一种英雄式的书写方式，看似塑造了敢于反抗体制的英雄形象，实际上在叙事中彻底消解了这一符号的现实意义。

首先，V是类似“超级英雄”的存在。V经过药物改造后，拥有比常人发达的运动系统和反应能力，成为“超常”的符码，这也就意味着V难以被现实社会复刻，因而在前提上消解了革命或是集体反抗行为的预设。

---

① 〔英〕齐格蒙·鲍曼：《后现代性及其缺憾》，郇建立、李静韬译，学林出版社，2002，第59页。

其次，赋予V实施暴力的合理性动机。影片中V一切行为的根本动因是“复仇”，政府的作为导致了V的“变异”，也导致了大批无辜民众的死亡，因而V的复仇行为显得合情合理，充满正义性。V在电影中前后共展现了八次暴力行动，这些行动被合理拆解而获得了“合法性”（见表1）。

表1 《V字仇杀队》暴力行动“合法性”分析

序号	暴力叙事	暴力的“合法性”叙事
1	夜晚杀死两名秘密警察	为救助 Evey
2	电视台制造危机并杀死秘密警察	向民众宣传思想，逃脱追捕
3	杀死 Lewis（复仇行为）	Lewis 是政治传声筒，参与集中营事件
4	杀死 Lilliman（复仇行为）	Lilliman 作为教士却猥亵少女，参与集中营事件
5	杀死 Delia（复仇行为）	Delia 曾是集中营医生，接受死亡并向 V 忏悔过错
6	设计骗局囚禁 Evey	考验 Evey 且让她无所畏惧
7	暴力威胁 Creedy	为了找到并杀死 Sutler
8	杀死 Sutler 和 Creedy	“英雄”与“对手”的生死对决

再次，以爱情柔化暴力。影片开头通过女主角 Evey 的独白进入电影叙事，强调“我所思念的并不是思想，而是一个人，一个我永不会忘记的男人”，在片尾又重复了这一点“没人会忘记那个夜晚，以及它对这个国家的意义，但我永远不能忘怀的是那个男人以及他在我生命中的意义”。这就将宏大的政治叙事转嫁到个人私情之上，影片中V和女主角的爱情线索显得生硬，电影叙事也对两性爱情做了相应的阉割与美化。但正是爱情元素的介入，才模糊了V作为纯粹“斗士”的属性，也完成了对V的救赎，增添了其人性色彩。

最后，影片消除了英雄和类英雄的人物。电影中 Gordon、戴眼镜的小女孩甚至是 Evey 的父母都与V有着相似的思想倾向，尤其是 Gordon，他与V一样秘密收藏了许多艺术精品，并用实际行动在媒体上通过“闹剧”来讽刺元首 Sutler，但这些类似人物无一例外地受到了政府的惩罚，作为英雄符码的V最终也难逃死亡的命运，随着开往国会大厦的列车葬身火海。

英雄人物始终是类型叙事的核心所在，他们不仅仅是观众情感的投射物，也可视为观众想象中的行动代替者。诚如论者所言：“商品观念使美国电影生产执行一种不露痕迹的意识形态策略，把一切归因于个人，影片中所发生的一切，都取决于出场的人物，任何抽象因素均被遮掩。”[①] 反乌托邦电影正是通过叙事策略，为英雄的暴力行为披上了合情合理的外衣，甚至赋予其形式上的浪漫主义，这些令人血脉偾张的动作场景让观众获得视觉快感的同时，也释放了他们对于权力和秩序的紧张和焦虑。这就使得反乌托邦电影最终通过消解英雄符码的方式，在实质上实现了对于观影个体的“询唤”：英雄存在于电影世界，也只能存在于影像之中。

五　主题设置：多歧内涵与失察话语

随着电影理论的跨学科发展，以往被理论界边缘化的科学幻想题材作品重新回归研究视野。《黑客帝国与哲学》（*The Matrix and Philosophy*）一书充分表明了这类影片实际上具有更开阔的理论探索的可能性，因为电影中的想象力呈现直接诉诸人类的思维空间，且一定程度上脱离了对现实的简单摹写。单就“反乌托邦”题材本身而言，已经算是可以深度开掘的主题：在电影美学层面，反乌托邦电影以“暴力美学”的方式解构了秩序法则；在社会学层面，反乌托邦电影构建了圈层式的社会空间；在政治学层面，反乌托邦电影隐喻了权力与暴力的深层关系；在哲学层面，反乌托邦电影提出了物质与人性、真实与幻境的问题。当然多数反乌托邦电影并没有走向一种形而上层面的探索道路，而是和绝大多数商业类型片一样，始终小心翼翼地避免意识形态纷争，并且一味地迎合本国观众乃至全球观众的审美偏好。

就当下商业电影的总体发展趋势而言，单一类型已经无法适应观众在短时间内接受大量视觉信息的要求（这恐怕也和信息技术的发展密不可分），因而类型杂糅成为商业电影的叙事出路之一。类型杂糅在为市场带来新气象的同时，也造成了一个难以回避的问题：类型的界定越来越模糊，电影的主题经常含混不清，同一文本常伴有多主题多角度的解读方式。从反乌托邦电影的发展阶段来看，这一类型在还未经过充分发展的情况下，就已经与爱情、青春、惊悚、科幻等类型元素相混杂，使得“反乌托邦”本身渐渐失去其纯粹性和批判性，这一概念早已不具备政治学层面的意识形态属性，而在商业电影的多重主题变奏中沦为一个失察的话语。

---

① 郝大铮：《电影意识形态散论》，《当代电影》1989 年第 4 期。

以《发条橙》《逆世界》《饥饿游戏》这三部反乌托邦电影为例，反乌托邦主题无一例外地失落在性、暴力、爱情、奇景等元素当中。《发条橙》是一部赢得极大声誉的反乌托邦电影，除了对于自由、道德选择、人性异化等话题的讨论外，有论者敏锐地捕捉到了美国社会（尤其是青少年）对于《发条橙》的反馈，主角 Alex“俨然和《七年之痒》里的玛丽莲·梦露一般，成为美国大众文化、时尚潮流所追逐的流行符号”[①]。Alex 形象的经典化表明了现代主义向后现代主义的悄然过渡，曾经的“个性”在巨大的意识形态洪流中变成了“大众”。尽管如此，20 世纪 70 年代的这部《发条橙》对于场景的处理仍可以看出表现主义的影子，流露出先锋性和批判性。而到了 21 世纪，反乌托邦电影的纵深感彻底消失，呈现平面化、拼贴式的影像特征。《逆世界》代表了一种典型的类型嫁接策略，影片仅用开头十分钟介绍了一个引力相反的世界，上层社会高楼林立且充满阳光，下层社会尽是断壁残垣和连绵的阴雨，而剩余的时间则用以讲述一个并不高明的爱情故事，故事的矛盾点归结于男女双方如何冲破引力的限制，而毫不涉及造成社会分层背后的真实原因。影片最终在有情人的拥抱和对未来的憧憬之中结束，在颂扬了爱情的同时，也折损了社会反思层面的意义。换言之，电影中反乌托邦图景的介入仅仅作为引起观众震惊的奇观化表达，并不具备承载电影主题的功能。《饥饿游戏》分为四部系列电影，宏大的叙事构架加剧了文本的多义性。就电影的第一部而言，影片开头用字幕简略地概述了“饥饿游戏”的规则，随后展示了第十二区的萧条空间和都城的繁华景象，紧接着就将主人公投入游戏空间，开始了真正的冒险旅程。影片显然在打斗和特效场景上花费了很多功夫，但这场本该用以讽刺极权统治以及消费社会中过度娱乐现象的“饥饿游戏”，彻底变成了一场娱乐电影观众的“视觉游戏”。尽管《饥饿游戏》的后续作品已经逐渐拾回反叛与革命的主线，但对于系列电影而言，主题是否明晰已不再重要，重要的是符号化的主人公仍在继续战斗并持续受人喜爱。

“反乌托邦”作为一种一以贯之的题材，能够一再引起观众的新奇感和陌生感，最鲜明的例证就是继《分歧者》系列、《移动迷宫》系列和《饥饿游戏》系列之后，《同等族群》（*Equals*）、《第五波》（*The 5th Wave*）等影

① 童蔚闻：《库布里克的电影世界——电影〈发条橙〉的意识形态批评》，《视听》2014 年第 6 期。

片仍在持续这股反乌托邦风潮。反乌托邦电影的势头未减，但其主题原本承载的深刻文化内涵随着类型电影的变迁和消费社会的磨洗，或在温情叙事的裹挟之中，或在影像奇观的"抢镜"之下，或在青春偶像的光芒背后，丧失了原有的生命力。尽管《发条橙》《黑客帝国》《V字仇杀队》等优秀影片确实显露出某些超越意识形态的特征，在全世界范围内获得了大量拥趸，但目前的大部分反乌托邦电影并不具备真正的后现代性艺术品质。正如沙茨所言："类型的基本动力就是不断地与美国意识形态原则进行重新谈判。让人对好莱坞类型电影如此着迷和困惑的是，它们在同样的叙事语境中'游刃有余'，既批评又加强我们文化的价值、信仰和理想的能力。"[①] 反乌托邦电影在实质上弥合了主流意识形态裂隙，勾勒出一个乌托邦式的革命幻想，以满足大部分观众的观影期待。

博德里（Jean-Louis Boudreau）认为："电影不是对现实的摹仿，而是对主体位置的摹仿，是对主体的构成过程的摹仿。观影只是一种意识形态的日常形式。"[②] 电影作为意识形态的组成部分，自然可以被视作一种想象的话语体系、一种"想象拼合物"（马克思语）。但反乌托邦电影却因其题材的特殊性，与主流意识形态构成了一种极其暧昧的关系，它一方面提供了与众不同的电影叙事空间，以影像的方式指涉当代社会生活的图景，曲折地揭示了意识形态国家机器对于现实社会的询唤作用，另一方面始终无法真正脱离意识形态的束缚，最终成为意识形态的询唤工具，而其影像编码早已被纳入主流意识形态的叙事之中，变成一种荧幕惯例，合情且合法地消弭着观众对意识形态本身的焦虑情绪。囿于电影研究的传统，以反乌托邦电影为代表的商业电影难以进入主流研究视野，但其作为世界电影向后现代性过渡的典型文本，极大程度地反映出当代电影生产机制及社会文化背景的流动和变迁，因而理应获得更多的理论关注。

---

① 〔美〕托马斯·沙茨：《好莱坞类型电影》，冯欣译，上海人民出版社，2009，第41页。

② 参见李恒基、杨远婴《外国电影理论文选》，上海文艺出版社，1995，第615页。

新媒体时代的偷窥、暴力与谎言

——论《黑镜》中的数字化生存危机

袁　瑾[*]

摘要　《黑镜》是一部反乌托邦的科幻系列电视剧，它聚焦于新媒体时代的科技与人伦矛盾，探讨了数字化生存危机。首先，偷窥作为数字化生存的日常生活形态，构建起全民监视及被监视的隐形监狱；其次，各种媒介仪式所传播的感官正义助长了暴力文化的泛滥，强化了媒介作为社会中心形象的权力；最后，数字化生存的根本性危机源自经验的贫乏，奇观社会的虚拟现实有可能导致人类主体性的终结。

关键词　新媒体　数字化生存　隐形监狱　感官正义　虚拟现实

Abstract　The *Black Mirror* is dystopian teleplay of science fiction series, which focuses on the contradiction between technology and ethical conflicts in new media era, and discussed the digital survival crisis. First of all, as the everyday life of digital survival, peeping has built up a national monitoring and being monitored invisible prison. Secondly, the sensory justice spreading by various media rituals have contributed to the inundation of violence culture, and strengthened the power of media as a social center image. Finally, since the fundamental crisis of digital survival derived from experiential poverty, virtual reality in the society of spectacle could result in

* 袁瑾，广东外语外贸大学中文学院，副教授、硕士生导师，研究方向为媒介文化批评。

the end of human subjectivity.

Key words New Media Digital survival Invisible Prison Sensory Justice Virtual reality

《黑镜》(*Black Mirror*) 是由英国制作的一部有关未来主义的科幻系列电视剧，该剧自 2011 年首次播出以来即获成功和好评，到目前为止已播出三季，分别是：第一季（2011 年）的《国歌》《1500 万的优势》《你的全部历史》，第二季（2013 年）的《马上回来》《白熊》《瓦尔多的时刻》，第三季（2015 年）的《白色圣诞》。该剧展示了科技对人性的重构，通过若干小故事带领观众思考未来数字化生存的挑战，是一部批判科技发展主义，反省媒介与人类日常生活关系的佳作。

就影像风格而言，《黑镜》的现代感十足，但其内容带有强烈的宗教情怀和原罪意识。所有故事均以惩戒和受罚结尾：《国歌》当中的首相因为和猪做爱而受到妻子唾弃，失去了真正的爱人；《白熊》中的女杀人犯既是施暴者，同时也成为受虐者；《白色圣诞》中的意识工程师虽然逃脱了法律制裁，却被主机设定为绝对屏蔽，生活在与人无法交流的人间地狱。《黑镜》一方面预示了未来科技生活的酷炫新奇，另一方面则暴露出数码时代的人情冷漠和技术专制，所有矛头指向媒体所鼓吹的“科技至上”，亦可看成对技术原教旨主义的控诉，堪称后现代版的《罪与罚》。

然而时光倒流 20 年，著名的计算机专家尼葛洛庞帝（Nicholas Negroponte）在其撰写的《数字化生存》中曾大胆预言数字化技术将彻底改变人类的生活。所谓“数字化生存”，即人类将生活在信息高速公路和互联网建构的新型空间里，在这个空间里人们通过智能高效的通信技术从事各种工作、学习和生活。尼葛洛庞帝与《黑镜》主创者的态度不同，他是一位技术乐观主义者，当时主要是针对数字化科技所蕴含的社会变革、人际互动、经济创新等内容给予高度赞美和肯定，由于时代所限，他未就技术发展所带来的负面效应进行充分讨论。但伴随着移动互联网的崛起和虚拟技术的普及，今日人类已完全开启数字化生存的进程，科技依赖症的弊端暴露无遗，《黑镜》正是在这样的背景下洞察到文明之下暗藏的人性扭曲和欲望疯涨，揭露并抨击科技膨胀可能带来的恶果。从这个角度讲，《数字化生存》是激发人们进入赛博新世界的未来指南手册，而《黑镜》则更像是一部假想未来数码灾难的当代启示录，两者共同构成我们理解数字化生存要义的关键所在。

《黑镜》为观众展示的是一个由电子数码产品构成的新媒体世界，如电视、网络、手机、记忆粒、仿真机器人、智能眼、意识副本等，里面既有目前正在使用的通信技术，也有正在开发或未来可能发明的高科技。所谓“新媒体”，其概念自20世纪60年代提出以来一直在被不断地更新和补充，因为技术发展的速度太快，其内涵始终难以界定。总体而言，新媒体的特征是移动化、网络化、即时性、社会性和融合性，这些在剧中其实都有充分的体现。新媒体对日常空间的参与程度要远远高于传统媒体，因为在媒介融合的态势下，所有媒介资源都被整合到社会化的进程中，从而对人的生活进行全面干预和影响，从这个意义上说，新媒体是建构数字化生活的前提和基础。

麦克卢汉（Marshall Mcluhan）认为“媒介即讯息”，每一种新媒介的产生不仅会引发社会话语的变革，同时也会重塑社会结构和人类行为。《黑镜》中的“镜”代表随处可见的屏幕，它意味着高度镜像化和虚拟化的生活将统治人类未来，“黑”则象征了这种数字化生存的阴谋和危险。这部戏表达了当代人的某种道德恐慌，其对新媒体所持的彻底批判态度未免有失公允，但作为一部颇具思想性和哲理性的作品，对于我们深入理解日益媒介化的社会现实，理性审视人与媒介的复杂关系，探索新媒体发展趋势，具有极为重要的启示意义和价值。

一　隐形监狱：日常生活的全景式偷窥

未来数字化世界从物理特征上讲与当代并无太大差异，但从生存形态上看有本质差别，其不同表现在媒介对日常生活具有深度介入的效果。这种介入其实从电视（家庭媒体）的应用就已经开始了，而今天的各种屏幕、摄像头和监视器无疑加深了这一趋势。电子镜像犹如毛细血管般遍布于社会的每一寸肌体，为偷窥提供了理想的平台和便捷的手段，偷窥逐渐成为日常生活的普遍景观，与个人呈现出高度粘合的态势。

《黑镜》中的故事均与偷窥有关，比如《国歌》《你的全部历史》《白色圣诞》反映了窥淫癖，《白熊》在窥视暴力，《1500万的优势》《瓦尔多的时刻》窥视了名人和明星。应该说，对性、暴力和隐私的偷窥并非当代社会的特例，它是人性历史发展的一部分，只不过媒体技术的发展刺激并放大了这种原始的本能欲望。《黑镜》所展示的偷窥对象广泛而深入，大到国家元首，小到普通百姓；偷窥的内容既有严肃的政治生活，也有私密的个人记忆；偷窥的层次依循从偷窥人的行为，到偷窥人的记忆，再到偷窥人的意识的线索，具有逐级深化的效果。可以想象，在未来由云计算和超级数据库堆积起来的庞大电子镜像系统中，偷窥无孔不入，由此构成一个全民监视及被监视的隐形监狱。

《黑镜》第一季《你的全部历史》讲的是人类发明了一种可以储存记忆的芯片——记忆粒，记忆粒帮助人们记录过去发生的所有事情，也可以删除无意义的信息。记忆粒被植入人的耳后，它与视神经相连，当人们试图回忆过去，只需要打开记忆粒开关，调出记忆粒的数据库即可以将记忆影像投射到任何一块屏幕上，供自己和他人分享。影片开头说“有生命、可呼吸、带气味的，全光谱记忆，只花不到一杯咖啡的价钱，就能得到记忆粒细化升级版，并免费获得30年的备份，仅需局麻植入手术便可开始使用，只因记忆是生存的证明”。表面上看这是一次完美的个人历史档案计划，但从本质上说，它更接近于集体偷窥的影像馆。由于档案高度的可视性和开放性，档案本身的私密性被取消，个人行为必须严格遵守既有的社会规范，才有可能成为标准档案被系统认可，从而被定义为合格的社会人。

剧中的记忆粒不仅具有高超的记忆功能，同时肩负了强大的社会监控职能。剧中反映了未来社会的应聘者需要展示他过去一个月的行为表现，以此向雇主证明他的清白；机场安检的重要对象不再是物品，而是人，因为安检人员需要查看乘客记忆粒中的数据，确认对方行为合法才允许其登机；驾驶员如果醉酒，汽车系统会马上发出危险警告；等等。显然，数字化社会犹如一架计算精准的庞大机器带动每个人有条不紊地运转，它缜密、有序、安全，然而这一切却恰恰是以牺牲个人隐私和自由为代价的。例如剧中的丈夫是一个敏感多疑的人，他嫉妒妻子的前男友，总怀疑他们有染，于是通过记忆粒拼命回放过去的场景希望找到蛛丝马迹，最后终于发现妻子的确是在一次醉酒后与人出轨。本来深爱丈夫的妻子因为羞耻最终出走，而丈夫只能通过记忆粒回味过去家庭的温情，在巨大的痛苦面前，他用刀片亲手划开自己的皮肤，取出了记忆粒。

显然，从这个故事中我们丝毫感受不到由偷窥带来的民主快感。丈夫逼迫妻子回放她偷情的影像，无疑象征了可怕的道德审判。妻子固然有错，但受到这样的惩罚是否公平，或者说丈夫的自私与狭隘是不是一种更大的恶？这些或许可以作为伦理学的命题进行深入探讨。重要的问题是，媒体对社会无以复加地偷窥，令社会具有可视性和能见度，似乎让人们觉得非常安全，但技术本身的不可测性也增加了生活的风险。《黑镜》展示的虽然是想象的科技，但这些科技离我们并不遥远，例如Google眼镜多么像剧中的记忆粒，而不久前Magic Leap公司发布的“数字光场”的幻境是否已经在无数科幻剧中出现过？这些技术固然诱人，但究竟会带给人类怎样的命运？安东尼·吉登斯（Anthony Giddens）认为，现代社会的风险更多地来自于人为风险，它指的是“由我们不断发展的知识对这个世界的影响所产生的风险，是指我们在没有多少历史经验的情况下所产生的风险”[①]。《黑镜》表达了双重性的风险忧虑。

首先是对人性处境的忧虑。从技术的角度讲，电子镜像本身具有深层催眠人类意识活动的效果，在一个信奉所谓媒体自由的当代社会中，有可能助长因偷窥导致的种种精神扭曲和变态。如果说记忆真的是人生存的证明，那么完美记忆可以算是完美人生的标志么？记忆粒最可怕的地方在于它可以删除所谓的无效信息令记忆完美，这意味着记忆成为一种标准化格式，不允许污点和瑕疵存在，这恰恰是对人类真实经验的剥夺，亦是对人性的不尊重。在新媒体的时代，偷窥不仅针对他人，而且还发展到对自我的偷窥，人们借助各种数据库反复回味个人的历史碎片，沉溺于数字世界的自我欣赏，例如自拍已是当代日常生活中最普遍的媒介景观，自拍成瘾甚至成为一种新的强迫症类型被纳入精神病范畴，人们暂时还没有找到治疗的方法，这种超级自恋的文化是否有可能将人类引向自我封闭与沉沦的深渊？

其次是对私领域独立性的忧虑。记忆粒预演了新媒体对社会生活的全面渗透，即公领域对私领域的入侵。这种入侵并非以非法或暴力的形式进行，而是以合法的、科技进步的正义面目悄然渗透在日常生活中。生活成为隐形监狱，监视依靠视觉观看完成。福柯认为，现代社会是一个规训的社会，个人在凝视下被严格监视起来，他借用圆形敞视监狱的例子说明权力与知识的结合使得人的行为被高效有序地规范起来，社会控制显得更加隐蔽而巧妙。福柯所处的年代还没有兴起网络、手机等通信手段，无法预见新媒体在放大视觉效应和凝视功能方面所发挥的巨大作用。因此，他所

---

① 〔英〕安东尼·吉登斯：《失控的世界》，周红云译，江西人民出版社，2001，第22页。

指的社会主体间性关系还局限在看和被看的一元中心主义阶段，它是一种一对多（即中心支配边缘）的视觉模式。

数字化时代的观看是多对多的散点放射式的样态。由于多对多的信息传播方式，特别是当代自媒体的运用，极大地消解了中心与边缘的等级差异，使得人们在被看的同时也可以随时观看他人，从而实现一种貌似平等的视觉构成关系。应该说，数字化世界具有开放性、自由性和流动性的特点，这使得社会作为隐形监狱的属性很难被人觉察和发现。比特所构筑的赛博空间其实是规训社会在技术上不断深化和创新的后果，各种摄像镜头可以看成是狱警眼睛的延伸和变体，它们相互连接，构成异常复杂且秩序森严的国家统治机器。在这一体系中，个体既扮演了社会警察的角色，监视他人的言行；同时也不可避免地成为囚犯，随时被别人监视和审判。显然，这是由新媒体催生出来的一种新型观看行为，在这种行为中，所谓的中心似乎衰落了，因为多元主义兴起。但每个多元（或曰个体）其实充当着这个庞大监视系统的一员，自觉地分担过去中心行使的工作，充其量不过是忠实而普遍的电子眼。表面上看，人们似乎拥有更大的视觉自由度，但实际上每个人被更多的目光注视，主体被控制的程度加深，从而走向新的奴役。

二　感官正义：媒介仪式的冷暴力

马克·波斯特（Mark Poster）认为："数据库首先是话语，因为它们导致了一种主体构建。它们是一种书写形式，一种铭写符号痕迹的形式，它把书写的基本原则延伸成延异，使该原则改变了它必然的终结认识并疏远、区分和宕延了这种认识——数据库是纯书写的话语，直接增强其所有人/使用人的权力。"① 显然，数据库并非纯粹的科学话语，它的内容构成、连接方式、议程设置等都将影响到信息传播的效果，因此具有极强的意识形态性。新媒体作为一种更广泛、更高效的数据库，意味着权力的眼睛无孔不入，它开启了新的暴力阶段，即由视觉施加的话语控制模式，并构建起一套全新的媒介暴力文化。

媒介暴力是《黑镜》呈现的核心内容。不同于传统的暴力直接诉诸肉

① 〔美〕马克·波斯特：《第二媒介时代》，范静哗译，南京大学出版社，2005，第85页。

体折磨和人身禁锢，媒介暴力更多的是通过语言、符号、图像等传播手段，在虚拟的空间中以匿名的方式对个体施加心理影响，从而实现伤害的目的，属于冷暴力类型，具有虚拟性、表演性、日常性和仪式性的特点。《黑镜》通过一系列故事为观众展现了数字化世界中媒介暴力的多重内涵：首先是媒介当中传播并流行的各种暴力内容。例如《1500万的优势》和《白熊》里的人们所面对的影像充满各种色情、暴力、血腥的场面；其次是作为技术的暴力。媒介在技术上不断更新发展，不断满足受众的需求和欲望，使得受众严重依赖媒介，失去精神自由。例如《我马上回来》中的女主角为了缓解自己的丧夫之痛，借助高科技公司提供的虚拟人物跟自己对话，与手机形影不离，甚至购买酷似丈夫的机器人填补精神空虚；最后是媒介与大众合谋形成舆论，从而导致现实性的暴力。例如《瓦尔多的时刻》讲述了一个喜剧演员为卡通人物瓦尔多配音，每天的工作就是讽刺挖苦各种政治人物，人们狂热追捧瓦尔多，最终瓦尔多统治了世界。

传播学家认为"媒介的威力不仅可以给社会网络插入信息，而且可以自己制造网络——分裂、整合乃至设计社会结构——至少在短暂的时刻"[①]。媒体技术的不断发展使得暴力形式的输出更加复杂，暴力在不同层面改造并重塑了社会形态与日常生活。《黑镜》在暴力叙述方面，极富想象力的是它提出了一种新的暴力表现形式，即戏剧暴力。戏剧暴力是将媒介事件进行戏剧化的处理，在媒介仪式过程中对人进行精神压迫和控制。这种暴力借助戏剧的美学外壳，将整个社会包装为剧场，大众既是观众亦是表演者，因为拥有参与的权利，进而对媒介产生迷恋，不自觉地成为施暴者。例如《国歌》讲述了公主被绑架，绑匪提出的释放条件是元首必须与猪做爱，并且电视要实况转播，首相一开始不同意，但最终在舆论的裹胁下就范。然而，就在全国直播前夕，公主其实已被绑匪释放，因为所有人都在看电视竟无人发现她，而这所有的一切都是绑匪（也是艺术家）设计的一次行为艺术。

如果整个过程作为行为艺术可以成立的话，那么无疑是在影射民意强奸元首，媒介政治所具有的民粹倾向和娱乐主义本质可谓暴露无遗。这是一起精心策划的媒介事件，它利用苏珊娜公主的特殊身份（Facebook 和

① 〔英〕简·斯托克斯：《媒介与文化研究方法》，黄红宇、曾妮译，复旦大学出版社，2006，第3页。

Twitter 明星），借助各种社交网络媒体引爆话题（公主被绑架），然后引导受众对该信息进行病毒式扩散，通过舆论向政府施压，最终逼迫元首上演闹剧。在这一事件中，大众作为看客准确地说是偷窥者，热衷于媒介仪式的现场，通过观看成为在场的主导者与支配者，并拥有控制的快感。看者对于被看者而言具有视觉霸权，因为他们占据着主动地位，从这个意义上说大众是普遍而隐蔽的施暴者。绑架案犹如一场盛大的政治狂欢扒下了元首的裤子和尊严，究其实质不过是多数人的暴政，因为媒介仪式所渲染的正义严格来讲是一种感官正义，具有明显的情绪色彩和随意性，缺乏法理秩序和规则，犹如一场荒诞不经的演出。例如公主刚开始被绑架，民众都支持元首拒绝绑匪的无理要求，而当民众从网络上看到绑匪切下公主的手指（其实是绑匪自己的手指），民众又马上倒戈，要求元首答应绑匪条件，否则就威胁他下台，前后变化犹如儿戏。

另一部作品《白熊》将戏剧暴力推向一种极致。故事讲述了女主角不知道自己是谁，当她醒来走出房间时，发现街上有很多人在对她拍照，而且有人（剧中称为猎手）追杀她，她开始逃亡。途中她遇到一个女人，女人告诉她必须逃往白熊公园才安全，于是她们前往那里。当她们抵达目的地时，猎手也紧跟其后，在最后的搏斗中，女主角对猎手开枪，但就在这时她身后的墙打开了，而且伴以耀眼的灯光和雷鸣的掌声，原来这一切都是事先安排好的情节，女主角竟然上演了一场真人秀。不仅如此，她被镣铐锁在椅子上，主持人向观众指控她的未婚夫虐杀了一名儿童，女主角拍摄过现场，作为同犯，她被判终身扮演逃亡者的角色。故事的结尾是女主角被关在笼子里游街示众，然后被带往黑屋子删除记忆，准备进入下一轮演出。

剧中的白熊正义公园是一个犯罪主题公园，人们在里面共同观看真人秀表演，并主动参与其中。女主角是一名罪犯，这使得观众有理由去憎恨她、惩罚她，演出由此获得合法性。充满悖论的是，演出本身的内容极其暴力，女犯在逃亡途中受到的恐吓、威胁等心理迫害令人发指，在这样一个精神屠宰场里，暴力既是必经的过程，也是终极的目的。同时，游客用手机不断对女犯进行拍摄的行为本身与女犯的罪行又多么相似。可以说，媒介一方面在惩戒暴力，另一方面却模仿并传播暴力，这恰好说明了媒体最反动的本质和罪恶——假以正义之名行暴力之实。据联合国儿童基金会 2014 年报道称，法国 6～18 岁的青少年有 12.5% 的人曾在网上被攻击过；

2008年，韩国影星崔真实因网络谣言而自杀的新闻震惊世界；而在中国，以“人肉”为代表的网络暴力事件更是层出不穷。伴随社会媒介化进程的加快，暴力呈现更加泛滥与升级的趋势，可以说，技术助长了人性之恶。

《白熊》的故事与电影《楚门的世界》非常相似，因为剧中主角都不自觉地长期出演了真人秀，它们共同揭示了新媒体时代社会生活所具有的仪式性特征，即媒介将演播厅扩展到整个社会，每个人既是演员也是观众，媒介制造着伪事件，而大众的参与又将其变成真实的事件，生活戏剧化，戏剧生活化，如此循环往复。可以说，媒介仪式升华了暴力的内容，并赋予了作为暴力生产者（媒介）的特权，进一步强化了它的社会中心形象。剧中的猎手（即真人秀导演）对女犯的最后宣判或许象征了未来世界公共法庭的衰落，代之而起的是私刑的流行，他充满激情的判词彻底改写了干巴巴的法理诉讼，将大众的愤怒引向感官正义的汪洋大海。回顾历史，感官正义往往是极权统治者煽动民众发泄私愤，谋求暴力的惯用伎俩，其目的是要实现对他人的终身奴役。从这个意义上说，媒介暴力的可怕之处在于它颠倒了现实与幻象的关系，也消解了是非黑白的界限。伪善取代法理，暴力凌驾于良知，虚假的民主横行，自由名存实亡。

三　虚拟现实：奇观社会的谎言

如果说，全景式偷窥是数字化生存的一种日常生活形态，那么视觉暴力将构成一种普遍的权力运作方式作用于社会肌体，从而成就新的规训机制。例如戏剧暴力作为由电视真人秀延伸出来的暴力文化对司法的僭越和取代，对真实的加工和改写，以及对他人的精神虐待和奴役可谓登峰造极。这种新暴力的特别之处在于它是高度迪士尼化（主题公园形式）和好莱坞化的，暴力蜕变为一种游戏或表演流行于社会的各个角落，让大众沉溺于权力的快感，心甘情愿地充当刽子手却浑然不觉，这无异于法西斯式的精神大屠杀，也是技术专制主义对人的终极异化。

海德格尔在《世界图像的时代》中指出世界图像并非意指一副关于世界的图像，而是指世界被把握为图像了。数字化社会就是一个图像高度发达的表征社会，亦是一个媒体构建的奇观社会。这里的奇观主要指的是“那些能体现当代社会基本价值观、引导个人适应现代生活方式，并将当代社会中的冲突和解决方式戏剧化的媒体文化现象，它包括媒体制造的各种豪华场面、体育比赛、政治事件。”① 奇观化现象是新媒体技术不断发展的必然后果，也是现代性之后文化传播的基本美学特征。居伊·德波（Guy Debord）认为奇观是一种去政治化的怀柔统治，它麻痹主体精神，转移大众对现实的注意力，令人们被动地屈从于社会既有秩序。从这个意义上说，今天的异化早已不同于早期资本主义社会的那种强制性的劳动改造，而是一种自觉的心理服从和归顺，这是更高级别的异化，并伴随新媒体技术的推进愈演愈烈。

例如《1500 万的优势》讲述了人们生活在被屏幕包围的房屋中，通过电子网络进行交流，并靠踩自行车赚取点数（虚拟货币）生活。男主角厌恶这一切，直到听到女主角的歌声，并被她的真实打动。他决定帮助女主角实现音乐梦想，于是拿出自己的所有点数 1500 万给她买了一张选秀入场券。然而在演出现场，评委竟建议女主角当一名色情女星，在威逼利诱下女主角屈服了。男主角伤心欲绝，他再次参加选秀，在台上他拿出碎玻璃以死相逼，疯狂痛斥体制，试图唤醒大众，但评委竟称他的“表演”富有魅力，并建议开办一个评论节目。在巨大的诱惑面前，男主角也妥协了。或许，该剧是在向阿道司·赫胥黎（Aldous Leonard Huxley）的《美丽新世界》致敬，因为它是典型的反乌托邦作品，其出人意料的结局就像是一场真实的谎言，表明了消费主义对人性的收编直接诱导了整个社会的堕落。故事揭露了在被镜像包围的数字化世界中，媒介与资本进一步融合，通过娱乐工业腐蚀人的心智，致使文化走向溃败和衰亡，这就是尼尔·波兹曼（Neil Postman）所说的“娱乐至死”。

除此之外，该剧特别发人深省的地方是提出了来自数字化生存的本质性危机，即经验的贫乏。如果将新媒体技术看成对人类中枢神经系统的延伸，那么数字化生存即要将人类智能的效率最大化，通过跨越身体的局限，实现对物理空间的彻底征服。这意味着身体很大程度上不用直接作用于外部世界，只需要依靠各种电子终端和机器设备就能实现生存所需。这直接导致了人与自然的疏离和身体感知能力的退化，“真实”逐渐成为一种稀缺资源，甚至是奢侈品。例如男主角第一次听到女主角的清唱，犹如听到天籁之声，这反映了人们对真实的渴望。故事最后，成为脱口秀主播的男主

---

① 〔美〕道格拉斯·凯尔纳：《媒体奇观——当代美国社会文化透视》，史安斌译，清华大学出版社，2005，第 2 页。

角站在落地窗前俯瞰绿色森林，喝着鲜榨橙汁，暗示了上层阶级的生活方式有机而天然，但灌输给民众的却是人工合成的各种垃圾（速食品和娱乐节目）。如此鲜明的对比暴露了奇观社会的虚假性和欺骗性，同时也是对人类“经验存封”后的绝妙讽刺。

这里的问题是当人类经验来源于媒介，而不是真实的世界，那么应该如何鉴别现象与本质，真实与幻象？进一步讲，这种鉴别是否还有存在的意义？事实上，伴随科技的进步，真实观正在发生突变，因为真实在某种程度上具备了可生产性，这就是虚拟现实（也称“虚拟实在”）。“虚拟现实简称VR技术，是利用电脑模拟产生一个三度空间的虚拟世界，提供用户关于视觉、听觉、触觉等感官的模拟，让用户如同身临其境。该技术集成了计算机图形、计算机仿真、人工智能、感应、显示及网络并行处理等技术的最新发展成果，具有‘immersion（沉浸）—interaction（交互）—imagination（构想）’三方面的特征。”① 虚拟现实可以被看成科学世界对日常生活的某种控制和创新，由于其内涵太过丰富和不确定，人们通常从技术的角度来定义它。如果说3D特技、仿生科技、全息技术等手段极大地提升了虚拟现实的形象可视性和逼真性，那么《黑镜》中所涉及的智能虚拟技术可能在颠覆人类的主体哲学和真实观。

《白色圣诞》中的男主角马修是一位人类意识工程师，他深谙心理学和计算机技术，他的工作就是帮顾客复制他们的智能，制作意识副本（相当于没有身体的虚拟人），并且训练这些副本让他们服从。由于马修利用他的特长偷窥他人隐私，赚取不法收入，他面临被判刑的危险。但同时，他又帮助警察解决了一个棘手的案子，即通过与嫌疑犯的意识副本对话，套出了犯罪口供。这个故事对虚拟现实的推理是惊人的，因为复制技术发展到这里不仅是物质的，还包括精神的，这意味着主体将分裂出若干个自我，而哪一个是真实的自我，哪一种自我富有优先权，或者说物理世界是否还具有对真实的绝对支配意义？这些都是数字化生存中极富挑战性和思考性的命题。

《黑镜》探讨了人类的主体间性问题，这种主体间性充满了某种压迫性和罪恶感。故事中的人们在镜像化的空间中受到无数眼光的注视，海量的信息牵引着大众对世界的感觉，自我更多地依循他人的看法行事，并且屈

① 张菁、张天弛：《虚拟现实技术及应用》，清华大学出版社，2011，第3页。

从于他人的意志，这与萨特（Jean-Paul Sartre）在戏剧《禁闭》中表现的主题“他人即地狱”何其接近。《禁闭》描写了三个死魂灵间的纠葛和冲突，三个角色都是死人（或曰灵魂），他们无法改变自己，因为它们的本质已经被锁定，他们的未来就是现在（即死亡），他们只能被囚禁在地狱中永不翻身。《白色圣诞》中的意识副本相当于死魂灵，因为他们没有身体，只有意识，他们是被主机锁定好的代码，他们的命运就是接受和服从他人的安排，无论他们如何努力都不可能改变命运。从这个意义上说，《黑镜》所持的未来观是绝望的，因为无论是《国歌》中的元首、《1500万的优势》中的男女主角，还是《瓦尔多的时刻》中的喜剧演员，不管他们怎样清醒或反抗，最终都沦为“乌合之众”。可以说，抗争与否已不构成悲剧的本质，真正的悲剧恰恰在于别无选择。

反观现实，在今天的城市中，各种购物中心和游乐场比比皆是，消费与狂欢成为最流行的文化，“自然匮乏症”已四处蔓延，人们完全陶醉于一种自给自足且自娱自乐的生活。但我们所面对的其实是经过媒体反复筛选和处理过的自我欲望，所追求的也不过是被镜像无限放大和刺激的符号价值，生命走向无知与平庸。从这个角度讲，虚拟现实是禁锢人类自由的囚室么？或者说，虚拟现实是否会替代现实成为母本，而真实的生活成为副本，人类只需要听从于程序或主机的安排就可以进入一个美丽新世界？这是否意味着人类主体的终结？这些或将成为难以明辨的问题长期困扰人类未来的发展。

互联网视听媒体与社交媒体的融合

——谈微电影的体验消费*

王燕子**

摘要 新媒体网络时代，看电影不仅是视听娱乐的一种单纯消费，而且是一种在互联网平台上进行的视听娱乐与社交行为相结合的体验方式。微电影的兴盛代表了互联网视听媒体与社交媒体融合的一种趋势。就微电影目前的状况来看，所谓的草根型微电影创作，佳作很少，但不乏点击率。对待这类作品，艺术阐释类分析显然是不到位的，这时需要将作品放入粉丝部落的社会化视野中，去考察此类微电影背后产生的话题社交圈的消费意义。

关键词 新媒体 微电影 社交消费 娱乐消费

Abstract In the era of the Internet and new media, seeing movies means not only a mere consumption on audiovisual entertainment but also a way of experience which combines audiovisual entertainment and social behavior on the Internet platform. The prevalence of micro films represents a new trend of integration of Internet audio-visual media and social media. With respect to status quo of micro films, although the creation of so-called grass-root micro film has few masterpieces in number, it still wins high click ratio. However, it is obvious that artistic interpretation analysis of these works

---

* 本文为佛山市哲学社会科学规划项目（2015 - BZ78）、广东财经大学国家青年培育项目（14GJPY75001）的阶段性成果。

** 王燕子，文学博士，广东财经大学人文与传播学院副教授，研究方向为艺术传播、文艺美学。

is not enough. What is needed is to explore the consumption significance of social circles behind these micro films from the social perspective of fans groups.

Key words New Media Micro Film Social Consumption Entertainment Consumption

一 体验时代的微电影

微电影是当前新媒体网络时代人们关注度和参与度较高的新媒体艺术类型。它的“微时”“微众”“微媒”等因素架构的微平台，让很多草根阶层的人群可以亲近，真正提供了个性化体验时代的技术平台与实践机会。这是后现代消费时代的特征。毕竟，当下的消费社会不可能再次将人们的生活方式强制为某种一致性模式，“我们需要什么”的时代开始向“我需要什么”的时代进行转换。微电影之类的微平台，让人们具有了演绎各种“小时代”的可能性。因为微电影的影像视觉感更容易让人进入体验状态。

对于这个议题的讨论，首先要从体验概念入手。对此概念的讨论，本身就是一个文化范畴的研究问题，它将涉及美学、经济学以及社会学等学科领域。

第一，哲学或美学范畴中的体验。

“体验”一词作为哲学或美学范畴中的概念被提出，是比较晚近的事情。加达默尔在《真理与方法》一书中，用了较长的篇幅梳理了“体验”一词的历史。他认为，这个词在18世纪还根本不存在，连席勒和歌德都不知道这个词，只是到了19世纪70年代，体验才突然成为常用词。这个词之所以能广泛进入日常用语，是因为传记文学的推广。在他看来，是狄尔泰在《体验和诗》的论著中首先赋予了这个词概念性的功能。之后，体验一词的铸造过程唤起了人们对启蒙运动的理性主义批判。[①] 狄尔泰主要是从认识论的角度将体验理解为一种生命体验。他认为：“我把我们在其中检验生命和各种事物所具有的价值的、由各种过程构成的脉络，称之为生命体验。

① 〔德〕汉斯-格奥尔格·加达默尔：《真理与方法》，洪汉鼎译，上海译文出版社，1999，第77~79页。

它以有关那些存在的东西的知识为预设前提，因此，它是以我们对于这个客观世界的理解为预设前提的。”①

在狄尔泰之后，柏格森提到体验时，是与他的直觉说联系起来的。柏格森的直觉说以绵延论为基础，相应的，他提及的体验便成为一种心理绵延的体验过程，这种体验也具有一种认识论层面的理解。一直到了海德格尔，体验一词与艺术联系起来，便成了接近真理的具有本体论意义的概念。他认为：“艺术品以自己的方式敞开了存在者的存在。这种敞开，即显露，亦即存在者的真理产生于艺术品中。在艺术品中，所是的真理将自身设入作品。艺术乃是真理将自身设入作品。”② 在海德格尔那里，艺术的体验不再是体验事物的外在物象的问题，而是在对艺术作品中显露真理的一种体验。最后到了加达默尔那里，体验又有了一些不同的意味。他将体验纳入到解释学框架里面，认为“在艺术的体验中存在着一种意义丰满”，这代表了生命的意义整体。因此，在审美体验中会包含某个无限整体的经验，在此过程中自然就“直接地表现了整体”。最后的结论是“这种体验的意义”便成为“一种无限的意义”。③ 于是，所谓的体验艺术才可以看成真正的艺术。

从这个过程来看，在西方美学史中，体验一词的理解经历了三个不同的阶段：认识论阶段、本体论阶段和解释学阶段。在这个发展过程中，体验的主体性意识越来越明显，后来直接成为一种主体行为，甚至凌驾于体验的对象之上。在加达默尔的解释学中，主体的理解性体验已经可以成为决定艺术文本意义的决定性因素。

在学界，以解释学或接受美学为基础的电影受众美学存在已久。但是，针对互联网时代的微电影，仅仅从哲学或美学的角度分析艺术主体的体验问题，远远不够。它还需要进入微电影的娱乐消费层面来讨论。

第二，经济学范畴中的体验。

微电影与其他的文学文本或艺术文本等审美体验对象一样，同样有着商品性质。按照马克思的观点，文学创作或者艺术创作都可以进入“艺术生产”以及“艺术消费”的讨论范围。这种从生产到消费的过程，是一个

① 〔德〕威廉·狄尔泰：《历史中的意义》，艾彦、逸飞译，中国城市出版社，2002，第210页。

② 〔德〕M. 海德格尔：《诗·语言·思》，彭富春译，文化艺术出版社，1991，第40页。

③ 〔德〕汉斯-格奥尔格·加达默尔：《真理与方法》，洪汉鼎译，第90页。

社会化过程。对体验一词的探讨，需要具备跨学科的文化意识。

在经济学范畴里，古典时期不管是重商主义还是重农主义的学派，都是重视商品“物”的生产和供给，“只有到了英国的经济学巨匠亚当·斯密的经济学理论才实现了从研究‘物’到开始关注‘人’的转折”①。于是，对于商品的消费态度，人们的生产意识开始了不同阶段的变化。最初是产品经济模式，不管你乐意不乐意，有你消费的东西，你就该庆幸了。接着是服务经济模式，此时的服务仍是以生产者为价值创造主体，消费者只是一个“被服务者”，虽然有“顾客就是上帝”之说，但“上帝”常常并不清楚自己真正需要什么。因为只有在实践过程中发现自身存在的缺失，才会有明确的需求。于是，因势而生的体验经济模式出现，在此模式下，体验是以消费者为价值创造主体，是每个人用个性化的方式参与其中，体验自我存在的事件。这是一种真正以消费者为中心的经济意识。

换句话说，商品经历的是一场从讲究效用到注重价值的过程。而生产者经历的是一场从生产人类需要的物件到服务人类欲望的体验需求的过程。消费者经历的则是一场从消费物品物质性到消费附加于物品上的服务内容，再到享用服务过程中自身情感的体验经历的过程。

这种享用也可以说成满足。美国芝加哥学派的加里·贝克尔（Garys Becker）关于消费者的新理论就谈到了这一点，传统经济学将消费者视为最后决定人，购买某种物品或服务满足自己的需求和欲望。而新消费者理论家亨利·勒帕日认为，消费者“购买一种物质资料或一种服务并不构成最终的经济行为”。他曾举过这样一个例子：人们买汽车不是为了汽车本身，而是为了得到以汽车为物质基础的服务和满足。换句话说，人们买汽车的目的不是汽车，而是一种代步工具，或是一种在邻居或熟人面前出风头的手段。消费行为不过是一种中间的经济行为，消费者用这种行为来“生产”最后的满足。②

但是，问题是看电影不是物质消费，而是一种精神消费。在精神消费的过程中，利用这其中的经济行为生产最后的满足。其实，这种满足是一种社会化行为的享用过程。

第三，社会学范畴中的体验。

---

① 权利霞：《体验经济——现代企业运作的新探索》，经济管理出版社，2007，第14页。

② 〔法〕亨利·勒帕日：《美国新自由主义经济学》，李燕生译，北京大学出版社，1985，第238页。

在社会学范畴内讨论的体验，不单单是一个个体性行为，更多的时候是以群体性交往为基础的沟通和交流的活动方式，这是人类个体性与社会性的差异化区别之一。类似于微电影这类作为社会交往活动的精神消费活动，在文学作品中早就有记载。《诗经·小雅》的第一篇《鹿鸣》中描绘的君主与臣民的饭局，不仅仅是为了吃饭，而且是一种文化行为。燕飨是一种礼节，是一种文化。此次饭局重点不在于吃了什么，而在于和谁在享用，在享用过程中谈了什么话题。此饭局的参与成为一种身份的象征，或者说是关系性地位的确立。这种社会性活动在一场食物消费的过程中进行，在一场鼓瑟吹笙的娱乐享受中进行。此时，饭局是一个平台，是让众人参与其中的一个契机，饭局中鼓瑟吹笙的娱乐活动是社交平台中的互动娱乐环节，而最主要的核心则是"人之好我，示我周行"的君王召集了一批臣子，让他们"视民不恌，君子是则是效"。换句话说，《鹿鸣》中的娱乐活动是带有社会化交往意图的活动。审美意味的体验与社会活动的体验是结合在一起的。当然，这种活动只是一种在场性的交往。

而虚拟性的社会交往则是在互联网平台诞生之后才得以普及。微博、微信的话题性参与和《鹿鸣》中的此类社交文化活动何其相似，特别是在微信圈，友人或熟人之间的关注和评论互动，便是虚拟空间中真实性的人际社会交往。因此，艺术交往活动的社会性，必然也是互联网艺术研究中不可忽视的问题。

到了互联网时代，如果要关注微电影之类的娱乐享用体验，必须用文化视域的角度，对其进行审视。单一性的美学角度只是分析主体性体验的内容及意义，会忽略特殊媒介环境中娱乐需求的交往需要；单一性的商品类分析，只是对主体的经济行为特征进行了解，而文化艺术类精神商品的特殊性则会被忽略。因此，将三个不同层面的学科研究方法结合在一起，则可以较为全面地了解网络空间内的艺术活动。

二　微电影的体验消费

体验，是消费社会中消费者对物品和服务进行"享用"的一种消费心态。对文学艺术作品的欣赏，可以看成欣赏者进行的体验类享用消费。这类享用消费有不同的阶段：在重视作家艺术家的个人才华时代，这种享用消费一般追求的是领悟作家等人的创作意图，这时的享用消费只能算是膜拜式领悟；在重视作品阶段的时代，这种享用消费一般着意于文本形式的阐释游戏，但只限于喜爱精英趣味的人群乐意从事；只有在重视读者阶段的时代中，这种享用消费才可以名正言顺地成为一种能够跨越大众与精英鸿沟的、“为我所用”的享用体验。这种体验状态是当下互联网时代特有的艺术接受心理。在以往时代，艺术作品的接受更倾向于延迟性效应，追求的是一种绵延性的心理满足。但是，互联网时代的碎片化接受方式，以及视听艺术的即时性感知方式，使得当下的艺术接受模式转向体验消费模式。

2016 年 1 月 22 日，中国互联网络信息中心（CNNIC）发布了第 37 次《中国互联网络发展状况统计报告》（以下简称《报告》）。《报告》显示，截至 2015 年 12 月，我国网民规模达 6.88 亿，互联网普及率为 50.3%，手机网民规模达 6.20 亿。网民中使用手机上网的人群占比由 2014 年的 85.8% 提升至 90.1%。在《报告》中，网络娱乐类应用发展研究的数据显示，截至 2015 年 12 月，网络文学用户规模达到 2.97 亿，较 2014 年底增加了 289 万，占网民总体的 43.1%，其中手机网络文学用户规模为 2.59 亿，较 2014 年底增加了 3283 万，占手机网民的 41.8%；网络视频用户规模达 5.04 亿，较 2014 年底增加了 7093 万，网络视频用户使用率为 73.2%，较 2014 年底增加了 6.5 个百分点。其中手机视频用户规模为 4.05 亿，与 2014 年底相比增长了 9228 万，增长率为 29.5%。手机网络视频使用率为 65.4%，相比 2014 年底增长了 9.2 个百分点。①

从数据上可以看出，视频娱乐依然是互联网艺术欣赏活动中的大项，而移动视频用户的增长依然是网络视频行业用户规模增长的主要推动力量。目前，由于视频网站收费以及网络流量问题的关系，互联网移动视频用户的娱乐选择项中，微电影成为互联网用户最为关注的视听项目之一。

微电影，从 2010 年起步到现在，经历了几年时间的磨练和成长。到目前为止，大致可以分为几种类型：第一类是以营销为目的的微电影广告；第二类是由专业电影人拍摄的实验性的微电影；第三类是以大量草根阶层包括大学生自己创作的学院类习作作品，其中有影视类专业学生或非影视类学生提供的大量原创视频，创作题材以青春主题为主。三类作品各有佳作出现，其中第三类作品虽不是专业人士创作，在质量上也是参差不齐，

① 中国互联网络信息中心：《第 37 次中国互联网络发展状况统计报告》，2016 年 1 月，第 1、66、67 页，http://www.199it.com/archives/432572.html，最后访问日期：2016 年 1 月 22 日。

但在微电影的各级赛事等因素的频繁刺激下，仍然涌现出了一系列水准较高的作品。即便如此，在一些电影专业人士的眼中，这些所谓的草根型微电影创作，从艺术水准的角度看佳作的确很少，但仍然不乏点击率，对待这类作品，只用艺术标准对其进行的阐释分析显然是不到位的，这时需要将作品放入粉丝部落的社会化视野中，去考察此类微电影背后产生的话题社交圈的消费意义。因此，需要从视听享用与社交需求两方面对微电影的体验价值进行定位。

微电影是一种影像艺术，人们可以无门槛的通过视觉欣赏，代身进入体验阶段。换句话说，微电影是一种可以让“微众”进行自我设计、自我创作、自我消费的体验型影像艺术，因此，“为我所用”的享用式体验精神，也就在微电影的发展中较为充分地体现出来。这种体验精神的出现，可以涉及三个内容的讨论：为我所用的“需求”；视觉“享用”（消费）的体验；享用场域的“互动绵延”性的精神体验。

第一，为我所用的“需求”。

人为什么要进行体验享用？这主要出于人类对自我局限性的认识，一方面对个体生命的有限性怀有遗憾，另一方面又对人类生命类型无限可能性抱以憧憬，于是，人们自然愿意借助某些方式进行一番体验享用，最好是随时可以体验流逝的青春，也可以体验众多自我之外多种角色之可能。于是，文学艺术的丰富多样性让这种体验享用成为一种可能。不过，对于文学艺术进行一种体验式享用，毕竟还是需要一定的知识累积和美学修养，否则很难进行真正的体验享用。影像类的视觉欣赏倒是一种不错的低门槛的体验选择。

视觉欣赏与视觉消费的需求是不一样的。我们经常可以听到这样的话题，比如我知道这个电影弱智，可我就是想笑笑，我不需那么高深。这种需求意识典型地将电影视觉消费放到了娱乐休闲层次，只是需要某个简单的电影故事，演绎出一个视觉文本即可满足要求。这种大众化的娱乐电影在本雅明视域中被认为具有了革命性的贡献。因为与绘画这种审美艺术类型相比，消遣性接受的机械复制时代的艺术类型，已经成功地抑制了“膜拜价值”的接受态度，以特有的“惊颤效果”挣脱了“政治生活审美化”的困境，具有解放性的革命意识。①

① 〔德〕瓦尔特·本雅明：《机械复制时代的艺术作品》，王才勇译，中国城市出版社，2002，第128~133页。

但是，本雅明没有想到的是，在互联网普及的时代有着比机械复制时代的艺术类型更具有革命性的新媒体艺术类型，以微电影为代表的艺术形式，在挣脱了“政治生活审美化”困境之后，借助体验性参与的媒介技术，成功地将“惊颤效果”的欣赏变成了DIY式的消费。以往的大工业化电影无法提供个人或非专业人士的介入机会，投资成本及回报的效率问题让演绎和拍摄都成为一种必须酌情考虑的商业行为。但是，网络时代的到来，电影拍摄具有了一种自娱自乐的可能性，这是新媒体时代发展中提供的契机，它让体验享用的等待机会有可能置换为体验实践的介入行为。换言之，体验实践的介入行为，是新媒体平台给予的可能。

第二，体验实践的介入，让微电影的视觉消费全然区别于传统电影的视觉消费，成为特殊化的视觉“享用”性的消费体验。

其一，微电影的消费不再是末端行为，而是全程体验的享用，具有过程的参与性。

在传统的经济学概念中，消费属于产品生产过程的末端行为。但是，在体验性经济中，过程性参与是其最为特别的地方。微电影的制作、发布、分享、消费，借助于互联网及新媒体技术，完全可以实现过程的参与性。换句话说，对于消费概念的表现，是以过程的参与性体验呈现的。

其二，微电影的消费属于DIY式的自助行为，内容形式兼容多样，具有消费的多元性。

当前的数码媒体整体向界面化方向发展，不仅在操作技术上提倡“体验”性，连内容的组合层面也试图以DIY式的自助行为来感知微电影的内容消费。例如，蔡明亮的微电影《行者》因为实验性的特点，让一些观影者很难理解，已被某些网友调侃剪辑成2分钟、6分钟等快进版本①。这类自助解读式观影行为从审美解读方面有破坏性效果，但从体验消费层面看，是破坏“政治审美化”困境的进一步革命性解放。这种体验消费具有游戏性、虚拟性的特征，比电影的体验多了互联网平台精神层面的狂欢化风格。

这可以借用对媒介时代转型期分化问题的判断作为依据。媒介时代可以分为第一媒介时代及第二媒介时代。继麦克卢汉之后，媒介决定论的继承者马克·波斯特提出，相对于第一媒介时代的一对多的、金字塔模型的、

① 王燕子：《第二媒介时代的青少年观影行为分析——以微电影为例》，《青年探索》2015年第4期。

信息集中化的传播格局而言，第二媒介时代是一个具有“双向的，去中心化的交流”功能的新媒介时代。[①] 在这个新媒介时代中，立体式、网状化的传播方式是最大的特点，信息源和接收者可以是相互联系，甚至相互替代的关系。这种媒介模式被借用到艺术创作中来，艺术的生产者与消费者都可以进行即时联系，甚至可以成为替代式交换关系。然而，这只是一种可能性，要想成为现实还是很难，文学创作与艺术创作的实践平台还是比较高，对于普罗大众来说，真正拥有体验实践的介入机会相当低。可是，微电影的出现让这种体验实践的机会大大提高，甚至只要拥有一部高像素的智能手机，一个可以进行非线性编辑的软件，就可能拍摄剪辑出一个简单的具有故事情节的微电影。这是时代提供的机会，一个从大叙事转向小叙事，从一元论转向更宽容的多元主义，从被动性体验享用转向主动式体验实践的创作时代。

第三，微电影的消费是一个特定场域的“互动绵延”性的精神体验。

微电影所在的新媒体平台，让看电影行为不再仅仅是视听娱乐的一种单纯消费，而是一种在互联网平台上进行视听娱乐及社交行为相结合的体验方式。

如果将微电影的观赏当成一种视听消费，这种视听消费与通常的看电影行为有所不同，它不是单独个体的观赏行为，而是在一个虚拟式的社会化部落中进行的体验消费。换句话说，微电影的体验消费在网络平台上进行的是一种社会性消费行为。

其一，微电影的消费是一种社会性参与消费，从始至终的过程性参与必然自觉或不自觉地带入一种社会表现性行为。例如，某个社会话题的出现，相应地有一系列的微电影作品出现，如代际性不同类型的青春怀旧话题及相应的微电影。或者，某一个艺术文本出现，相应地有仿作或戏谑性话题的微电影出现，如拟作《舌尖上的中国》的戏谑性微电影，这类案例比比皆是。对这种类型的微电影消费是一种社会性行为。

其二，微电影的消费是一种精神消费，有行为回馈也有精神意识层面的思维反省。由于观念化的个人性会遭到不同观点的回应或反驳，社会舆论的旋涡性效应（单旋涡、双旋涡、多旋涡的意见流的相对、矛盾、冲突）由此产生。这种现状的出现得益于微电影的消费是在开放性的虚拟公共空

---

① 〔美〕马克·波斯特：《第二媒介时代》，范静哗译，南京大学出版社，2000，第18页。

间中进行。观影者可以屏蔽自己的个人信息，真实、半真实或者匿名地就个人感兴趣的话题进行社会性交往。谈论微电影及与之相关的话题，成为观影者可以表达或发泄情绪的一种途径。

这种在虚拟式社会性部落（聚合关系较为松散）中的话题延伸，可以看成微电影内涵阐释的一种无限延伸，实际上已经将德里达的“异延”现实化显现，并进行了集束化分群。换言之，微电影的观赏，是一种粉丝部落式的消费阐释型体验。当然，此处所谓的粉丝行为一词，并不是以往那种带有“脑残”意味的无条件无原则的追星行为，而只是一种关注，因为共同兴趣，或者是不同需求但针对同一目标的关注行为。

异延常被用来作为文本意义阐释过程中的解构性词汇。以往在本质主义的文本学中，文本意义需要一种可以揭示本质的意义价值。但是在异延意识的背景下，任何一个文本的意义可能就在某个词汇的意义中流变，从而导致整个文本意义追认过程的不确定。微电影的消费已经出现了这种状况，受众对于微电影话题的介入、话题的延伸，已经不是纯粹意义上的审美分析行为，而是借此说事的社交行为。于是，微电影的解读往往不是从常见的主题内容、剪辑技巧、结构设计等专业学术性角度进行解读，而是就某个画面的某个道具、某个人物的某句台词等一些微小的电影语言符号进行解读，从而引发社会性内容的讨论。这和德里达借用“异延”词汇破坏文本本质主义的解读方式，提醒人们关注文本文字符号对文本意义解构的流变性何其相似。

异延是德里达解构理论中的核心词汇，指的是差异性的延迟，着重于差异的运动性过程。这是一种“差异和差异之踪迹的系统游戏，也是间隔的系统游戏，正是通过间隔，各种要素才有了关系”①。德里达的“异延”意识具有犹太人的斗争精神。在他看来，西方哲人具有家族病，向来喜欢著书立说，却极力贬低文字，倡导声音至上，在场第一。从柏拉图到黑格尔历来如此。德里达决定瓦解权威，从根基处粉碎在场形而上学，打破逻各斯中心主义。异延以一种去中心化的努力，极力表现一个无法抑制，也无从抑制的运动性差异结构，这不同于传统古典哲学中能客体性呈现的本体论结构，更没有一个永久不变、亘古长存的实体性真理本质。如此一来，

① 〔法〕雅克·德里达：《多重立场》，余碧平译，生活·读书·新知三联书店，2004，第31页。

语言的意义系统不可能如传统观念一样，可以把握结构统一认识，而只能在异延的支配下，进入无休止的、延迟的表述过程。

如果说异延具有一种反权威、反稳定型结构的精神立场，将结构理解为间隔差异的延续，那么，新媒体网络平台上的微电影观赏行为，将德里达的“异延”以粉丝回复的方式进行了现实化显现。

值得注意的是，粉丝回复是一种社会过程。在学者亨利·詹金斯看来，“在这种社会过程中，个人的阐释经过与其他读者的不断讨论，进而被塑造和巩固”[①]。这些讨论一方面扩展了观众的观赏经验，使其超越了初始的体验阶段，另一方面在讨论过程中，自发或自觉地选择进入特定的阐释话题，从而在粉丝群的集束部落中获得群体归属感。由此一来，在讨论中加以巩固的阐释意见，会更加完整地融入粉丝部落的体验生活中。新媒体平台将这种粉丝方式放大化，因为跻身其中的读者，都会自觉或被动地归入某种集束部落中，成为文本异延过程中的某一种意见或参照性意见而存在。

三　集束化部落的观影模式

由于微电影兼具视听媒体与社交媒体双重性，在观影话题的讨论中容易形成不同观点部落的分化，自我印证性体验与交流性体验相结合是较为常见的体验模式。这种模式更容易形成集束化部落，但此间的社群结构非常松散，极易分化再组合，是一种动态的部落群化过程。

在新媒体网络平台上的观影，人们不再满足于个人欣赏的静默式领悟体验，他们乐于分享自己的感受，与其他观影人进行讨论，甚至辩论，进而对自己的某个观点意见进行再阐释或修正。这些讨论一方面扩展了人们的观影经验，使其超越了初始的感性阶段；另一方面，在讨论过程中，他们会自发或自觉地选择进入某一个阐释话题，从而在不同观点的观影群中获得群体归属感。由于这种观影群存在于虚拟空间中，体验分享无论是在讨论内容的真实性，还是讨论方式的直接性，都有别于现实生活，不受身份地位等社会化标签的限制，具有狂欢互动的特征。在这种观影体验过程中，观影的快感不仅来自对于电影的欣赏，更多的是在分享讨论过程中的群体归属感的获得，这是对于自我观点的印证，也是对于自我价值的印证。

① 陶东风：《粉丝文化读本》，北京大学出版社，2009，第50页。

因此，人们对于微电影的品质诉求并不是最重要的，重要的是微电影的内容或形式是不是可以提供话题。因此，一些题材另类或者形式风格独特的微电影更容易得到点击率，随之而来的便是观影人的热捧或痛棒。可以说，这种社会化集聚过程中的狂欢互动，是第二媒介时代最大的体验方式。

例如，之前网络平台上流行的微电影《天堂午餐》，在表演及拍摄手法上，与影视专业人士的作品比较起来相距甚远，艺术水准并不是很高。这是河北传媒学院大三学生刘啸宇用相机拍摄的一个影片，时长六分钟。影片没有华丽的镜头，没有复杂的故事，甚至所需要的“投资”加起来不过200元。但是，“树欲静而风不止，子欲养而亲不待”，《天堂午餐》的孝文化主题却是人们最为关注的话题之一。此微电影在网络上传以后，立即得到大量的传播和转发。人们对于表演生涩的评论毫不隐晦，但主要是对话题本身产生很强的共鸣。在很多人心中，孝心并不是没有，而是没有表达的机会，于是在大众的讨论中，希望将所谓的孝心落实为一种“孝行”。应该说，孝文化话题的延续和深化是《天堂午餐》最大的价值。

如果说《天堂午餐》是以主题取胜，引发话题交流的微电影，那么《舌尖上的宿舍·泡面篇》便是直接以话题讨论为目的，以对“舌尖体”的解构为契机，引发异乡学子的青春回忆。导演王塑巍是中国青年政治学院大一的学生，学生生活及对“舌尖体”的热爱是此片诞生的由头，片中的旁白便是很好的话题导语，“无论脚步走多远，在人的脑海中，只有宿舍泡面的味道熟悉而顽固，它就像一个味觉定位系统，一头锁定了各奔东西后的异地，另一头则永远牵绊着记忆深处的大学宿舍。”记忆中的酸甜苦辣都是美好生活的历练，回首往事，一切都可风轻云淡，皆为话题谈资。这种对待生活的态度的话题意义，远远大于微电影本身的艺术价值，草根性的微电影与专业人士的微电影在艺术水准上不在一条起跑线上，只是讨论他们各自作品的艺术价值，意义并不大。重要的是，微电影这种自我设计、自我创作、自我消费、自我实践的参与性，能在一种有价值的话题讨论中存在和延续。

随着当下新媒体技术的发展，第二媒介时代的交往方式也具有了多元化特点。例如，微信与微博之间差异性的平台风格，就提供了娱乐消费时不同的社交需求。微博主要承担的是公共话题发布和传播，而微信主要是熟人圈，私密性较强，人与人之间的交往更容易形成较为紧密的社群关系，群体利益性的话题更容易受到关注。而在微信空间中传播的微电影，群体利益的消费关注更加明显。

例如，2015 年首届“广东医生”微电影大赛的展示和投票，主要在广东卫生信息和广东医疗两个微信公众号进行。微信号在最后评选结果的推送中这样写道：“截至 2015 年 7 月 31 日 24 时微大赛投票结束，活动在广东卫生信息和广东医疗微信平台总阅读量突破 60 万次，各地选送的 97 部微电影观看量从腾讯视频数据显示超过 150 万次。系统记录有效投票总数为 302740 票，微电影大赛消息在全省各医疗卫生机构网站、微信公众号及个人微信、QQ 等的传播多得无法用数字来统计。重点是让弘扬珍爱生命，崇尚科学，乐于奉献，团结进取的‘广东医生’精神在神州大地广为播散！”①

《别样的成人礼》是此项大赛的第 6 名，内容主要讲述的是欧医生为挽救患者阿华的生命，错过了女儿 18 岁成人礼的故事，就情节及内容表达方式来看，影片处理得过于简单、粗糙。但是，在医患关系矛盾凸显的当下，这样的影片不仅仅是给患者们的承诺，更是对医务工作者精神的宣扬。换句话说，社会群体话题的关注成为此类微电影最重要的环节。影片的主创人员“老迷糊”在她的博客中回顾了参赛的整个过程，不仅表达了在微电影自编自导自演过程中的艰辛，还表达了在投票过程中对“广东医生”这个群体话题倾注的感情。如其所述，所有这一切让她感到，“如果我不认真投票就对不起大家！我心里明白，这种动力的来源并非冲着某个人，而是为了弘扬‘广东医生’精神（群众期待有更多的好医生），营造医患和谐氛围，传递正能量；为了全社会所关注的医改能朝着老百姓所期待的方向努力——这里面没有利益，没有任何激励措施，大家都是自觉自愿地在默默做着自己认为应该做的事，坚守着我们这一代人始终不忘的信念和情怀”②。这一类由政府部门或事业单位组织的微电影大赛，目前特别的多。他们无外乎希望借助微电影的创作及投票等参与性活动，集聚社会关注点，让人

① 广东卫生信息：《首届“广东医生”微电影大赛网络投票获奖作品隆重揭晓！（含完整获奖名单）》，http://mp. weixin. qq. com/s? _ biz = MjM5NzI0NjYxNQ = = &mid = 210850817&idx = 1&sn = ccbc6e53e96c47a91c6c8e98146bf7ff&scene = 4&uin = MjUxOTM4MjQ2Mg% 3D% 3D&key = 04dce534b3b035efc93723db9bcd294536f5e0719609e009cb6a8d83d92a900bffc506b4117a20d20e4faa7effa507fb&devicetype = webwx&version = 70000001&lang = zh _ CN&pass _ ticket = tZoEL%2FLTPNMBIfGH8uE3qsquBmEEzNKopQpmcgZvMtlA15PXvL79lXHYGiVEKJZC，最后访问日期：2015 年 8 月1 日。

② 老迷糊：《写在〈广东医生〉微电影大赛之后——致战友、同学和旅友》，http://blog. 163. com/gzlwang@ 126/blog/static/3558241120157166l8179/，最后访问日期：2015 年 8 月 1 日。

们对某一类人群或某一类话题产生兴趣，从而达到一定的社会效应。

这些微电影关注数据，以及草根人群的自创微电影活动，都让人不得不感慨，微电影的欣赏不再是一种艺术欣赏，形式体验感的东西并不是最重要的。此时，艺术性已经被排在了话题性之后，特别是触及一定的社会矛盾，关涉群体利益关系的话题时，微电影的社会需求成为联络粉丝部落之间最为重要的情感纽带。

微电影作为当下最为时尚的新媒体艺术类型之一，兼具互联网视听娱乐与社交话题并存的消费意义，这是新媒体平台赋予的。“微众”参与创作，参与大众话题讨论，可看成微电影艺术价值之外不可忽视的消费意义。当然，这类社群化的集聚话题，可能会引发一些“信息茧房”的现象，某些粉丝部落只对话题性强，或者与自身利益关系密切的社会内容影片感兴趣。但是，不可否认的是，茧房模式的社群组织非常松散，不可能形成真空性的封闭空间，渗透和分化也在同步缓慢进行，有时也可能因为不同观点的介入，造成急速分化。自组织形式的网络平台本身就是动态的，这背后的原因以及今后发展的方向和可能，正是新媒体文化研究者需要继续关注的内容。

视觉文化与恐惧、焦虑体验的审美再生产
——以恐怖电影为例*

史修永**

摘要 视觉化是当代文化存在和发展的重要基础。近年来，在视觉文化的狂潮中，建立在恐怖电影基础上的恐怖文化不断发展、壮大，成为重要的社会文化现象。作为重要的视觉文化形式，恐怖文化满足了大众的好奇心和生活的趣味，激发了大众对恐惧和焦虑体验的审美期待。作为极端的审美再生产形式，恐怖文化通过对历史文化的挖掘，对精神心理和日常生活深层肌理的解剖以及科幻世界的深思玄想，产生了一种极具惊吓性、悬疑性、融合性和延伸性美感表征的体验空间。同时，我们要保持清醒的认识和批判性的反思，以免滑入恐惧和焦虑体验的空洞游戏之中。

关键词 视觉文化　恐惧　焦虑　审美再生产　震惊

Abstract Visualization constitutes the important basis of existence and development of contemporary culture. In recent years, in a frenzy of visual culture, based on the horror film, culture of fear continually develops and expands, it becomes an important social and cultural phenomenon. As an important form of visual culture, the art of terror can satisfy the curiosity and the taste of life of the mass, can constantly inspire their countless aesthetic

* 本文为国家社会科学基金青年项目“现代焦虑体验的美学研究”（11CZW011）的阶段性成果。

** 史修永，文学博士，中国矿业大学文学与法政学院副教授、硕士生导师，主要从事文艺理论、文化研究。

expect of fear and anxiety. As a kind of extreme form of aesthetic reproduction, through the digging of history and culture, the anatomy of the mental and the daily life of the deep texture as well as the careful contemplation of science fiction world, regenerates the experience space which is extremely frightened, gazed, extended and fused. At the same time, we should guard against sliding into the empty game of the fear and anxiety experience, which must keep a clear understanding and the critical reflection.

Key words Visual Culture Fear Anxiety Aesthetic Reproduc-tion Shocked

恐惧和焦虑体验是现代主体不安全感和无家可归的普遍情绪，是现代主体存在的基本情感。随着现代大众传播技术和视觉技术的不断进步和普及，“必然涌现出越来越多的视觉形式和体验，它们都在不同程度上改变了我们的社会和文化，甚至改变了我们对世界的理解和经验，凸显了视觉性在文化中的重要性”[①]。在这种文化场景中，恐惧和焦虑体验被视觉和传媒技术充分征用，通过艺术的形式在审美和消费的层面上被放大、强化、表征和再生产。按照霍尔的表征理论，这种实践就是意义的再生产，即“把各种概念、观念和情感在一个可被转达和阐释的符号形式中具体化”，“我们的恐惧和幻想、欲望和对抗以及矛盾和侵犯的情愫，都一样介入其中”。[②]

当下愈演愈烈的恐怖电影就是一种恐惧和焦虑体验的表征实践。作为一种独特的视觉文化形式和电影类型，恐怖电影（包括哥特恐怖片、汉默恐怖片、恐怖惊险片、僵尸恐怖片和吸血鬼电影[③]）能够紧紧把握现实生活中的恐怖情境、事物事件，同时能够充分利用想象和虚构的手法来编制虚无缥缈和离奇怪诞的非现实的形象，散发着激进和另类的美学锋芒。无论是来自现实的情境，还是源于想象的王国，恐怖电影以变幻多端的视觉形式试图唤醒和激发人们的恐怖情感和焦虑体验。在这种张扬极端体验的视觉场景中，人们对世界的理解和经验在悄然发生改变。同时人们的思维观

① 周宪：《视觉文化的转向》，北京大学出版社，2008，第4页。

② 〔英〕斯图尔特·霍尔编《表征：文化表征与意指实践》，徐亮、陆兴华译，商务印书馆，2013，第15页。

③ 〔美〕苏珊·海瓦德：《电影学关键词：恐怖片》，侯克明、钟静宁译，《电影艺术》2005年第5期。

念和审美取向也受到强有力的牵制，开始与传统美学追求的和谐静穆的原则相背离。

本文基于对现代社会发展所面临的困境和危机的认识，在视觉文化的语境中，探讨大众对恐惧和焦虑体验的审美期待，剖析恐惧和焦虑体验空间的形成及其审美属性，并对恐惧和焦虑体验的审美再生产进行批判性反思。

一 视觉文化与大众对恐惧、焦虑体验的审美期待

对恐惧和焦虑体验的审美期待是大众对现代社会生活困境的自觉反映。西方自18世纪末以来，恐惧和焦虑像一对孪生兄弟一样开始在文学艺术作品中不断地得以表现。哥特小说就是其中的代表，它也被称作现代恐怖小说和恐怖电影的鼻祖。这类小说作品大都以神秘恐怖的气氛、大胆神奇的幻想和被压抑的焦虑情绪引起无数读者的兴趣。重要的是，哥特小说在很大程度上也在回应和解救社会现代化所面临的困境，正如波德莱尔在评价恐怖文学的代表作家爱伦·坡时说："爱伦·坡从一个贪婪的、渴望物质世界的内部冲杀出来，跳进了梦幻。美国的气氛压得他喘不过气来，他在《吾得之矣》的前面写道：我将此书献给这些人，他们相信梦幻是唯一的真实。"① 因此，从某种意义上说，恐怖文学倾泻了人们对现代社会进步和文明发展的不满，以自己的方式表达一种抗议，这也就奠定了现代人对恐怖、灵异、神秘、超自然和焦虑心理的审美期待。这种审美期望一直绵延到今天，让恐惧和焦虑体验演变成一种新的视觉魅力。

自西方启蒙运动以来，社会现代化和合理化进程加速发展，传统社会文化秩序和审美原则逐渐走向衰微。与此同时，工具理性向社会各个领域不断渗透和侵入，人们的日常生活被纳入韦伯所说的"科层制"的统摄之下，这种建立在技术工具理性基础之上的社会管理体制造成了非人格化统治的合理化，使得整个日常生活成为没有灵魂和生命感的"铁笼"。弗洛伊德从精神分析的角度将这种生存状态解释为文明的压抑。海德格尔则从哲学的高度指出人的自身命运和现代技术造成了人背离本真的生存而跌落到

① 〔法〕波德莱尔：《1846年的沙龙》，郭宏安译，广西师范大学出版社，2002，第170页。

日常生活的深渊。在《存在与时间》中，他认为人在日常生活中是处于平均状态的常人，其存在方式就是“庸庸碌碌，平均状态，平整作用”，显然这是一种异化的状态，是一种“非本真状态的存在”。人们在日常生活中失去了人本来的面貌，变得千篇一律，机械呆板。而现代技术则加速了人在日常共在中的沉沦。“由于技术生产，人本身和他的事物遭受到日益增长的危险，即成为单纯的物质，成为对象化的功能”。[①] 面对建立在同一性逻辑基础上的日常生活以及现代技术导致的人在日常共在中的沉沦，理论家并没有丧失拯救的信心，韦伯借助艺术的自主性来调和社会分化造成的价值冲突，法兰克福学派提倡建构审美乌托邦来摆脱日常生活合理化困境，海德格尔则提出用诗意的栖居缔造一个澄明的世界。诸如此类的美好设想目的都是试图摆脱和驱除日常生活的沉沦。与这些解救的方案不同，恐怖艺术，特别是恐怖电影，试图在恶中发掘美。如果说电影更多的像是梦，而恐怖电影却是噩梦。它专注于制造刺激性和恐怖性的极端体验，故意激发人们的紧张、恐惧和焦虑心理，以此暂时摆脱乏味的日常生活状态。“我们主动选择了去直面自己的恐惧。这么做的原因是，它能给我们一种成就感和现实感。一些强烈的情绪波动，才使生活变得有血有肉。如果一个人没有任何激情，生活也是不温不火，那么他一定会觉得无聊透顶。对于这种一成不变的生活，一些负面情绪能起到调节作用”[②]。这种对恐惧和焦虑体验的偏爱和痴迷成为对现代城市日常生活的整一化和单调性、重复性的反抗，这种反抗尤其被具有冒险精神和好奇心的都市青年人所推崇。

不可否认，像拉德克利夫的哥特式小说和斯蒂芬·金的现代恐怖小说为人们营造了极具诱惑力的阅读期待，积淀了对恐怖艺术的创作特色和审美价值的理解，培养了数量众多的阅读群体。恐怖小说大师斯蒂芬·金的作品，销量已高达25亿册，足以看出人们对恐惧体验的着迷。这也在某种程度上，改变着人们对小说叙事的理解，深刻影响了人们的审美观念。而随着视觉文化和视觉革命的来临，图像转型和视觉传播技术将人们对恐怖小说所营造的阅读期待推向了另一个高潮和极端，深刻改变着人们对先前恐惧和焦虑体验的感受和认知。种种迹象表明，当代的视觉技术和图像增值不但重塑了恐怖主题和恐怖题材，而且再生了恐怖影像的类型，比如恐

① 〔德〕马丁·海德格尔：《林中路》，孙周兴译，上海译文出版社，1997，第270页。

② 〔挪威〕拉斯·史文德森：《恐惧的哲学》，范晶晶译，北京大学出版社，2010，第77页。

怖电脑游戏和恐怖主题景观等，游戏者直接参与其中，更能体验到惊心动魄、万分恐惧。

在西方，早在20世纪40年代，好莱坞恐怖电影就发展成为稳定和成熟的类型电影，其中，吸血鬼成为恐怖电影的经典形象，在荧幕上大放异彩。在题材上主要依靠小说、戏剧和诗歌或者民间传说和艺术作品。许多文学家的著作中都留下过吸血鬼的形象，如拜伦的《吸血鬼》、科勒律支的《柯里斯特贝尔》、济慈的《无情的美人》、斯托克的《德拉库拉》等等。在日本，一些作家的作品也被改编成恐怖电影，比如著名作家铃木光司的《七夜怪谈》改编成经典的恐怖片《午夜凶铃》。中国恐怖电影发展较晚，但是许多的恐怖形象也源于中国古典文学作品和民间神怪传说等，比如近年根据《聊斋志异》改编的两部恐怖惊悚电影《画皮》，让观众再次体验到中国古代恐怖场景和视觉元素在当代的再生魅力，其中唯美主义的视觉冲击，恐怖迷离场景的大胆设计，纠缠在命运、厄运和心惑之间的爱情主题的重新演绎，都在重塑和打造中国式恐怖和惊悚片的经典。这样一来，恐怖文学中吸血鬼形象和其他恐怖形象的现代塑造与电影制作有机结合起来，使语言文字得以转移，其中的形象价值和审美形式获得再生，这也为恐怖文学的生产提供了新的路径和新的方式。文学中的恐怖形象和恐惧感借助影视、动漫、电脑游戏等形式被重新塑造。更为重要的是，通过视觉技术的介入，颠覆性的恐怖视觉化盛宴改造了人们对恐怖和焦虑的审美体验，培育了人们对恐惧感的审美期待。因此，从这个意义上说，视觉文化的来临，恐怖文学的地位逐渐让渡给恐怖电影和恐怖游戏等，这也为恐惧感和焦虑情绪的再生提供了新的机会，从而不同程度地诱发了观众的观影期待，渴望在视觉空间中体验更加刺激和更加直接的恐惧和焦虑。

从心理上讲，除了已经形成或具有的对恐惧和焦虑情绪的既定心理图式之外，好奇心是观影者审美期盼的心理基础，只有在这个基础上，才能实现对恐怖艺术的偏好和欣赏，才能催促自我完成审美和观影期盼。心理学研究成果表明，好奇心的不断释放与满足是人成长过程的重要标示。自然界和超自然界对人类来说始终是神秘的，值得人们敬畏的。生产力和技术的不断革新、发展，祛除了自然界的一些神秘感，但是另一些新的神秘的东西随之而来，吸引和困扰着人们，好奇心也因此不断产生和诱发。从幼年到成年，随着空间位置、社会阅历、自然环境和教育经历的变化，人的好奇心总是在消退和再生之间交替变换。好奇心是人与生俱来的思维形式和心理品质，它深刻地表明了人对神秘的自然界和超自然的事物具有想去认知和了解的欲望。而恐惧总与好奇心联系在一起。正如电影理论家所言："好奇心通过其调查和揭秘的能力，将自身投射到空间之上并进入到空间之中，传递僭越和危险的含义。"① 从这个角度来说，恐怖艺术就是充分利用情节、悬念、幻象、色彩、语言等手段制造隐秘性和怪诞性内容，激发人们的好奇心。电影作为一种视觉文化形式，具有其他艺术类型不具备的诱发和生产好奇心的优势，就是"只有它能以自然手段、以无可比拟的说服力表达美妙迷人、奇异、超自然的事物"②。因此，恐怖电影故意用阴森的场景和色调，包含一些使观众毛骨悚然的视觉元素，激发人们的紧张和恐惧心理，以此来满足，甚至迎合人们的好奇心所承担的视觉期待。

好奇心贯穿于人的一生，而年轻时期的好奇心却是人生中最旺盛和突出的心理表现。当这种心理表现与特定的对象紧密联系在一起，或者说对该对象的认知、欣赏、理解和依靠达到一定的程度时，必然内化成一种无意识的心理暗示和养成。用社会学家布尔迪厄的话说，这种暗示就是某种类似于生活的惯习和品味。在这里，"品味是对分配的实际控制，它使人们有可能感觉或直觉一个在社会空间中占据某一特定位置的个体，可能遭遇什么，因而适合什么。它发挥一种社会导向作用，引导社会空间中特定位置的占有者走向适合其特性的社会地位，走向适合位置占有者的实践或商品。在给定了被选定的实践或事物在社会空间中的分布，以及其他行动者就商品和群体之间的对应所具有的实际知识的情况下，它意味着一种实际的预期，即预期了这种实践或事物所具有的社会意义和价值是什么"③。

从目前的调查来看，偏好恐怖电影的群体主要是年轻人。劳伦斯·克莱默博士用调查数据表明，一般美国恐怖电影的观众年龄大体为 17 岁到 23 岁，而韩国导演朴基亨也认为韩国恐怖片的主要观众是 20 岁左右的年轻人。李云良也同意这一说法，认为中国恐怖片的观众以 20 岁左右的年轻人为主。他甚至认为，这个年龄段的女性观众比男性观众对恐怖片更有兴

---

① 〔英〕劳拉·穆尔维：《恋物与好奇》，钟仁译，上海人民出版社，2007，第 83 页。

② 〔德〕本雅明：《经验与贫乏》，王炳钧、杨劲译，百花文艺出版社，1999，第 273 页。

③ Pierre Bourdieu, *Distinction: A Social Critique of the Judgment of Taste*, trans. by Richard Nice, Cambridge: Harvard University Press, 1984, pp. 466 – 467.

趣。[1] 国内研究者对998位“80后”青年进行调查后，也发现45%的受访对象对灵异电影、恐怖游戏、鬼怪故事等作品兴趣盎然，恐怖灵异文化已经成为“80后”青少年追逐的另类时尚。[2] 因此，我们必须承认，年轻人对恐怖电影的喜爱，充分表现出这一群体好奇的心理倾向，追求新奇的审美情趣。在视觉文化的冲击下，一些恐怖灵异故事、恐怖形象（吸血鬼、蝙蝠、异形人、魔鬼、僵尸、厉鬼怪物、精神分裂者等）重新被视觉符号编码，并在荧幕上再现，孕育了年轻一代对恐惧和焦虑的消费想象。在消费想象中，年轻一代在享受和占有这类视觉文化形式时，表现出他们对恐怖电影的文化认知，体现出具有文化特色的思维形式、知觉和行动。比如，西方当代年轻人中的哥特族，他们崇尚视觉恐怖场景，以此体现自身存在的异质性和反叛性，“暗指他们是带有一套价值观的群体，一些反叛性的群体认同，暗指参与成员之间的彼此信赖和承诺，或者至少暗指脱离了社会其他人的某种程度的自治”[3]。在视觉文化的语境中，消费行为已成为个体认同建构的重要手段之一。从这个意义上说，年轻人观看恐怖电影也是如此。年轻一代将热衷观看恐怖电影的行为视为一种生活方式和品味，必然与青年人的认同结合起来。对于喜欢看恐怖片的年轻人来说，这是一种现代生活消费方式，能够体现自己的冒险精神，内含某种个人主义和英雄主义。而对于那些厌烦恐怖电影的年轻人来说，在视觉消费方面显得有些落伍，缺乏冒险精神。显然，年轻人的视觉消费行为及渴望达到的审美效果，在很大程度上影响了对恐怖和焦虑体验的审美期待，也直接影响了恐怖和焦虑心理的图像增值和视觉传达。

值得注意的是，媒体的宣传和炒作也会影响大众对恐怖电影的观看兴趣，激发大众特别是年轻人观看的压力和冲动。这种压力和冲动转化为他们关于恐惧和焦虑体验的种种观念，形成恐惧和焦虑体验对年轻人的诱惑。对于年轻人来说，不看恐怖片，感觉自己缺乏勇气和冒险精神，不看恐怖片，感受不到其中刺激性的体验，无法彼此之间相互交流。其实，在观看

---

① 石川、李志强：《中外专家聚焦恐怖电影探讨国产类型片发展前景——“中国首届恐怖电影创作与产业研讨会”综述》，《当代电影》2004年第4期。

② 毛常明、李鲲鹏：《“80后”青少年热衷恐怖灵异类作品现象初探及其对策思考》，《山东省青年管理干部学院学报》2009年第1期。

③〔英〕安迪·班尼特、基思·哈恩－哈里斯编《亚文化之后：对于当代青年文化的批判研究》，中国青年政治学院青年文化译介小组译，中国青年出版社，2012，第171页。

恐怖电影之前，媒体已经完成了对观众的规训，规定了他们对恐惧和焦虑心理的期待和满足。

二　视觉建构与恐惧、焦虑的审美属性

接下来的问题是，在视觉文化语境中，电影是如何完成恐惧、焦虑体验对大众的审美诱惑？或者说，恐怖电影通过什么方式来满足大众的审美期待？在视觉呈现的背后，作为独特的审美体验形式，恐惧和焦虑到底具有什么样的文化属性？

在视觉文化时代，形形色色的影像产品在资本运作和商业营销中被高度的修辞化，即通过图像来影响人与人之间的价值和观念的交流和传播，让受众在无意识中接受或认同某种价值观和理念。视觉修辞只有运用视觉语言表达的方法、技巧和策略来建构话语形式，才能达到意义表达的效果，实现某种价值。那么，恐怖、焦虑影像作为具有视觉吸引力的符号，是通过哪些元素来完成自己的视觉修辞和话语建构的？

首先，将恐怖、焦虑体验的视觉修辞放在历史文化传统中，借助视觉技术手段，将古典题材、古代故事、古代背景等文化传统转换成丰富的视觉文化形象。在这种转换中，电影充分利用镜头制造邪恶、惊悚、怪诞的古代魔怪形象，既可以贴近原来的历史文化语境，也可以通过艺术构想重塑和再造传说中的恐怖形象和故事。显然，恐怖和焦虑体验的呈现需要高度的选择性、先锋性和表现性，这和其他类型电影的视觉建构有所不同。恐怖形象和焦虑体验的视觉再现和建构的关键在于意义的再生产，这也是最吸引观众的地方。比如西方恐怖电影中的“吸血鬼”形象。爱尔兰作家斯托克的小说《德拉库拉》中“吸血鬼”形象德拉库拉，被多次改编和翻拍。“吸血鬼”是恐惧、焦虑的象征符号，也是极具繁殖力的让人恐怖而迷人的象征符号。许多影片调动西方历史和文学传统中关于“吸血鬼”的恐怖和浪漫元素，并将这个形象当作恐怖和焦虑影像的重要源头。将文学和传说中的经典恐怖形象“运用夸张的布景、反常的色彩、不规则的构图，失去方向感的对角线，强烈的明暗对比来制造恐怖氛围”①，同时从经典的

① 李志强：《黑色“梦魇”的足迹——论好莱坞恐怖片发展的四个历史阶段》，《当代电影》2005年第5期。

恐怖形象中汲取创作的灵感，或者对经典的形象进行改造和加工，使人们再度关注和聚焦于吸血鬼的形象，再次体验刺激性的恐惧感和焦虑感。如果说恐怖氛围的视觉建构是表层修辞的话，那么，将吸血鬼形象编制到哲学、宗教和伦理等文化中，赋予恐惧和焦虑深层的文化意蕴，可以说是一种深层的修辞。从这个角度来看，建立在古代历史文化背景中的恐惧和焦虑形象让人们一方面了解到一个历史时期和民族发展过程中的文化传统，认识到一个民族和国家的文化心理根源；另一方面，通过恐怖形象及其带给人们的焦虑体验和来自异域时空的超自然之物的威胁，人们能够深刻领会到邪恶、黑暗、死亡和幻想的美，当然这也让人们对正义、光明和拯救有所思考。应该说，这些深层的修辞建构，构成了恐怖和焦虑的审美体验的隐秘和核心内容。

其次，借助精神心理和日常生活隐藏的恐惧和焦虑，将自我主体的非理性状态通过影像的方式再生产出来，从而完成自我的观照和视觉建构。上文我们论述到，我们生活在一个可怕和危险的世界中，日常生活充满乏味和无聊，观看恐怖电影可以帮助我们暂时性地脱离危险和乏味的生活，现在我们又主动去体验恐惧和焦虑，似乎有些矛盾。但是，我们必须承认，在恐怖电影中，我们能体验到一种与实现恐惧不一样的感受，并且无须付出现实生活中该付的代价，这超出了现实给予我们的精神体验，是一种现实的超越。譬如《精神病患者》《德州电锯杀人狂》和《沉默的羔羊》等影片，此类型的心理恐怖电影大都触及潜意识的压抑，即某种无法言传的对心理欲望的压抑，并借助视觉形式将人本有的非理性精神传递出来。这些影片关注人类精神世界，将人性中变态和扭曲的一面充分呈现出来，比如变态杀手诺曼，彬彬有礼而嗜血成性的莱斯特，等等。当这些恐惧的形象以影像的方式出现在观众面前时，当人变态的心理世界被惟妙惟肖地深刻剖析时，观众势必在影片所引发的强烈的心理恐怖效果中，学会控制自己的情绪，反思人性中被压抑的无意识存在的价值。这也导致人们对自我不确定性心理状态的警觉，加深对自我的心理认知和建构。

在日常生活的层面上，一般来说，在家庭伦理、科层体制、公共道德的制约下，人的生活是连续性、惯常性的。当面对突如其来的生活变故和冲击时，恐惧和焦虑随之而生。恐惧和焦虑达到不可承受的状态，往往会发生令人痛心疾首的事情。在这种状态下，恐惧和焦虑只是现实生活中的心理体验，并没有引起应有的重视，甚至被忽视和隐藏。毫无疑问，这也无法上升到普遍的社会感知和认识系统。而恐怖电影能够捕捉到“日常生活中的突变对人们的正常生活造成的不安带来的恐慌”，能够反映“现代生活的恐慌情绪和焦虑意识，对于人伦道德的丧失、对于社会变化的不适应等等”[①]，因此，有关家庭、残酷竞争、住所、失业、职业压力、身份危机、性失控等诸种日常生活的焦虑体验开始以视觉的方式被完整地显现和再生。以家庭为中心再生恐惧和焦虑为例来说，强调日常生活表象下面隐藏的家庭结构的脆弱、危险和混乱是恐怖电影中焦虑体验的审美再生产的重要策略。比如国产电影《午夜心跳》呈现心脏外科医生面对家庭的变故和工作压力所产生的诡异和恐怖幻象；《异度空间》中突如其来的横祸，摧毁了美满的家庭，却在诡异的陷阱中越陷越深，展示了生活的不幸；韩国恐怖电影《蔷花红莲》中，面对年轻继母的闯入，女儿蔷花接受不了残酷的现实而陷入神经错乱的恐怖景象；《安静的家族》隐喻地展现中产阶级对丧失经济和家庭的恐惧。总之，类似的电影都是让受害者在面对日常生活正常轨道的背离、异在他者的威胁、传统人伦道德的丧失时所产生的焦虑、精神恍惚、压抑和恐惧等情绪状态弥散在整个电影文本。

最后，将恐惧和焦虑的视觉再现放在科幻世界中进行，激起人们对非真实世界的好奇和不安。伴随现代高科技技术的快速发展，当下的电影拍摄超越了传统的拍摄和制作技术，恐怖故事的想象力和视觉震撼力也发展到一个新的高度。科幻和仿真技术在恐惧和焦虑的视觉生产中越来越占据主导地位，一些依靠电脑特技制作的科幻和灾难恐怖电影大量涌现，将电影中的恐怖效果发挥到极致。譬如《侏罗纪公园》《异形》《生化危机》等影片，它们制作的大量的恐怖形象，如巨大的恐龙、水怪、外星人、蟒蛇、苍蝇等，都是根据大众的心理需要主观臆造出来的，按照鲍德里亚的说法，完全是一种仿像，是通过模拟而生成的影像，是现实中不存在的模拟物。这些“仿像”比现实生活还真实，是一种超真实。因此，在科幻的恐怖世界中，观众不仅会被呈现在眼前陌生而另类的怪物和震撼心魄的暴力吓得发抖，也会被暗藏其中的既想看又怕看的矛盾感和欲望所诱惑。在这样的心理冲突和纠结中，观众能够体验到种种与现实或者传统的恐惧和焦虑不同的惊悚效果。从根本上说，这些恐怖元素没有本真性可言，它们不过是

① 陈伟龄：《视觉快感、日常生活与心理焦虑——当代泛亚地区恐怖电影心理研究》，《艺术百家》2006 年第 4 期。

虚拟和虚构的产物，但是观众在不间断的恐惧场景的刺激和体验中，恐怖形象的虚拟性和虚假性被隐藏和遮蔽，他们在欣赏的过程中，被异己的“超真实”的存在威胁所震慑，被科技文明带来的后果所震惊，进而深深地沉浸在对于恐惧和焦虑的担忧中。相反，他们不再关心和追问恐怖形象的本真性，而是在视觉快感中产生了种种真实的幻觉，仿佛生活在一个真实的世界。

正如学者所言，“无怪乎20世纪以来，震惊效应成了大众传播的本质追求，因为满足欲望已不能成为满足欲望的先决条件，它必须积极地生产欲望来满足人们的需要”①。因此，建立在虚拟技术之上的视觉文化无论在大众产品的制作上，还是在传播上都为喜爱恐怖电影的“粉丝”提供了绝佳的途径。更为重要的是，借助视觉拍摄技术，恐怖电影为大众创造了一个凝聚着恐惧与焦虑的影像空间，此空间依靠电影自身发展的规律和趋势，建构成一个融合叙事与奇观、快乐和现实、感性与理性、神秘与好奇、隐秘与开放、身体与精神不断冲突和纠缠的心理空间，这个空间能够容纳鬼怪、科幻异形、灾难、梦魇、梦幻、御灵、神谕等各种各样能引起大众好奇和震惊的恐怖形象，这些形象一方面能够满足大众的观影欲望和好奇心，创造出与大众自身生活情境相关的快感和意义，另一方面能够生产出大众的欲望，并将这些欲望通过恐怖影像符号在大众中的传播，培养和诱发潜在的欲望。

在恐怖影像空间中，恐惧和焦虑的审美生成的属性首先表现在惊吓性上。惊吓性决定了恐怖类型片的存在，无惊吓性特征也就无法称该电影为恐怖片。具体来说，在类型电影中，如果说情爱电影表现浪漫和凄美，战争片呈现残酷和悲壮，警匪片展现正义和邪恶的对抗，那么，恐怖片突出的审美特性就是心理上的惊吓性。可以说，这种惊吓性来源于电影本身，即电影的诞生本身就是一个能令观众大吃一惊的恐怖事件。正如电影评论家戴维·巴塞洛缪所说，恐怖电影事实上也是所有电影的起源，它可以一直追溯到1895年卢米埃尔兄弟的电影《火车进站》的放映。这是很短的一组纪实镜头，却引起了当时观众的狂乱，他们躲避着从银幕上看正猛冲过来的火车，带着恐惧逃离了礼堂。当然，卢米埃尔兄弟的小电影并不是我们所知道的恐怖片，但是它引起了那些还没有学会怎样看电影的人的恐惧

① 陈佳奇：《大众媒介与现代主体的镜像化再生产》，《文艺研究》2014年第6期。

和心理不安，这恰好就是以往恐怖片的效果所在。① 虽然今天人们不会因为看到银幕上急驰的火车而跑开或吓晕，但是普通观众、电影评论家们仍然会被电影中稀奇古怪的镜头惊吓。

如果说，作为一种新的艺术形式，电影产生之初带给人们震惊性的全新体验，引起人们的恐惧，但是随着电影的普及和发展以及观众接受的适应性，这种原初的恐惧逐渐消失。电影依靠新奇和特殊类型的叙事和场景来重新生产恐惧和焦虑的审美体验。

从大量的对恐怖电影的分析来看，电影惊吓效果的核心元素是角色的出场，银幕外潜在的威胁，以及对角色所在空间的突然闯入。② 具体来说，在令人惊悚的电影中，惊吓性体现在缓慢的叙述铺垫和突然爆发的恐惧场景。比如《大白鲨》中毁坏的船体中突然浮现一具尸体，《侏罗纪公园》中巨大恐龙的突然出现，《床下有人》中女鬼从床下爬出等恐怖场景。虽然这些恐怖场景可以独立于叙事和情感之外，但是能够迅速有效地营造出令人惊讶的恐怖氛围。关键在于，在银幕上，观众明明知道在这些场景镜头中一定会有某个角色出现，或者某些事情要发生，但是就是不知道是什么角色从哪个地方突然出现，事情以什么方式呈现，这种不确定性的镜头设置也给观众预设了突如其来的震惊体验。因此，角色的出场会直接引起观众强烈的恐惧心理的反应。另外，经典的恐怖片处理威胁或危险的闯入往往将恐怖主体隐藏在银幕外的空间里，更多地让观众去想象，唤起观众的恐惧和焦虑。

其次是恐惧和焦虑的审美再生产中的悬疑性。比如在经典恐怖电影《午夜凶铃》中，女记者贞子看完一盘神秘的录像带之后，展开了一场与御灵的周旋和较量，这其中的悬疑抓住了观众的心理，让观众在观看时紧张和焦虑得喘不过气来。再如希区柯克的《精神病患者》中的一个浴室杀人情节，观众能够看到一个黑影出现在浴帘之后，而在洗澡的玛丽安却毫不知情，随着黑影越来越靠近玛丽安，即将发生在她身上的危险情景也越来越强烈。这些悬念性恐怖片，在很大程度上，设置了观众与剧中人物之间的互动关系：剧中人物处在危险的境地而不自知的视觉图像成为观众凝视

① 〔美〕R. 贝尔德：《惊吓效果——观众认知与媒体理论的含义》，吕奇莹译，《世界电影》2001年第3期。

② 〔美〕R. 贝尔德：《惊吓效果——观众认知与媒体理论的含义》，吕奇莹译，《世界电影》2001年第3期。

的对象，这种视觉图景需要观众去凝视，去猜测，并且塑造着观众的视线；而观众对此镜像的观看能让自己卷入故事当中去，为恐怖电影中主人公的安全和命运担心，从这样的影像表达中获得恐惧和焦虑的视觉体验。

最后是恐怖和焦虑的审美生产的延伸性和融合性。恐惧文化与恐惧形象、焦虑体验之间构成了多元复杂的创造空间和想象空间，这一空间能够容纳一切恐惧元素，既能够给恐惧和焦虑的审美再生提供延伸的机会，又能为不断变换花样地改造、塑造恐惧和焦虑的审美体验提供可能。这种改造和塑造遵循电影产业资本发展的内在逻辑和大众视觉消费的基本需要，也表现出极强的吸纳和融合性。一方面，大量出现的电脑恐怖游戏，比如《鬼屋魅影》《第七访客》《生化危机》等，运用各类风格的悬念叙事策略、电脑技术、视频影像技术将鬼怪、神魔、异灵、英雄、僵尸等恐怖形象任意改造、随意赋形，将故事情节重新设置、重构延伸，为游戏玩家提供了更加自由和任意的参与度，在虚拟的网络空间中重新开发和挖掘恐惧和焦虑的审美体验；另一方面，以恐怖元素为主导吸纳其他类型元素，形成具有融合性特征的恐怖电影，如爱情恐怖片《惊情四百年》、校园恐怖片《惊声尖叫》、侦探恐怖片《七宗罪》等，这类恐怖电影能够打破界限，兼收并蓄，表现手法和叙事策略变化无穷，震撼性的惊吓效果能够满足大众的审美期待和认同。

三　恐怖、焦虑的审美再生产的反思

毫无疑问，恐怖电影用诡异的画面、悬念式的情节、惊险的动作和震惊刺激的视听效果完成了对恐惧和焦虑体验的视觉建构和审美表达，给大众一种新奇的审美感受，形成了它与其他类型电影与众不同的魅力。用韩国导演朴基亨的话说，就是“恐怖电影的魅力在于它制造了令人惧怕的危机，同时又能够将这些危机一一化解，观众在阴森恐怖的气氛中体验着危险，在现实中，这种危机体验却能转化为一种摆脱恐惧的快感”①。这种视觉快感与现实生活中的恐惧、焦虑体验具有一定的距离，它能让大众在安全的氛围中体验危险、惊悚、恐惧和焦虑，激起和唤醒大众对可怕事物、

① 石川、李志强：《中外专家聚焦恐怖电影探讨国产类型片发展前景——“中国首届恐怖电影创作与产业研讨会”综述》，《当代电影》2004年第4期。

不确定性的外在危险的恐惧，使人变得兴奋起来，从某种程度上达到抗拒平庸的“常人”的存在状态和超越乏味、无聊、呆板的日常生活的目的。从这个意义上说，恐惧、焦虑的审美视觉建构具有强烈的反抗性和超越性，是一种具有先锋性和极端性的艺术审美理想表征。然而，从另外的角度看，恐惧和焦虑的视觉建构和再生还有严重的片面性和缺失性，对此我们必须保持清醒的认识。

首先，一些恐怖片对恐惧和焦虑的视觉审美传达，偏重视听感官的刺激，为恐怖而恐怖，只遵循娱乐和资本逻辑，只是让大众体验恐惧的场景和获得恐惧影像狂欢带来的感官满足，而忽略和轻蔑恐惧和焦虑所具有的深刻意义。针对处在起步阶段的国产恐怖片而言，像《孤岛惊魂》《绣花鞋》《荒村公寓》《午夜出租车》等影片，在某种程度上抽空了社会文化现实，徜徉在幻觉和噩梦编织的震惊感中，歪曲了恐惧和焦虑的本质并使之贫乏化和娱乐化，这种倾向缺乏一种深刻的社会历史维度，缺乏对恐惧和焦虑的本质认识。从生存哲学的角度来说，恐惧和焦虑是人本真的存在，也是人类存在的一种基本境况，是海德格尔所说的此在之“畏”，与个体的自由有着紧密的关系。恐怖片在表达人类对生活在一个不稳定和危机四伏的世界里的恐惧和焦虑的同时，应该让人们更多地深思社会文化心理的变迁和人存在的荒谬和危机状态，使人们在体验心理恐怖的过程中有意识地探寻造成这种恐怖和焦虑的社会、文化和心理根源，而不是让人们在充斥着血腥、暴力和杀人场面的恐怖之中吞咽由此而引发的社会不良后果。

其次，在对恐惧和焦虑的视觉建构和再生中，缺乏对人类恐惧和焦虑的生存困境的救赎之路的指引。恐惧和焦虑的视觉震撼无论是在生理上，还是在心理上都征服了观众。观众吓得提心吊胆，却满怀惊喜，痛快淋漓。但是，我们注意到其中的悖论：一方面人们享受恐惧和焦虑的极端审美体验，是在日常生活的平淡乏味中获得了不同凡响的“高峰体验”，缓解了生活压力；另一方面，由于过度脱离社会生活的土壤而成为象牙塔里的游戏，这实际上是对生活本身的逃避。尽管恐惧和焦虑的视觉呈现试图在人性危机、社会危机和科技危机等方面凸显恐惧与现实之间的紧密关系，但是往往在“玩的就是心跳”之后，面对社会现实的恐惧和焦虑困境，人们并没有在视觉表达中找到救赎之路。各类恐怖艺术的视觉建构表明，这种奇思幻想和神秘悬疑遁入了影像游戏之中，缺乏对现实困境的救助式观照。一方面，日常生活世界中的异化、恐惧、焦虑、断裂、虚无和道德沦丧等并没有在其本身得到解决，在艺术中也没有给出救赎的良方；另一方面，电影艺术与日常生活之间并不是简单的割裂或者等同，作为一种审美形态，电影世界源于现实生活，以日常生活为前提，应该以不同的方式回答社会现实中的难题，并积极探寻解决这些难题的方法。因此，要想生产出更多的呈现恐惧和焦虑的视觉精品，需要不断地挖掘和探索。

视觉文化开启了恐惧和焦虑体验的再生的新时代。尽管人们都渴望自己生活在安全、宁静和舒适的环境中，没有任何危机感和恐惧感，但是现实并不是这样，风险、不确定、恐惧和不安比比皆是。有意味的是，人们在试图逃避各种恐惧和焦虑的同时，却又在追逐和欣赏恐惧，很难想象，一个完全没有恐惧和焦虑的世界，还有任何趣味吗？视觉文化为人们提供了一个可以在安全的氛围中欣赏恐惧和焦虑的空间。因此，这也为视觉文化的发展和社会转型期的视觉建构提出了更高的要求。视觉文化应该依靠重复和差异的原则、现实和快乐的原则不断重塑和再生恐惧和焦虑的形象类型和价值承载，更有效地传播现代人的生存状况和价值立场以及人性的内在逻辑，从更高的艺术品位上不断引领大众对恐惧和焦虑的审美期待。

其 他

从文化美学到空间美学

高小康*

摘要 当代美学研究从文学经典、传统的审美经验及其思辨研究扩展到文化研究成为重要趋势。社会学的介入使得文化研究从美学观念思辨扩展到具体语境中的文化经验，也是美学从理性主义历史观向空间美学的转变，揭示出当代文化中空间隐含着复杂多样人性的、历史的内涵。21世纪移动互联和大数据技术使社会空间从碎片化转向分形化，审美需要也在通过智能化移动终端被重组和供应，形成微空间化的美学形态。

关键词 文化美学 空间美学 分形化 微空间

Abstract Contemporary researches of aesthetics have expanded from researches on literary classics, traditional aesthetic experience and theories to the study of culture, which becomes an important trend. Intervention of sociology makes cultural studies from aesthetic conception extended to cultural experience in specific context, and makes aesthetics from the rationalistic historical view turn to spatial aesthetics, which reveals that contemporary cultural space implies complicated connotations of humanity and history. The technologies of mobile-internet and the Big Data in 21 century have made social spaces from fragmental to fractal, aesthetic needs have been reorganized and supplied to become Micro-spatial aesthetical form.

Key words Cultural Aesthetics Spatial Aesthetics Fractal Micro-space

---

* 高小康，南京大学文学院教授、博士生导师，研究方向为文艺学、文化研究。

一 经典美学与文化美学

当代中国的文艺学和美学研究从文学经典、传统的审美经验及其思辨研究扩展到文化研究成为重要趋势，同时也是一个争议颇多的现象。21世纪初学界曾为文艺学和美学界的文化研究是否“越界”发生过争论。质疑文化研究越界的主要理由在于文化研究的对象是“文化”，而近年来关于“文化”概念的界说甚多，总起来看应该说是个边缘模糊、内涵庞杂的概念群。进行这种不着边际的跨学科研究游离出了文艺学、美学的学术领域。

这种批评貌似有理，但实际上是一种望文生义的批评。“文化”概念的含义虽然庞杂，但近20年来文艺学、美学界所关注的文化研究领域却并非沿着“文化”概念的外延随意延展衍生的。中国当代文化研究是在法兰克福学派对现代资本主义文化工业和消费文化的批判以及伯明翰学派的大众文化研究活动影响下发展起来的。这些文化研究所关注的文化现象主要是文学、艺术和休闲娱乐、影像感知、符号消费等消费文化现象，这些文化现象大都与艺术和美学观念相关，应该算是在美学研究领域之内。在费瑟斯通看来，文化研究的跨学科发展是把文学、艺术和美学学科的研究渗入社会学学科中：

> 最近把广泛的文化问题和文化社会学，当作一个合法研究领域的兴趣不断高涨，代表了社会学中的一个主要的研究转向。直到七十年代中期，社会学对文化和艺术的兴趣，经常被认为是离经叛道、蜻蜓点水，最好的评价也不过是把它当作一种边缘科学。在这种传统下，对艺术有一些兴趣的社会学家与认为社会学对理解神圣文化领域无甚关联的文学评论家、艺术史论家之间，学科界限相对来说是很清楚的。可从七十年代以来，在英语界出现的一系列杂志，对文化理论敞开了大门，并从广泛的学科范围中吸引读者，表征着文化与社会学领域之间的森严壁垒已开始被推翻。①

这就是说，文化研究的发展不是文艺学研究越界，而是社会学自20世

① 〔英〕迈克·费瑟斯通：《消费文化与后现代主义》，刘精明译，译林出版社，2000，第43页。

纪70年代以来“越界”对文学评论家、艺术史论家们的文化理论“敞开了大门”，因此而形成了文化研究从文学、艺术学学科扩展到社会学学科。这种扩展与其说是研究领域的扩展，不如说是研究范式和理论观念的扩展。社会学的介入使得文化研究从语言、结构和叙事的抽象模式以及本质/现象的观念思辨扩展到具体语境中的文化经验。费瑟斯通的“日常生活审美化”命题正是在这种社会学“开门”越界的扩展中成为后现代文化研究中从观念到经验的一种转向。简言之，社会学的介入并没有使当代文化研究失去美学学科特征，而是使文化研究的美学范式出现了转变。

社会学介入之前的美学可以从古希腊的柏拉图和亚里士多德算起。前者在《大希皮阿斯篇》和《理想国》等对话中关于美的观念与本质的思辨，以及后者以艺术为对象的诗学研究，可以说是后代美学“自上而下”的哲理思辨和“自下而上”的审美对象研究两个基本范式的滥觞。康德关于美和审美能力的抽象思辨和黑格尔关于艺术本质的历史逻辑演绎构建起了近代经典美学的本质主义特征。

美学的本质主义以审美主体能力的共同性和客体审美性质的客观性为预设的前提，使这种预设能够被普遍承认的美学语境是“经典”或“古典”的（classic）艺术与美学传统的形成，即在特定文化历史发展过程中由精英阶层和主流文化所创造、发展并价值化，形成典范、规则与评价标准，并影响到其他文化阶层而形成社会普遍观念或共识的审美传统。在传统社会中由于主流文化传统或者说“大传统”对整个社会的影响，这种预设具有当然的正当性，因而成为经典美学的理论前提。

20世纪文化研究是对经典美学的超越。这种超越首先是思想方法的超越：经典美学的思想方法基于西方理性主义思想传统，可以用笛卡尔那句名言“我思故我在”概括，就是以“我思”为基点确定思维的主体性和主客体二元对立关系。这种主客体二元对立关系在美学研究中的影响就是形成了关于审美主体和审美对象本质的研究思路。思想史上争论已久的唯心论与唯物论之争实际上是在这同一个思想范式下的观点或立场对立的本质化。

19世纪对本体论形而上学和独断论的怀疑意味着以“我思”为前提构造的主客体二元对立关系不再成为认识论的基础。霍耐特在研究黑格尔在耶拿时期的思想时提到：“在黑格尔看来，一切相互承认的关系结构永远都是一样的：一个主体自我认识到在主体的能力和品质方面必须为另一个主体所承认，从而与他人达成和解；同时也认识到了自身认同中的特殊性，从而再次与特殊的他者形成对立——主体永远处在了解其特殊身份的过程中；因为，主体由此而确认的总是其自我认同的新维度。”① 这是从“我思”的主客体关系转向承认“另一个主体”存在的主体间性意识的发生，即“为承认而斗争”。

从主客体关系到主体间性，这不是纯粹形而上学思辨的发展，而是认识视野的超越，即从内省思辨的对象化到经验的社会化。从柏拉图到康德的理性主义思想传统都以关于普遍人性和社会共同体的预设为基础构建对人类本质的认识，而在黑格尔时代遇到了不同主体之间的冲突问题。这是现代社会发生的社会关系变化造成的文化冲突。经典哲学和美学的本质主义思辨基础遇到文化现实的挑战。艺术和美学观念因为文化冲突而发生的转向实际上从这时就开始了。阿诺德被称为“文化主义”的文化批评立场就是基于对英国工业化时代文化冲突的认识而产生的。他的《文化与无政府状态》描述的是传统文化秩序瓦解的背景下普遍价值观念的破灭——背离了“光明美好”的文化而形成了不同阶级各行其是的无政府状态。阿诺德所区分的三种人——蛮族、非利士人和群氓——也许并非这个时代才出现的，但重要的是在这个时代的社会形态中不同社会阶层之间产生了深层的分歧和裂痕。

按照柏拉图《理想国》中双驾马车式的社会结构观念，不同社会群体在一个政治实体中具有不同的地位、分工和职责，但都应当共享并服务于统一的社会理想和价值观念。古典美学基于共同人性的统一美学理想正是柏拉图社会理想的美学体现。阿诺德心目中那种“光明美好”的文化理想就是柏拉图以来的关于社会共同价值观念的产物，曾经在文艺复兴到古典人文主义时代成为理性主义和古典主义美学的思想根据。然而在这个工业化都市文明兴起的时代，不同的社会阶层和群体不再具有共同的文化价值观念。利维斯关于“大众文明与少数人文化”的区分更明确了在工业化时代的文化冲突对社会价值观和美学观念所产生的分化性影响。总而言之，从阿诺德、利维斯开始的批判性文化研究动机源于现代社会中社会文化和价值观念统一性的瓦解所造成的焦虑——经典学术与艺术的普遍意义所依

---

① 〔德〕阿克塞尔·霍耐特：《为承认而斗争》，胡继华译，上海人民出版社，2005，第22页。

托的传统文化背景瓦解，与精英文化对立的“大众文明”的显现意味着在同一社会中不同阶层、群体形成了不同的价值观念和文化需要。经典美学的本质主义前提遇到了挑战，但阿诺德、利维斯希望以理想的“文化主义”美学来对抗这种挑战。

20 世纪文化研究是在阿诺德和利维斯的“文化主义”之后对经典美学观念的超越。这种超越不仅仅局限于“文化主义”的价值批评，而是对当代审美经验的文化语境进行的深入研究，包括从社会结构与权力关系层面对当代艺术和审美现象特征及其意识形态意义的研究，对艺术、美学与日常生活关系的社会学研究，对不同社会阶层、群体之间的文化与美学区隔的发现和研究，等等。简言之，美学研究从经典美学拓展到了文化美学研究。

按照费瑟斯通的说法，文化美学研究的发展也是社会学“敞开了大门”，从边缘向深度介入的过程。社会学的介入使美学研究从经典美学的审美主客体关系和现象学研究延伸到艺术与审美文化活动的经济基础、生活方式、群体特征、物质形态等诸方面，即美学视域下的社会文化研究或文化美学研究。从这个意义上讲，经典美学向文化美学的扩展实际上意味着从精神现象向社会文化意义的扩展，即从个人体验与精神历史研究扩展到社会生活及其关系研究，即从经典美学转向文化美学研究。

二　历史主义与空间转向

美学从精神现象研究转向社会文化研究，这不仅是从主体内部向外部社会的转向，同时也是经典美学所依托的理性主义历史观从时间性向空间性认识的转变。福柯在《论异质空间，异托邦》一文中谈到 20 世纪世界观的空间转向时说：

> 如我们所知，19 世纪的一个巨大困扰就是历史：连同发展与停滞、危机、循环的主题，历史永恒积累的主题，以及亡灵与冰川的重压。19 世纪根本的迷思源自热力学第二定律——而当今则将是空间的时代。我们处在同时性的时代：并置的时代，既远又近、相邻而又分散的时代。——我们的时代是由不同位置之间的关系构成空间的时代。无论如何我相信，我们时代最基本的焦虑在于空间而非时间。时间对我们

而言或许不过是分布于空间的各种操作行为而已。①

在许多当代文化批判学者看来，从时间性转向空间性是后现代文化的重要哲学特征：维系于时间秩序的社会发展规律、目的构成了理性主义的历史感，而在后现代文化中时间性被消解也就意味着历史感的消解；失去了时序的各种文化现象成为碎片化、平面化并置的图景。用杰姆逊的话说，空间统治时间“标志着乌合之众的出现。这已不是延绵的时间政治里的时间，而就是此刻和现在——这种新的此刻已成为后现代性的标识，一切都停留在此刻和身体里。在这新的无处不在的空间和短暂此刻的辩证法里，历史、历史性和对历史的感觉都成为失败者。过去已经不在，未来却无法憧憬。”② 他用“奇异美学”来描述这种后现代空间美学特征：艺术失去了时间的绵延性，只有“此刻”不断出现的奇怪独特的变体。

在这里，空间实际上是与时间的绵延以及历史感相对的否定性概念，“空间统治”只是对后现代反历史主义的一种批判性表述。而福柯关于当代空间的论述则提出了一种特殊的观念——“异质空间”（Other Spaces）或“异托邦”（Heterotopias）。他提的这种空间概念不是与时间性相对的抽象空间，而是与一般常识的物理空间观念相对的特殊空间概念，是由嵌入或混生于日常生活中的禁忌、记忆、想象等文化形态与精神现象建构起来的现象学空间。

福柯在《论异质空间/异托邦》（1984）一文中用“镜子”概念解释了异托邦与日常生活经验中的物理空间相互对应和反身映射的关系，从而揭示出当代空间内涵的复杂性和特殊性。从美学角度来看，福柯的“异质空间”不是如杰姆逊所说那种失去历史的“奇异”现象，而是时间的绵延性和历史感融入具体的空间形态而形成的与现实生活空间共生、对立的镜像体验。这种异质空间观念突破了传统哲学“时间/空间”二元对立思维模式，空间问题因此不再是抽象演绎的观念，也不是简单的地理常识，而是对现实社会中各种生存状态、位置及其复杂关系的历史考察以及基于空间体验的现象学描述；他把关于这种异质空间的描述性研究称作“异形地志学”（heterotopology）。

① Michel Foucault, “Of Other Spaces, Heterotopias,” *Architecture, Mouvement, Continuité* 5 (1984): 46–49. http://foucault.info/doc/documents/heterotopia/foucault-heterotopia-en-html.

② 〔美〕弗雷德里克·杰姆逊：《奇异性美学》，蒋晖译，《文艺理论与批评》2013年第1期。

在福柯谈论“异质空间”之后列斐伏尔的《空间生产》一书出版，书中提出了关于当代空间问题的进一步思考。他批评了传统的“二元辩证法”空间理论，提出了“三元辩证法”（trialectics）和三个空间理论。列斐伏尔认为一切简化论的思维都源于二元论的诱惑，他因此引入了一个“他者化—第三化”的概念，从而打破二元对立的简单化、封闭化，形成认知的开放性。[①] 由这个“三元辩证法”而产生了他的“第三空间”理论。关于三种空间，他在书中给出了解释：

> 1. 空间实践，包含了生产和再生产，以及作为每个社会构成特征的具体位置和空间集合。空间实践保证了连续性和一定程度的内聚力。就社会空间和每个特定社会的成员与空间的关系而言，这种内聚力包括确定的力量和某种程度的行为。
>
> 2. 空间再现，联系于生产关系及其造就的“秩序”，从而联系于知识、符号、符码以及“正面”（frontal）关系。
>
> 3. 再现空间，体现出复杂的符号体系，有编码的也有没编码的，它们与社会生活的隐秘面或底层相连，也与艺术相连（后者可能最终不会被认为是一般空间符码而是再现空间符码）。[②]

对于列斐伏尔的三个空间区分，美国学者索亚做过更简明的阐释性表述，就是感知的空间、构想的空间和实际的空间。[③] 经过这样解释后，三个空间理论的“第三化”思路就比较清楚了：第一空间属于物质领域，第二空间属于精神领域。这两个领域构成了传统空间观念中的二元对立关系。在列斐伏尔看来，这种二元对立的空间观念缺失了对现代都市空间真实特征的认识。而第三空间或者说所谓“再现空间”用索亚的说法是“实际的空间”。这个“实际的空间”与第一空间（或者叫空间实践）的区别在于：第一空间是由一定生产关系所生产出来的“保证了连续性和一定程度的内聚力”的社会空间，而第三空间则是“与社会生活的隐秘面或底层相连，

---

① 〔美〕爱德华·索杰：《第三空间：去往洛杉矶和其他真实和想象地方的旅程》，陆扬等译，上海教育出版社，2005，第 77 页。

② Henri Lefebvre, *The Production of Space*, Wiley-Blackwell, 1991, p. 33.

③ 〔美〕爱德华·索杰：《第三空间：去往洛杉矶和其他真实和想象地方的旅程》，陆扬等译，第 83 页。

也与艺术相连”的活的（lived）空间。换句话说，前者是整体的、连续的而后者是复杂的、特殊的，索亚称之为“他者空间”。这个第三空间的出现打破了二元对立的互补思维，实际上也就打破了关于空间的整体性均质化想象，把当代空间研究置于更复杂的“三元辩证”关系中。

第三空间不同于“感知/构想”二元对立的抽象关系，它处于传统空间认识之外的复杂符号关系中，包括了非符码化的社会隐秘面或底层空间，并且与艺术相连。这种复杂性使得第三空间更接近福柯的异质空间——既非抽象概念亦非地理形貌，而是与人的生活、记忆、想象与体验联系在一起虚实相生的位置关系。这种特殊的空间研究需要不同于传统学术思辨的特殊方式，福柯称之为“异形地志学”描写，即对于异质空间文化现象的具体体验、想象和描述性的美学研究。福柯所说的“巴什拉的不朽之作”的现象学诗学就是这种基于想象力和情感体验的空间美学研究：

> 我们想要研究的实际上是很简单的形象，那就是幸福空间的形象。在这个方向上，我们的探索可以称作场所爱好（topophilie）。我们的探索目标是确定所拥有的空间的人性价值——被想象力所把握的空间不再是那个在测量工作和几何学思维支配下的冷漠无情的空间。它是被人所体验的空间。它不是从实证的角度被体验，而是在想象力的全部特殊性中被体验。①

巴什拉在讨论空间的人性价值时使用了一个概念 topophilie（“场所爱好”）作为对“幸福空间”心理根据的解释，这个词后来被人文地理学家段义孚以 topophilia（恋地情结）的词形提出而广为人知。从巴什拉到段义孚，topophilie 或 topophilia 作为一个关于场所与人性关系的重要概念，构成了现象学和人文地理学从人的感知、记忆、想象、情感维度研究空间的路径，使空间研究从“冷漠无情的空间”中解脱出来，进入“被人所体验的空间”。

怎样理解巴什拉所说的这种人性化空间的具体内涵呢？在福柯的“异质空间”论述中提供了各种生动的描述——社会禁忌、历史记忆、集体无意识、乌托邦幻想等社会心理和情感需要依附于各种场所而使得空间渗透

① 〔法〕加斯东·巴什拉：《空间的诗学》，张逸婧译，上海译文出版社，2009，第23页。

了复杂微妙的精神内涵。这也是列斐伏尔在“二元辩证法”的传统空间认识之外所开拓的第三种空间认识所寻求的隐秘复杂的空间意义。这种空间美学研究揭示出当代文化中空间意义的复杂性：后现代的空间转向并不是简单地意味着时间性和历史感的消解，而是使时间融入空间，地理场所和社会环境深层隐含着复杂多样人性的、历史的内涵。从这个意义上讲，空间美学是描述空间与时间、场所与心灵、现实与幻想等多重复杂关系的美学。

三　碎片化与微空间美学

对后现代文化的批判中一个常常被提到的特征就是“碎片化”。在杰姆逊关于后现代文化的“空间统治时间”批判中指出，空间统治时间意味着时间的绵延性消失而只剩下“此刻”，社会碎片化成为乌合之众，艺术也碎片化为奇异现象。索亚在《后大都市》中为后现代都市“后大都市”归纳的特征之一也是碎片化：

> 杂乱空间交织的全球化后福特城市是由流动、碎片和去中心化的社会重构成复杂的形态，对此的认识理解和有成效的研究才刚刚开始。①

在索亚看来，集中式发展的“福特式城市”是典型的大工业时代的产物，而后现代都市或者用他自己的话说“后大都市”则形成了具有后现代文化特征的空间形态，即流动、碎片和去中心化。碎片化意味着传统关于世界统一性的认识遇到挑战。20 世纪中期以来世界文化的巨变摧毁了传统的历史想象和价值观念，叛逆、冲突、多元化、多极化、无序化成为突出的文化现实和意识。从麦克卢汉到波德里亚所说的信息传播中的“内爆”(implosion)——信息量爆发性膨胀和传播的无序化——是推动文化碎片化的重要动力。爆炸性的信息无序增长，制造出充满噪音、冲突和不确定性的混沌环境，这种碎片化的后现代文化形态既是对全球化时代文化霸权的

① Edward W. Soja, *Postmetropolis: Critical Studies of Cities and Regions*, New Jersey: wiley-Blackwell, 2000, p. 265.

反抗，也是对文化意义、价值的消解。

但碎片化并非持续不变的状态。在经历了20世纪最后几年互联网发展中信息爆炸的恐慌之后，21世纪迎来了信息处理的新时代：通过无数分布式处理器的协同储存和运算即“云计算”，形成从不同层面、不同维度联系组织起来的巨量数据资源处理技术，即“大数据”。大数据处理技术及其应用的特点在于不是按照信息传播的秩序运算，而是从一定关系条件入手按照信息的相似性重组秩序，从而给因“内爆”而碎片化的空间创造了另外一种秩序——“分形”（fractal）组织。

分形这个概念是索亚在《第三空间》和《后大都市》中描述后现代都市特征时使用的词语，在中文译本中被译为“碎片”。但其原义不是指无序的碎片。这个词从原始的几何学意义上讲，是指由具有自相似（self-similar）和递归（recursion）特征的碎片构成的复杂几何形状。换句话说是看起来碎片化了却具有内在秩序的组织形态。云计算和大数据处理技术使得看起来好像失控了的信息爆炸状态通过大量分布的数据处理网络形成了新的信息秩序和空间关系——“分形”关系，即在貌似混乱的分散状态中发现各个层次的自相似特征，通过进行递归处理而形成多元复杂维度的分形秩序。

从碎片化到分形化是传统空间结构解体和重组的过程：传统的统一空间因为文化冲突而破碎，大数据和无孔不入的应用程序则按照分形规律把个体重组成为无数相互链接的自组织、自相似的不规则微空间。一个典型的例子是微信朋友圈：作为个人社交平台，朋友圈的功能当然是组织熟人群体的交往空间。但实际上它是一个可以自组织与自分蘖的平台。每个朋友圈都通过个人的传递而与其他朋友圈形成链接，同时还有不断嵌入的各种订阅号、各种活动空间——政治、学术、商务、生活、娱乐、旅游、交友等因人而异，按照自相似结构组织成相互交错重叠的不规则维度分形网络。朋友圈中的每个人看起来好像在一个共同的空间中交流，实际上却像套叠在一起不断延伸的莫比乌斯环，分不清圈里圈外；同时这种微空间的活动也是信息交流与网下活动混杂的形态。

在这个逐渐走向分形化的社会空间中，人们的精神需要特别是审美需要，也在通过种种智能技术被重组和供应。对于当代文化中审美需要的变化特征，费瑟斯通的“日常生活审美化”一说具有重要影响。他在《消费文化与后现代主义》一书中提到了日常生活审美化的三种含义：

> 首先，我们指的是那些艺术的亚文化，即在一次世界大战和本世纪二十年代出现的达达主义、历史先锋派和超现实主义运动。在这些流派的作品、著作及其活生生的生活事件中，他们追求的就是消解艺术与日常生活之间的界限——第二，日常生活的审美呈现还指的是将生活转化为艺术作品的谋划——日常生活的审美呈现的第三层意思，是指充斥于当代社会日常生活之经纬的迅捷的符号与影像之流。对这个过程的理论概括，马克思关于商品拜物教的理论提供了很多思想观点，卢卡奇、法兰克福学派、本雅明、豪格、列斐伏尔、鲍德里亚及詹明信等人，也对此作了不同的阐发。①

简单地说，费瑟斯通关于日常生活审美化的分析重点就是后现代文化对传统审美活动和美学观念的消解，这种消解包括亚文化的反经典艺术思潮、对日常生活审美价值的发现以及商业化的符号与影像消费。总的说来就是从经典艺术与经典美学的超越性追求与“灵韵”（aura，本雅明语）美感转向日常生活化的审美需要。

那么，当代人日常生活中的艺术趣味或审美需要的内容是什么呢？本雅明对现代工业文明影响下大众艺术趣味的描述是机械复制和“震惊”体验，即在现代文明刺激下人们的保护性体验。后现代文化背景下人们的审美需要与大工业机械复制时代毕竟不同了，波德里亚在谈到当代流行文化时说：“流行是一门‘酷’的艺术：它并不苛求美学陶醉及情感或象征的参与（深层牵连），而要求某种‘抽象牵连’，某种有益的好奇心。”② 从震惊到好奇，或许可以看出当代人精神需要的一些演变特征。

在互联移动化的 APP 时代，好奇不仅仅是一种普通人的心理状态，而且是应用程序供应商向个人终端提供服务供应的通用效果——布满手机和 PAD 触屏的 APP 图标背后，是无数并置的应用服务空间。为了引起消费者的注意兴趣，制造和满足好奇心便成为最重要的创意内容。大量应用程序背后的海量信息资源为个人提供着越来越多的消费和服务，这对于消费者或需要服务的人来说肯定是好事，但实际上各种应用程序提供的消费和服务远远超出了每个人的实际需要，而且还在极速膨胀。在这种竞争环境下，

① 〔英〕迈克·费瑟斯通：《消费文化与后现代主义》，刘精明译，第 98 页。

② 〔法〕让·波德里亚：《消费社会》，刘成富、金志钢译，南京大学出版社，2000，第 128 页。

APP对消费者的直接吸引力变得异常重要。种种匪夷所思的宣传和应用设计，娱乐性的段子、视频和图像，这一切使得所有的应用程序都通过对消费者好奇心的满足而成为日常生活审美化的内容。与麦克卢汉和波德里亚所能够想象得到的“内爆”状况不同的是，“微时代”或APP时代的信息“内爆”以直接抵达对象的方式变成了手术植入式爆炸。

这种爆炸的结果不是信息传播的碎片化或无序化，而是通过应用终端组织起了分形的兴趣社群。也许在同一个场景中所有的人都在低头傻笑，但他们娱乐的分享性不取决于他们当下所处的现实物理场景，而是由相互之间分享的程序空间资源决定。诗人顾城曾经写过一首小诗《远和近》：“你，/一会儿看我，/一会儿看云。//你看我时很远，/你看云时很近。”这种近在一处却空间隔离的状态与当今分形空间的状态也很相似：无论是在挤得透不过气来的地铁上还是在其乐融融的饭桌旁，微空间都通过手机屏插入了现实，造成当下现实空间的破裂与疏离。

微空间与迄今为止当代文化空间形态不同的特殊性在于，它虽然是公共空间，却又是隐秘的；它是商业资本所构建的，却又是分享的和对话性的；它是以“内爆”的形式膨胀和碎片化的，却又是通过大数据运算而组织和分形链接起来的。微空间的这种特殊性决定了当代人生活空间的二元性：一个人可能从早到晚都在家庭、办公室和地铁三点一线的空间中进行着日复一日的机械往复运动，而与此同时他又在海外购、饿了么、朋友圈、优酷视频中海阔天空地互动和浏览。这种二元性不是如网络兴起之初人们所描述的“在网络上没人知道你是条狗”那种虚拟空间与现实空间的二元性，而是地理社区的封闭与微空间的分形辐射二元性。这种二元性在某种程度上制造着当代人空间意识乃至整个生活方式的混杂性。

当娱乐与艺术活动通过微博认证号和微信公众号进入这种微空间时，一种属于这个混杂时代的“微美学”便应运而生了。所谓“微美学”是指通过APP构建的微空间艺术沙龙所重构的艺术审美态度、趣味与价值观。在费瑟斯通描述三种类型的日常生活审美化现象中，我们看到的基本特征是与经典艺术和美学的对立或分离。可以说，在前一代文化研究者看来，现代性、后现代性、商业性这些文化特征意味着与古典文化、人文精神的二元对立关系。而微空间时代文化传播的一大特征是传统的二元对立关系因为文化传播形态从碎片化到重组分形化而消解。一个世纪以来的文化批判理论都相信现代商业社会的大趋势是商业消费性质的大众文化在排挤和消解古典的精英文化，这是由商品生产的规律决定的历史趋势；而当二元对立关系消解之后，这种直观的强势对弱势的挤压态势起了变化：在统一传播环境处于受排挤状态的精英文化、古典文化、边缘文化等弱势文化形态，在分形空间中却获得了自己的传播机会。一个公众号就可能形成一个不断分形生成的文化空间，所需要的是善于运用当今微空间传播的技巧——用波德里亚的话来说，就是“某种有益的好奇心”。当微空间特有的各种传播手段并置于消费者的视野中时，许多在人们的习惯认知中貌似疏远的文化也会通过“有益的好奇心”而触及不同接受者，形成某种植入式内爆。

当台北和北京故宫博物院先后以“卖萌”的方式制作传播故宫文化遗产知识的创意旅游产品并建立官方微博传播时，人们开始注意到古典文化进入当代趣味空间的可能性。事实上越来越多的艺术公众号通过 APP 建立起了自己的美学沙龙式微空间。这类艺术微空间的一个重要特征是沙龙化的空间形态——由主持人引入话题，而后以吸引好奇心的方式引导浏览艺术作品，参与者的互动等，以直接植入的方式进入朋友圈的病毒式传播环境。比如有一个艺术公众号做了一档介绍艺术的网页，题目叫《这可能是世上最悲伤的婚礼了》。① 这个标题看起来有点社会轶事的意味，接下来的内容中用了一系列夸张的煽情式提示：

> 可爱的后宫真爱们：听说每个女孩纸的脑海中都有一个关于婚礼的幻想：
>
> 一个特别的日子
>
> 一个神圣的仪式
>
> 一个一辈子的承诺
>
> 然而！这一切都与她无关！

接下来谈论的内容貌似社会逸闻或情感八卦，而真正内容却是以专业的图像学视角介绍俄国 19 世纪画家普基廖夫的油画名作《不相称的婚礼》。这种以离题万里的噱头吸引受众好奇心的做法已成为当今各种移动终端常见的软文，一种不免俗套的商业伎俩。但需要注意这不是一个孤立的商业噱头式

---

① 意外艺术，参见 http://mp. weixin. qq. com/s?_biz = MjM5OTUzNjE0NA = = &mid = 400958334&idx = 1&sn = 1ddfd560cdb7c35a92de2cc6ff06756e&scene = 1&srcid = 0314ULawAhOocmu8WKGzqR3z#wechat_redirect，最后访问日期：2015 年 11 月 2 日。

作品，其实是一种分形组织艺术空间的方式。我们会在此帖前后和无数相关链接空间发现越来越多的艺术知识，比如，其中另外一个网页《万圣节，死神有话说》①，内容完全是关于霍尔拜因油画《大使们》的精细图像学分析，趣味横生而又细致深入的程度甚至超过了许多专业讲授的水准。

喜欢明星八卦和淘宝的人们会喜欢这些应用程序吗？这个问题在传统空间可能是有意义的，而在微空间就不是问题了。微空间的分形组织同时也是互渗关系，换句话说，正是以好奇心引导的服务为终端客户提供了满足好奇心的各种可能，也因此构成了各种分享关系。这种空间分享关系可以说是一种“互空间性”。每个终端所联系着的微空间都有一个特殊的自我标示，通过自己的命名和表达在传统的文化空间中打开新的意义发现之窗。这是一种空间入侵，或者用巴迪欧的说法是一种“介入”（intervention）：“介入在于为场所中不可表达的元素命名，为了检验这个场所是事件的场所。这种命名既是不合法的（它不符合任何再现的法则），又是匿名的（从空里得出的名称必然不可区分，因为它来自空，等同于‘是场所中不可表现的元素’）。”② 这种重新命名的“不合法”介入重构了审美活动的空间关系，使不同的空间交错渗透形成分享。

传统的高雅文化与大众消费文化的对抗冲突在后现代的主体间性观念中被消解，霍耐特“为承认而斗争”的理论以主体间性为前提构建了一种“后传统团结”的前景。③ 而微空间的时代已经与主体间性理论的统一空间预设不同，“互空间性”可以说是“后-后现代”特有的多空间并置互渗的关系。不同文化之间的关系从“为承认而斗争”的后传统团结诉求转向了“为介入而斗争”的后-后现代分享需要的生成和发展。这也许是美学的又一次解构和重构过程：APP客户在手机屏上看到的不再是高雅和低俗的等级差别，而是不同空间的交错并置带来的趣味冒险和分享体验。

---

① 意外艺术，参见 http://mp. weixin. qq. com/s? _ biz = MjM5OTUzNjE0NA = = &mid = 400885212&idx = 1&sn = 2c22981cef7c04849ec06952a1bb181b&scene = 1&srcid = 1101S87Jbz7ZqJhr72BEDEcK&uin = MTgwMDE3MTk4MA% 3D% 3D&key = 04dce534b3b035efca6f540d65a7044f54977acdcf098859611842ac68ccc52d14cf417ec638b9e98a0c3c4e9906a458&devicetype = webwx&version = 70000001&lang = zh_CN&pass_ticket = HDqwr2OiUn4WC67% 2FTXovA7u4H29% 2FD5uGYrmoZc3ZOraFe5sTmS0HNw% 2FlSvu3dpVj，最后访问日期：2015年10月31日。

② 艾士薇：《通往真理的事件——论阿兰·巴迪欧的“事件哲学”的理论基础》，《中国政法大学学报》2013年第6期。

③ 〔德〕阿克塞尔·霍耐特：《为承认而斗争》，胡继华译，第185页。

图像中的国家

——欧洲地图传统与明清之际的欧绘亚洲海图*

郭　亮**

摘要　在历史上，地图往往具有多重含义，其科学测量与图示绘制的背后隐含着一个深邃的世界。风景与地图制图术之间不仅具有科学、宗教与文化共性，还是国家形象的体现，几个世纪以来的地图描绘正好反映了这样一个不断变化的特殊图像。此外，欧洲人对亚洲的向往与测绘，在很大程度上还原了明清时期亚洲国家之间的真实关系。这些数量众多，内容全面的欧绘亚洲地图（海图），揭示出文字描述所无法尽释的历史线索。

关键词　风景与地图　国家图像　明清亚洲海图

Abstract　Historically, maps tend to have multiple meanings, in its scientific measurement behind the illustrations drawn implies a deep world. It's not only has the scientific, religious and cultural commonness, but also embodiment of national image between Scenery and mapping. For centuries map shows exactly reflects the ever-changing special image. In addition, Europeans aspired to Asia and mapping it largely to restore the true relationship between the Ming and Qing Dynasties with other Asian countries, many of these quantities, comprehensive map of Europe painted Asia (chart) re-

---

* 本文为国家社科基金一般项目“晚明以来的海图与疆域策略考述”（15BZS105）的阶段性成果。

** 郭亮，上海大学美术学院副教授，博士，美国普林斯顿大学艺术与考古系高级访问学者，研究方向为科学与艺术史、中西艺术交流。

veals historical clues of images that text description can't fully express.

Key words Landscape and Map The National Image Asia's Marine Chart of Ming Dynasty and Qing Dynasty

无人风景是一个严格的等级秩序产物，它把权利关系神秘化了。其镜像意象是狂欢的城市，一个具有颠覆等级秩序潜力的世界。

——温迪·达比

序

芝加哥大学学者 W. J. T. 米切尔的研究显示出把“风景”从名词变为动词的思维转换，他认为人们不是把风景看成一个供观看的物体或者供阅读的文本，而是一个过程，即社会和主体性的身份通过这个过程形成。① 实际上，人们千百年以来对风景的关注不仅源自我们所生存的自然世界、它的审美特征或是象征含义，从另一个角度而言，描绘风景的特殊形式——地图在某种程度上更进一步诠释了“风景”与自然、人类与社会变迁的趋势。地图是一种特殊的媒介，甚至超越了媒介自身的外延，在历史中尽管它以静态呈现方式存在，但实际上构成了一个不断变化、革新和自我反省的演绎系统，不费力地就可以看到它与社会史中存在的类似情况，甚至某些演化的细节都具有亲缘感。

无论是在自然还是在艺术表现中，风景总是可以被译解成各种文本（或图像）系统，例如树木、石头、水、动物及栖居地，都可以被看成宗教、心理或者政治比喻中的符号：典型的结构和形态都可以同各种类属和叙述类型联系起来，比如牧歌（Pastoral）、田园（Georgic）、异域（Exotic）、崇高（Sublime）以及如画感（Picturesque）。② 有关风景艺术与地图之间存在的密切联系现在已被人们所知晓，这方面的典型例证就是17世纪的荷兰“黄金时期”绘制地图的盛况。实际上，在我们追溯西方与中国舆图发展的历史中都会面对这一问题，艺术家与制图者在观察与观测自然景观

---

① 〔美〕W. J. T. 米切尔：《风景与权利》，杨丽等译，译林出版社，2014，第1~2页。

② 〔美〕W. J. T. 米切尔：《风景与权利》，杨丽等译，第1~2页。

时，也无法回避地理与空间所代表的社会、国家甚至政治的含义。艺术家创作的主观表现在制图师测绘地理标识中同样存在，与风景画不同的是，在尺幅有限的地图中，表现疆域与国家十分便利，往往一目了然。历史中的国家图像——地图，以一种与文字、口述或故事化叙述历史不同的方式——图像，来对历史本身进行诠释。地图具有文字所无法尽释的图像例证，也包含特定时期多元和复杂的信息汇集，这在自明代以来欧洲绘制的中国与亚洲地图上得到充分的体现，围绕国家政治时局，经济、与海外及藩属国的朝贡贸易、军事活动等方面，由不同制图国家（系统）所绘制的疆域地图呈现纷繁复杂的图像。

一 图像中的国家

从宏观角度来看，在面对地理景观之时，画家与制图师的任务并无本质区别，如果需要找到一个差异的话，那就是他们所采用的表现以及呈现方式不同。这种方式在历史的特定阶段（例如文艺复兴时期）会融合在一起，时至今日却又分道扬镳。地图的绘制始终与它所表现的主体，它所描绘的区域分不开。更进一步说，地图与国家和政治渊源密切，它源于权利与知识的关系，提供了一个切入文化问题的途径，尤其是在农业革命或工业革命、帝国扩张、战争或战争的后果这类社会或民族创伤引起的动荡时期。[①] 自古希腊时代至17世纪以来，地图中有关国家图像的变化十分丰富，此外还有非欧洲系统的阿拉伯地图、早期非洲地图和古埃及地图等，古老文明起源所产生的地图图像在古代保留了自身文化的独特身份。最先绘制世界地图的是古希腊米利都派的哲学家阿那克西曼德（Anaximander，公元前6世纪上半叶）。据说他是第一张地图的作者，这张地图迅速得到了广泛传播。此后，所有的著名地图学家，如攸多克索、迪西亚库、埃拉托色尼和托勒密等人，也都或多或少可被称为哲学家。他们把数学、天文学同伦理学、形而上学的研究结合起来。在这类地理学家眼里，地图是对地球和世界的解释：借助于几何学和天文学，地图确定了地球在宇宙中的位置，并反映出有人居住的世界形状。在阿那克西曼德看来，地理学是他宇宙和

① 〔美〕温迪·J. 达比：《风景与认同》，张箭飞等译，译林出版社，2011，第1～2页。

自然体系的一个组成部分。[①] 法国人文地理学家阿尔贝·德芒戎表示：从远古时候起，许多作家、好学的和善于观察的人已经看到地表上人类习俗的差异。自修昔底德以来，许多历史学家和伦理学家把地图作为哲学思考的基础。[②] 将地图与历史和文化联系在一起的传统在20世纪后的地图制图中渐渐消失，数字化的标准模版使在世界各地看到的地图变成了统一面貌，其中一个原因是科学不断革新后图像语言的升级，因此今日的地图是以单一的实用目的为主，而不再是文化、民族与国家概念的多维整合。

约翰·R. 肖特指出地图是人类经验的核心，而地图制图是一项主要的社会成就，在诸多方面，地图与制图的历史亦为人类社会的写照。[③] 中国与西方制图的历史都曾经历过两种不同的传统，一种可以称之为“科学或定量的制图学”，另一种可以称之为“宗教或象征性的寰宇志”。欧洲的科学制图学传统虽然在起源上比中国早，但是后来由于基督教的寰宇志占统治地位而完全中断了好几个世纪。[④] 如果说有史以来地球表面的大陆和海洋结构没有发生过巨大变更的话，那么地图本身的变化就显得极为有趣。对世界的描绘从公元前500年的古巴比伦黏土地图到耶稣会士利玛窦在明朝中国绘制的《坤舆万国全图》，世界与国家的轮廓以各式各样的方式为人所认知、理解、描绘和展示。保罗·佩迪什在《古代希腊人的地理学》中指出：

> 绘制世界地图的想法正是起源于哲学，这是地理学最初的目标，被视为地理学家首要的使命。[⑤]

古希腊的思想家们关注地理和地图绘制，时至基督教时期，圣经对地图绘制起到过关键作用，并长时期垄断了地图的呈现方式，它也使人们了解到，地图似乎从来就不是一种“客观甚至科学”的图示。8世纪末，西班牙修道士列巴纳的贝亚图斯（Beatus）在他所著《启示录评注》中所作的附图，曾经为中世纪出现的大量圆形地图建立了一种风格，13世纪中叶出

① 〔法〕保罗·佩迪什：《古希腊人的地理学》，蔡宗夏译，商务印书馆，1983，第5页。

② 〔法〕阿·德芒戎：《人文地理学问题》，葛以德译，商务印书馆，1993，第3页。

③ John. R. Short, *The World through Maps*, Toronto: Firefly books Ltd., 2003, p. 8.

④ 〔英〕李约瑟：《中国科学技术史》第五卷，中国科学技术史翻译小组译，中华书局，1976，第8页。

⑤ 〔法〕保罗·佩迪什：《古希腊人的地理学》，蔡宗夏译，第5页。

现的所谓《诗篇地图》之所以重要，是因为它非常突出地把耶路撒冷画在圆中心。[①] 中世纪地图是了解圣经的途径之一，基督教教义与《圣经》中的传说给世界地图加上一些神学想象，而地图本身又成为教义信条的指引：

> 基督教地理学家设想，把圣经中每一个章节和每个地点都列在地图之上。其中诱惑力最大的，要算是伊甸园了。在世界的东方，也就是在当时地图的上方，中世纪基督徒通常描绘出一个人间天堂，这里有亚当、夏娃和蛇，四周有一座高墙或山脊围绕。[②]

在以圣经为基点地图中，人们看到一个迥异的世界图像。为什么这样描绘的解释是：如果要把《圣经》上的基本内容推广到整个世界，那就必须对《圣经》中的字句大做文章而无视实际的真实形状。实际上，这种世界图像的理解与表现并非毫无理性的夸张，而是需要符合《圣经》的解释。例如，每幅地图都以耶路撒冷为中心（图1）。“主耶和华如此说，这就是耶路撒冷。我将她安置在城邦之中，列国都在她的四围。”（《以西结书》55，和合本）先知以西结凭此数语就驳斥了世间对经纬线微不足道的要求。《圣经》的拉丁文本说，耶路撒冷是“世界之脐”，据此，中世纪的基督教地理学家顽固地坚持圣城就在那里。[③] 地图在中世纪并不被认为是地图学获得进展的时期，但可能是最具形式感的时期。

在中世纪，托勒密的地图传统未能继续。他采用并改进的网格体系至今仍是现代所有绘图学的基础，中世纪的基督教地理学家苦心孤诣地用已知或自以为已知的知识绘出一幅充满神学色彩的图画。[④] 欧洲人绘制地图的一个主要特征在于他们的全球视野。尽管交通不便，却不妨碍制图者在地图里画出欧洲人知之甚少的其他大洲。晚明以前，中国历代的舆图绘制中心几乎都围绕中国本身，至多包括周边东南亚国家及其附近的海域，罕有全球范围的图绘。在中世纪期间，至少有600幅世界地图流传至今。这些地图大小不一，有的像7世纪塞维尔大主教兼学者圣伊西多尔（Isidore of Seville）所编纂百科全书中插图的复制本，只有2英寸宽；有的则像赫里福德

① 〔英〕李约瑟：《中国科学技术史》第五卷，中国科学技术史翻译小组译，第79页。

② 〔美〕丹尼尔·布尔斯廷：《发现者》，严撷芸等译，上海译文出版社，1992，第150页。

③ 〔美〕丹尼尔·布尔斯廷：《发现者》，严撷芸等译，第149页。

④ 〔美〕丹尼尔·布尔斯廷：《发现者》，严撷芸等译，第147页。

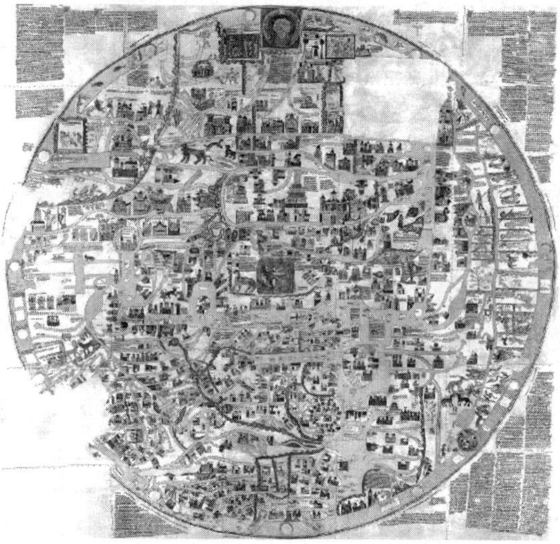

图1 《埃比斯托夫世界地图》，约1300年，德国，该地图是复原作品，原作已毁于二战，世界被描绘为基督的身体，地图的中心是圣城耶路撒冷

大教堂内的地图，直径达5英尺。此外还包括成千上万失传的其他地图，证明每个工匠及其雇主都有把心目中的世界绘制成图的愿望。[①] 这些地图被称为“T－O”图（图2），它以极简约的方式划分世界的疆域格局：

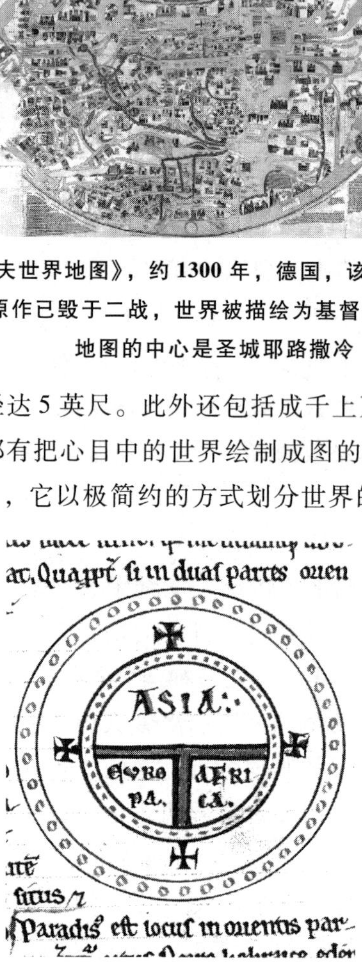

图2 塞维利亚主教圣伊西多尔《T－O世界地图》，12世纪，大英图书馆藏

① 〔美〕丹尼尔·布尔斯廷：《发现者》，严撷芸等译，第148页。

> 整个可以居住的地球被描画成为一个圆盘（即 O），被一股呈 T 形的水流划分为二。东方（亚洲）被置于地图的上方，这就是当时的地图“定向”。T 形之上是亚洲大陆，垂直线的左下方是欧洲大陆，右下方是非洲大陆。分割欧、非两大陆的一条线是地中海；分割欧、非两洲与亚洲的横线是多瑙河与尼罗河，古人以为这两条河流在一条线上，环绕这一切的是“海洋”。[①]

“T－O”图对世界做出了极简的划分，亚洲明显被制作者赋予了高于欧洲与非洲的地位，亚洲一直是面积最大的地区，根据圣伊西多尔的说法，这是因为圣奥古斯丁曾说亚洲“最受上帝恩赐”[②]，而且伊甸园也位于东方。以科学测绘地图见长的欧洲人在中世纪时期的《T－O 世界地图》之所以看上去古拙，并非缺乏绘制技巧，而是因为笼罩在浓厚基督教思想之下：这些都是“普世教会”的地图，其目的在于显示“教会一体”，即整个可以居住的世界。既然这些地图旨在表达正统基督教徒应有的信仰，因此，与其说它们是认知性的地图，还不如称之为发扬圣经教义的地图。这种简单化让地理学家感到不快，但证明了基督教信仰的纯洁性。[③] 欧洲中世纪地图以简洁、高度的概括和对世界的理解使人们发现：宗教思维可以为地理描绘增加新的注解。同为宗教地图，绘于南宋时期的《须弥山图》与基督教地图就大相径庭，这种同心圆构成的地图表现出宇宙志结构。此图为南宋志磐所撰《佛祖统记》中所载的《四洲九山八海图》：

> 描绘的是以日月环绕、可以称之为宇宙之山的须弥山为中心的上空看到四周水平展开的大地。东、西、南、北四个大陆（洲），须弥山以及一直到最外围的铁围山共九层山地，其间有八个水域，该图名即以此而来。四个大陆分别附有同样大小的两个小陆地（二中洲）。以印度为首的现世各国在南大陆即南瞻部洲。[④]

对世界的理解和表现在中世纪时期常简化为圆形，欧洲地图中的世界

---

① 〔美〕丹尼尔·布尔斯廷：《发现者》，严撷芸等译，第 149 页。

② 〔英〕杰里米·哈伍德：《改变世界的 100 幅地图》，孙吉虹译，三联书店，2010，第 33 页。

③ 〔美〕丹尼尔·布尔斯廷：《发现者》，严撷芸等译，第 149 页。

④ 〔日〕海野一隆：《地图的文化史》，王妙发译，新星出版社，2005，第 17 页。

地图几乎都是以圆形构图，这恰是地球的形状。这种地图在当时被称之为《世界地图》（*Mappa Mundi*）。地图图示中的球体概念是一个十分关键的问题。此后的罗马帝国享有欧、亚、非三大洲极其广阔的疆土，罗马人在地图中格外强调行政管辖的重要性。

欧洲地图在中世纪后期、文艺复兴至17世纪，产生过三大制图学派，有众多绘画名家参与地图设计和制作，相应地出现了各种门类的地图，如大型的挂图、航海图、城市景观图和介绍异域的地理风貌图等。这些地图在早期曾是国家的特权、商业机密和海外扩张的指南，到17世纪时逐渐成为昂贵的装饰品，是身份、地位的象征和知识渊博、趣味优雅的体现。就像在巴洛克时期，荷兰绘画大师维米尔（Johannes Vermeer）的巨作《绘画的艺术》（*De Schilderkonst*）中描绘的那样，画室墙上悬挂的荷兰《十七省图》令人过目难忘。有关低地国家在16～17世纪的地图图像，制图师与画家们表现了强烈的爱国情结，这些地图中的低地国家图像（通常是荷兰和比利时）被描绘成狮子的模样（图3），因其拉丁名称 *Leo Belgicus*（比利时狮）而闻名。“比利时狮”通常包括所有的17个省份，或叫荷兰，或叫低地国家，尽管1581年北方的7个省脱离出去成立了荷兰共和国。这些地图是荷兰爱国主义的象征，通常出现在17世纪的荷兰画作中，悬挂于旅店或私人住宅的墙壁上。

图3　洪迪乌斯《比利时之狮》，1611年，美国国会图书馆藏

欧洲早期对地图的需求源于新航线的开辟和地理大发现，自然也包括远洋贸易。地图对国家来说意味着资源的垄断、财富和机遇，是毫无疑问地需要严格看管的秘密：1504年，葡萄牙国王曼努埃尔推行“胡椒垄断计划”时，下令将所有航海资料保密。因此，要得到一张航海图是不可能的，一名意大利特工在卡布拉尔由印度返回后抱怨说：“因为国王敕令，任何把航海图送往国外的人应处以极刑。”[①] 地图保密的惯例早在罗马帝国时期的政府已有先例：

> 一些扩张中的帝国为保密而受到束缚。据苏埃托尼乌斯报道，罗马帝国的世界地图仅供政府使用，个人收藏地图是犯罪。也许这有助于我们了解为什么原始的托勒密地图未能留存。[②]

以国家的名义保守地图或海图秘密的惯例，被17世纪欧洲大航海时代荷兰东印度公司所继承。这个被称为当时“世界上最富有的私人公司”极为重视地图的绘制，雇用了荷兰最佳的制图师与艺术家绘制了大约180幅供公司专用的地图、海图和风景图片，标明了绕过非洲至印度、中国和日本的最佳路线。荷兰东印度公司制作的地图水准很高，由于商船或战船可以开赴亚洲一线，所以很多测量是制图师在当地实测后完成的。例如对台湾的测绘就是由当时驻扎在台湾的荷兰殖民者和东印度公司负责。海外地图测绘显示出17世纪荷兰地图制作的极高水准，不但体现在观测方面，绘制表现也是如此。既可以用绘画透视法，也可以用地图几何投影的方法来画，这样生动的地图对认识遥远陌生的地区来说十分有益。例如地图《圣多美远眺图》，由铜版画家扬·凡·布鲁斯特霍伊森绘于1645年，乃是荷兰人于1641年征服该地（今圣多美和普林西比民主共和国）后所作。这幅地图下方以字母编号图内各处之地名，挂有荷兰国旗的船只和岛屿、海洋部分的描绘都更近似于绘画，透视的用法也是如此，并没有采用常规的网格投影附加经纬度标注的俯视平面绘法。

绘于1617年的《亚洲地图》（图4）是17世纪阿姆斯特丹出版域外地图的通常样式。它的特点在于地图上层和侧边界区域的装饰，它的显著之处在于将地图中所绘出的国家与对应的人物代表排列而出：

> 地图最上方绘制的城市是康提（Kandy，15世纪末锡兰重要的独立

---

① 〔美〕丹尼尔·布尔斯廷：《发现者》，严撷芸等译，第388页。

② 〔美〕丹尼尔·布尔斯廷：《发现者》，严撷芸等译，第391页。

君主国，也是最后一个被殖民势力征服的僧伽罗人王国。康提与荷兰人结盟逃脱了被葡萄牙人吞灭的命运，后又寻求英国人的帮助而避免了荷兰人的统治）与卡利卡特、果阿、大马士革、耶路撒冷、霍尔木兹海峡、万丹、亚丁湾和澳门。两侧着装人物分别是：（左侧）叙利亚人、阿拉伯人、亚美尼亚人、波斯人、巴拉加特原住民（印度干地区）和苏门答腊岛的居民。（右侧）爪哇人、摩鹿加群岛和班达的原住民、中国人、莫斯科人和鞑靼人。[①]

图4　佚名作者《亚洲地图》1617年，荷兰，布劳－凡德尔·赫姆地图收藏

在这些地图中，画面需要有写实的形象来描述世界诸国的风土人情，因而地图兼具有百科全书式职能。阿尔弗雷德·赫特纳说过："人们常常指出，古代的地图显得比近代的地图更美些。其原因首先在于前者还较少使用概念性符号，更多的是画出山和城市的直接景况，画上植物、动物和人，因此它们就显得生动，并填充了未知的空间。而在新的地图上，未知的空间则作为空白保留着，古代的地图更接近艺术。另一方面，复制技术不断取代手工绘图以及原有图画，而使地图的美受到损害。"[②] 地图绘法在不同时代都是一个重要问题，既与当时科学测绘的水平一致，也受到国家策略和艺术趣味的影响。从文艺复兴时期到17世纪，欧洲绘画中所出现过的神话故事、历史人物、古代遗迹、寓言、象征、政治、战争、贸易以及宗教图像皆可在各式地图中找到踪迹。这充分证明了地图不仅是知识的载体，

---

① Peter van der Krogt, Erlend de Groot, *The Atlas Blaeu-van der Hem of the Austrian National Library*, Hes & De Graaf Publishers, 2005, p. 440.

② 〔德〕阿尔夫雷德·赫特纳：《地理学》，王兰生译，商务印书馆，1986，第381页。

更是地域或区域、民族、国家与文化整合图示。

17世纪荷兰出现了以视觉装饰为主要特征的“风景画式”地图和百科全书式地图。例如著名的天主教律师劳伦斯·凡·德·赫姆曾自己动手，在一个大的活页地图上着色，并装订成册。整个17世纪70年代，他把与世界及世界历史有关的绘画、印刷地图、人物肖像、景观和历史画面粘贴在一起，共制作了29册地图。此外，赫姆收集的200多幅纸质绘图作品和几千册书也为这个百科全书式的收藏品增色不少。赫姆亲手制作的这个著名地图册吸引了来自世界各地的游客，其所标志的地理分布反映出当时荷兰这个商贸帝国范围所及。[①] 而荷兰哈勒姆的另外一些艺术家纷纷效仿制图家维斯海尔的地图系列，用版画来描绘他们自己的旅程，这些地方风景画中的新奇场景很快就为公众所熟知。在荷兰，人们通过绘画和地图两样都可以对域外国度增加认识，当时在许多情况下这二者往往是一回事。欧洲人很早就把地图作为地理研究著作不可缺少的组成部分，[②] 地图被广泛地接纳为一种“有效”的知识载体，尤其是古代地图。

二　国家与地图绘制

与前述欧洲古代地图与国家、政府的密切关系相似，实际上在中国古代，地图在政府的行政管理中早就起到重要作用。中国舆图史中，关于国家制图至少在《周礼》中就有明确的记述：

> 《周礼·天官》：“司书掌邦之六典，——邦中之版，土地之图。”
>
> 《周礼·地官》：“大司徒之职，掌建邦之土地之图，与其人民之数”；“遂人掌邦之野，以土地之图经田野，造县鄙形体之法”；“土训掌道地图，以诏地事，道地慝以辨地物，而原其生以诏地求。”
>
> 《周礼·夏官》：“司险掌九州之图，以周知其山林川泽之阻，而达其道路。”[③]

① 〔荷〕马里特·威斯特曼：《荷兰共和国艺术》，张永俊等译，中国建筑工业出版社，2008，第43页。

② 〔荷〕马里特·威斯特曼：《荷兰共和国艺术》，张永俊等译，第65页。

③ 孙诒让：《周礼正义》，中华书局，1987，第494、689、1121、1194、2408页。

自汉代以来，地图在国家中还具有礼仪的性质。班固《东都赋》云“天子受四海之图籍”，据《史记·三王世家》载，“臣请令史官择吉日，具礼仪，上御史，奏舆地图”，《后汉书·光武帝纪》也说，“大司空融——奏议曰：臣请大司空上舆地图，太常择吉日，具礼仪”。[①] 由于很多舆图已失传逸亡，东汉至9世纪末，几乎完全没有地图遗留下来，这使那一时期的地图面貌成为不解之谜。及至明清两代，有关地图学的原始资料比它们以前各朝代的总和还要多：除了宫中档案，尚有约一万种方志中数以千计的地图、各种奏折和其他档案。[②]

我们能从文字记载中了解地图如何给国家带来影响，如人们熟悉的典故：苏秦曾向赵王游说，提及“臣窃以天下之地图案之，诸侯之地五倍于秦”。这表明当时已经有一种七国总图标明各国的疆界，且苏秦等人有机会看到。又如战国时期脍炙人口的故事，荆轲利用献“督亢地图于秦”刺杀秦王。督亢乃燕国地名，表明献图具有献地的意义，显示出当时地图极少，具有代表领土主权的作用。[③] 这个中国历史中的经典个案以两国之争为背景，用土地肥沃的督亢地图来诱使秦王亲自召荆轲来观图，可见地图在国家管理者心中之重。

中国舆图的图像材料自明代开始丰富起来，有其历史原因。将明代舆图作为考察的主要对象，不仅是因为欧洲制图术和地图的传入，而且明代保存较多地图也是个基本条件。有明一代，地图首先需要体现出国家意志和对社会的掌控，地图广泛应用在各种方志与地籍中，明代地图制作的繁荣更加集中地体现出当时的国家意识。政府收集地理信息，除了行政和国防目的，还有另外一个理由，就是将天和地联系起来，像这样的地理信息也可以用于地图编绘。古代地理学被视为历史学的一部分，中国的正史中都包括天文志和地理志。[④]

重要的是，绝大多数的中国古地图都是由政府绘制。[⑤] 由于涉及军事、国防等因素，普通民众无法参与地图的制作活动，甚至无法看到这些地图，

① 中科院自然科学史研究所地学史组编《中国古代地理学史》，科学出版社，1984，第290页。

② 〔美〕余定国：《中国地图学史》，姜道章译，北京大学出版社，2006，第2页。

③ 王成组：《中国地理学史》，商务印书馆，1982，第67～68页。

④ 〔美〕余定国：《中国地图学史》，姜道章译，第78～79页。

⑤ 姜道章：《历史地理学》，台湾三民书局，2004，第391页。

更不会像17世纪的荷兰一样拥有私营制图公司，所以对地图的了解和掌握限于一定的社会阶层。这从一个侧面可以解释，为何耶稣会传教士的欧洲版《世界地图》引起了晚明时期高级官吏和士大夫们的关注。不过虽在社会上层引起轰动，但这些地图的影响与流传范围却很有限。明代开国之初，朱元璋从长期战争中深知地图的重要性，他极重视地图资料。洪武元年（1368），大将军徐达入元大都北平，收图籍致之南京。同年十一月四日，朱元璋令建大本营，取古今图籍藏于其中。① 洪武六年（1373）夏：

> 命天下州郡绘《山川险易图》以进。上以天下既平，薄海内外，幅员方数万里，欲观其山川、形势、关徼、厄塞及州县道里远近、土物所产，遂命各行省每于闰年，绘图以献。②

明朝政府对地图提出具体的要求，每于闰年，便按此法行之。例如洪武十六年秋七月丁未，昭天下都司，凡所属卫所城池及境内道里远近山川险易、关津、亭堠、舟车、漕运、仓库、邮传、土地所产，悉绘图以献。③ 地图不只是朝廷技术官吏所需之物，观看地图亦为皇帝的日常生活。《明实录》载：上览舆地图，侍臣曰，国家舆图之广，诚古所未有也。上曰：地广则教化难周。④ 地图在明代被赋予重要的作用，其门类十分广泛：军事防卫图、鱼鳞图册、江河图、航海图、皇城建设图等。政府内务以及外交都需要大量的地图绘制，是这一时期地图的特点。整体来看，中国古代舆图的图像传统很少发生大的变化，即使是耶稣会传教士来华后，地图的呈现方式亦遵循中国人的读图习惯。在中国制图史中，测量科学从元末至明代中期变化不大：尤其是元、明时期，可能还在重复一些唐、宋时期的特点。⑤ 如前所述，欧洲地图从古希腊、罗马至17世纪时期，地图之间的图像差异之大、表现之不同令人瞩目。以地图本身发展来看，科学的介入，或绘制准确性的不断提高是否是衡量地图的唯一目标尚不能妄下断言。毕竟，在人类历史中，不同地图体系或时期的地图都是理解地学进展的方式。

---

① 中国测绘史编委会：《中国测绘史》，测绘出版社，1995，第38页。

② 《皇明实录》第八十一卷，中华书局，1995，第38页。

③ 《皇明实录》第一百五十五卷，中华书局，1995，第38页。

④ 《皇明实录》第一百五十五卷，第38页。

⑤ 王成组：《中国地理学史》，商务印书馆，1982，第84页。

对一个国家来说，地图所系甚重。国家正是通过控制及描绘某一地区而获得统治的合法性，例如边界地图可以用以标示统治范围。[①] 在这种涉及国家政治事务的地图上，制图者恐怕没有过多的选择。这似乎是一个悖论，因为欧洲地图学与中国的舆图产生的背景、科学方法和艺术传统差异之大，导致横向的简单类比缺乏说服力。因此，以欧洲的地图绘制标准来衡量中国是否恰当？在《古今图书集成·山川典》中，中国制图者可以画出相当写实的自然景观和地质地貌，说明中国古代的制图者并不缺乏绘画的技巧，根本的问题则来自不同的文化传统。地图的绘制涉及将外在的详细状况变成内心的感觉，即一种“心里景观”（mindscape），所以地图不仅表示自然的外貌，而且也反映地图制作者的记忆和见解，因为它不仅是获得现实世界知识的一种手段，而且也是增强个人主观世界或情感经验的一种手段。[②]

中国自明代出现的各种实用地图，无论是《郑和航海图》、方志地图、各江河湖海图与防卫图都显示出国家意识的存在，地图的绘制极少出于纯粹的个人兴趣（也有少数例外，例如万历时肇庆知府王泮嗜好地图甚笃），况且绘制地图需要的观测与表现方面的知识也并非承传有序。以《郑和航海图》为例，图中描绘的疆域自然在明朝中国之外，但缺乏统一的缩尺，河道的广狭、海岸的长短以及岛屿的大小，也不容易彼此比较。由于这些特点，位于波斯湾口小小的忽鲁谟斯岛被夸大许多倍。[③] 观看这样的域外地图，要做出合理的方位判断殊非易事。

这里需要强调的是，历史上中西地图形成的面貌与它们自身的文明系统和科学传统相联系。严格地讲，中国舆图似乎也没有忽略过图绘方式（从历代的传世地图中可以看到），由于要表现地理疆域、地形与地质的面貌，自然便和山水画结合在一起。科学模式的差异导致了中国地图图像自汉至明代以来的表现模式十分稳定：地图是明代上层社会文化的常规组成，并非某种令人不知所措的新鲜玩意。[④] 晚明时期有相当多的官员对西方地学与地图兴趣甚笃。明人对地图的研究兴趣，也是基于明代广泛使用地图的背景，例如地方志的刊印数量就很多，嘉靖到万历时期恰好正是耶稣会士

① 〔加〕卜正民：《明代的社会与国家》，陈时龙译，黄山书社，2009，第200页。

② 〔美〕余定国：《中国地图学史》，姜道章译，第188页。

③ 王成组：《中国地理学史》，第116～117页。

④ 〔英〕柯律格：《明代的图像与视觉性》，黄晓娟译，北京大学出版社，2011，第89页。

们陆续抵达中国之时，也许是一种巧合：此时志书中舆图比例明显增多。从地图的种类来看，明代地图有行政区域图、航海图、海防图、边防图、河防图、水利图、历史沿革图、城市图、商路图以及道士和堪舆家所绘的山水图和驻军图等。[①] 水域地图的绘制是明代的一大特色。明代中国是海权国家，与航海民族的接触不断增加，不但需要陆地测绘，也需要海图。[②] 自郑和下西洋开始，出现了海图、河防图、水域图、山水志图，种类繁多。明代对水利的重视使江河图的绘制变得十分重要，海图与江防图源于倭寇对明朝的骚扰。明代中后期主要为防止倭寇入侵而绘制海图，如郑若曾辑《筹海图编》、茅元仪的《武备志·海防》等。有明一代，方志的激增也表明地图的绘制、印制数量也超过前朝，并且对方志具体的名目、制式有十分细致的区分：

> 洪武、永乐、正统、景泰间，朝廷遣使。文移天下修志，进阁。永乐十年为修《一统志》，颁降《修志凡例十六则》。十六年（1418）诏纂修天下郡县志书——分建置、沿革、分野、疆域、城池、山川、坊郭、镇市、土产、贡赋、风俗、户口、学校、军卫、郡县、廨舍、寺观、祠庙、桥梁、古迹、宦迹、人物、仙释、杂志、诗文二十五类。[③]

在天一阁藏明代方志中，各地方志均有地图刻画，绘制风格不尽统一。据载，耶稣会传教士来华后，绘制《世界地图》，这幅图曾被分成小图刊版印行，送给一些人，对于我国地方志中采用地图当有影响。[④] 方志地图在利玛窦等人来华后是否出现了什么变化，尚未见记载，因为晚明的制图者还不了解欧洲投影法，所以无法在地区的方志中实践，加之比例尺和测绘等因素实际上在许多方志地图中难以考量，因此它们作为地方图的象征意义更多一些。明清时期，地方官员的一项职责就是编纂地方志，而地方志本身即国家意志的彰显。

---

① 王庸：《中国地理学史》，商务印书馆，1984，第143页。

② 〔美〕余定国：《中国地图学史》，姜道章译，第188页。

③ 张秀民：《中国印刷史》，上海人民出版社，1989，第460页。

④ 缪咏禾：《明代出版史稿》，江苏人民出版社，2000，第154页。

三 17世纪以来欧洲绘制的亚洲海图

对东方的关注不仅是中世纪学者们的理想。在地理大发现后，全球贸易迫切需要开辟驶往亚洲的新航线。在16～18世纪，欧洲大规模绘制了包括亚洲在内的世界地图，这个时期地图中的亚洲国家图像无论是疆域形状、管辖范围与演变都存在很多差异。这些地图曲折地反映了中国及其周边国家之间微妙互动、接触甚至冲突，明清政府对中国疆域所属地域、海域和藩属国之间所采取的政策，进而在晚明时期开始的中西交流活动、欧洲人对中国的认识在17世纪之后进入了一个新的阶段。如果将耶稣会传教士入华前后的欧洲出版的地图做一比较的话，就会发现欧洲人视野中的国家图像的微妙变化。地图绘制受到的影响实际上来自多方面，无论政治、经济贸易、外交政策、军事活动甚至制图者本身都是左右地图面貌的关键因素，历史中地图的图像从来就未曾“客观”过。一个广为人知的故事就是利玛窦为了使奥特利乌斯系列版本《世界地图》能够为明人尤其是那些精英知识分子和高级官吏接受和认知，除了把中国的位置尽可能地放在《世界地图》画面中央之外，还特意对中国的位置和地图设计做了改动：

> 他来华后所作舆图可以被看作是佛兰芒地图与中国舆图的折中之作，并且有选择性地针对欧洲地图做了调整，以适应明人尤其是社会上层知识阶层的欣赏需要：利玛窦似乎觉察到传统中国地图的特点是有文字注释，加上新的文字注释，这样做更能显出中国地图的特征。对利玛窦地图的中国受众而言，欧洲科学地图的椭圆投影法、正（横）轴方位投影法、经纬度和气候带等标注变得不那么重要了。①

人为地改变地图的结果就是地图面貌发生变化。观察晚明以来的欧绘亚洲历史地图，围绕各国海岸线、内陆、岛屿与行政区域的绘制出现了非

---

① Nicolas Trigault, *China in the Sixteenth Century*: *The Journals of Matteo Ricci*, *1583 - 1610*, trans. by Louis J. Gallagher from the Latin Version of Nicolas Trigault, Random House, 1953, pp. 165 - 166.

常复杂但也是具有历史意义的图示。直到 16 世纪，西方世界对中国的认识还仅仅局限于托勒密时代的地理学说，而在马可·波罗（1254～1324）之前对中国内部的状况几乎是一无所知。13 世纪末至 14 世纪最初的十年间，相继来到中国的方济会传教士补充了马可·波罗关于中国的描述。在耶稣会士未将中国地图的详细情况传入欧洲前，欧洲对中国的认识时常出错，即使是奥特利乌斯这样伟大的制图家也如此。在出版于 1584 年的地图中，有关中国的描绘使人感到很奇怪。但这幅著名样本却成为当时欧洲竞相效仿的标准版中国及亚洲地图。1596 年法国人约翰尼斯·梅特鲁斯根据奥特利乌斯《中国地图》进行了重绘的《中华帝国图》（图 5）。这两幅地图存在共同的“变形”，这是绘图者当时对中国疆域认识程度有限所致，因为他们都没有真正去过中国：

图 5 约翰尼斯·梅特鲁斯《中华帝国图》，1596 年，台北“故宫博物院”藏

中国的外形与实际差异颇大，沿海有两个较大的三角形河口湾，似乎是指长江口和珠江口。但辽东、山东及雷州半岛均未绘出，渤海亦无标示，内陆河流和湖泊大多相互连接，好像是随兴所画。（图中）C. de Linmpo（宁波）以南的海岸线与实际差别很大，应是当时西方人对中国内陆的认识不足所致。沿海包括南方的 Quantao（广东）、Quancy（广西）、Malaca（马六甲，即马来半岛）、Siamo（暹罗）、Chiampa（占城），北方的 Tenchco（登州）、Cinchco（青州）。岛屿部分则有 Borneo（婆罗洲）、Las Philippinas（菲律宾）及菲律宾右方的 Lequcio Parua（小琉球）、Formosa（台湾）、Ia Pan（日本），其正确性相对较内陆高出许多，足见当时欧洲人对沿海比内陆了解得多。地图符号有山脉、湖泊、河流及城市四种，关于中国的地名有六十多个。①

类似的地图数量很多，对中国沿海岛屿绘制在17世纪之前往往不够准确，在亚洲地图的绘制中，由于制图师无法亲自观测制图，而是听闻游记、文字描述或是根据仅有的（同时）也是绘制不准的地图再次摹绘，所以几个世纪以来的中国及亚洲地图往往错讹甚多，前述奥特利乌斯与梅特鲁斯的《亚洲地图》都是如此。

在亚洲地图的绘制中，国家与海域成为欧洲制图界所关注的重点。有关中国、朝鲜、日本及南亚诸国都出现在亚洲地图中，甚至一些较小的岛屿也在地图中画出来，例如琉球。在很多小比例尺大绘制范围的地图上，都可以看到琉球岛的标记。一般而言比例尺越小，地图上所表示的范围越大，反映的内容越简略，精确度越低。在包括亚洲全境、大洋洲甚至是一部分欧洲的小比例尺地图上，中国东、南海域的岛屿均绘出图形与文字标记，值得深思，例如16～17世纪早期，1588年出版德文本的《新亚洲描述》（*Asia Nova Descriptio*，台北“故宫博物院”藏）、1600年科隆出版的《东印度地图》（*India Orientalis*，台北“故宫博物院”藏）、1607年荷兰制图大师洪迪乌斯所做《亚洲地图》，再到19世纪法国制图师维克多·莱维塞尔绘制的《亚洲地图》（1856年）等地图（海图）中，都十分详细地绘出了在明、清时期的中国与其他国家之间海域的岛屿和管理范围。为何如此关注实际上在地图上非常小的岛屿？这与欧洲人对明清时期中国的了解以及当时政府的贸易文化活动有关，例如：

十五至十九世纪，中国与琉球国以朝贡贸易的形式，维持稳定的经济与文化交流。清廷十分重视与琉球的关系，不仅准许琉球每两年一次前往福州进行朝贡贸易，更允许其子弟入国子监学习。在琉球与中国之间往来的贡船，是一福船系统的三桅帆船；窗海上航行风险甚大，贡船时有遭到风浪或海盗袭击而漂流至台湾，驻台地方官员则按照规定救援生还者，并从优抚恤死难者。②

---

① 冯明珠：《经纬天下》，台北“故宫博物院”，2005，第17页。

② 陈龙贵、周维强：《顺风相送》，台北“故宫博物院”，2005，第169页。

不仅是琉球，欧洲绘中国海域岛屿还绘制了例如东沙岛（I. Prata）等地标。东沙岛被菲利普斯·克鲁佛的《世界地理学概论》（*Introductio in Universam Geographiam*）在书中地图收录，该书可能是1661年或1672年在阿姆斯特丹出版。地图内容较简略，仅表示了明代两京及十三布政使司。[①]但它的图名值得玩味：《中华帝国新图》（*Imperii Sinarum Nova Desciptio*），是当时欧洲对明末清初中国行政疆域范围的确认。学者们认为此图乃是源自意大利耶稣会士卫匡国的《中国新地图集》（*Novus Atlas Sinensis*），由于卫匡国曾深入晚明中国多个省实地测绘，故而他的中国海岸线精度远高于之前欧洲本土制图界对中国的臆测摹绘。查访卫匡国1655年及之后在欧洲出版的《中国新地图集》，在描绘明中国全貌的一页上（普林斯顿大学燧石图书馆古籍部藏）果然也发现了东沙岛，在图中还可以明确地找到海南岛、琉球、舟山群岛等岛屿。这证实了克鲁佛与卫匡国地图之间的联系，实际上在卫匡国地图于荷兰出版后，修正了欧洲制图界对中国图像的描绘，他的地图集曾长期被欧洲的制图者作为范本。图中呈现的中国东南海域图像，显示出明清政府与琉球的长达几百年藩属关系的史实。从制图的整个观察方式和制图手法来讲，卫匡国没有像利玛窦一样，将看图的受众放置在明人这里，采取拉丁文作为地名注释更证实了这一点。与利氏“合儒”的制图策略最大不同在于：明朝的灭亡已是既成事实，在卫匡国1653年回到阿姆斯特丹时，是清顺治十年，国家权利更迭和社会动荡使向中国文人精英阶层传教、传递科技思想的进程发生变化。[②] 卫匡国与其他传教士一样，对明朝的情感使他在明亡之后的地图绘制中，依然采用旧式。

中国的海岸线长达一万八千余公里，明清政府在不同时期虽有禁海政策，但一个无法回避的现实就是中国沿海与域外的交流或冲突却并没有因此而减少。且不说曾经长期困扰明朝政府的东南沿海的倭寇，及至清代，与海外各国仍然维持的密切交往基本上靠着商贸往来，尤其是与东亚及东南亚的关系。商贸关系中比较特殊的是“朝贡贸易体制”。朝贡贸易体制即中国以丰沛的物资，诏谕吸引各国前来朝贡，以封贡维系着宗主与属国的关系；属国前来朝贡时，朝廷赏赐比贡物还要优厚许多的礼物，并允许携带货物前来贸易，同时豁免进出口的关税。清代的属国，北起朝鲜，东有

---

① 冯明珠：《经纬天下》，台北“故宫博物院”，2005，第41页。

② 郭亮：《17世纪欧洲与晚明地图交流》，商务印书馆，2015，第177~178页。

琉球，南有安南以及其他东南亚国家，而以朝鲜、琉球、安南最为常制。朝鲜、安南两国与朝廷接壤，因此来贡时多走陆路，唯有琉球远在东海外围，无论是册封还是朝贡，都要冒着海涛狂风之险。①

清朝政府与诸属国有着密切的联系，清圣祖在康熙二十二年（1683）平定台湾之后，对沿海事物投注了不少的心力。在《圣祖仁皇帝圣训》中，记载了康熙对于海洋事物的谕示，其中对于防制海盗和朝贡问题，多次提出主张：

> 例如康熙四十二年（1703）九月戊午："朕因欲明晰海道，令人坐商船前往，将地方所经之路，绘图以进，知之甚悉。"（卷五十四《弭盗》）康熙五十二年（1713）正月辛丑指示督抚："朕思海防之道，惟在陆路兵，守御严紧，乃为扼要"——在朝贡贸易方面，康熙二十四年（1685）四月戊申日，礼部议准福建总督王国安所奏：外国进贡船内货物一体纳税，圣祖谕示："外国私自贸易之船，或可税其货物，若进贡者亦概税之，殊乖大体，且非朕柔远之意。"②

明清之际中国与属国的往来密切，那些入华与入驻亚洲各国的耶稣会传教士或多或少亦有了解。我们看到欧洲与远东的贸易是一个重要原因：在荷兰人进入日本之前，葡萄牙人已捷足先登，自1545年在日本展开利润丰厚的丝绸贸易。葡萄牙人每年将丝绸自澳门运往长崎，换取大量白银，获利均为50%～70%。荷兰人到达日本后即发觉，若能直接从中国输出丝绸，利润自然会源源不断。葡萄牙人运至日本的中国丝绸占日本市场丝绸总量的一半，另一半来自东京和购自中国人。1636年葡萄牙人被逐出日本后，荷兰人终于摆脱了日本市场的一大竞争对手，剩下的是难以对付的中国商人。荷兰人继续与日本的白银贸易，主要是用以促进他们在亚洲各地的贸易。荷兰东印度公司在亚洲各地的贸易与之息息相关。诸如日本白银需以中国丝绸换取，中国丝绸又需以印度尼西亚群岛的各种香料换得，同时荷兰人又需要中国黄金和糖来维持印度东海岸及科罗曼德尔海岸和波斯等地的织物贸易。正如报告此处记录，其中日本是东印度各地盈利最丰的

---

① 陈龙贵、周维强：《顺风相送》，第143页。

② 陈龙贵、周维强：《顺风相送》，第23页。

地区之一。因此，荷兰人极力招徕中国商人运输丝绸到台湾，从而可进行他们在日本的盈利贸易。[①] 耶稣会对此亦十分重视，代表人物卫匡国在中国期间十分关注中国的商业贸易问题，他的《中国新地图集》图文并茂，实际上也是一部地方志。卫匡国在地图记载中，花费不少笔墨论及桑蚕。作为亲历之地，他很熟悉桑蚕丝绸方面的状况，甚至做了有关纳税经济的数据统计。他说："浙江省内随处可见桑林，和我们种葡萄的方法相似。蚕丝的质量主要取决于桑树的大小；桑树越小，用它的叶子喂养出来的蚕越能吐出质量上乘的蚕丝——来这里之前，我一直有个疑问，与中国丝绸相比，为什么欧洲的丝绸显得既厚又粗糙？现在我想，大概是欧洲人没有注意桑叶的问题。"卫匡国对丝绸的加工做过深入了解：

> 这里（浙江）的丝织品被认为是全中国最好的，但价格却相当低。丝绸的价格差异很大，主要取决于蚕丝的质量：用春天产的蚕丝制成的丝绸质量最好，价格也最贵；而夏天的则要差一些，尽管都产于同一年。[②]

回到菲利普斯·克鲁佛的《中华帝国新图》，这部地图扼要地标明了明代两京及十三布政使司，即主要的行政管理区域，也细致地将台湾、东沙岛和琉球等岛屿一一绘出，乃是对中国海岸线，明代沿海行政区域以及属国经济带的（国际）制图通行共识。这一传统到清代亦同，清乾隆十六年开始，由官方编纂的《皇清职贡图》不仅说明清廷对国际世界的认识，也显示清廷与世界各国往来互动的频繁。乾隆为宣扬大清国势与探悉地方民情，谕令边疆各督抚书写描绘所辖民族之服饰、男女图像、居住地、姓氏、历史习俗等资料，并呈送军机处，成为此图重要的文献根据。图中描绘许多海外地往来中国朝贡的属国与进行贸易的朝鲜、琉球、安南、暹罗、大西洋国等人民之身貌与国情。[③] 自晚明以来，来华传教士在中国测绘地图不仅依靠来自欧洲的测绘仪器与方法，也十分重视中国舆图地志资料的学习，所以在他们所描绘的地图中也会将这样的历史线索描绘进去，并传播到欧洲，成为西方研究中国的重要图像与文献来源。

---

① 程绍刚译注《荷兰人在福尔摩萨》，台北联经出版事业公司，2000，第63页。

② 张西平等：《把中国介绍给世界：卫匡国研究》，华东师范大学出版社，2012，第288～289页。

③ 陈龙贵、周维强：《顺风相送》，第162页。

视觉转向视阈中语图互文嬗变的文化逻辑及当下形态*

董希文**

摘要 互文理论原指各文本间存在的一种隐在关系，是文本理论发展中一种重要的识见。后引申、拓展为不同类型的艺术形式之间存在的复杂关联。20 世纪 90 年代以来，在视觉文化转向的语境中，语图互文关系成为人们关注的焦点。纵观语图关系发展史，厚此薄彼者居多，不能辩证地评价各自作用。古代语言压制图像，当代图像超越语言，两者对立而不相融。共同体理论指出，各组成因素只有彼此和谐、融为一体才能促进共同体生长与繁荣。新近兴起的跨媒介艺术在融合语图因素方面迈出了可喜的一步，MTV、电视诗歌散文、超文本文学等语图共同体艺术，值得关注与期待。

关键词 视觉文化 语图互文 超文本文学

Abstract The original intertextuality referred to the covered relations between different texts, which is an important concept of literary text theories. Later it was expanded to indicate the complex relations between different arts. Since 1990s, the intertextual relation between language and image has been becoming the focus in visual culture turning. With a comprehensive analysis of the history of the development of the relation between language and im-

* 本文为教育部人文社会科学重点研究基地重大项目“文学文本理论研究”（12JJD750020）的阶段性成果。

** 董希文，文学博士，鲁东大学文学院教授、硕士生导师，研究方向为文学基础理论、西方当代美学和文论。

age, we can find that in most cases, people tend to make fish of one and flesh of another, unable to estimate their respective values dialectically. In the past, the language suppressed the image while at present the image surpassed the language, with the two contradicting, not integrating. The community theory claims that it will not bloom until every factors of a community harmonize with each other. The recent Multimedia arts which syncretize language, image, and music have made a compelling advance in language and image study, and thus it deserves our full attention to MTV, video prose, hypertext literature and so on.

Key words Visual Culture Intertextuality between Language and Image Hypertext Literature

一 互文性与语图互文嬗变的文化逻辑

互文性理论是20世纪60年代之后兴起的一种文本观念，它来源于结构主义文本观，但又是对结构主义封闭文本观的有意反叛。“互文”（intertext），原意指此在文本中隐含着前在文本因素，两个文本之间存在有据可查的联系。该范畴最早由克里斯特娃于1969年在其《符号学》中提出：“每一个文本都把自己建构为一个引用语的马赛克，都是对另一个文本的吸收与改造。”① 即每一个文本中都包含了其他文本涉及的因素，每一个文本都不可能是一个与外界绝缘的封闭的语言客体，而是与其他文本有着这样那样的联系。正如“文本”本义为语言客体或文学作品本身，后引申为一切表意性的语言片段，甚至不以语言为载体的其他表意体式，如电影或广告等；“互文”含义也随着文化转向的到来不断扩容，由本义指文本内具有可证实的联系，扩展为文本间藕断丝连的关系，再到文本与其他文化事件的互相印证，进而拓展为不同载体形式（如音乐与文学、电影与文学等）之间相互指涉的联系。显然，语图互文问题就是后一种类型的代表，是视觉转向文化语境中文艺寻求突破与发展的必然。

就语图互文关系嬗变进程来看，依照双方功能和地位的变化大致可划

① 冯寿农：《文本·语言·主题》，厦门大学出版社，2001，第18页。

分为四个阶段。

第一个阶段为史前文明时期。由于人类最早的符号活动起源于对外界事物的模仿，而模形、模声是最主要的两种模仿手段，因此图像符号和声音符号便成为人类编码反映现实、表现自我的重要形式。虽然声像符号难于保存，其重要价值无从考证，但从最早的文学是口语文学并以说唱形式流传，以及文化考古中大量岩画的发现、发掘，可以推断事实即当如此。

第二个阶段为古典文化时期。随着人类心智活动的进一步发展，特别是理性意识和理性思维的活跃，语言符号逐步发明并得以推广。尽管不同语族语言符号很不一致，编码方式各不相同，但其本质毫无两样，形式不同的语言都是理性思维强化发展的产物，都执行着其他符号无法取代的传情达意功能。通常所说的“知书达理”即包含这一层意思。由于语言高度浓缩，比直观的声音和图像更易于保存和传播，加之其具有实指性和深度指向，因而在与其他符号的纠缠与竞争中渐渐取得了优势地位，成为具有绝对主导地位的编码形式。就文艺发展状况来看，由于文字抄写相对便捷，特别是印刷术的发明及不断更新推进，文学发展更为强劲，但这并没有延滞其他艺术形式的发展，各种文艺形式在自己固有的轨道内前进，并经常通过相互借鉴与融通造就新的艺术变体，推进语图互文艺术的发展。图本中的题画诗、语本中的图绘或绘本文学、语图互补的连环画册等即成功的语图互文艺术。

第三个阶段为现代文化时期。伴随现代科学进程，人们的学科意识崛起，各门学科都在限定的范围内沿着科学道路急速前行。以文学而论，在结构主义语言学影响下，文本理论及其他样式的形式主义文论大行其道。在其他艺术类型中，各种“图本”理论、“乐本”理论等艺术本体理论也得到充分发展。作为审美现代性构成的主体，具有反思性的文艺都以其独特的方式回应现代社会提出的种种问题，以其主题的深刻性和严肃性维护艺术的救赎功能。在这方面，文学有其得天独厚的优势，卡夫卡、萨特、加缪等人的作品已证明了这点。但壁垒森严的学科门类界限相对限制了其间本应存有的借鉴与交流，使语图互文艺术并没有得到应有的发展。

第四个阶段为当代视觉文化时期。20世纪50年代以来，随着后工业消费社会的到来，特别是媒介技术的发展，至90年代中后期视觉文化渐成声势。复制机械技术的发展、声像技术的跃进、高保真数码储存手段的升级换代、网络传播形式的大数据化等，上述所有一切都为视觉文化的飞速发展提供了技术层面的保证；而大众欲望化、浅表化的消费追求又为其存在提供现实基础；在双重合力影响下，广告、奇观电影、城市空间造型等各种视觉冲击铺天盖地而来，大有横扫一切之势。视觉文化是一种偏重感性的"形象文化"，不同于偏重理性的"语言"或"话语"文化。英国现代著名学者斯科特·拉什曾深入探究过这一差异：

> 在这一语境中，"话语的"文化意味着：(1) 认为词语比想象具有优先性；(2) 注重文化对象的形式特质；(3) 宣传理性主义的文化观；(4) 赋予文本以极端的重要性；(5) 是一种自我而非本我的感性；(6) 通过观众和文化对象的距离来运作。而"形象的"文化则相反：(1) 注重视觉的而非词语的感性；(2) 贬低形式主义，将来自日常生活中常见之物的能指并置起来；(3) 反对理性主义的或"教化的"文化观；(4) 不去询问文化文本表达了什么，而是它做了什么；(5) 用弗洛伊德的术语来说，原初过程扩张进文化领域；(6) 通过观众沉浸其中来运作，即借助于一种将人们的欲望相对说来无中介地进入文化对象的运作。①

21世纪以来，这一现象愈演愈烈，人们不禁惊呼"图像霸权"已经出现。这从中国新时期以来文学影视改编的进程即可看出。20世纪80年代中期以前，图像忠实于语言，《天云山传奇》《被爱情遗忘的角落》《人到中年》《芙蓉镇》等获奖电影都忠实地复现了当时很有影响的同名中篇小说。80年代中后期至20世纪末，图像妄图超越语言，电影要用个性化的方式展示对社会的独特理解。当时颇有影响的《红高粱》《黄土地》《霸王别姬》等都在遵循原有小说基础上，凸显了电影语言的魅力。2000年以来，图像控制语言，电影成为摆脱语言的拟像。电影拍摄不是来自小说改编，而是电影导演为了实现自己想法雇佣作家编写剧本，电影本身成为漂浮的能指和拟像符号的展示，成为一种碎片化、拟像拼贴的大杂烩。在这一潮流中，电影主题并不重要，重要的是要有奇观化、令人震惊的视觉效果。《英雄》《无极》《夜宴》《功夫》《满城尽带黄金甲》就是这种追求的典范之作。文学的影视翻拍与重构、影视的文学书写成为这一时期语图互文的典范类型。

---

① Scott Lash, *Sociology of Post-modernism*. London: Routeldge, 1990, p. 175.

当前，表面上看，视觉文化仍在蔓延，图像霸权还在扩张，文学的影视改编、影视的影视重构、经典游戏的影视书写继续红火。但与此同时，对视觉文化的深刻反思也已开始，视觉文化浅表化、欲望化等方面的局限性日益引起关注。物穷必返，人们开始反过来探究语图互文的学理依据，重新寻找两者结合的新的可能。

二 共同体视野与语图跨媒介生产

“共同体”的理论资源主要来源于德国社会学家滕尼斯在1887年出版的《共同体与社会》一书。该书通过分析人类社会进化的两极（礼俗社会和法理社会），系统地阐释了共同体理论，使该概念直接影响到后世的共同体研究。[①]“共同体”作为一个社会群体，其构成主要有两种类型：一是地域型共同体，如邻里、村落、社区等；一是关系型共同体，如种族、宗教、社团等。“共同体”的存在能够最大限度地维护社会安定和经济发展。其后，涂尔干、韦伯等著名社会学家又对其进行了丰富与发展，使其成为一个影响政治、经济、文化、教育乃至社会科学研究的关键概念，出现了诸如“生命共同体”“经济共同体”“学习共同体”等不同提法。“共同体”的实质是围绕某一核心价值形成利益群体，其功能在于协调各方关系，紧密合作，谋求最大价值回报。“共同体”理论则研究其组织原则与形式、运行模式及效果、制约机制及目标追求等，从理论视角高屋建瓴地指导“共同体”活动有序展开。依照“共同体”内涵及相关理论，文艺活动可视为审美共同体。从宏观方面看，各种艺术类型都有共同的审美本质和价值追求，唯有相互协作，才能创构和谐的文艺生态。从微观方面看，各种艺术形式相互借鉴，互为依托，有可能发展出新的艺术类型，推进类型更新，丰富艺术家园。上述两种情况也正是“互文”理论广义、狭义内涵应有之意。

毫无疑问，最早的语图共同体艺术应该是“诗乐舞”一体的现场演出，它已具备现代戏剧、影视的雏形。但后来随着艺术分化及艺术自律要求的加强，发展出文学、音乐、舞蹈等各自独立的艺术门类。自此，各门艺术走上了独立发展道路。但20世纪50年代以来，“文化工业”的发展使得文

① Graham Day, *Community and Everyday Life*, Now York: Routledge, 2005, p. 5.

学场域有了变化，综合趋势有所加强。瓦尔特·本雅明在《机械复制时代的艺术》中曾指出："新的技术、新的生产和消费方式将创造出一种全新的生活方式，因而对文学产生根本性的影响。"① 特别是90年代以来，随着视觉转向的到来，共同体艺术的存在与发展具备了现实条件。

第一，后工业社会与消费语境使得一切物品都具有商品和消费属性，语图跨媒介艺术的产生符合消费文化逻辑。与传统社会不同，后工业社会中一切物品都具有商品属性，一切物品都按照市场规律在社会中流通，都成为不同的消费品，具有特殊审美价值的文艺作品自然也成为一般商品的有机组成部分，也遵循市场逻辑进行传播与流通。文艺活动要想获得最大效益，必须增强其感染力，必须尽可能地俘获读者芳心，博得较大的受众群体。文艺活动的特质在于其审美体验性，在于能够充分调动读者各种感官全身心沉潜于作品中，获得最大程度的愉悦与感受。无疑，共同体艺术最接近于达到上述效果。

第二，高科技媒体技术为共同体艺术存在提供了物质条件。每一种艺术都有自己独特的物质载体，文学依托于文字，绘画依托于画布，音乐依靠乐音符号，戏剧依靠舞台，并都在各自有限范围内有序发展，越界行为较少发生，综合性的共同体艺术较难产生。20世纪90年代以来，高科技技术解决了上述问题。首先，各种高保真技术使视像、音乐及其联合艺术的储存成为可能，改变了传统载体形式。其次，各种艺术门类间沟通与转化有了可能。文学内容可以通过视像表现，这就是文学的影视改编；音乐内容也可以通过MTV等视像展播方式加以传达；绘画效果及境界更可以通过乐音渲染及文字描述加以体现。最后，高科技技术改变了艺术传播方式，使得艺术流通、接受更为便捷。各种高性能网络技术的利用、大型网站及各类大数据库的建立、高效搜索手段及高清展示软件的运行，使得读者可以不受时空限制、随时随地地读图、读屏，且能够达到比"真实"更真实的效果。

第三，视觉文化的全方位影响。在所有审美感官中，"眼睛"观看无疑是感受美的最主要形式，它能较为容易地直接获取外物信息，并在感受形象过程中轻松获得美的体验与享受。在当前消费社会中，快节奏的生活和

---

① 〔德〕瓦尔特·本雅明：《机械复制时代的艺术》，李伟、郭东编译，重庆出版集团，2006，第38页。

休闲需求，无疑让这一能轻松感受美的方式受到最大程度的重视。浏览网站更多的是看图，了解文学经典更多地通过观看改编的影视剧，此外，观赏自然风景、观看体育比赛、观看城市奇特的建筑和风格各异的广告等，已成为普通人日常生活方式重要组成部分。在这一趋势中，文学为了摆脱困境、谋求自身更好发展，纷纷与视觉联姻，甚至作为一个要素融入图像艺术中。跨媒介艺术成为可能，并具有充分发展的现实基础。情景凸显的MTV、图文并茂的电视诗歌散文、网络超文本文学就是跨媒介艺术探究的实践成果。

三 语图跨媒介共同体艺术的当下形态

（一）情景凸显的MTV

“MTV”原为音乐电视，指以电视图像形式传播音乐内容、以混合效果唤起观众体验的创新艺术类型，是一种视听综合艺术。从起源看，音乐是时间艺术，依靠乐音符号在时间中和谐流动传达作者对社会人生的深沉思考。即使流行音乐，虽融入了很多时尚因素，在节奏的调整、娱乐效果的凸显等方面出现诸多变化，但始终不能改变其在时间中流播的本质。音乐审美价值的实现通过唤起听众的想象与联想，引发听众移情与体验，从而使其在全身心感动中获得美感。MTV由于增加了视像因素，听众不仅能听，而且能看，更有利于美感经验的产生。在该类艺术中，图像、音乐、文字（歌词）交相呼应，在协调组成的共同体中调动观众全身心投入，具有突出的艺术效果。

在视觉文化占主导地位的消费语境中，MTV已成为音乐联袂视觉图像的重要形式，成为音乐视觉化转型的重要途径。并且，视像因素在MTV中越来越居于突出地位。当然，在MTV艺术中，文字、图像、音乐三者需要有机结合，相辅相成促进MTV共同体发挥其特有的艺术效果。有些MTV，单纯强调视觉画面的直观效果，但其显示画面与音乐本身及歌词传达意蕴大相径庭，反而会弱化音乐感染力。有些MTV，屏幕中显示的文字歌词与音乐及画面不同步，也容易影响观众的接受。在所有的MTV中，影视剧插曲MTV较容易制作，其表达效果也较好。它可以直接剪辑粘贴剧中相关画面，浓缩剧情，让观众在感受音乐美的同时，引发其回忆剧作剧情，增强作品感染效果。如MTV《情深深，雨濛濛》《弹起我心爱的土琵琶》等，就具有上述效果。

因此，MTV艺术创作关键在于将画面形象与音乐内容有机统一，使两者相辅相成。由于音乐表现内容多为稍纵即逝、难于把握的情感，也由于其传达的意蕴多需听众用心加以体验，因此，优选的画面应该不仅能说明、解释内容，而且还能加深观众对音乐内容的理解。1994年上海音像公司制作、发行的MTV《阿姐鼓》构思精巧，图像编选很好地达到了阐释音乐内容效果。

> 我的阿姐从小不会说话，在我记事的那年离开了家，从此我就天天、天天地想，阿姐啊。一直想到阿姐那样大，我突然间懂得了她。从此我就天天、天天地找，阿姐啊。天边传来阵阵鼓声，那是阿姐对我说话，唔唵嘛呢叭咪吽，唔唵嘛呢叭咪吽。

音乐所要传达的内容为：西藏农奴制下有一残酷习俗，每次宗教祭祀时都要献祭一位纯洁的少女，剥其人皮作为鼓皮，命名为阿姐鼓。西藏和平解放后，这一陋俗已被废除。由于音乐创作于现代，与传统现实拉开了距离，因此，音乐中的这一事件已然不再显得血腥，而是具有了别样的美感。《阿姐鼓》即以这一习俗为背景，歌颂了献祭少女的纯洁、高尚。不会说话的阿姐献出短暂而纯洁的生命，却以流传后世的鼓声获得了永恒，成为最圣洁的存在。MTV画面中出现的雪山、布达拉宫、玛尼堆、飘扬的五彩经幡、旋转的玛尼轮、朝圣的教徒、明净的湖面、流动的祥云等很好地阐释了这一宗教献祭内容。

（二）图文并茂的电视诗歌散文

中国的电视诗歌散文兴起于20世纪90年代，是一种新媒介艺术，它将诗歌、散文诵读与视像有机统一起来，并选择适宜的背景音乐加以烘托，有效地传达诗歌散文的优美意境，加深读者或观众的理解。电视诗歌散文多以文学史名篇为素材，以散文为主，也包括部分长诗，因为这类作品大多言简意赅，含蓄内敛，包含深厚的文化意蕴。诵读者多为艺坛名流或播音主持，能够感情充沛、抑扬顿挫地读出作品的音乐美效。背景视像多采用蒙太奇组接，与作品内容搭配播出。背景音乐则较为舒缓，抒情效果明显。无论是视像还是音乐，都是为了引发观众联想，以使其获得美感享受为最终目的。有学者指出，画面形象、音乐声响、文字和诗文吟诵是电视诗歌散文不可或缺的三要素："1. 画面形象是电视诗歌散文形成自有样式的基本成分，没有画面形象也就不能称其为电视诗歌散文，文学的联想性在画面中得到栩栩如生的复现，这是电视本质的体现，好的电视诗歌散文的确会挖掘文字的内涵、文学的韵味、意向的确定性，丰富文学文本的表现力。2. 音乐声响更是电视的本能手段，它烘托文本时空流动幻化、渲染文本意味的色彩、连接想象与现实的无形纽带、将情感的旋律声音化、突出心理内涵的节奏，从某种角度看，音乐声响更能揭示点化文学的细密内涵，发挥电视诗歌散文的写意抒情特点。3. 文字和诗文吟诵的要素决不可缺少，因为在形式上，汉字所赋予人们的天然美感吟诵所牵连文学的体味享受在这里成为文体的标识，意义重大。"①

2005 年，中央电视台文化频道"电视诗歌散文"节目播出了散文《毕业了，我的大学》，该节目做到了文字、图像与音乐有机衔接，具有很好的艺术效果。该节目将大学生活的点点滴滴（课堂上课、图书馆自习、运动场锻炼、餐厅就餐、宿舍交流等）以影视剪辑方式组合在一起，以图片浏览形式展示了大学生活全过程；背景音乐伴以《斯卡保罗集市》《祝你一路顺风》《放心去飞》等加以渲染。在音乐响起、画面流转的同时，悠扬的文字开始读起：

> 未来就像天空中一朵飘忽不定的云彩，而我们，从毕业这一天起，便开始了漫长的追逐云彩的旅程。明天是美好的，路途却可能是崎岖的，但无论如何，我们都有一份弥足珍贵的回忆，一种割舍不掉的友情，一段终身难忘的经历。

在这里，文字、图像、音乐围绕抒写友谊与惜别，在烘托氛围的同时，很好地传达出珍重、道别之情。上述任何一种单一的载体形式都不能达到这一效果。

电视诗歌散文的兴起与视觉文化转向有密切关系，它是文学作品寻求与视觉结盟的又一种形式。语图互文的电视诗歌散文的最大优势在于图文

① 周星：《论中国电视诗歌散文的审美特性》，《中国电视》2001 年第 2 期。

并茂地拓宽了散文传播与流通方式，增强了散文竞争力。具体表现为：第一，改变了诗歌散文存在形式，使其更直观地呈现在读者面前。诗歌散文是语言艺术，一直依靠通过优美语言创造深远意境而与其他文类相竞争而存在。可以说情景交融不仅是诗歌，而且也是散文创作的最高追求。但长期以来，过于抒情或写景都容易造成不良后果，如何平衡两者关系一直是困扰诗歌散文发展的瓶颈。电视诗歌散文提供了解决上述困境的有效途径，较容易做到情景交融、图文并茂。第二，改变了诗歌散文欣赏方式。过去诗歌散文欣赏以读为主，通过语言节奏变化体会其中情感，最终达到把握蕴意。电视诗歌散文的读者可以称为“观众”，他以“读屏”方式观看诗歌散文，可以调动视觉、听觉等各种感觉器官全身心投入，更容易体会作品深刻内涵。第三，改变了诗歌散文传播方式。传统上诗歌散文主要通过口语或印刷书籍传播，其流通规模和范围极为有限，电视诗歌散文则将其纳入新媒体传播范围，不仅可以通过互联网，而且还可以通过广电媒体传播，以图文并茂的视觉形象发送给接受者。电视诗歌散文既是文学面对视觉挑战灵活寻求转身的结果，又丰富了文艺生态，无疑增强了它的适应力和竞争力。

（三）立体形态的超文本文学

在视觉文化转向背景中，不仅文学传播、流通乃至包装方式有了变化，自觉与视觉图像结盟，而且文学创作自身也有较大变化。从作品创作方式来看，为了给读者造成强烈的第一印象，欲望化描写增多，感性形象开始膨胀。从创作文体看，抒情性强、具有深思性质的诗歌式微，而通过情节展示空间形象转换的小说崛起并迅速占领文坛，玄幻、惊悚、盗墓、网游等类型小说以此走红。从创作内容看，大多作品不再集中关注严肃而凝重的话题；相反，轻松、娱乐话题占据大半江山，特别是具有强烈视觉冲击、移步换景、具有异国情调的穿越、盗墓、玄幻类作品扶摇而上。视觉文化兴盛对文学发展的更大影响恐怕还不在作品创作的细节、技巧等形式方面，而在于引起文学观念渐趋变化，文学由静态的、自律的时间艺术渐渐充斥了动态的空间因素，他律成分日渐增多。超文本文学就是在这种语境中产生的。

据考证，超文本（Hypertext）这一概念最早由美国人尼尔森（T. H. Nelson）在 1965 年提出。他在《文学机器》中对“超文本”的解释是：

"非相续著述，即分叉的、允许读者做出选择、最好在交互屏幕上阅读的文本。"而《牛津英语词典》对超文本的解释是："一种不是以单线排列，而是可以按不同顺序来阅读的文本，尤其是那些让这些材料（显示在计算机终端等）的读者可以在某一特定点予以中断对一个文件的阅读，以便参考文本或图像，这些文本或图像是以相关内容的方式相互连接的。"① 依此来看，网络文学是超文本文学的最经典形态。在各种新媒介技术推动下，网络超文本文学得到了突飞猛进发展，目前已成为文学创作与消费依托的主要场域和形式。超文本文学与传统文本文学相比，最突出的特征有三：包容性、开放性和多媒介性。超文本文学囊括使用多种媒介手段，既优先运用文字，又将图像、音乐、动漫、视频等载体纳入，再运用多媒体超链接技术使各种因素有机对接，整个文本时空混合，多姿多彩。网络小说《火星之恋》就以超文本形式存在，在故事展开过程中，作者设置了诸多超链接素材，包括音乐、图片、视频、相似文本等。读者只需轻点鼠标，文本、图像、音乐、视频等便呼啸而来，造成混响、狂欢效果。

超文本文学最大突破在于空间意识加强，空间思维、立体存在、视像效果等空间因素直接影响着超文本文学发展、前行的每个环节。在一定程度上，甚至可以说正是视觉文化为超文本文学发展推波助澜，带来了生机。

空间思维。学界普遍认为现代思维是一种时间思维模式，追求思考、探究问题的深度。文学创作主要运用这种思维方式，而西方现代派文学将其发展到极致。卡夫卡的《变形记》、萨特的《恶心》、贝克特的《等待戈多》等都使用精炼的文字传达了作者对社会人生的深刻思考，当然更能引发读者在流动的文字中驻足想象与沉思。空间思维则是后现代社会主要的思维模式。该思维强调通过身体感觉或调动身体感觉去把握变动着的世界，让外界直陈身前，作用于读者五官感觉，讲究震惊效果。后现代社会中的异形建筑、色彩缤纷的广告、款式翻新的商品等就是空间思维运用在不同领域的成果。超文本文学非线性、分叉式结构模式，非连续、交互式阅读方式，以及虚拟性、数字化存在空间的创构等都离不开空间思维指导。可以说发散性、创新性较强的空间思维方式是超文本文学活动主导思维形式。

立体存在。超文本文学解放了艺术生产力，弥合了高雅文学与通俗文

---

① John Simpson and Edmund Weiner, eds., *Oxford English Dictionary Additional Series* (volume 2), Clarendon Press, 1993. 译文亦可参见黄鸣奋《超文本诗学》，厦门大学出版社，2001，第12页。

学界限，并能将图像、音乐、动漫、视频及相似文本直接拼贴在一起或通过超链接方式加以关联，使得文本自身成为一种立体性存在。在超文本文学中，不再是文字一统天下，更不追求文字的深刻寓意与韵味，人们更关注的是文本丰富的存在样态带来的直接感受。而要调动读者各种感觉器官，需要文本具有新奇效果，需要文本是一种形象直感的立体性存在。国内有学者很深刻地指出了这一点："'超文本'不仅穿越了图像与文字的屏障，弥合了写作与阅读的鸿沟，而且还在文学、艺术和文化的诸种要素间建立了一种交响乐式的话语狂欢和文本互动机制，它将千百年来众生与万物之间既有和可能的呼应关系，以及所有相关的动人景象都一一浓缩到赛博空间中，将文学家梦想的审美精神家园变成更为具体可感的数字化声像，变成比真实世界更清晰逼真的虚拟现实。"①

视像效果。传统文本文学受技术因素制约，只能以纯文字形式或伴有少量绘图方式存在，读者消费以阅读为主。超文本文学为了达到直观效果，在文本中插入了大量图片，在图文并举中打动、感染读者。很多网络文本则可以随时插入图片或动漫，以烘托情景与氛围；甚至文本个别部分就以图像为主，文字仅仅起到说明作用。另外，为了吸引读者、感染读者，使读者全身心地投入体验之中，超文本文学有时还求助于影视、动漫，与影视、动漫甚至是网络游戏等图像艺术相续发行，在互文、互动中求得最佳效果。这一互动效果表现为影视、动漫及网游中回荡着文学的身影，文学通过甚至依附图像形式得到了更大范围传播。《天龙八部》《古剑奇谭》《琅琊榜》《仙剑奇缘》等都是靠这种方式取得了成功。超文本文学视像效果被大众消费文化不断加以放大，甚至影响并部分地改变了当前文学观念：无论是超文本文学，还是其他文学类型都越来越追求文本的感性效果，无深度、无韵味、浅表化，但能给读者带来震惊效果的奇观文艺大行其事。

四 视觉转向视域中跨媒介艺术发展反思

纵观文学、图像艺术及两者关系发展历史，可以发现一种艺术在某一时期发展迅速并处于主导地位，是时代选择的结果，是各种社会因素（社会文化环境、科学技术等）合力作用的结果，任何个人的、有意的选择都

① 陈定家：《"超文本"的兴起与网络时代的文学》，《中国社会科学》2007 年第 3 期。

无能为力。我们无须为其发展担忧，但两种艺术发展过程中时而分离，时而融合，彼此纠缠中出现的是是非非却给我们启示，也值得我们反思。

第一，每一种艺术形式，无论是文学还是图画抑或其他，都有自己的优势与不足，在反映社会生活方面，都有特殊的价值与局限。对待各门艺术，我们不能厚此薄彼，而应客观评价其地位与贡献。在探究艺术各构成因素时，特别注意不能过度夸大视觉、图像因素的艺术价值及效果。视像化追求是文艺审美本质的重要体现，形象存在保证了文学的审美属性。但文学过度追求视像效果，不见得是一件好事。就连极力提倡超文本文学和数字化生存的尼葛洛·庞蒂也曾警醒地指出："互动式多媒体留下的想象空间极为有限。像一部好莱坞电影一样，多媒体的表现方式太过具体，因此越来越难找到想象力挥洒的空间。相反的，文字能够激发意象和隐喻，使读者能够从想象和经验中衍生出丰富的意义。阅读小说的时候，是你赋予它声音、颜色和动感。我相信要真正感受和领会'数字化'对你生活的意义，也同样需要个人经验的延伸。"① 浅表化的直观感觉及视觉冲击并不是文学欣赏的全部，它只是审美欣赏的第一个环节，要想获得共鸣、净化与领悟，还需要个人人生体验的移入并展开联想与沉思；否则，只能是走马观花，眼花缭乱而无所得。

第二，在文艺大家园中，各门艺术应彼此借鉴，顺应潮流，改善自身，促使变体类型出现，推进文类演进。当前出现的MTV、电视诗歌散文及超文本文学等跨媒体共同体艺术，就是这种融合的结果。各门艺术不要固守自身领地，不敢越雷池半步，稍有变革，即惊呼"消亡"或"终结"。"消亡"或"终结"的只能是某种艺术不适合当前形势的某一功能，而该门类艺术可能面临转型或他向发展，其文坛地位可能会有所削弱，但不会被根除。

第三，各门艺术自身应扬长避短，发挥各自优势，活跃、繁荣文艺活动。文学、图像、音乐等传统艺术在保持各自特质的同时，寻求与时代结合的可能，寻找新的生长点。各门跨媒介新兴艺术更要与时俱进，保持青春活力；同时，戒骄戒躁，力避浮乏倾向，共同打造艺术生命共同体。

---

① 〔美〕尼葛洛·庞蒂：《数字化生存》，谢泳译，海南出版社，1997，第17页。

从“长歌闭目”到“惊艳快闪”

——侗族大歌“再媒介化”批判*

杜　安**

摘要　以侗族大歌为代表的非物质文化遗产，从传统到当下，经历了“再媒介化”过程。在原生语境中，侗族大歌以歌队“长歌闭目”的方式合唱，是侗族传统“村寨公民社会”的公共艺术。通过再媒介化的语境重置，侗族大歌创演体系被打破，外来的政治权威、知识精英和商业势力介入侗族大歌的创演体系中。从“歌队”鼓楼坐唱到“合唱团”舞台展演，大歌与通过对歌“唱款”、协同教化的原生机制相分离；从口传媒介到大众传媒，歌者与听众被分隔开来，“在场性”的技术魅力消减；从机械复制媒介到互联网电子媒介，大歌从完整的“听觉性”时间艺术，变成了碎片化的“视觉性”“快闪秀”。再媒介化改变了侗族大歌在口传媒介下的时空局限性，却削减了原生态大歌的“韵味”，造成非物质文化遗产“展示价值”的过度征用与消费。

关键词　非物质文化遗产　再媒介化　侗族大歌

Abstract　From the traditional time to the present, intangible cultural heritage, represented by the Dong chorus, has experienced the process of “re-mediation”. In the context of the native society, Dong chorus, in the “Singing

---

* 本文为教育部人文社会科学研究课题“黔东南‘村寨公民社会’与原生态侗族大歌的传承与保护研究”（13YJC760013）、贵州省优秀人才省长基金项目“‘村寨公民社会’与原生态艺术的传承——以侗族大歌为例”（黔省专合字2010年16号）的阶段性成果。

** 杜安，文学博士，贵州师范大学文学院副教授，主要研究原生态艺术的传承与保护、文艺理论。

with eyes closed" chorus, is public art of the Dong traditional "rural civil society". Through the reset of the "remediation", the creation and performance system of the Dong chorus is broken. The external political authority, intellectual elite and commercial forces involved in the creation and performance system of the Dong chorus. From "song team" sit singing to "chorus" stage performance, Dong chorus was separated by cooperative education mechanism. From the oral medium to the mass media, the singer and the audience was separated and the present attractive of singing technology lost its luster. From mechanical reproduction media to electronic media, Dong chorus became fragmented vision flash show from the complete auditory time art. Remediation process changed the limit of Dong chorus under the oral medium transmission of the time and space limitations, but it faded the "Aura" of the original songs, resulting in excessive consumption and expropriation of the intangible cultural heritage.

Key words Intangible Cultural Heritage Remediation Dong Chorus

近日翻看微信，一则标题为《侗家妹子惊艳亚洲体验之都》的"微新闻"吸引了我的注意：

> 4月22日上午，被称为"亚洲体验之都"的广州正佳广场出现了一群身着少数民族服装的俊男靓女，令在场的20余家媒体、游客纷纷举起手机拍摄，发出惊叹的呼声，究竟发生了什么？

正文的开头，马上以图文配合的方式，解开了这个悬念：

> 原来这是一出侗族大歌的快闪秀，身着侗族盛装的12名靓丽女孩、4名英俊小伙齐聚广州正佳广场，在这个极具现代气息的大商场里上演了黔东南原生态侗族大歌《天地人间充满爱》，在场的所有人被狠狠地惊艳了一把。①

① 张罗：《侗家妹子惊艳亚洲体验之都》，公众号《掌上黔东南》2016年4月22日推送消息，参见 http://mp. weixin. qq. com/s?_biz = MjM5ODI2MzgzMA = &mid = 2656933069&idx = 1&sn = 24468e58b76 25762f42001271fcdbc1b&scene = 22&srcid = 0423PoA2djNmexYMvRq10aYE，最后访问日期：2016年5月28日。

核心词“快闪秀”“靓丽”“惊艳”，悬念导入匹配“养眼美图”，这或许只是一则视觉文化时代标准模式的“微新闻”，它通过强烈的视觉刺激快速吸引读者的眼球，而后迅速湮没在电子传媒海量的信息碎片之中。然而对于笔者而言，这则新闻却引起了强烈的感慨和持续的联想。感慨，是因为新闻关注的对象——快闪而过的侗族大歌，作为“人类非物质文化遗产”，在史料中记载的演唱情景却是“长歌闭目，顿首摇足”①。从“长歌闭目”到“惊艳快闪”，反差何其之大！感慨之余，更联想到一些重要的学术话题：以侗族大歌为代表的非物质文化遗产，从传统到当下，其表现和传播形态究竟经历了怎样的变化？能否找到一个具有客观性和综合性的视角，从总体上把握“非遗”历史传承与发展变迁的途径、形态与功能？在此基础上，还可以进一步追问：主导“非遗”传承与变迁的文化力量是什么？如何分析与评价嬗变中蕴藏的价值取向？本文力图对上述问题进行探究。

一　长歌闭目与鼓楼坐唱：村寨公民社会中的侗族大歌

侗族大歌，是产生于中国侗族地区一种多声部、无指挥、无伴奏的民间合唱形式。大歌在侗语中称为“嘎老”（Gal Laox），“嘎”就是歌，“老”具有宏大和古老的意思。② 早在明代，侗族的祖先“长歌闭目，顿首摇足”演唱大歌时的情景已经为史料所记载。它是一种参加演唱人数众多，来源十分久远的民间合唱艺术。由于侗族在历史上并无文字，因此，口传是侗族文化传承的最主要表现形式。千百年来，侗族坚持一种独特的文化理念：“汉人有字传书本，侗家无字传歌声。”尤其是在文化形态相对独立封闭的南部侗族地区，侗族同胞采用具有广泛群众基础的“歌唱”作为传承文化的媒介，成功地把侗族大歌塑造成为一个实用功能与审美功能兼备的文化

① （明）邝露：《赤雅》（上卷），参见中华书局影印《丛书集成初编》，中华书局，1985，第4页。

② 关于“侗族大歌”的界定，有研究者认为存在狭义和广义之分：“侗族大歌”的名称来自侗族民间合唱歌种“嘎老”的直译，侗语的“嘎”直译成汉语就是“歌”，侗语的“老”汉译意即“大”，也还有“长”和“古老”之意，这是狭义的“侗族大歌”；广义的“侗族大歌”实际上是侗族民间合唱曲的总称（参见张中笑《侗族大歌概说》，张中笑、杨方刚编《侗族大歌研究五十年》，贵州民族出版社，2003，第103页）。本文采用狭义上的界定。

典型。2005年侗族大歌正式被命名为国家级非物质文化遗产；2009年9月30日，侗族大歌成功入选联合国《人类非物质文化遗产代表作名录》。目前，侗族大歌流行于贵州省的黎平县、从江县、榕江县以及广西壮族自治区三江侗族自治县的溶江河一带及毗连的部分村寨。

侗族之所以能创造出大歌这一震惊世界的艺术瑰宝，和侗族特有的民俗文化环境是分不开的。其中，"款"组织形式、"寨老"协商制度以及鼓楼公共文化是大歌生成的原初语境中三个最重要的元素。

在一些研究者的眼中，传统侗族社会被视为"没有国王的王国"，其社会关系形态具有类似于现代"公民社会"的特征，是一种"小结构、低消耗生态形式"。学者们称其为"准公民社会""大山深处的民间社会"或"村寨公民社会"，[①] 其结构性特征与仅在南部侗族支系传承繁盛的大歌有着紧密联系。"款"是侗族古代社会最重要的组织形式，它熔民间自治和自卫组织形式于一炉，行使着国家权限之外社会所需要的各种管理权力。[②] 在"款"组织方式中，村寨的管理者被称为"寨老"。"寨老"多为德高望重的长者，他们被村民推选出来，主要职责是维护公共秩序。奉行协商民主制度是"寨老"制度最重要的特色。"款"组织以及"寨老"制度与侗族大歌的演唱方式和组织形式有着直接关系。现有研究已经揭示，最早出现在南部侗族方言区聚居村寨的大歌歌班，就是为适应这一地区内侗族历史上"款"组织社会生活的群聚性活动而建立起来的。大歌歌班传唱一部分叙事大歌和普通大歌，是"款"组织内各寨必不可少的赖以团结共存的文化食粮和精神支柱。

如果说"款"组织形式和"寨老"协商制度是侗族民间社会制度文化的显著特色，那么鼓楼文化，则是侗乡器物文化和精神文化的结晶。鼓楼是侗族村寨的标志性建筑，它巍峨雄伟，是民间木质建筑的光辉典范。更为重要的，是鼓楼所具有的独特文化功能。它既是侗族村寨的政治中心，是民主议事的场所；又是文化艺术中心，是侗族大歌演唱的场所。[③] 1958年

---

① 上述说法可参见邓敏文《没有国王的王国——侗款研究》，中国社会科学出版社，1995；廖君湘《侗族传统社会过程与社会生活》，民族出版社，2005；余秋雨《伞下的侗寨》，《解读贵州：余秋雨黔东南纪行》，贵州人民出版社，2008；郭宇宽《寨老制度：独特的农村基层组织——黔东南侗乡寨老制度复苏考察》，《中国乡村发现》2007年第2期。

② 邓敏文：《没有国王的王国——侗款研究》，第11页。

③ 杜安：《"原生态"艺术如何应对挑战——以黔东南侗族大歌为例》，《文艺理论与批评》2010年第5期。

出版的《侗族大歌》一书的主要编撰者萧家驹先生立足于田野考查，对侗族大歌的形式特征进行了重要的概括，其中就已经提到了鼓楼与大歌的关联：“（大歌）除了平常练习外，多半是在节日和执行外寨来客人的时候唱。在这种情况下，就必须在卡房成鼓楼唱了。就是说，它是在比较隆重的场合演唱的……”① 进一步的研究，则更深入地讨论了鼓楼与大歌之间的依存性联系，“正式歌唱必在约定俗成的特定地点——侗寨鼓楼内以坐唱的形式来进行，故在距今较远的历史年代，侗寨鼓楼和侗族大歌即因种种社会因素，相互间便产生了依存性联系”。由此，侗族大歌也被称为“鼓楼大歌”，侗语称“嘎得楼”。②

实际上，作为一个热爱音乐，以“饭养身、歌养心”闻名的民族，侗族的传统民歌类型是多种多样的。按照民歌的表演形式、表演场合以及社会功能的不同，一般可以分为六类：大歌（包括叙事大歌、普通大歌、声音大歌等）、踩堂歌、拦路歌、小歌、山歌和酒歌。后五类歌曲的内容和表演体制，均与大歌有明显差异。差异首先在于形式上：所有的侗族传统民歌，只有大歌采用鼓楼坐唱的形式。直到今天，传统的侗寨鼓楼底层四面都安置有木制长凳，以供演唱大歌的男女歌班相对坐唱。就连一排长凳的容量，也正好与一个歌班的人数相符合。当代研究者是这样来描述鼓楼之下，侗族大歌的歌班是以怎样的姿势来“坐夜”演唱的：“女方两眼微闭，两脚着地，两手抱掌于腿间，显得庄重严肃；男方则左腿架于右腿之上，两手护膝，两眼微闭，头和腿随着歌唱节拍自然抑扬显得洒脱大方。”③ 这样的姿态，这样的情景，宛如穿越时空，回到了“长歌闭目，顿首摇足”的古史岁月。以鼓楼坐唱这一形式唱出的大歌，又具有怎样的独特内容和功能呢？无论是祭祀女神“萨玛”的踩堂歌，迎接外客的拦路歌，还是青年男女互诉衷情的小歌，畅饮助兴的酒歌，都不适合在鼓楼之下坐唱；只有那些内容深邃、气氛肃穆、以“唱款”为主要内容具有浓厚的礼仪色彩的歌曲，才能够在这样的特定情景中进行演唱。

---

① 贵州省文学艺术界联合会编《侗族大歌》，序言，贵州人民出版社，1958。

② 伍国栋：《从侗寨鼓楼座唱管窥侗族大歌的历史渊源》，张中笑、杨方刚编《侗族大歌研究五十年》，第131页。

③ 伍国栋：《从侗寨鼓楼座唱管窥侗族大歌的历史渊源》，张中笑、杨方刚编《侗族大歌研究五十年》，第134页。

由此可见，在“村寨公民社会”的原生语境中，侗族大歌，是一种礼仪色彩强烈，以地缘、血缘、族缘为纽带的公共艺术。区别于其他兄弟民族的民歌形式，大歌之“大”，在于其呈现出“多声部自然和声”的“复调性”，具有独特的“公共性”的艺术特征：“侗人爱唱歌，举凡社会生活、生产活动的各个方面都离不开歌声，男女青年互相爱慕要用歌声传情，寨与寨之间的社交活动要用歌声来沟通。进寨要用歌声对答，喜庆要用歌声助兴，悲悼要用侗歌泣诉，甚至传授知识、教育后人也离不开歌咏形式！”①

二　从舞台展演到大众传媒：大歌的改造与“发明”

通过上述分析，我们可以看到，在原生语境中，侗族大歌是以“鼓楼坐唱”的形态呈现的。由于大歌流传的南部侗语地区地处偏远，交通不便；侗族传统社会结构又自成体系，相对封闭，因此这一独特形态得以较为完整地保留和传承，一直到新中国成立初期，大歌的这一基本形态依然保持不变。许多研究者都注意到，在改革开放，市场经济的热潮席卷全国的背景下，许多民族民间的“原生态”非物质文化遗产或被改编后搬上了商业演出的舞台，或借助电视等新媒体的权威广为流传。然而，很少有人注意到，早在新中国成立初期，强大的外部力量就已经介入侗乡传统环境，大歌的形态从那时就开始发生重大的变化。这一形态的变化，体现为从原生语境中的鼓楼坐唱，变为语境重置后的舞台表演并纳入大众传媒的传播体系。侗族大歌所经受的这一重要变迁，经历了几个关键的步骤。

首先是舞台表演取代鼓楼坐唱。上文已述，在原生语境中，侗族大歌是以“鼓楼坐唱”的形式进行演唱，而“鼓楼坐唱”的基本单位，则是歌队。歌队是侗族村寨自发的民间组织，按性别分成男声歌队和女声歌队，按年龄分成儿童歌队、少年歌队、壮年歌队，老年歌队等。② 每个歌队都有一到几个指导老师，即“歌师”。传统侗族大歌的演唱模式一般是在异寨异性的歌队之间集体对唱：“若客方是女声歌队，主方就安排男声歌队去接待

---

① 冯祖贻、朱俊明等：《侗族文化研究》，贵州人民出版社，1999，第144页。

② 普虹：《侗族民间合唱传承的基石——歌队》，张中笑、杨方刚编《侗族大歌研究五十年》，第419页。

和对歌；若客方是男声歌队，主方则安排女声去接待和对歌。”[①] 新中国成立初期，“藏在深山人未识”的侗族大歌，在一些专业音乐工作者的发掘介绍下，开始引起文艺界的关注。在这样的背景之下，贵州省和黔东南州的党政领导决定组建一个由侗族民间歌手组成的合唱团，发掘一台以侗族大歌为主的、全面介绍侗族音乐的节目，通过参加省、州层层举办的文艺汇演，争取在国庆十周年之际，能够上京献礼演出。[②]

确立了组建合唱团的方案后，1958 年 10 月，由贵州省歌舞团领导亲自带队，一支由专业音乐、舞蹈、美术等领域的文艺工作者组成的队伍，来到了偏远的侗乡，开始了组建合唱团和选拔节目的工作。根据参与这项工作的当事人描述，组建合唱团的工作分三步进行：第一步，选择黔东南黎平县作为基地，将全县分成三个片，分别派专人组织片区的小型业余文艺汇演；第二步，将三个片区共选拔出来的五百多名民间演员带到县里，参加为时七天的文艺汇演，从中选出一批优秀节目和一百名优秀歌手；第三步，对县文艺汇演中选拔出来的优秀歌手，举办了为期一个月的文艺训练班。[③] 经过上述三个步骤之后，“黎平县侗族民间合唱团”在 1958 年 12 月正式成立。合唱团的成立，一方面改变了侗族大歌自古以来以歌队为单位进行唱和的传统；另一方面，适应了舞台化演出和比赛的需要，成为新的历史条件下侗族大歌传承的新载体。

合唱团的成立，还引起了侗族大歌形态和演唱方式的重要变化，一种新型大歌——“混声大歌”——应运而生。原生语境中侗族大歌的演唱模式，一向是以不同性别和年龄段来划分的，男有男歌班，女有女歌班，各唱各的歌，各哼各的调。由异寨异性的歌队之间进行集体对唱，也是“你

---

① 普虹：《侗族民间合唱传承的基石——歌队》，张中笑、杨方刚编《侗族大歌研究五十年》，第 423 页。

② 当事人详细记述了侗族大歌走向全国的过程：1953 年，黎平县岩洞村侗族女歌手吴倍信等四位姑娘，经贵州省推荐，参加了全国第一次民间文艺汇演，她们第一次将侗族大歌唱到了北京，受到各方面的赞誉，引起了音乐界的重视。1956 年，著名音乐家郑律成来到黔东南采风，他在侗寨听了侗族大歌后，盛赞侗族是个音乐的民族。1957 年，又有四位黎平县三龙乡的侗族姑娘组队参加了全国民间音乐舞蹈汇演，她们又一次在首都舞台上唱出了另一种风格的侗族大歌——声音歌，从而使更多的人知道了侗族多声音乐的存在。参见杨国仁《侗族大歌发展史上的一座丰碑》，张中笑、杨方刚编《侗族大歌研究五十年》，第 486 页。

③ 杨国仁：《侗族大歌发展史上的一座丰碑》，张中笑、杨方刚编《侗族大歌研究五十年》，第 489 页。

方唱罢我出场”，男女歌班各唱各的，虽有交替，但不能混淆。随着合唱团的成立，这一模式就开始显得“美中不足”了。为了更好地适应舞台演出的需要，专业的艺术工作者开始摸索对大歌的演唱模式进行改造。一开始的做法是在排演一首女声大歌时有意识地增加一些男歌手，然而效果却是“声音虽然洪亮，可是气势仍然不足”。[①] 进而，合唱团的指导者开始有意识地在排练中加入男声声部，试唱以后，觉得效果很好，于是决定组织全团的男女歌手，一同练唱重新编排的大歌，组合成了男女混声大歌。这种新“发明”的混声大歌，具有“场面壮观、气势雄伟、音色浑厚的特点”，不但“引起了侗族男女歌手们的极大兴趣”，而且“得到了全团侗族歌师们的一致赞同”。[②] 男女混声大歌的试创成功，使侗族大歌增添了一个新的歌种，1959年国庆献礼汇演活动结束后，合唱团即告解散。但合唱团的成员们回到各自的村寨后，却自觉保留了这一新“发明”的传统，一直到当下，侗族村寨还保持了这样的男女混声的歌队和歌班。

其次是进入大众媒介的传播体系。在当下社会，“非遗”艺术越来越频繁地在报纸、电视、网络等大众传媒中现身。就侗族大歌而言，其成为大众传媒的“热点”，常常有两个事件被人们津津乐道：一是1995年侗族大歌登陆中央电视台“春晚”舞台，二是2006年侗族“蝉之歌”组合在中央电视台全国青年歌手大奖赛中获得原生态组银奖。然而一个被忽略的实际情况却是，侗族大歌与大众传媒结缘，早在20世纪50年代即已发生了。据资料记载，1959年三四月间，贵州省举行全省少数民族文艺汇演，“黎平县侗族民间合唱团”被选中参加这次文艺汇演，演出受到文艺界的极大关注和好评。贵州人民广播电台将“合唱团”所有的节目录音，贵州电影制片厂将“合唱团”节目拍成纪录片，中央人民广播电台录音后，在中央人民广播电台举办的少数民族音乐周中连续播了一周。随后，上海唱片公司将“合唱团”在贵州省少数民族文艺汇演中所演的侗歌节目制成了三张唱片，向国内外公开发行。[③]

① 杨国仁：《侗族大歌发展史上的一座丰碑》，张中笑、杨方刚编《侗族大歌研究五十年》，第489页。

② 杨国仁：《侗族大歌发展史上的一座丰碑》，张中笑、杨方刚编《侗族大歌研究五十年》，第492页。

③ 雅文：《黎平侗族民间合唱团对侗族大歌发展的历史性贡献》，张中笑、杨方刚编《侗族大歌研究五十年》，第501页。

如果说从以歌队为单位的鼓楼坐唱到以“合唱团”为载体的舞台表演，大歌经历的重置语境使它脱离了“村寨公民社会”的原生语境，其形式、内容和风格都发生了巨大变化；那么从舞台表演到通过广播和唱片加以传播，意味着这一藏在大山深处的民族民间艺术，进入了新兴大众传媒拓展的广阔视野中。新兴传媒技术的介入，又将给这一非物质文化遗产带来怎样的变化呢？在本雅明看来，广播这一新兴的大众传媒技术，在文化传播事业中有着重大作用：“与戏剧相比，广播所代表的技术不仅更新，而且曝光性更强。虽然它无法像戏剧那样，让人重回古典时代；但拥抱它的群众人数要多得多；尤为重要的是，其设备所依赖的物质因素，与其节目所依赖的精神因素，两者是紧密交织在一起以造福于听众的。”① 这一论断，指出了以广播为代表的大众传媒具有技术上的进步因素，即“技术复制能把原作的摹本带到原作本身无法到达的地方”②。新兴传媒技术通过可复制可改变的手段，彻底抛弃了口传艺术所无法克服的时空局限性，这对于拓展侗族大歌的影响，让国内外更多人知道这一精美的艺术形态，无疑具有不可替代的重要作用。就此而言，近年来侗族大歌通过参加中央电视台“青歌赛”而知名，通过走上“春晚”舞台而走红，其媒介传播的意义仍未超越这一阈限。

时至今日，随着以互联网为代表的大众传媒新阶段即电子传媒时代的来临，在传统的大众媒介如广播和电视之外，侗族大歌又获得了一种新的传播方式。本文开头引述的那则“微新闻”中，唱响大歌的情境不是鼓楼之下，也非舞台之上，而是在现代化购物中心——号称“亚洲体验之都”的广州正佳广场之中。在这样的一个场合，大歌以“快闪惊艳”的方式存现，本身或许可以被视为一场后现代的“行为艺术”。但更重要的是，当这场“行为艺术”以微博互动、微信转发的形式加以传播扩散时，其意义却有可能超越“在场”的艺术本身。在“第二媒介时代”概念的提出者美国学者波斯特看来，以互联网为代表的“第二媒介时代”区别于以广播、报纸和电视为代表的“第一媒介时代”。第一媒介时代是播放型传播模式盛行的时期，是由少数文化精英和知识分子主导的自上而下、由一对多的单向传播，而第二媒介时代则没有了传播中心，几乎人人都可以参与散点的双

---

① Walter Benjamin, *Radio Benjamin*, ed., Lecia Rosenthal, London: Verso, 2014, p. 8.

② 〔德〕W. 本雅明：《机械复制时代的艺术作品》，王才勇译，浙江摄影出版社，1993，第6页。

向交流。[①] 同时，一种集制作者、销售者、消费者于一体的系统得以产生，该系统将对艺术的形式、风格与功能进行全新的建构。

三 “展示价值”的征用与消费：大歌“再媒介化”批判

通过上文的分析，我们能够看到从传统到当下，侗族大歌经历了巨大的变迁。对于这个变迁，以往的研究者或者是从大歌所在的外部社会环境，或者是从大歌本身的形式、内容和风格方面予以申说。然而，这种将外部考查与内部研究相分离的范式，由于忽略了非物质文化遗产的“有机整体性”，因而也难免存在明显缺失。能否找到一个更具客观性和综合性的视角，从总体上把握以侗族大歌为代表的“非遗”历史传承与发展变迁形态特征，进而对其嬗变的价值取向做出评价？笔者认为，考察这一艺术形态变迁与价值嬗变，可以引入当代西方学者提出的“再媒介化”理论来加以分析。

“再媒介化”的概念，是由美国学者戴维·波特（David Bolter）和理查·格鲁辛（Richard Grusin）提出的。在两人合著的《再媒介化：理解新媒体》一书中，他们首先质疑了当下“数字时代”媒介批判理论的一种盛行观点——假设互联网、虚拟现实和计算机图形等数字技术必然在一系列新的审美和文化原则的操控之下，与传统媒体分道扬镳。他们称这种观点是一种现代主义的“创新神话”[②]，其弊端在于过分夸大了艺术在文化传承中的媒介“断裂”，忽视了媒介发展的延续性。针对这种观点，他们认为，新的视觉媒介实现其文化上的重要意义，恰恰是通过尊重与重塑了绘画、摄影、电影、电视等传统媒体来达到的。这种重塑过程就是“再媒介化”。[③]

---

① 〔美〕马克·波斯特：《第二媒介时代》，范静哗译，南京大学出版社，2005，第72页。

② Jay David Bolter & Richard Grusin, *Remediation: Understanding New Media*, Cambridge, Massachusetts: The MIT Press, 2000, p. 38.

③ “再媒介化”概念的提出，受到麦克卢汉关于“任何媒介的‘内容’都是另一种媒介”观点的影响（Jay David Bolter & Richard Grusin, *Remediation: Understanding New Media*, Cambridge, Massachusetts: The MIT Press, 2000, p. 45；〔加〕马歇尔·麦克卢汉《理解媒介》，何道宽译，商务印书馆，2000，第34页）；另外，其他西方学者也对“再媒介化”有所论及。如波斯特认为：“在20世纪，电子媒介也在促成一种同样深刻的文化身份的转型。为了开发个性的新构型（configurations），电话、电台电影、电视、电脑以及由它们整合而成的‘多媒介’，对文字、声音和图像进行重新构型。”（〔美〕马克·波斯特：《第二媒介时代》，范静哗译，第33页）。

“再媒介化”理论，显现了从媒介形态更替的角度考察艺术变迁的可行性。这一角度的选取在学术史上其实自有渊源。在20世纪上半叶，采用这一方式思考文化艺术问题的代表是德国思想家本雅明。本雅明认为，人类文明从远古走到当下，大致经历了三种文化形态：以“讲故事”为代表的口传文化，以小说和新闻为代表的印刷文化和以电影为代表的“机械复制”文化。与此对应，从构成媒介的物质的角度，可以将媒介区分为声音媒介、文字媒介和图像媒介三种形态。这一观点揭橥了文化形态的发展与媒介类型的演变之间的内在联系，以此比照侗族大歌的发展，可以发现其媒介形态的变迁既具有与其他艺术相同的共性，亦有其独特之处。在“村寨公民社会”的原生语境中，侗族独特的“歌唱”，以声音为媒介，是一种口传文化，亦是一种听觉文化。进入现代社会，大歌的媒介形态发生了重要的变化。其间虽然也经历了印刷文化阶段，如音乐家或研究者出于让大歌定型和借鉴的需要，将演唱时的乐谱和歌词进行记录和翻译；但到了当下，其发展中得以依附的媒介形态却跳过了以文字为中心的印刷文化，直接进入了以影像来传递信息的视觉文化。

如果说本雅明提出的“机械复制时代的艺术”理论对于理解20世纪上半叶出现的新媒体艺术（如摄影、电视、电影）具有深远的理论阐释效力；那么到了21世纪的今天，“再媒介化”理论对于我们看待全球电信时代“数字化生存”境况中的艺术生存状况，无疑也是有重要启示意义的。这是因为，在从“机械复制时代”过渡到电子传媒时代的语境中，艺术具有对媒介的前所未有的依赖性。通过上文的分析可以看到，不仅是《再媒介化》作者重点关注的手稿文学和印刷文学，绘画和摄影等经历了“再媒介化”，就连侗族大歌这样来自民族民间，更为古老的口传“非物质文化遗产”，也在不可避免地经历着“再媒介化”。如果说“长歌闭目，顿首摇足”的“鼓楼坐唱”体现的是一种在场性的独特“韵味”，那么通过大众传媒“再媒介化”后的侗族大歌，更多存留的只是一种本雅明意义上的“展示价值”。不同的传播媒介，在历史的语境中赋予侗族大歌何种性质与权力？这是值得我们深思的重要问题。

首先来看口传文化时代的声音媒介。在“村寨公民社会”的原生语境中，大歌通过“长歌闭目”的“鼓楼坐唱”而存现。这一存现只通过声音本身进行传播，是语言性和听觉性的。艺术人类学的研究发现，通过声音媒介传播的原生态艺术，其发音、节奏、和声等基本形式要素构成中，具有一种超越日常生活语言的权威性："歌是一种特别的权威化形式"，因为"人们不能与歌发生争议"。[①] 就侗族传统社会而言，如前文所述，只有那些气氛肃穆、具有浓厚的礼仪色彩，以"唱款"为主要内容的作品，才是所谓的"大歌"。这样的作品，经由民间"知识精英"——侗族歌师——口口相传的"教授"，被建立于血缘、亲缘和族缘纽带之上的"歌队"反复排演，只能以"长歌闭目、顿首摇足"的方式，在鼓楼这一重要的村落"公共空间"被唱响。这一套固定的传承和运作程式，具有不可替代和复制的独特"技术魅力"，这种魅力与声音媒介无法迁移和转变的"在场性"相结合，使得侗族大歌具有了本雅明意义上的独特的"韵味"和宝贵的"交流经验的能力"。[②] 尤其难能可贵的，是与东西方同类型的民间口传艺术相比，侗族大歌并不具有强烈的巫术色彩或宗教意味。正如民俗学者在田野考察中所发现的："侗乡基本无佛、无道、无基督、无真主的信徒——与贵州其他少数民族地区盛行的傩文化与傩戏相比较，侗歌、侗戏基本上没有宗教巫术的神秘成分，具有更为显明的现世特点。"[③] 换言之，侗族大歌所独具的，并非一般"韵味艺术"的"膜拜价值"，而是一种基于"村寨公民社会"的公共关系价值。这一价值，在侗族传统社会主要体现为协同教化的功能。侗族社会以歌代言、以歌育子，进行随境式教育。鼓楼对歌是侗家最大型的艺术活动，也是最重要的教育活动，发挥着类似于希腊古典时期戏剧演出活动的协同教化功能。

其次来看"机械复制时代"的大众媒介。前文已述，从20世纪50年代开始，在经历了组织形式上的"合唱团"改造与表现形态上的"男女混声大歌"发明之后，侗族大歌被搬上了表演舞台，随后通过广播、唱片和电视等大众媒介进行传播。综观这一"再媒介化"的过程，有两点需要引起特别注意。一是从声乐学的角度看，"再媒介化"改变了大歌的固有形式和风格。在原生语境中，二声部歌曲是大歌的基本多声类型，流行于民间的侗族三声部大歌是在二声部大歌音乐基础上发展形成的。从数量上看也是这样，以二声部歌曲居多，三声部大歌数量极少。正如研究者所揭示的，"传统的侗族大歌合唱实际上是由歌班的齐唱（主要曲调所在）与领唱歌手

① Maurice Bloch, "Symbols, Song, Dance and the Features of Articulation: Is Religion an Extreme Form of Traditional Authority," *European Journal of Sociology*, Vol. 15, No. 1, 1974, p. 79.

② 〔德〕W. 本雅明：《机械复制时代的艺术作品》，王才勇译，第291页。

③ 张力军、肖克之：《小黄侗族民俗》，中国农业出版社，2008，第58页。

的独唱（装饰性支声声部）结合而产生的”[①]；正是那音域不宽、近乎吟诵的、不受声音条件限制的低声部旋律，给族群的参与创造了便利的可能性，这就使参与者从中实现了自我教育与教化听众的主要社会功能。在经过专业音乐学家指导下的改造之后，侗族大歌“由二声部的支声复调式结构发展为三声部或更多声部的合唱”[②]。这一变化意味着，基于侗族传统“村寨公民社会”独立环境的侗族大歌创演体系已经被打破，外来的“政治权威”和“知识精英”介入侗族大歌的创演体系中，发挥了重要作用，他们取代本土的歌师，成为创造和形塑侗族大歌的主体。第二点需要注意的，是“再媒介化”过程也是官方主导文化、知识分子的精英文化与民族民间文化经过“协商”达成一致，最终实现身份认同转型的过程。这一转型的标志，鲜明地体现在舞台化改造后通过电台广播和唱片发行的大歌，具有了全新的内容。在各级庆典演出活动中，侗族民间合唱团演唱的是《歌颂毛主席》《永远不忘共产党》《拖拉机来了》《深耕歌》《红太阳照满大地》《田园组歌》等新编合唱曲目，这些新曲目完全没有了传统鼓楼坐唱中“唱款”的内容，取而代之的“主要为歌颂党和毛主席、歌颂劳动生产和赞美社会主义新生活，反映人们新的精神面貌等”。在此过程中，侗族大歌在新中国文艺政策和民族政策的双重“召唤”之下，实现了从基于血缘、地缘和族缘的侗族传统身份认同的载体，转化为新的历史形态下“民族－国家”身份认同媒介的转型。在新中国成立后特定的历史语境中，民间文艺持续受到政治的规训，类似的变“民歌”为“颂歌”的案例并非单独发生在侗族大歌身上，这种媒介形象的转变所蕴含的复杂意味仍值得我们深入探寻。

最后来看电子媒介时代的互联网和各种“微”传播媒介。依“第二媒介时代”提出者波斯特的观点，以互联网技术为代表的电子媒介将开启一个去中心化，多向互动型的交互主体时代。新媒介技术具有解放的潜能，将使我们更有机会回归艺术的“本真性”。这一理论描绘出了一幅借助“超级信息高速公路”返回“非遗”艺术原生态语境的图景，令人怦然心动。然而实际上，正如波斯特本人也并不回避的，这一主张因其内在的“技术

① 杨国仁：《侗族大歌发展史上的一座丰碑》，张中笑、杨方刚编《侗族大歌研究五十年》，第493页。

② 杨国仁：《侗族大歌发展史上的一座丰碑》，张中笑、杨方刚编《侗族大歌研究五十年》，第493页。

决定论”色彩，片面“强调对主体的构建，而没有看到接受或抵抗这一问题”[①]，而遭受到抨击。的确，飞速发展的媒介技术，已经在数字化非物质文化遗产开发与保护项目中得到运用；然而，更值得注意的一个倾向是，新兴媒介对艺术的介入程度越是强烈，其具有的“拟仿性”特征越是会改变其所表征的艺术，恰如波德里亚所言，“如今，媒介只不过是一种奇妙无比的工具，使现实（the real）与真实（the true）以及所有的历史或政治之真（truth）全都失去稳定。——由于媒介的操作颠倒真伪、摧毁意义，人们渴求作秀表演和拟仿”。[②] 以此比照侗族大歌在当今电子媒介时代的存现境况，可以发现，这一再度“再媒介化”后的民族民间艺术又具有了一些新特征。

第一是视觉化。大歌本身属于听觉文化，即使经过了舞台展演的改造，纳入“机械复制时代”的广播、唱片传播体系之后，虽有视觉性元素的渗入，但听觉性的性质并未发生根本变化。然而，在当下的互联网和各种“微”传播媒介中，大歌却越来越具有了一种视觉化主导的特征。本文开篇所引的那则报道大歌“快闪惊艳”的新闻中，突出的关键词“快闪秀”“靓丽”“惊艳”，匹配着侗族少女着盛装的照片，无不作用于受众的视觉。视觉性的突出，无疑是与当下社会的“视觉文化转型”有着密切关系。正如研究者指出的，当下的“我们生活在一种形象文化之中，一个景观社会里，一个由相像和类像构成的世界上”[③]，而“新的视觉文化最惊人的特征之一是它越来越趋于把那些本身并非视觉性的东西予以视觉化”[④]。这样看来，传统新闻报道称大歌为“天籁之声”的语言形容，显然无法突出其视觉冲击力，被吸引眼球的“快闪惊艳”所替代也就情有可原了。

第二是娱乐性和消费性。在侗族“村寨公民社会”中，多种多样的民歌承担的社会功能是有所区分的。形式灵活，风格活泼的“小歌”“拦路歌”“酒歌”等民歌类型，更多地具有一定的娱乐功能；而大歌以“唱款”为主要内容，形式固定，风格凝重，娱乐功能并不突出，反而是具有维系民族身份认同的协同教化功能。然而经过了电子媒介的再度“再媒介化”，大歌通过“信息高速公路”所进入的，是消费文化气氛浓厚的现代都市。

① 〔美〕马克·波斯特：《第二媒介时代》，范静哗译，第25页。

② 转引自〔美〕马克·波斯特《第二媒介时代》，范静哗译，第19页。

③ 〔美〕W. J. T. 米歇尔：《图像理论》，陈永国等译，北京大学出版社，2006，第6页。

④ 〔美〕尼古拉斯·米尔佐夫：《视觉文化导论》，倪伟译，江苏人民出版社，2006，第6页。

都市消费社会的新语境存在着海量的娱乐和消费需求，恰如研究者所指出的：“消费文化是一种消费行为的文化。这就意味着在这一文化中，重要的社会实践，以及文化价值、理念、欲望与身份均源自消费。”① 这样一来，消费主义就成为控制媒介传播的“霸权”，在其掌控之下，“不但像影视作品、旅游景观这样的纯粹视觉对象是视觉消费的‘产品’，而且传统上并不具有被观赏性的许多物品也可以成为视觉消费的对象。”② 为了迎合娱乐和消费的需要，电子媒介开始寻求对侗族大歌“展示价值”的“征用”，通过包装、炒作，人为制造“看点”来塑造民间艺术的消费价值，而原本重要的协同教化效用，因其不符合娱乐消费的要求，自然就被电子媒介过滤掉了。

在视觉化和娱乐消费化的双重作用下，再度“再媒介化”的侗族大歌，还具有第三个重要特征：碎片化。通过广播、唱片传播和记录的侗族大歌，虽然也经过了“改造”与“发明”，但通常还是能够将一首或一组作品完整呈现；但在当下电视、网络等电子媒介中，我们能够接触到的大歌往往都是一些篇幅短小的作品，甚至是切割成片断的曲目。造成大歌“碎片化”的原因，不能归咎在媒介技术上——实际上，媒介技术的进步，原本为完整记录和传播“非遗”艺术提供了更好的契机。显然，造成“碎片化”现象的原因，根本还在于新媒介技术背后的那只权力之手。正如波斯特所言：“对于何时、为何、从何人那里得到何种信息以及寄送何人，用户们的控制可能只是间接或有限的。”③ “再媒介化”对大歌“展示价值”的过度征用，不但造成了媒介化的大歌呈现出视觉化、消费化和碎片化的特征，更为严重的是，这一导向还导致了原生语境中侗族大歌的异化。有学者在侗族村寨进行调查时就发现，会唱侗族大歌的中青年人绝大多数都只会唱那几首近年来极力推广的、短小的“流行大歌”，如《蝉之歌》《大山真美》等，更深层次的、长大的侗族大歌的经典作品已经很少有人会唱了。④

---

① 〔英〕Don Slater：《消费文化与现代性》，林祐圣、叶欣怡译，台湾弘智文化事业有限公司，2003，第39页。

② 周宪：《视觉文化的转向》，北京大学出版社，2008，第109页。

③ 〔美〕马克·波斯特：《第二媒介时代》，范静哗译，第38页。

④ 《贵州“侗族大歌”传唱后继乏人》，《人民日报》（海外版）2009年11月17日，第7版。

结 语

侗族大歌之乡，贵州黔东南打造过一张著名的“文化名片”是“人类疲惫心灵的最后家园”。推敲起来，这句口号中大概有这样的含义：人类文明的进程造就了身心疲惫的现代人，现代人渴望回归的“家园”，是一种自然、和谐的生存状态。这种状态内居于侗族大歌这样的文化遗产之中，我们曾经忽视过这些遗产，甚至破坏过这些遗产，但在今天已经越来越清楚地发现，这些遗产是有价值的，我们要再次接近它。然而在当代社会，我们想要接近侗族大歌这样的原生态艺术，却很难不通过传播媒介，因为如现代媒介研究创始人麦克卢汉所言，“媒介即人的延伸”，它已经内在于现代人所有的把握和感知世界的方式之中。这样一来，我们就面临着一个悖论：我们渴望接近和回归原生态艺术，但“再媒介化”的方式，却让我们日益疏离了原生态艺术的“本真性”。

从“长歌闭目”到“快闪惊艳”，侗族大歌“再媒介化”的途径，实现了其“本真性”的三次疏离：从“歌队”鼓楼坐唱到“合唱团”舞台展演，大歌与通过对歌“唱款”、协同教化的原生机制相疏离；从口传媒介到大众传媒，歌者与听众被分隔开来，“在场性”的技术魅力消减；从机械复制媒介到互联网电子媒介，大歌从完整的“听觉性”时间艺术，变成了碎片化的视觉“快闪秀”。

福柯曾在一次关于当代音乐的谈话中指出：“我有这样的印象，许多帮助人们接近音乐的工具到头来削弱了我们与音乐的关系。”① 所谓“帮助人们接近音乐的工具”就是媒介。无论是通过舞台、收音机、唱片还是电视、电脑和智能手机，我们能够日益清晰而真切地“听”大歌和“看”大歌，但它们真的能够带领我们回归家园，听到那里发出的天籁之声吗？

① Michel Foucault & Pierre Boulez, “Contemporary Music and the Public,” *Perspectives of New Music*, Vol. 24, No. 1, 1985, p. 12.

图书在版编目(CIP)数据

文化研究. 第27辑，2016年·冬 / 周宪，陶东风主编. -- 北京 ：社会科学文献出版社，2016.12
ISBN 978-7-5201-0003-8

Ⅰ.①文… Ⅱ.①周… ②陶… Ⅲ.①文化研究-丛刊 Ⅳ.①G0-55

中国版本图书馆CIP数据核字（2016）第299170号

文化研究（第27辑）（2016年·冬）

主　　编 / 周　宪（执行）　陶东风

出 版 人 / 谢寿光
项目统筹 / 宋月华　吴　超
责任编辑 / 吴　超　吕鹤颖

出　　版 / 社会科学文献出版社·人文分社(010)59367215
地址：北京市北三环中路甲29号院华龙大厦　邮编：100029
网址：www.ssap.com.cn
发　　行 / 市场营销中心（010）59367081　59367018
印　　装 / 北京季蜂印刷有限公司

规　　格 / 开　本：787mm×1092mm　1/16
印　张：24　字　数：397千字
版　　次 / 2016年12月第1版　2016年12月第1次印刷
书　　号 / ISBN 978-7-5201-0003-8
定　　价 / 79.00元

本书如有印装质量问题，请与读者服务中心（010-59367028）联系

版权所有 翻印必究